U0137847

上海市「十一五」重点图书

本书由上海文化发展基金会图书出版专项基金资助出版

【晚清人物年谱长编系列】

来新夏 ◎ 编著

林则徐年谱长编 下卷

上海交通大学出版社

SHANGHAI JIAO TONG UNIVERSITY PRESS

内 容 提 要

本书是"晚清人物年谱长编系列"之一。

本书是国内首部完整辑录晚清政坛领袖人物之一林则徐生平资料的年谱长编。文献征集包括奏折、文录、诗词、信札、日记、译编、旧谱等大量第一手资料。有些文献是第一次公开发表。书中对谱主有关资料、事迹多有考证,并引述学界最新成果。本书是研究林则徐完整的编年资料。

图书在版编目(CIP)数据

林则徐年谱长编:全 2 册/来新夏编著. —上海:上海交通大学出版社,2011

(晚清人物年谱长编系列)

ISBN 978 - 7 - 313 - 07651 - 9

Ⅰ.①林…　Ⅱ.①来…　Ⅲ.①林则徐(1785～1850)—年谱　Ⅳ.①K827＝52

中国版本图书馆 CIP 数据核字(2011)第 153723 号

林则徐年谱长编

(上下卷)

来新夏　编著

上海交通大学 出版社出版发行

(上海市番禺路 951 号　邮政编码 200030)

电话:64071208　出版人:韩建民

浙江新华数码印务有限公司印刷　全国新华书店经销

开本:787mm×960mm　1/16　总印张:55.5　插页:12　总字数:861 千字

2011 年 9 月第 1 版　2011 年 9 月第 1 次印刷

印数:1～1500

ISBN 978 - 7 - 313 - 07651 - 9/K　定价(上下卷):260.00 元

告读者:如发现本书有质量问题请与印刷厂质量科联系

联系电话:0571 - 85155604

道光二十二年　壬寅　1842年 五十八岁

正月,林则徐仍在东河工次。

正月初一日,奕经赴杭州,十六日到绍兴,军纪极坏。当时的目击者说:

> 奕经等以绍城试院为行台,饮绍酒大乐,日在醉乡。其蒙古兵之至也,自称禁旅,沿途掳丁壮,掠板扉,以四民抬一兵卧而入城,扎营于府山,破草木,澈夜举火。

(范城:《质言》,见《近代史资料》1955年第3期)

正月二十九日,奕经、文蔚等以去年十二月十五日曾梦洋人上船出洋的荒诞吉兆,冒然分路出兵反攻宁波、镇海、定海三城。其进兵方略是:

> (一)奕经以三千兵驻绍兴之东关岭,文蔚以二千兵驻慈溪城北之长溪岭,副将朱贵、参将刘天保以三千兵驻慈溪城西之大宝山以图镇海。
>
> (二)提督段永福以四千兵伏宁波城外,余步云以二千兵驻奉化以图宁波。
>
> (三)海州知州王用宾与故总兵郑国鸿之子(郑传作孙)郑鼎臣统水师以图定海。

(魏源:《圣武记》卷一〇;又《道光朝筹办夷务始末》卷四四,页一至八、一一至一五)

[按]　奕经三路进兵的日期,诸书所载不一,有作二十八日者。此据姚薇元:《鸦片战争史实考》所改订。

正月三十日,英船"安音"(Ann)号在台湾海面土地港口触礁,船上五十七人悉为伏勇俘获。(《道光朝筹办夷务始末》卷四七,页一〇至一二)

正月,湖北崇阳钟人杰起义军连克数县,钟人杰自称钟勤王,立都督大元帅红旗,设知县、千总等职称,连克崇阳、通城等地,声势甚盛,引起清廷的注意。(《东华续录》道光四五)

二月初五日,奕经进军各路,纷纷溃败,退过曹娥江到绍兴。初七日,奕经等到杭州对岸的西兴镇,旋渡钱塘江还杭州。此次冒然出兵以全军溃败而

告终。(魏源:《圣武记》卷一○)

二月初八日寅时,东河河工告竣。旋奉谕旨,林则徐仍由工次发往伊犁效力赎罪。总办河务的大学士王鼎原拟留林则徐在河工立功免戍,至是徒劳。王鼎涕泣相送,林则徐赋诗二首安慰王鼎。诗中写道:

> 幸瞻巨手挽银河,　休为羁臣怅荷戈。
>
> 精卫原知填海误,　蚊虻早愧负山多。
>
> 西行有梦随丹漆,　东望何人问斧柯。
>
> 塞马未堪论得失,　相公且莫涕滂沱。
>
>
> 元老忧时鬓已霜,　吾衰亦感发苍苍。
>
> 余生岂惜投豺虎,　群策当思制犬羊。
>
> 人事如棋浑不定,　君恩每饭总难忘。
>
> 公身幸保千钧重,　宝剑还期赐尚方。

(《林则徐全集》第六册,诗词页二○五)

林则徐在诗中反复安慰王鼎,并借抒发离别之情来表达对个人前途和国事的关心。"精卫原知填海误,蚊虻早愧负山多",表明了自己对不能完成重任早在意料之中;"余生岂惜投豺虎,群策当思制犬羊",则认为个人遣戍毫不足惜,而只希望能群策群力想出制止侵略的良策。同时,林则徐明知政治风云是"人事如棋浑不定",但还要坚持"君恩每饭总难忘"的愚忠。他可能揣测到朝廷中的某些阻力,因而热切希望王鼎"公身幸保千钧重,宝剑还期赐尚方"。这两句诗表现出十分愤激的感情。这可能是王鼎在临别时,曾向林则徐表明自己将以死相争,所以林要劝他保重。因为重柄操于皇帝之手,要扭转局面、排除阻力,除非皇帝赐以尚方宝剑,斩佞臣头,其他努力都是徒劳的。这两句诗也反映出当时抵抗派与投降派之间的矛盾已达剑拔弩张相当尖锐的程度。林、王之间泣别的这类话很可能流传出来,成为后来传说王鼎"尸谏"的一个原因。

清廷特意选择这样一个时机发布这样一道颠倒功过、混淆是非的命令,显然是在投降派操纵下对以林则徐为代表的抵抗派所加的蛮横迫害,它证明道光帝已与投降派沆瀣一气,也反映了由于满族亲贵连遭挫折失败而对汉族大臣施加压力的民族矛盾。

502

二月中旬,林则徐有《致吴嘉宾》书,讨论吴上奕经八项建议的内容,诚恳坦率地提出个人意见,并进一步发挥反对封海、提倡制船造炮的主张。这是反映林则徐军事思想的重要文献,信中说:

来书所论粤事,稍摘病根,诚洞彻隐微之论。又从令叔补之先生见所上扬威将军书八事,筹机运智,胸有阴符。以簪毫侍从之臣,而有揽辔澄清之志,且具此料敌攻瑕之识,量沙聚米之才,彼行间将领闻之,能无汗颜耶?

八事中奇正分用一条,尤得兵家规转环生、变化从心之妙。迩来用兵者多未明此法,徒将各队聚集一处,无所谓明诱暗袭诸法,犹之拙手作文,绝无开合顿折,则一览而尽耳。兵气既挫之后,若不求出奇制胜之方,恐难得手。尊议此条,军中果善用之,其庶几乎!

至如封海一条,前人虽有行之者,而时势互异,鄙意尚不能无疑。如所谓塞旁海小口,只许渔户出入大口,早去晚归,果皆遵行,岂不甚善。奈沿海小口以累万计,塞之云者,将皆下桩沉石乎?抑仅空言禁止乎?空言则虽令不从,沉石则所费无算。且即处处堵塞,并派员弁看守,不许过船,彼奸民独不能以内外两船盘运乎?又能保看守者之不通同卖放乎?至渔船朝出暮归,亦只恒言如是,实则安能画一?其不与夷通者,不责自归,其与夷通者,累月不归,亦孰能押之使返?若俟其归而罪之,彼且以遭风漂淌为解,其能问诸水滨耶?闽、粤濒海小民,向有耕三渔七之说。仆在粤曾欲编查渔疍各船保甲,而势格不行。不得已,只令于帆面船旁大书籍贯、姓名,期于一望而知,或贩烟,或济夷,或盗劫,指拿较便,使此辈生忌惮心耳。设口稽查云云,在无事时,大商或不敢玩法,此外商渔偷渡,终日间不知凡几,海中无铁门限,面浪大如山,又安能如内河诸关之拦船截验哉?往在戊戌年,以天津查出粤船卖烟,奉旨切责,粤东大吏遂奏定出海商船逐汛查验章程,竟无一船遵照者,甚至将赴船查问之弁由粤洋带至上海,以为风利不得泊也。禁货出洋,无异因噎废食,凡业此者安肯坐待?况夷氛方炽,若为此禁,则转成鱼爵之殴。鄙意似宜将此一条再为斟酌,则尽善矣。

至逆船在海上来去自如,倏南倏北,朝夕屡变,若在在而为之防,不惟劳费无所底止,且兵勇炮械安能调募如此之多、应援如许之速?徒守于陆,不与水战,此常不给之势。在前岁粤东藩维未破,原只须于要口严断接济,彼即有坐困之形,冀其就我范围斯止耳。今所向无不披靡,彼已目无中华,若海面更无船炮水军,是逆夷到一城邑,可取则取,即不可取,亦不过扬帆舍去,又顾之他。在彼无有得失,何所忌惮?而我则千疮百孔,何处可以解严?比见征调频仍,鄙意以为非徒无益,盖远调则筋力已疲,久戍则情志愈惰,加以传闻恐吓,均已魂不附身,不过因在营食粮,难辞调遣,以出师为搪塞差事,安有斗心?恐人人皆已熟读《孟子》"填然鼓之"一章,彼此各不相笑,是即再调数万之客兵,亦不过仅供临敌之一哄。而朝廷例费之多,各营津贴之苦,沿途供应之疲,里下车马之累,言之可胜太息乎?仆任两粤时,曾筹计船炮水军事宜,恐造船不及,则先雇船,恐铸炮不及且不如法,则先购买夷炮。最可痛者,虎门一破,多少好炮尽为逆夷所有矣。忆前年获咎之后,犹以船、炮二事冒昧上陈。倘彼时得以制办,去秋浙中尚可资以为用。今燎原之势,向迩愈难。要之船、炮、水军断非可已之事,即使逆夷逃归海外,此事亦不可不亟为筹画,以为海疆久远之谋,况目前驱鳄屏鲸,舍此曷济?

(《林则徐全集》第七册,信札页二八七至二八八)

[按] 此函原题道光二十二年于河南工次,惟函中又称:"顷者仍踯荷戈之役,亟须束装,不及条陈,谨率抒胸臆如右。"是林写此函时,已奉到由工次西戍之命了,故系此函于此。

在此时,林则徐因知浙事溃败之讯写了《致李星沅》信,愤慨于战局之坏,对此次溃败之由及补救之方提出看法,而于个人的遣戍命运则淡然处之,可以见他重"寰宇清平"的胸襟。信中说:

浙事溃败(新夏按:指奕经战败),一至于此,九州铸铁,谁实为之?闻此时惩羹吹齑,不令更有雇募之事。数千里外征调而来之兵,恐已魂不附体,而况不习水土,不识道途,直使逆夷反客为主,其沿途骚扰之状,更不忍闻。大抵民无不畏兵,而兵无不畏贼,事势如此,徒为野老吞声耳。弟于河上藏工,仍行西戍,忆上年即应就道,缓至今日,又复奚辞?雪海冰山,实非所惮。路途音渺,将时事付诸不见不闻,较之有见闻而莫可如何者,不犹愈乎!此后鱼雁难通,不敢远烦致问,惟遥听隆声盛业,以慰翘怀。但祝寰宇清平,即坡公所云"谪所过一生也得"耳。海上之事,在鄙见以为船炮水军万不可少。闻当局多有诋此议者。然则枝枝节节,防之不可胜防,不知何以了事。

(《林则徐全集》第七册,信札页二八九至二九〇)

林则徐在河工被戍引起一些正直官吏的愤愤不平,他的座师沈维鐈曾从京师给他写信说:

乃未奉甄劳之典,忽闻严谴之加,凡在相知,同声忾叹!窃谓造物生才有数,国家得人最难。梗楠豫章,堪胜梁栋,而以斗筲轧之,以葑菲弃之,风饕雪虐,有识寒心!……嗟呼!岭南之役,败于纤儿,今浙事又将再误矣。封疆大任,能堪此几许败坏耶?天潢巨室,声望赫然,惟务掩耳盗铃,启寇心而疲民力,其与开门揖盗之元凶,何分霄壤!此后东南半壁,尚有乐土耶?……重念阁下侧身就道,万里而遥。令郎汴中随侍,未闻有人。仙眷远在金陵,扉屦糇粮,一无储偫,知交如仆,何以为情?虽然八荒皆户阒,况今生聚繁华。足下宅心太平,履险获福,惟祝调护起居,为国为民自重,不日赐环恩沛,茂赏功宗。伫见整顿乾坤,与古名臣比烈。……

(沈维鐈:《与林少穆书》,见《补读书斋遗稿》卷七)

这封信不仅是安慰林则徐,而且也指斥了局势的败坏。

林则徐的被戍也引起了河南遭灾群众的惋惜与感叹。当消息传出后,"百姓闻之,皆扼腕叹息,多有泣下者"。(《汴梁水灾纪略》)这也可证林则徐在河工上确能实心任事,作出贡献。

二月初七日,奕经自前线战败退归杭州后,一仍奕山故伎,盛陈敌人声势来掩饰败绩。《道光洋艘征抚记》曾揭载其事说:

镇海之役,刘天保军仅伤七人而奏言全军覆没,仅脱回七人。大宝山之战,我军仅死百余而奏言死者千余。慈溪英兵登岸仅二千余而奏言万有七千,无非张贼势而诿己罪。

(魏源:《圣武记》卷一〇)

二月中旬,林则徐在祥符工地致函友人,谈及其在祥符工地襄办黄河堵口工程情况,原函系正楷手书,于1949年在昆明发现,原文如次:

孟陬接披还翰,知前裁寸简已激青盼。叨注念之殷拳,增中裹之纫佩。藉审年兄履绚绥辑,升社绠凝,近依日月之光,眷隆讲幄。仆拜丝纶

· 505 ·

之宠,秩晋宫端,延企吉音,定符遥祝。

仆河壖从事,劳拙徒形,岁前工务本已垂成,祗缘飓母狂飞,复使天吴挟浪,因而水衡增给,坻石重加。幸畚锸之如云,更经营于不日,已于仲春八日合龙。堉坝既属稳坚,黄流永遵顺轨矣!

所寄贵门生名单及同门卷均已接收,桃李成蹊,足增欣羡。专此。复颂史祺,诸惟雅照不一,通家生林则徐顿首。

[**按**]   此函是浦光宗先生于 1949 年在昆明胜利堂旁一旧字画铺中所发现。1985 年,浦氏将此函捐献给中国历史博物馆。该馆胡京春为此写专文介绍发表于《云南日报》并附发原函。现特将胡京春先生所撰《昆明发现林则徐真迹信札》一文的全文附录如下:

最近,在云南昆明发现一封保存基本完好的林则徐致友人的真迹书信。这封由林则徐正楷手书的信札共三页,一百八十二字,写于 1842 年(清道光二十二年)。其内容是林则徐向友人谈及 1841 年他从遣戍途中折回河南开封的祥符工地负责襄办黄河堵口工程的情况。1841 年 8 月,林则徐抵开封,亲驻祥符六堡河上,投入"劳拙徒形"的治河救灾工作。祥符工程本拟在年底竣工,因"飓母狂飞"而推迟。后经河工们齐心奋战,祥符大坝于仲春八日合龙,至此堉坝既属稳坚,黄流永遵顺轨矣。林则徐在整个祥符工程中实心任事,作出了突出的贡献。当时总办河务的大学士王鼎原拟留林则徐在治河工地立功免戍,但道光皇帝谕令林则徐仍由河南发往伊犁效力赎罪。这封新发现的林则徐书札是研究林则徐治河功业及当时活动的具有重要史料价值的珍贵文物。

这封林则徐书信的原保存者,是云南省交通厅云南公路交通史编委会八十二岁的浦光宗同志。现在,浦光宗同志将这份珍贵文物寄献给中国革命博物馆,而且谢绝了文物奖金,精神值得表彰。这封林则徐书札,已被中国革命博物馆妥善收藏。

(1986 年 1 月 18 日《云南日报》)

二月中旬,林则徐路过苏州时,宣南诗社旧友潘曾沂仅写诗相赠而未晤面,林写《次韵潘功甫舍人见赠三首》和《又次韵五言一首》。在前三首中之第三首,林表达了"雪窖冰天亦壮游"的豪迈气概。后一首中的"迹疏神密处,珍重数篇诗"二句似对潘曾沂因有顾忌而不来相会一事表示遗憾。(《林则徐全

集》第六册,诗词页二〇六至二〇七)

二月十三日,清廷命耆英为广州将军。十七日,改署杭州将军。二十七日,又加钦差大臣衔。(《道光朝筹办夷务始末》卷四四,页一六、三五;卷四五,页一六)

二月十四日,奕经又渡钱塘江至绍兴,谋实行臧纡青"伏勇散战"的建议。(《道光朝筹办夷务始末》卷四五,页一九)

二月十七日,清廷决定对英军采取"尤当设法羁縻"的投降政策。(《道光朝筹办夷务始末》卷四四,页三六)

二月十七日,清廷命伊里布赴浙江效力。(《道光朝筹办夷务始末》,卷四四,页三五)二十四日,又赏给七品顶戴,随耆英赴浙。(《道光朝筹办夷务始末》卷四五,页一〇、一六)

二月二十八日,清廷发布"攘外必先安内,禁暴即以爱民"的上谕,反映了当时社会情势的不稳定和征调的各地军队在沿途有滋扰情事。(《道光朝筹办夷务始末》卷四五,页一七)

二月间,钟人杰起义失败。(《东华续录》道光四五)

三月二十七日,英军由于侵略行动的战略需要和群众性反抗斗争的威力退出宁波。(《道光朝筹办夷务始末》卷四七,页二)继又退出镇海,转向北攻。

英军在宁波大肆骚扰,曾闯入我国著名藏书楼——范氏天一阁,掠去《大明一统志》等珍贵舆地图书数十种,又向居民索购《浙江十一府志》和黄河、长江地图,"略识地里与江河梗概",为实现其闯入长江胁取利权的侵略计划而搜集情报资料。(《道光朝筹办夷务始末》卷四七,页二〇;梁廷枏:《夷氛闻记》卷四)临退出宁波时还向当地勒索了"犒军费"。

[按]　《道光洋艘征抚记》说:"勒索宁波绅士犒军银二十万圆";《夷氛闻记》卷四说:"随索其地犒军银百二十万圆"。但姚薇元《鸦片战争史实考》说,《始末》、《中西纪事》及马士所著书等中外著作"均无此项记载"。

奕经在英军退出后,才进驻各城,但他恬不知耻地以克复城池入告,将弁均得功赏。(《东华续录》道光四五)

二、三月间,英船又多次侵犯台湾港汊洋面,均未得逞。(梁廷枏:《夷氛闻记》卷四)

三月间,林则徐西戍途中过洛中,当地官吏叶小庚邀游龙门香山寺。林则徐撰《同游龙门香山寺记》,文中借景抒情。他虽以"止足之念"遣怀,故示

坦荡,但仍不忘国事,希望"瀛壖荡平,寰宇清晏",表达了他的爱国思想。文中写道:

> 仆虽不敢远希古贤(新夏按:此指白居易以七十万缗修香山寺以终老一事),而止足之念,久已积诸怀抱,顾时事之艰,运数之奇,有不独关乎一身之休咎者。今虽万里西行,而南望侧身,叹喟欲绝,尚敢希林泉之娱哉! 虽然,数与时相需,亦因时而转,即此征途中得与佳山水遇,或亦数不终奇,时不终艰,如东坡所云人陬非天穷者耶? 旦夕间瀛壖荡平,寰宇清晏,使仆东还有期,犹将随诸君子踵兹胜游,即以遂吾终焉之志,未尝不可以斯言为息壤也。

(《林则徐全集》第五册,文录页四五九)

林则徐在洛阳写答亲戚叶小庚诗数首,即《西行过洛,叶小庚招入衙斋,并赠两诗,次韵奉答》、《小庚邀集千祥庵,叠僚字韵奉谢》和《连日对饮怡园,读〈天籁轩词〉复次身字韵》等。诗中对叶颇加推重,并感谢叶的招待,其第一首即表述了在河工上的成绩和希望听到战事胜利消息的心情。诗中写道:

连圻曾愧领班僚,	讵有涓埃答九霄。
谪宦敢辞投雪窖,	捷书犹冀靖天骄。
他年马角谁能料,	前度鸡竿已暂邀。
犹喜宣房差不负,	汴城昏垫幸全消。

(《林则徐全集》第六册,信札页二〇七至二〇八)

三月间,林则徐途经洛阳时,住在东郊的东大寺,应该寺香海上人之请书联,联文是:"右军帖许怀仁集,兴嗣文宜智永书。"联前题"香海上人精心学书,撰句勗之"。(《林则徐全集》第六册,诗词页三〇〇)

[按] 此联原件藏洛阳博物馆,照片见《书法》1979 年第 6 期。该刊并有陈廉贞、曾意丹所撰《林则徐和邓廷桢的字》一文介绍此联。但茅林立先生实地考察时,该馆坚称无此手迹,抑该馆秘不示人,未敢肯定。

[又按] 据在洛阳实地调查,东大寺正名是延恩寺,因在洛阳东郊,故俗称东大寺。此寺明代修建,在乾隆本《重修洛阳志》卷一五有邢绍德撰《福藩奉敕创建延恩寺碑记》。抗战时被炸毁,旧址现为洛阳市第一高中。

三月间,林则徐在洛阳有《致苏廷玉》的信,信中揭露了河工拖延的弊端所在,并告之自己已奉命就戍说:

中州河事,旧腊本可合龙,所以迟回反复者,只由于在工文武心力难齐。譬如外科之治痈疽,未必肯令一药而愈,迨局势屡变,几成大险之症,而向之明知易愈而不愿其遽愈者,至此亦坐视而莫知所措,言之可为寒心。幸而天悯民穷,不使久为鱼鳖。此次之得以堵合,大抵神力为之耳。弟朝夕在工,不过追随星使朝夕驻坝而已,曷尝有所建白?而苛刻催促之名,已纷然传,谅阁下亦自有所闻。今事竣仍作倚戈之待,却是心安理得。昨奉文后,即由工次成行。

同时,他在信中还针对苏鳌石的重船轻炮主张,提出船炮并重以加强海防、建设水军的计划,并且深深系念政局的变化。信中说:

有船有炮,水军主之,往来海中,追奔逐北,彼所能往者,我亦能往,岸上军尽可十撤其九。以视此时之枝枝节节,防不胜防,远省征兵,徒累无益者,其所得失固已较然,即军储亦彼费而此省。果有大船百只,中小船半之,大小炮千位,水军五千,舵工水手一千,南北洋无不可以径驶者。逆夷以舟为巢穴,有大帮水军追逐于巨浸之中,彼敢舍舟而扰陆路,占据城垣,吾不信也。

南风盛发时,津、沽不知何似?弈者举棋不定,不胜其偶,念此可三太息耳!

《林则徐全集》第七册,信札页二九〇至二九一)

四月初,林则徐在从洛阳赴西安途中,路过华阴,应华阴令姜申璠的邀请与陈赓堂、刘闻石等同游华山,并写诗赠姜。诗中描绘了华山的风光景色,盼望自己能归隐,能遭逢尧舜时的盛世。(《林则徐全集》第六册,诗词页八三至八四)

[按]　林则徐过华山诗之诗题不一。《全集》本作《壬寅四月,仆西行过华阴。姜海珊大令(申璠)招游华山,同游者闻石十二兄先生及陈赓堂司马也。归途赋七古一章柬姜君,先录初稿,请十二兄削正,并邀同作》,今据此。

[又按]　林则徐游华山诗,当时除写给姜申璠外,还写给同游者刘建韶(闻石)一通,姜卷已失,刘卷藏中国历史博物馆,纸本纵33.5厘米,横81.3厘米,诗前有题,诗后款署"少穆弟林则徐未定草",下钤"少穆初稿"、"此间不可无我吟"皆朱文篆书方印,卷后下角有"蒲城周氏珍藏书画之章"朱文篆书方印。林则徐在诗题中把游山的时间写得十分清楚,原文是:"壬寅四月,仆西行过华阴,姜海珊大令申璠招游华山,同游者闻石十二兄先生及陈赓堂司马

也,归途赋七古一章,柬姜君,先录初稿,请十二兄削正,并邀同作。"因为此系写给刘建韶的初稿,故诗题与《诗钞》刻本不尽相同。(史树青:《林则徐游华山诗手迹跋》,见《故宫博物院院刊》1981年第4期)

[又按] 《全集》本第六册诗词页八三脚注称:柬姜申璠手卷今未见。《云左山房诗钞》诗题作《华阴令姜海珊(申璠),招余与陈赓堂先生、刘闻石建韶同游华山,归途赋诗奉柬》。此诗又曾书赠云生先生,有石刻墨迹拓本存世,诗题作《道光壬寅四月,则徐西行过华阴,邑侯海珊姜君招游华山,同游者陈赓堂、刘闻石两郡丞及儿子汝舟也。归途赋诗一章,柬海珊并约陈、刘二君同作。云生先生闻而见和,且为作华岳图,词翰双美,深感其意,因录前诗奉粲,即希削正》,末署"少穆弟林则徐初稿"。《诗钞》和石刻墨迹拓本中之诗句,颇出入。

[又按] 林则徐的华山诗,后勒石立于玉泉院,现藏西安碑林内。

四月初,英船不断窥伺乍浦,耆英遵照清廷"暂示羁縻以作缓兵之计"的方针,派伊里布等往乍浦"体察情形,设法羁縻",寻求对外投降的门路。(《道光朝筹办夷务始末》卷四七,页四五)

四月初九日,英军攻陷乍浦,焚杀甚惨。十九日,英军全部离乍浦,准备入江。(《道光朝筹办夷务始末》卷四八,页五至八)

耆英在乍浦失陷后,大肆散布失败情绪,高唱投降论调,向清廷鼓吹除投降"别无他策",他在奏疏中说:

> 今乍浦既为所据,敌势愈骄,我兵愈馁,万难再与争持。……此时战则士气不振,守则兵数不敷。舍羁縻之外,别无他策。
>
> 《道光朝筹办夷务始末》卷四八,页八

四月十六日,清廷命耆英赴广州将军任,以特伊顺署杭州将军。(《道光朝筹办夷务始末》卷四八,页一)

四月二十六日,清廷以乍浦失陷后,浙东紧张,又命耆英回杭州。五月初六日,耆英在途中得旨折回。(《道光朝筹办夷务始末》卷五一,页一一)

四月二十七日,清道光帝下含有罪己性质的诏书,希图借此安抚民心,挽救失败。(《道光朝筹办夷务始末》卷四九,页一至三)

> 道光二十二年壬寅四月乙巳。谕内阁:朕以鸦片烟流毒中国,贻害生民,前岁特降谕旨,饬令各省严禁,再三剀切申戒。因广东为外夷通商

之所,特命林则徐前往查办,各国夷商,均遵约束,独嘆咭唎逆夷义律,以烧燬烟土之故,藉口滋事。因林则徐办理不善,旋亦罢斥遣戍。乃该逆于道光二十年六月,潜窜浙洋,窃据定海。继复于天津海口,呈递禀词,朕惟中外一体,念切怀柔,不以其侵犯在先,诉辩在后,遽加屏绝,复命琦善前往广东,确切檄办。又将伊里布在浙捡获逆夷头目安突德等多名,特予宽典,免其诛戮,于定海退出之时,即行给还。乃该逆夷狡诈反复,要求无厌,明知琦善意存抚驭,不设防守,竟尔称兵首祸,累犯大角、沙角各砲台,伤我提镇大员,扰我海疆黎庶,是逆夷因私贩烟土,而肇起衅端,复阳为乞请,而阴施诡计,背信负恩,神人共愤。朕之命将出师,实由于此也。乃至靖逆将军奕山等到粤,逆夷已窜入内港。窥伺省垣。彼时带兵守土吏,佥以该逆贪利性成,希冀通市,恳将商欠该夷银两,准令给还。朕至诚待物,从不以逆亿为怀,如果得利相安,不致别图滋扰,区区之施,实非所吝,蠢尔丑类,何足为雠,此又朕轸念薄海民生,不得已权宜也。孰意逆夷包藏祸心,欺天灭理,粤东甫经敛迹。闽浙又复扬波,定海再窥,连城袭据,以致督臣殉节,镇将捐躯,荼毒生灵,罪难擢数。爰命扬威将军奕经等帅师攻剿,数月以来,贼退宁波,旋陷乍浦,是该逆在粤,则以厚施为饱颺之谋,在浙则以掳掠为斋粮之具。察其凶狡情状,实已罪恶贯盈,上天降监,必加诛夷,下民何辜,罹兹惨酷。朕抚躬循省,五内焦劳,每念毒孽未除,颠连莫拯,痛心自责,恨才德之未逮,夙夜难安。将军参赞、督抚及内外文武诸臣,亦宜仰体朕怀,亟苏民困,勿存苟安之见。狃于目前,勿怀倖免之私,贻臭于后。至于将弁兵丁,动谓船坚炮利,凶焰难当,因而见贼仓皇,望风先溃,殊不知贼之深入,早已自蹈危机,果人人奋勇直前,有进无退,加以乡民义勇,层层接应,则主客之势既异,众寡之数又殊,因地乘机,何难制胜,是逆夷之肆意猖獗,皆士气不扬所致也。其从逆汉奸,原系穷蹙愚民,或以生计维艰,为利所诱,遂至甘心从贼,暂饱身家。试思蹂躏者,谁之乡里? 抢夺者,谁之赀财? 贼来则驱之使前,俾当锋刃,贼去则委之于后,仍蹈刑诛,苟有人心,当知悔恨。朕为天下生民主,若止顾目前苟安无事,不思大者、远者,一听烟毒横流,不行禁止,是朕上负皇考付托之重恩,下不能保吾民之生命。思及此,曷肯不竭力禁之,更曷敢不竭力禁之也。目前虽奸夷伺扰,日肆贪残,尔阃帅疆臣,身膺重寄,宜何如激发天良,申明纪律。凡奋勇争先者,赏不逾时,退缩不前者,诛之无赦,如此则何攻不克,何守不固耶?从前办理不善诸臣,除分别惩警外,余令戴罪图功,原冀其知感知奋,勉赎前愆。傥复坐失事机,殃民纵寇,国法具在,不能为若辈再宽也。至士民中,果有谋勇出众之才,激于义愤,团练自卫,或助官军以复城邑,或扼要隘以遏贼锋,或焚击夷船,掩斩大憝。或声明大义,开启愚顽。能建不世之殊勋,定膺非常之懋赏。总之,禁烟所以恤民命,御寇所以卫民生,朕宵旰思艰,兢兢业业,尔诸臣亦惟和衷共济,鼓励戎行,不懟不竦,以作士气,必能剪除夷孽,埽荡海氛,与天下苍生,共享升平之福。兹将办理夷务前后情形及朕为民除害之本意,特谕中外知之。

四月二十七日,清廷根据奕经的建议,令耆英负责"羁縻",即负责办理投降事宜。(《道光朝筹办夷务始末》卷四九,页一一)

四月三十日,英军抵吴淞口。当时宝山民情甚壮,不论男妇,都积极备战。(《道光朝筹办夷务始末》卷五〇,页一四)

四月三十日,王鼎卒。(《东华续录》道光四五)

[按] 王鼎的卒年月日,我在本谱初印本中订为"道光二十四年四月十二日",所据是《显志堂稿》卷七冯桂芬为人代撰的王鼎墓志铭,此说有误。因我所据冯桂芬此文系过去倩人钞录,将首句"道光二十有四年四月戊申晦"抄落一"晦"字。后在使用时即按前所钞录的资料而未检原书,所以便据"道光二十有四年四月戊申"一语而遽定为"四月十二日"。设当时能再检原书,则立可发现"道光二十四年四月戊申晦"的年月干支朔晦等均难相合。设以"戊申"为是,则道光二十四年四月戊申乃十二日而非晦日,设以"晦"为是则道光二十四年四月的晦日,是丙寅而非戊申,如此则矛盾立见。那样,我既不致鲁莽定王鼎卒于道光二十四年四月十二日,也不致影响他人采此误说。这一失误说明钞录资料假手于人的不妥而钞录资料后未即时核对,使用时又不检证原书,都足以造成失误。我应引以为戒。

我在增订时,因此事有异说,曾致函陕西蒲城中学刘仲兴老师及郭昭明同志等探询有关王鼎之死的情况,承刘仲兴抄寄王鼎墓志全文及石刻文情况。原函中说:

关于王鼎墓志,估计原来有两种。一种可能和普通所见者相同,系方形有盖,随灵柩埋入墓穴。另一种则系我们现在所能见到的,乃四块横形石刻,各高 35 公分,横长 107 公分,厚约 10 公分,字系楷书。原装嵌于王鼎祠堂内墙壁上,"文化革命"时被破坏。现只完好的保存第一、二块,存放县文化馆。

[**按**] 这篇石刻墓志是由穆彰阿篆盖、卓秉恬撰文的,而卓文则系冯桂芬所代笔,以石刻志文与《显志堂稿》卷七所收代撰稿相核,内容基本相同,其主要异处是:

(一)石刻文作:

道光二十有二年四月戊申晦,太子太师东阁大学士蒲城王公薨于位。

《显志堂稿》文作:

道光二十有四年四月戊申晦……

相异者为易"二"字为"四",如为二十四年则四月戊申晦不合,"四"字显然是后改,至于是刊刻之误,还是有其他原因所造成,则因缺乏依据而尚难考定。

(二)石刻文作:

养疴园邸,卒以不起。

《显志堂稿》文作:

养疴园邸,行愈矣,卒以不起。

冯桂芬在收入集中时增写了"行愈矣"是一种有意之笔,暗含着王鼎的病已将痊愈而突然逝去,这或隐指王鼎之死有问题。

(三)石刻文作:

余与公同朝四十年,先后同馆阁,于公为后进,辱公折行辈论交,意气最浃,诹(新夏按:王鼎子,早殇)与余子樗为同年,而樗又出公门下。知公之深,宜莫余若,其奚以辞。

《显志堂稿》删去此段文字,正说明冯在收此文入集时已作为个人所作文章均无需叙所代笔之卓秉恬与王鼎之私谊。

其他虽文字互有歧异而立意相同,其记王鼎生年及享年均作"公生于乾隆三十三年二月三日,薨年七十有五",以此推算则王鼎当卒于道光二十二年,冯集作二十四年为误。

[**又按**] 林则徐获知王鼎卒讯后,曾写《哭故相王文恪公》悼诗,怀念知

己,悲愤时事。并隐约暗示王鼎由于在朝无人支持,意见不被采纳,遭受排挤,终至死非其愿。悼诗写道:

> 才锡元圭告禹功, 公归遵渚咏飞鸿。
> 休休岂屑争他技, 蹇蹇俄惊失匪躬。
> 下马有坟悲董相, 只鸡无路莫桥公。
> 伤心知己千行泪, 洒向平沙大幕风。
>
> 廿载枢机赞画深, 独悲时事涕难禁。
> 艰屯谁是舟同济, 献替其如突不黔。
> 卫史遗言成永憾, 晋卿祈死岂初心。
> 黄扉闻道犹虚席, 一鉴云亡未易任。

(《林则徐全集》第六册,诗词页二二二)

林则徐还撰联悼念,联文是:

> 名位并韩城,叹鞅掌终劳,未及平泉娱几杖;
> 追随思汴水,感抚膺惜别,还从绝塞恸人琴。

(萨嘉榘:《林则徐联句类集》卷三;又见《林则徐全集》第六册,诗词页三二七)

据悼诗中"伤心知己千行泪,洒向平沙大幕风"之句,似系到戍地后始知王鼎卒讯,即最早也当在十一月初九以后。至林则徐究从何获知信息,推测最大可能来自京中友人来信或口述的京师见闻。林则徐曾把这些见闻录为《软尘私议》,其中第十则即记王鼎自缢事。

[又按] 王鼎的死因,清人笔记杂著如陈康祺的《郎潜纪闻》、薛福成的《庸盦笔记》和曾寅光的《逸事识余》等都说王鼎是因劾穆彰阿、荐林则徐,志不得申,遂仿照古代尸谏办法自缢而死,他们的共同理由是穆彰阿、陈孚恩等的更换遗折。我认为这点理由尚欠充足,因为王鼎即使正常死亡,在遗折中亦可以写上劾穆荐林的遗言,并不一定非自杀的遗折才能写这些内容,而穆、陈的易折只是为内容有碍。不过,王鼎之死因是有可怀疑的,自杀的传言在当时是相当普遍的,所以不仅笔记中有,晚清孙衣言为张苈所写的神道碑铭中也有言及,而林则徐挽诗中的"卫史遗言成永憾,晋卿祈死岂初心"的诗句,也认为王鼎是尸谏。所以自杀的可能性并非不存在。但是,也应注意到,像王鼎这样的人是会考虑到大臣自杀将会给身后带来验尸、查讯、流言等等麻

烦的,他会不会仅仅为此而出此下策,这一点仍然值得怀疑。魏应麒的《林文忠公年谱》对于自缢一说是表示怀疑的,提出了三点理由,实际只是一条,即认为王在死前已在病中,所以是病死。证据似嫌薄弱,因为死前已病并不排斥自杀的可能性。我认为:王鼎的死因,自杀或病死都有可能,在没有直接证据之前,可暂存疑。中心问题是不论如何死,王鼎当时的处境是孤立无援的。他有忠君救国的意愿,但又无力和投降势力进行斗争,抑郁悲愤,最终是在遭到排挤迫害的情况下含恨而死。

四月至七月,林则徐因患疟疾,病情严重,暂留西安调治,六月末始逐渐痊愈,准备于七月初赴戍。家属留住西安,托在陕任道员的门人方用仪(仲鸿)、刘源灏(鉴泉)等照顾。

五月初三日,清廷以奕山等在粤视师无功,诸多敷衍,交部议处。(《道光朝筹办夷务始末》卷四九,页三七)初十日,奕山革去御前大臣、领侍卫内大臣、都察院左都御史职,留正红旗汉军都统职。(《道光朝筹办夷务始末》卷五〇,页一四)

五月初八日,英军攻陷吴淞。两江总督牛鉴临阵遁逃。江南提督陈化成血战力竭死难。(《鸦片战争》Ⅲ,中国近代史资料丛刊,页一六一)

[按]　林则徐在镇海时,曾向炮局人员汪仲洋、龚振麟提供战船图式八种。后龚振麟研究了英国的火轮战船,在"制成小式"的基础上,又参考林则徐提供的《车轮船图》而造成车轮战船,以人力代替火力推动齿轮激水,"驶海甚便"。(龚振麟:《铸炮铁模图说自序》,见《海国图志》卷八六)这种车轮战船每只两边各有两个木制蹼轮,用人力推动,时速约 3.5 海里。这种根据中国当时科学水平制造出来的成果,使已有火轮战船的英国侵略分子也不能不赞叹中国人的"独创才能"。吴淞海战就有五只这样以人力推动的车轮战船参战。(W. D. Bevnaid:《复仇女神号轮舰航行作战记》页三二六、三二九)

诗人金和写《陈忠愍公死事诗》一首以悼之。(《鸦片战争文学集》上,页四一)

五月初九日,上海县道各官"不知去向,乡民毁道署、县署及漕总房屋,迁徙一空"。十一日,上海县令刘光斗等回上海,为人发现,因愤其临危弃城先逃和平日苛酷,"欲甘心焉"。经同行右营游击封某,再四求告始免。而英军正在此时进占上海城,"洪口炮台,已无一兵"。(《道光朝筹办夷务始末》卷五八,页三七至三八)

五月十一日,英军攻陷上海。十五日,退出,与吴淞英船会合。(《道光朝筹

办夷务始末》卷五一,页一六至一七;卷五二,页二)

五月十四日,松江民人王在坤引英船至泖湖浅水,阻止了侵略军的进犯苏州。据袁陶愚《壬寅闻见纪略》载:

十四日,巳刻,有火轮船二只,驶至横潦泾,掳民人王在坤使为导引。一汉奸系江北人,告王云:家中亦有妻孥,被夷所拘,欲归不得。夷人现欲至省,如问路,切勿言水势深阔,恐其直犯苏州也。贼船驶至泖湖,探量水势不甚深,其船复为水草所胶,因于戌刻退出。

(《鸦片战争》Ⅲ,中国近代史资料丛刊,页九七)

[按] 此事有十一、十二、十三、十四各日之说,这里据袁说作十四日。

六月初九日,清廷准备以割香港、准许在闽浙口岸通商为条件,由耆英向英人乞和。(《道光朝筹办夷务始末》卷五四,页一至二)

六月中旬,林则徐《致叶念珊昆仲》函,唁问其父叶申芗之丧。(《林则徐全集》第六册,信札页二九四至二九五)

六月中旬,林则徐在西安有《致郭柏荫》函,托郭代办出关所需车床。

弟在西安呈请病假,因就地赁屋侨居,贼眷亦由金陵移至关中,期与口外易通信息。六月望后疟始渐止,而天气太热难行,兹定于月底载程,大抵七月末可到尊处。窃拟换辀前进,不复多停,盖过迟则恐口外天时愈冷也。出关应需物件均已预备,可勿仰费清心,惟尚有一物须于贵治制办。闻迩来西人以牛筋穿入木床框内,比之藤床、棕床尤为柔软,亦极结实,并有以此作车中官座者。弟此次出口,当于凉州雇用大车,拟一直雇到红庙,闻其车甚高大,车箱之中竟可安一小床,敢乞费神即为定做牛筋床一架(拟再添一架),其宽长均按照车箱尺寸,以便将此床放进车箱内,坐卧均得稳软,差免颠簸。其四周仍用木框,框下可安四腿,腿高以木尺二尺为度,缘床下欲安衣箱一二只也。记得内地藤床框下,每有两条弯木横亘于中,则床下安放物件既为所碍,即床上睡卧亦往往梗于腰间。故近日内地藤床穿藤多不用此,惟于框之四角斜安短木,平而不弯,其藤框便有支撑,不致塌陷。今亦可仿此法为之,应价若干,弟到凉时当即给付,若其价不甚昂贵,并祈代定两架。缘恐制成有需旬日,不能咄嗟立办,故先驰函寄托。

(《林则徐全集》第七册,信札页二九六)

六月十四日,英军攻占镇江,劫掠焚烧,以致"无市不空,无家不破"。(杨榮:《出围城记》,《道光朝筹办夷务始末》卷五五,页三〇至三二)

六月十九日,清廷在投降派"议抚"论的影响下,决定"俯顺夷情",采取妥协投降方针,并要耆英等"不必虑有掣肘",可以放手卖国。(《道光朝筹办夷务始末》卷五五,页二七)次日,又连续发出"一意议抚"、"设法羁縻"等内容的上谕,以求达到"抚夷"目的。(《道光朝筹办夷务始末》卷五五,页三三至三四)

六月下旬,在西安有《致陈德培》函,告知从河工赴戍的近况。

> 弟自东河工竣,仍荷戍戈,即由汴省西来。适在中途遘疾,当于西安具呈请假,暂在陕省就医。兹已调治就痊,拟即按程前进,道出兰垣,当可一晤也。

(《林则徐全集》第七册,信札页二九八)

[**按**]　陈德培,字子茂。江苏吴县人。林则徐任苏抚时旧属,后在甘肃候补。林则徐流放时,陈任甘肃安定县主簿。林任陕甘总督时,陈为幕僚,关系密切。

[**又按**]　《华东师范大学学报》1984年第1期披露《林则徐致陈德培(子茂)书九封》,并附和诗四首,签条三张。此信即九封中之一封,陈德培在此信侧旁注:"林文忠公赐书凡九。此一二三函及末启第九札,皆记宝所书。因知稿为自主,所以语不由人,固当一并珍袭也。寅长、寅弟、大兄诸称,盖尚官例耳。"

六月二十日,清廷著四川、湖广"广购木材,雇觅工匠","赶紧制造"船只,"工匠应由各省调取者即行调取,毋稍迟误"。(《道光朝筹办夷务始末》卷五五,页四四)表现出临事张皇之态。

六月二十日,江督牛鉴在江宁派人持照会向英洽降,清廷表示可以"相机妥办"。(《道光朝筹办夷务始末》卷五七,页一一至一二)

六月二十八日,英船四十余只陆续驶至江宁江面胁降,牛鉴以准予通商乞和。(《道光朝筹办夷务始末》卷五八,页一三)

六月二十九日,璞鼎查等抵达江宁。

六月,于西安有《致刘建韶》函,言其"连日欲了书债,而所出不抵所入,窃笑此事与理财大相反也"。(《林则徐全集》第七册,信札页二九九)

六月,林则徐有《致唐鉴》函,对唐鉴去秋所赠《畿辅水利备览》及《国朝学

案小识》二种,表示敬佩,并将读后感想复告唐鉴说:

> 去岁九秋在河干得执事手书,并惠大著两种,服膺铭佩,弥载于兹。
> 自分丛疢之躬,不敢求谅于世。乃辱为有道所不弃,奖借慰谕,皆非愚鄙
> 之所克承,读之但有惶汗耳! 尊集为躬行实践之要,非空谈心性者比。
> 虽不能至,心向往之。所辑水利书则援据赅洽,源流贯澈。侍于此事积
> 思延访,颇有年所,而未能见诸施行,窃引为愧! 老前辈大人撰著成书,
> 能以坐言者起行,自朝廷以逮闾井,并受其福,岂非百世之利哉!

> (王启初:《林则徐信札浅释》,见《文物》1981 年第 10 期,
> 原件藏湖南省博物馆;又见《林则徐全集》第六册,信札页三〇〇)

[**按**]　函中所云"尊集"指《国朝学案小识》,"水利书"即指《畿辅水利备览》。

六月,林则徐为朱彬的《礼记训纂》写序,阐述朱彬的学术渊源说:

> 先生承其乡先进王氏懋竑经法,又与刘端临台拱,王石臞念孙,伯申
> 引之父子切劘有年,析疑辨难,奥窔日辟,故编中采此回家之说最多,复
> 旁证国初讫乾嘉间诸家之书亦不下数十种。而仍以注疏为主,撷其精
> 要,纬以古今诸说,如肉贯穿,其附以己意者,皆援据精确,发前人所未
> 发,不薄今而爱古,不别户而分门,引掖来学之功,岂浅鲜哉!

> (《林则徐全集》第五册,文录页四一三)

[**按**]　序中说:"此书皆先生手稿,年八十犹作蝇头细楷",可见此书成于
作者临殁前,而是书为咸丰元年刊本,是林则徐当于作者身后为书稿作序。
林聪彝《文忠公年谱草稿》定此序作于道光二十二年。又《礼记训纂》四库备
要本序末署"时道光壬寅六月后学林则徐载拜谨序",尤为明证。

七月初一日,清廷命耆英、伊里布便宜行事,赋以投降全权。其"上谕"称:

> 如该夷所商在情理之中,该大臣等尽可允诺,惟当告以彼此商妥奏
> 明,即可施行,不必再有游移。

> (《道光朝筹办夷务始末》卷五七,页三三)

七月初二日,清廷命牛鉴通知英人:

> 告以耆英、伊里布皆系亲信大臣,奉有谕旨,专办此事,只须两国商
> 量妥协,该大臣等即可定议,并无游移。

> (《道光朝筹办夷务始末》卷五七,页三七)

七月初四日左右,英国侵略军大小船只八十余只,齐集江宁,并声言初六

日开战以胁降。(《道光朝筹办夷务始末》卷五八,页三〇)

七月初五日,清廷进一步表示一意投降的态度说:

> 两载以来,沿海生民,突遭蹂躏,朕心实所不忍。与其兵连祸结,何如息事安民。是以迭经密谕该大臣等,设法羁縻以全民命,以朕万不得已之苦衷,谅该大臣等必能善体朕意,期于有成。著即遵照前旨,妥为筹办,不必他有顾虑也。

(《道光朝筹办夷务始末》卷五八,页二至三)

七月初六日,林则徐自西安出发赴戍伊犁,从此开始,每日备纪行程,至十一月初十日在戍所派职事止,写成《荷戈纪程》一卷。他在登程时赋《赴戍登程,口占示家人》诗二首。

> 出门一笑莫心哀,　浩荡襟怀到处开。
> 时事难从无过立,　达官非自有生来。
> 风涛回首空三岛,　尘壤从头数九垓。
> 休信儿童轻薄语,　嗤他赵老送灯台。见《归田录》
>
> 力微任重久神疲,　再竭衰庸定不支。
> 苟利国家生死以,　岂因祸福避趋之。
> 谪居正是君恩厚,　养拙刚于戍卒宜。
> 戏与山妻谈故事,　试吟断送老头皮。宋真宗闻隐者杨朴能诗,召对,
> 问:此来有人作诗送卿否?对曰:臣妻有一首云:"更休落魄耽杯酒,且莫猖狂爱咏诗。今日捉将宫里去,这回断送老头皮。"上大笑,放还山。东坡赴诏狱,妻子送出门,皆哭。坡顾谓曰:子独不能如杨处士妻作一首诗送我乎?妻子失笑,坡乃出

(《林则徐全集》第六册,诗词页二〇九)

林则徐的这两首诗,一方面以"浩荡襟怀"安慰家人"莫心哀",同时更重要的是,他高诵"苟利国家生死以,岂因祸福避趋之"的诗句,把生死祸福一概弃之度外,标示其人生目的。这一联句成为垂之久远、激励人心的名句。

当时,林则徐的朋友和门人对林的得罪遣戍颇感不平,很有为林鸣冤的打算。李元度曾采此事入林传中说:

> 有门下官于陕,迎谒公,窃为不平,见公谈笑自若,不敢言。退谒郑夫人曰:"甚矣!此行也。"夫人曰:"子毋然,朝廷以汝师能,举天下大局

付之,今决裂至此,得保首领,天恩厚矣。臣子自负国耳,敢惮行乎?"

(李元度:《林文忠公事略》,见《国朝先正事略》卷二五)

林则徐西行,在随带行李中,有大量书籍和纸帛,还有一些重要的译稿,可以看出他不同于一般风尘俗吏。

大车七辆,载书二十篋曰:"东壁图书府,西园翰墨林,诵诗闻国政,讲易见天心。"余皆公卿求书绫绢宣纸也。

(郭柏苍:《竹间十日话》卷六)

[按] 林则徐二十篋书编字似有所据。乾隆时福建目录学家郑昌英曾刻徐𤊹《红雨楼题跋》、家藏图书数万卷于"汪韩居",以二十厨贮书,即以"东壁图书府,西园翰墨林,诵诗闻国政,讲易见天心"二十字为次。(缪荃孙:《重编红雨楼题跋》跋)又林昌彝《射鹰楼诗话》卷一说林则徐出关,"载书数千卷"。林则徐或即忆此而编次。

[又按] 林则徐所带的这批译稿,召还时又带入关。

秋,林则徐在赴甘途中曾致函陕西抚标中军参将马辅相,论述制炮问题说:

闻省中现在商铸大炮,首赖尊处经理。此器不可不备,尤不可不精。前将弟所刻《炮书》托朱方伯(新夏按:指陕西布政使朱源灏)转送,谅经览入。其大要总在腹厚口宽,火门正而紧,铁液纯而洁,铸成之后,膛内打磨如镜,则放出快而不炸。知大才经画,自必合宜,若一时铁匠未即得法,先以铜铸亦可也。

(《林则徐全集》第七册,信札页三一五)

七月初七日,英人提出胁降要求:①赔款二千一百万圆,本年先交六百万圆;②割香港;③广州、福州、厦门、宁波、上海五口通商;④往来平等。(《道光朝筹办夷务始末》卷五八,页三四)耆英等准备接受。

七月初八日,林则徐到达乾州,"夜大雨如注,戌至丑始稍息。旅馆积水成渠,滚入床下,亟呼仆疏消之,墙屋多圮,不能成寐"。(《林则徐全集》第九册,日记页四六五)直至十一日始启行,二子聪彝、三子拱枢随行,长子汝舟是词臣,照例不准出关,父子在此相别,林则徐特写《舟儿送过数程犹不忍别,诗以示之》诗劝慰汝舟。诗中有句云:

三男两从行, 家事独赖汝。

520

汝亦欲我从，	奈为例所阻。词臣例不准请假出关
兹来已数程，	再远亦何补。
忍泪临交衢，	执手为汝语：
汝父虽衰龄，	余勇或可贾。
平生一念愚，	艰危辄身许。
过涉占灭顶，	坎壈乃自取。
斧锁犹可甘，	况仅魑魅御。
朝廷宽大恩，	荷戈赴边圉。
天其重要荒，	吾岂惮行旅。
行矣勿欷歔，	汝归保门户。
汝母久尪羸，	护持慎寒暑。
知汝素性恬，	无心恋圭组。
仕止随所遭，	修为力须努。
语言讷鲜失，	人事忍为主。
我其归首丘，	汝勿忘在莒。
虽有今日离，	犹期他日聚。
岂学谢几卿，	枉赴新亭渚。

（《林则徐全集》第六册，诗词页八五）

[**按**]　刘存仁《笃旧集》卷一录此诗，题作《出关别长儿》。

七月初八日，清廷再次谕令耆英等"设法羁縻，迅速将此事了结，一切不为遥制"。（《道光朝筹办夷务始末》卷五八，页一四）

七月初九日，耆英派咸龄、黄恩彤等乘夜出城，至英船议订条件。（《道光朝筹办夷务始末》卷五九，页一）

七月初九、初十日，靖江人民展开反英斗争。时人谢兰生撰《靖江纪事》详记始末。（《鸦片战争末期英军在长江下游的侵略罪行》，页三五四至三五五）

七月十二日，清廷准许伊里布戴头品顶翎为议和代表。（《道光朝筹办夷务始末》卷五八，页三三）并命耆英"权宜应允"英军所提条款。（《道光朝筹办夷务始末》卷五八，页三三、页三五至三六）

七月十四日，林则徐行抵甘肃泾州，当晚写信给友人刘建韶，报告旅途情况，并对镇江失守的消息感到"令人滋切愤忧"。（《林则徐全集》第七册，信札页三

〇一)

七月十五日,耆英至英船与璞鼎查会谈。(《道光朝筹办夷务始末》卷五九,页三一)

七月十六日,林则徐行抵平凉白水驿,获悉次子聪彝于十二日得一子,为林则徐的长孙,取名贺峒。(《林则徐全集》第九册,日记页四六八)林则徐为此写诗志喜。

> 仳离家室寄长安, 闻苗孙枝稍自宽。
>
> 撰杖子能供啜菽,彝儿随余赴戍 持门妇恰报征兰。
>
> 见儿作父吾知老, 待汝成人古已难。用范乔语
>
> 正向崆峒倚长剑, 咳名频展贺书看。家人以书来贺,适行过崆峒,因名之日贺峒

(《林则徐全集》第六册,诗词页二一〇)

七月十六日,清廷根据大理寺少卿金应麟的造船建议,即命奕山"购备坚实木料赶紧造"。(《道光朝筹办夷务始末》卷五八,页四七)

七月十七日,清廷决定对英方要求"无不允准"。(《道光朝筹办夷务始末》卷五九,页三至五)

七月十八日,在平凉白水驿,寄家书,一为长孙取名事,一为关心江南战局。

> 看来逆夷竟不歇手,不止据有江以南而已。究竟扬州、清江等夷情如何?如有的确信息,可即寄来。日来陕省铸炮之举有无头绪?可查访及之。

(《林则徐全集》第七册,信札页三〇三)

七月十九日,耆英与璞鼎查在江宁城外静海寺再次晤面。(《道光朝筹办夷务始末》卷五九,页三二)

七月二十日,镇江流言起用林则徐。此虽非事实,但也反映林则徐在人民心目中的地位。

> 时到处讹语:"北来大兵数万,朝廷起林则徐,赐上方剑,总制四省。兵已渡淮,且至扬州矣。"

(《鸦片战争》Ⅲ,中国近代史资料丛刊,页八七)

[按] 这种传言当时流传较广。如吴嶔的《金陵感事》诗第一首的自注

中说:"夷据瓜洲,遂进逼江宁……有讹传林少穆制府复起督师者。"(《鸦片战争》Ⅱ,中国近代史资料丛刊,页三五〇)

七月二十一日,耆英等在江宁城内接受英国侵略者的"城下之盟",确定了具体条款。(《道光朝筹办夷务始末》卷五九,页三九)

七月二十四日,耆英、伊里布等在英国军舰"康华丽"(Cornwollis)号上签订了我国第一个不平等条约——《江宁条约》十二条。主要内容有:割让香港、开放五口、协定关税和赔款二千一百万元等项。(《道光朝筹办夷务始末》卷五九,页四三至四六;《中外约章汇编》)

当时,给事中董宗远曾上疏力陈和议不便,坚决求战。董在奏疏中提出了和议的"四患",即"国威自此损矣,国脉自此伤矣,乱民自此生心矣,边境自此多事矣"。并且逐条分析了"四患"。奏疏中指斥投降派是"但求目前苟安,绝不为国家久远之计"。因此,主张"简任上将,速发大兵,任用王亲,大申挞伐;并飞谕江苏、安徽、江西各抚臣,带领精兵,三路堵截,四面合围,解省城目下之倒悬,恢各属已失之境土"。这份奏疏代表了当时一部分反对投降、反对和约、主张抵抗的意见和要求。它是鸦片战争时期的一份重要文献,但却被清官书所摒弃。梁廷枏《夷氛闻记》卷四自注中收录此奏。一方面可以反映梁廷枏的政治态度,另一方面也可见此疏流传较广。清廷终以投降势力的抬头,悍然不顾其他意见,全部接受了第一个丧权辱国的不平等条约。

七月二十六日,清廷对英方提出的条约内容,"均准照议办理"。(《道光朝筹办夷务始末》卷五九,页三四)

七月二十九日,林则徐抵达兰州,自督抚以下文武官员皆来迎。八月初七日离兰继续西行。林则徐在居兰的一句期间,曾与陕甘总督富呢扬阿和其他重要官吏程德润(玉樵)、王兆琛(西舶)、唐树义(子方)等酬酢往还,并题诗作字。诗有《题富海帆督部(富呢扬阿)韬光蜡屐图》、《题海帆松荫补读图》、《留别海帆》、《程玉樵方伯(德润)饯余于兰州藩廨之若己有园,次韵奉谢》、《题唐子方观察(树义)梦砚图》。其中某些篇章和诗句表达了他的反侵略思想和对外国侵略的预见。有的诗提醒人们不要被"狼贪今渐戢"的表面现象所迷惑(实际上这时正是英军步步进逼而不是渐戢的时候,林则徐可能由于消息闭塞而听了传闻),要"须防蚕食念犹纷",多多考虑如何增强国防,特别强调"须防蚕食",这是提醒人们警惕侵略者得寸进尺的野心,如写给程玉樵

的《程玉樵方伯(德润)饯余于兰州藩廨之若己有园,次韵奉谢》诗,其第二首说:

> 我无长策靖蛮氛, 愧说楼船练水军,
>
> 闻道狼贪今渐戢, 须防蚕食念犹纷,
>
> 白头合对天山雪, 赤手谁摩岭海云,
>
> 多谢新诗赠珠玉, 难禁伤别杜司勋。

(《林则徐全集》第六册,诗词页二一〇)

[按] 据日记载,程玉樵邀宴在八月初四日,此诗当作于是日。诗共二首,前一首咏名园、谢主人;后一首即所录,为自抒怀抱之作。

又如《留别海帆》诗,抒写与富呢扬阿二十年来的交往友谊与解衣推食的情意以及忧怀国事,慷慨论兵,长夜话别的依依之情,其第二首称:

> 节府高楼跨夹城, 玉泉山色大河声。
>
> 开筵东阁图书满, 剪烛西堂鼓角清。
>
> 慷慨论兵忠愤气, 殷勤赠别解推情。
>
> 近闻江海销金革, 休养资公翊太平。

(《林则徐全集》第六册,诗词页二一一)

七月,魏源撰成《圣武记》十四卷。魏源是在缅怀清朝统治者镇压人民起义的"武功"和有感于外国侵略者的"海警沓至"的心情而著《圣武记》的。他写此书的目的为使中国"物耻足以振之,国耻足以兴之"。因遭受外侮而要求振兴,这是反抗侵略的进步思想,但他憧憬的却是过去统治者镇压人民起义"武功"的盛世,这又是维护封建政权的落后思想。《圣武记》中有《道光洋艘征抚记》较为翔实地记载了鸦片战争的史事,近人姚薇元对它详加考订,写成《鸦片战争史实考》。

[按] 《道光洋艘征抚记》的作者一直为人们认为是魏源,姚薇元氏撰考订时也定为魏源所作。师道刚氏曾撰《关于〈洋务权舆〉一书》一文,对《征抚记》的作者提出疑问。师文认为:"《征抚记》是以《洋务权舆》为祖本而加以演变增删而成者,绝不会是魏源的著作",而"这个错误的关键应归咎于申报馆《圣武记》排印本的传播。……申报馆的编书者没有看到《洋务权舆》的刻本,而只见到《夷艘入寇记》一类几经传抄者增删的后期钞本,改题为《道光洋艘征抚记》附于《圣武记》之后。申报馆的排印本流行很广,而《洋务权舆》又湮

没无闻,于是这个错误就一直沿袭到今日"。(1959 年 9 月 8 日《史学》第 169 号)附此备考。

八月上旬,林则徐居兰州时有《致姚椿、王柏心》函,除详述办理禁烟原委及对近三年行事颇致愤慨外,并提出御敌之法。由于这是私人往来的函件,所以内容较少顾忌,可以看到林则徐在政治上失败后的愤懑心情。而尤其值得注意的是林则徐根据实践斗争经验,对敌我双方的实力进行了分析,提出了"器良技熟,胆壮心齐"的剿夷八字要言。他在信中首先较详细地叙述了禁烟原委说:

> 徐自亥年赴粤,早知身蹈危机。所以不敢稍避者,当造膝时,训诲之切,委任之重,皆臣下所垂泣而承者,岂复有所观望? 及至羊城,以一纸谕夷,宣布德威,不数日即得其缴烟之禀。禀中既缮汉文,复加夷字,画夷押,盖夷印,慎重如彼,似可谓诚心恭顺矣(原注:原禀进呈,现存枢省)。遂于虎门海口收烟,徐与夷舶连樯相对者再阅月。其时犬羊之性,一有不愿,第以半段枪加我足矣。何以后来猖獗诸状独不施诸当日? 且毁烟之时,遵旨出示,令诸夷观看,彼来观者,归而勒成一书,备记其事,是明知此物之当毁,亦彰彰矣。收缴之后,并未罪其一人,惟谕以宽既往,儆将来,取其切结,以为久远通市之法度。它国皆已遵具,即嘆国人亦已取具数结。惟义律与积惯卖烟者十余人屡形反复,致与舟师接仗,我师迭挫其衄,彼即禀恳转圜。是冬明奉上谕,禁其贸易,且迭荷密旨:"区区税银,不足计较。"徐曾奏请彼国已具结者仍准通商,奉谕:"究系该国之人,不应允准。"钦此。此办理禁烟之原委也。

其次,林则徐在信中又叙述了三年来的抗英状况说:

> 嘆夷兵船之来,本在意中,徐在都时面陈者,姑置勿论,即到粤后,奏请敕下沿海严防者,亦已五次,各省奉到廷寄,率皆复奏,若浙中前抚军,则并胪列六条入告矣。定海之攻,天津之诉,皆徐所先期奏闻者。庚子春夏间,逆夷添集兵船来粤,徐已移督两广,只有添船雇勇,日在虎门操练,以资剿堵。而逆艘之赴浙,有由粤折去者,亦有未至粤而径赴浙者。是秋知有变局,徐犹自陈赴浙收复定海,而未得行。于是羊城杜门省愆,不敢过问。迨和议不成,沙角、虎门先后失守,不得已仍自雇水勇千人,拟别为一队。未几奉有赴浙之命,遂以离粤,彼四月间事,固徐所未闻

也。到浙兼旬,奉文遣戍,行至淮扬,蒙恩改发河工效力。自八月至今年三月,乃复西行。此三年来踪迹之大略也。

林则徐在信中表露了自己忧心国事的心情,并对双方对阵进行了战术分析说:

自念祸福死生,早已度外置之,惟逆焰已若燎原,身虽放逐,安能诿诸不闻不见?润州(新夏按:镇江)失后,未得续耗,不知近日又复何拟?愈行愈远,徒觉忧心如焚耳。窃谓剿夷而不谋船、炮、水军,是自取败也。沿海口岸防之已不胜防,况又入长江与内河乎?逆夷以舟为窟宅,本不能离水,所以狼奔豕突,频陷郡邑城垣者,以水中无剿御之人、战胜之具,故无所用其却顾耳。……水中之船无定位者也。彼以无定攻有定,便无一炮虚发。我以有定攻无定,舟一躲闪,则炮子落水矣。彼之大炮远及十里内外,若我炮不能及彼,彼炮先已及我。是器不良也。彼之放炮,如内地之放排枪,连声不断,我放一炮后,须辗转移时,再放一炮,是技不熟也。

林则徐在分析双方战阵形势后,还提出了他的"器良技熟,胆壮心齐"的八字对策,并作了一定的分析,说:

徐尝谓剿夷有八字要言:器良、技熟、胆壮、心齐而已。第一要大炮得用,今此一物置之不讲,真令岳、韩束手,奈何!奈何!……徐前年获谴之后,尚力陈船、炮事,若彼时专务此具,今日亦不至如是棘手。为今之计,战舡制造不及,惟漳、泉、潮三郡民商之舡,尚可雇用。其水军亦须于彼募敢死之士,缘其平日顶凶舍命,有死无生,今以重资募其赴敌,尚有生死两途,必能效命。次则老虎颈之盐船与人,亦尚可以酌用,但须善于驾驭耳。逆艘深入险地,是谓我中原无人也。若得计得法,正可殄灭无遗,不然咽喉被梗,岂堪设想耶?……

(《林则徐全集》第七册,信札页三〇四至三〇七)

[**按**] 《林则徐信稿》页三至五收此函,唯内容文字与《林则徐书全集》本所收出入较多,自八字要言一段至函末,《信稿》本均无。

林则徐在这封信中还附入给姚、王的答诗各一首。一首是《次韵答姚春木》:

时事艰如此,　　凭谁议海防。

已成头皓白,　　遑问口雌黄。

　　　绝塞不辞远，　　中原吁可伤。

　　　感君教学易，　　忧患固其常。

（《林则徐全集》第六册，诗词页二一一）

另一首是《次韵答王子寿（柏心）》：

　　　太息恬嬉久，　　艰危兆履霜。

　　　岳韩空报宋，　　李、郭或兴唐。

　　　果有元戎略，　　休为谪宦伤。

　　　手无一寸刃，　　谁拾路旁枪。

（《林则徐全集》第六册，诗词页二一二）

　　八月初二日，清廷批准《江宁条约》。（《道光朝筹办夷务始末》卷五九，页四六）

　　八月十二日，林则徐行抵甘肃古浪县。县令陈世镕，安徽怀宁人，工诗古文，由于仰慕林则徐，离城三十余里迎候，陪同入县，盘桓终日。陈世镕为林则徐题写了《题林少穆制军关陇访碑图》、《题林少穆制军边城伴月图》。（陈世镕：《求志居集》卷一二）

　　［按］　陈世镕字大冶，一字雪楼。怀宁人，道光乙未（十五年）进士。历任甘肃陇西、岷州、古浪等州县。卒年八十七岁。有诗集二十卷、文集十六卷及其他著作多种行世。

　　八月十四日，林则徐至凉州。同乡后辈郭柏荫任甘凉道，遂应邀住甘凉道署中，连日作字并在此整顿行装，换雇大车。二十一日，"雇大车七辆，直至乌鲁木齐，计程四十八站，每辆价银五十六两。是日已将行李俱装上车矣"。（《林则徐全集》第九册，日记页四七五至四七六）

　　八月十五日，林则徐在凉州客舍借读陈世镕《求志居诗稿》稿本，并在稿本扉页题"道光壬寅中秋林则徐借读于凉州客邸"。

　　［按］　林则徐在题记的"则徐"二字上钤有"少穆"阳文长方章。

　　［又按］　林所读《求志居诗稿》四卷，清稿本二册，除林题记外，尚有蒋湘南题款，九行二十一字无行格，篇末及书眉录有陶澍、魏源等评语。内容为陈世镕任古浪知县前的诗作。原为武威李铭汉旧藏，现藏甘肃省图书馆。

　　同晚，林则徐写答陈德培诗七律四章，题为《子茂簿君自兰泉送余至凉州，且赋七律四章赠行，次韵奉答》。诗中一方面安慰对方失意，另一方面也表示自己始终没有忘怀于御敌。虽然自己和反侵略的战场已远隔关山万里，

· 527 ·

但仍在梦中听到前方的战鼓声,热切地希望能殄灭小丑,使国家安定下来。诗中写道:

弃璞何须惜卞和, 门庭转喜雀堪罗。
频搔白发惭衰病, 犹剩丹心耐折磨。
忆昔逢君怜宦薄, 而今依旧患才多。
鸾凰枳棘无栖处,
七载蹉跎奈尔何。子茂来甘肃应即补官,而七年未有虚席

送我西凉浃日程, 自驱薄笨短辕轻。
高谭痛饮同西笑, 切愤沉吟似北征。
小丑跳梁谁殄灭, 中原揽辔望澄清。
关山万里残宵梦, 犹听江东战鼓声。

银汉冰轮挂碧虚, 清光共挹广寒居。是日中秋
玉门杨柳听羌笛, 金盎葡萄漾麹车。
临贺杨凭休累客, 惠州昙秀漫传书。
羁怀却比秋云澹, 天外无心任卷舒。

也觉霜华鬓影侵, 知君关陇历岖嵚。
纵然鸡肋空余味, 莫使龙泉减壮心。
晚嫁不愁倾国老, 卑栖聊当入山深。
仇香岂是鹰鹯性, 奋翼天衢有赏音。

（林则徐手迹,原件藏华东师范大学图书馆,
见《林则徐全集》第六册,诗词页二一四）

　　［按］　日记七月二十六日,林则徐行至甘肃安定县,"陈子茂主簿（德培）迎至此",一直陪送林西行。八月二十二日,"林离凉州","子茂送至此与之共饭而别"。此时长江南岸之上海、镇江失守消息已传到,故有"犹听江东战鼓声"之句,念念不忘于抗敌之事。

　　［又按］　此诗见收于《云左山房诗钞》卷六,文字有出入,此依原件录入。原件署栎社散人林则徐漫草。

八月十五日,邓廷桢在伊犁获知林则徐将来戍所,特写诗怀旧说:

今年绝域看冰轮,　　往事追思一怆神!

天半碧风波万里,　　杯中明月影三人。道光己亥,余与少穆以筹海驻虎门,中秋之夕,偕军门关滋圃登沙角炮台望月,遂陟山之极巅

英雄竟污游魂血,滋圃以辛丑二月八日战殁于靖远炮台　　枯朽空余后死身。

独念高阳旧徒侣,　　单车正逐玉关尘。少穆亦戍伊犁,闻将出关

（《鸦片战争》Ⅱ,中国近代史资料丛刊,页五七六）

八月二十二日,林则徐离凉州,直奔乌鲁木齐。沿途道路欠佳,时遇风雨,行路困难。（《林则徐全集》第九册,日记页一六）

八月二十四日,林则徐到达永昌水泉驿收到三、四号家书,从中了解到中英"和议一事",又收到陕甘总督富呢扬阿抄来京信,所记"较为详细",在京友人江翊云也有信来;但又时隔多日无来信,所以才有"不知现在究何为也?"的挂念。（《林则徐全集》第七册,信札页三一二至三一三）

八月二十六日,林则徐于甘州山丹县。曾有《致刘源灏》,对和议形势抱有极大的忧虑。信中说:

江左之事,姑解燃眉,究不知后患何所终极,且不知目前果足应付否? 应付之后,又顾而之他否? 不敢设想也。

（《林则徐全集》第七册,信札页三一一）

[按]　刘源灏,字鉴泉,顺天府永清人。道光三年（1823年）进士,时任署山西按察使。

八月二十八日,到甘州府城张掖县。（《林则徐全集》第九册,日记页四七八）

八月,升平社学在广州城北石井之东建成新址。其下包括十三社八十余乡,后又有陆续参加的乡社。升平社学成立后,因社学事务发展,在江村等地又建升平公社为辅。分别由李芳、何有书等负责。参加社学团练的达数万人。其基本群众是农民、手工业工人、店员,还有一些爱国士绅,壮健可调用者不下万人。有一定的组织形式和训练方法。

仿轨里连乡之制,先以公正慷慨捐出公资,如力薄者公资其力,可无贫苦之民。次则户若单丁,不许入练,如有二三者听其一二入甲。出练按月两次。上赏银五两,次赏银三两,劣者剔去。得百名为一甲,并八甲

为一总,设文武各一。并八总为一社,设文武各二。并八社为义勇,设文武各四。教习按皇朝八旗之制,各守方向,不许紊乱。有事则八面围剿,无事则各守农业。义勇司公饷,发与各社,各社拨各总,各总给与各甲。有事则支公饷,无事则支月给之练赏。一、习练挡避枪炮滚遁截杀法。二、连珠枪炮飞击法。三、喷筒飞箭横截法。四、下海焚击伏水法。五、各路探听飞报法。六、各隘守截暗诱法。七、司造各式利器法。八、蛮勇者各方听遣飞走法。各甲习练八法,不许滋事。

（《粤东义勇檄文》,见 1951 年 3 月 31 日天津《进步日报》）

［按］ 此檄文即钱江、何大庚所作《全粤义士义民公檄》,当时流传甚广。《广东夷务事宜》、《平夷录》、《鸦片战争史料》、《入寇志》、《鸦片战争文件丛钞》均载之。《鸦片战争》（中国近代史资料丛刊）所收系《广东夷务事宜》本。惟均缺此段内容,疑系钱、何原为升平社学所撰,所以有关于社学的组织和训练办法的内容。后来准备推动全粤人民的反抗斗争,仍用此檄,而删去有关社学的一般内容。

［又按］ 投降派针对人民反投降的舆论抛出了鼓吹投降有理的《辟俗论》,为道光、琦善的投降行为辩解,诬陷林则徐等的爱国行动。（见佐佐木正哉:《鸦片战争の研究・资料篇》,页二九四至二九九）

秋,在去甘肃途中,有《致马辅相》函,议论东南军务。

弟虽西出玉门,而回念东南军务,寝食难安。闻省中现在商铸大炮,首赖尊处经理。此器不可不备,尤不可不精。前将弟所刻《炮书》托朱方伯转送,谅经览入。其大要总在腹厚口宽,火门正而紧,铁液纯而洁,铸成之后,膛内打磨如镜,则放出快而不炸。知大才经画,自必合宜,如一时铁匠未即得法,先以铜铸亦可也。

（《林则徐全集》第七册,信札页三一五）

九月初一日,林则徐行至甘州抚彝城,听到订《江宁条约》的消息。当晚,在致郑夫人及汝舟的《家书》中慨叹"江南纳贿议和之事,逆番（夷）尚不肯休,然则又将如何,殊不堪设想矣"。（《林则徐全集》第六册,信札页三一二至三一三）

九月初二日,林则徐经高台县,对县境农业状况,颇表满意。

自入高台境内,田土腴润,涧泉流处皆有土木小桥,树林葱蔚,颇似南中野景。其地向产大米,兼多种秫,顷已刈获,颇为丰稔。

(《林则徐全集》第九册,日记页四七九)

九月初五日,林则徐行至肃州,受到当地官员的远迎,停留二日。在此收到邓廷桢从伊犁的来信,说已代为觅妥住处,于是赋《将出玉关,得嶰筠前辈自伊犁来书,赋此却寄》诗寄邓。诗中对二人在粤的行事认为千秋自有论定,对个人得失和在戍途中所遭遇到的困苦则表示了弃之度外而一以国事为重的态度。诗中写道:

与公踪迹靳从骖,　　绝塞仍期促膝谈。

他日韩非惭共传,　　即今弥勒笑同龛。

扬沙瀚海行犹滞,　　啮雪穹庐味早谙。

知是旷怀能作达,　　只愁烽火照江南。

公比鲰生长十年,　　鬓须犹喜未皤然。

细书想见眸双炯,公年垂七十,作小字不用硬磑,昨枉来教,细书愈为精妙

故纸难抛手一编。来书云然

傲屋先教烦次道,来示许为觅屋

携儿也许学斜川。昔坡公以三子叔党随至谪所,今公与余各携少子出关

中原果得销金革,　　两叟何妨老戍边。

(《林则徐全集》第六册,诗词页二一五至二一六)

[按]　邓廷桢收到此诗后,有和诗二章,也表述了二人同甘苦和不计功利,始终不以过去行事为谬的坚定态度,并念念不忘东南局势而将个人功过付之后世。诗中写道:

天山冰雪未停骖,　　一纸书来当剧谈。

试诵新诗消酒盏,　　重看细字对灯龛。

浮生宠辱公能忘,公有印章曰宠辱皆忘　　世味咸酸我亦谙。

闻道江乡烽燧远,　　心随孔雀向东南。

相从险难动经年,　　莫救薪中厝火然。

万口褒讥舆论在,　　千秋功过史臣编。

消沈壮志摩长剑,　　荏苒余光付逝川。

531

惟有五更清梦回，　　舳棱祇傍斗枢边。

（《鸦片战争》Ⅱ，中国近代史资料丛刊，页五七六）

九月初七日，林则徐至嘉峪关。次日出关。初十日过玉门。林则徐于初八日有《出嘉峪关感赋》诗四章。

严关百尺界天西，　　万里征人驻马蹄。

飞阁遥连秦树直，　　缭垣斜压陇云低。

天山巉削摩肩立，　　瀚海苍茫入望迷。

谁道崤函千古险，　　回看只见一丸泥。

东西尉侯往来通，　　博望星槎笑凿空。

塞下传笳歌敕勒，　　楼头倚剑接崆峒。

长城饮马寒宵月，　　古戍盘雕大漠风。

除是庐〔卢〕龙山海险，　　东南谁比此关雄。

敦煌旧塞委荒烟，　　今日阳关古酒泉。

不比鸿沟分汉地，　　全收雁碛入尧天。

威宣贰负陈尸后，　　疆拓匈奴断臂前。

西域若非神武定，　　何时此地罢防边。

一骑才过即闭关，　　中原回首泪痕潸。

弃襦人去谁能识，　　投笔功成老亦还。

夺得胭脂颜色澹，　　唱残杨柳鬓毛斑。

我来别有征途感，　　不为衰龄盼赐环。

（《林则徐全集》第六册，诗词页二一六）

〔**按**〕　林则徐将出嘉峪关赴戍伊犁，立马关前，放眼河山，纵临千载，禁不住发出无限感慨。诗中写出了嘉峪关的威严雄壮，赞颂了汉武帝的统一事业，表达了对立功西域的张骞、班超的景仰之情，也抒发了盼望早日获释召还入关的愿望。全诗气魄豪放，笔墨饱满，洋溢着热烈而深沉的爱国情感。诗用平易的语言，对西北关山的雄伟壮丽和塞外风光的苍茫辽阔，倾情描述。写景抒情融为一体，格律完整而又贴切，不愧为杰出的登临怀古诗章。

[按]　林昌彝《射鹰楼诗话》卷一评此诗说："风格高壮，音调凄清，读之令人唾壶击碎；然怨而不怒，得诗人温柔敦厚之旨。"

林则徐还在《日记》中对嘉峪关作了较详细的描述说：

余策马出嘉峪关，先入关城。城内有游击、巡检驻扎。城楼三座，皆三层，巍然拱峙。关内设有号房，登记出入人数。一出关外，见西面楼上有额曰"天下第一雄关"，又路旁一碑亦然。近关多土坡，一望皆沙漠，无水草树木，稍远则有南北两山，南即雪山，北则边墙，外皆蒙古及番地耳。

（《林则徐全集》第九册，日记页四八一）

林则徐在玉门还写了《有感》诗，咏戍途凄凉困苦之状。诗中说：

脂山无片脂，　　玉门不生玉。

荒戍几人家，　　如棋剩残局。

蚊蚋噬我肤，　　尘沙扑我面。

夜就毡帐眠，　　孤灯闪如电。

（《林则徐全集》第六册，诗词页八八）

林则徐出关后到哈密止，路途艰困，《日记》中曾有所记录，如：

（十二日）七道沟，有旅店数家，因就店中为粥而食。

（十五日）自安西以西，路皆沙碛，往往数十里无水草，碎沙之下实有石底，车行戛戛有声。……夜在车中宿。

（十八日）星星峡……向为宿站，而无旅馆，仅大小两店，皆甚肮脏，借隔邻土屋吃饭，夜在车宿。此地间于山峡阴气萧森，居民仅九家。

（十九日）出峡皆石路，且多自上而下，车颠甚。

（《林则徐全集》第九册，日记页四八三至四八五）

林则徐曾就沿途所经见的塞外风光，写成《戏为塞外绝句》十首：

裨海环成大九州，　　平生欲策六鳌游。

短衣携得西凉笛，　　吹彻龙沙万里秋。

雄关楼堞倚云开，　　驻马边墙首重回。

风雨满城人出塞，重阳前一日出关

黄花真笑逐臣来。黄花笑逐臣，太白流夜郎句也路出邮亭驿铎鸣，　　健儿三五道旁迎。

谁知不是高轩过，　　阮籍如今亦步兵。

携将两个阿孩儿，　　走马穿林似衮师。彝、枢两儿俱好驰马

不及青莲夜郎去，　　拙妻龙剑许相随。

沙砾当途太不平，　　劳薪顽铁日交争。

车箱簸似箕中粟，　　愁听隆隆乱石声。

天山万笏耸琼瑶，　　导我西行伴寂寥。

我与山灵相对笑，　　满头晴雪共难消。

古戍空屯不见人，　　停车但与马牛亲。

早旁一饭甘藜藿，　　半咽西风滚滚尘。

经丈圆轮引轴长，　　车如高屋太昂藏。

晚晴风定搴帷坐，　　似倚楼头看夕阳。

仆御摇鞭正指挥，　　忽闻狂吼慑风威。

前山松径低迷处，　　无翅牛羊欲乱飞。

百里荒程仅一家，　　颓垣半没乱坡斜。

无端万斛黄尘里，　　偏著一枝含笑花。塞外土妓近年始多

（《林则徐全集》第六册，诗词页二一七至二一九）

　　这些诗虽多咏叹戍途艰辛，但也有寓意深远之作，如其中第五首表面上是咏道路不平行路难，实际上确有寓意。他对小人（砂砾）当道深感不平，宦海中的互相倾轧，自己好像箕中粟那样任人摆弄。即使如此，他还在忧虑使整个社会不安定的"乱石声"。

　　九月十四日清晨，林则徐到安西州城，署州牧黄文炳（字啸村，安徽桐城人，本任宁州）郊迎，会晤于行馆。黄"好兵法，自造飞铃火箭，出以相示"；林

则徐还"阅其去冬禀请从军之稿",肯定黄"亦有志之士也"。(《林则徐全集》第九册,日记页四八三)

九月十四日,林则徐行抵安西州,夜,写信给北京友人江翊云,对江宁订约一事感到"愤懑",并重申其防海主张说:

> 昨行至肃州。又从海帆制军处寄到七月二十九日所惠手翰。荷承三兄大人于直务百忙之际,犹时时念注远人,肫拳慰问。而且详示累纸,俱出亲书,俾沙漠尘踪,不致竟成聋聩,其为铭刻,岂复可以言宣。前与子方谈及春明友人,大都应酬门面,而阁下谊敦古处,独能推置腹心,不渝终始,诚所谓久要不忘者,今时实所罕觏。……
>
> 南中事竟尔如许(新夏按:指江宁订约事),人心咸知愤懑,而佥谓莫可如何。恬嬉久矣,可胜浩叹!来书薪胆之言,不识在廷皆能存此心,行此事否?船、炮、水军之不可缺一,弟论之屡矣。犹忆庚秋获咎之后,犹复附片力陈,若其时尽力办此,今日似亦不至如是束手。今闻有五省造船之议,此又可决其必无实济。果得一二实心人便宜行事,只须漳、泉、潮三处濒海地方,慎密经理,得有百船千炮,五千水军,一千舵水,实在器良技熟,胆壮心齐,原不难制犬羊之命。今之事势全然翻倒,诚不解天意如何,切愤殷忧,安能一日释耶?

(《林则徐全集》第七册,信札页三一三)

[按]　此函未署受信人,据《林则徐日记》九月十五日记称:"封第十号家信,托安西州邮封递与富海帆,转递陶子俊处。附复富海帆、陶子俊、江翊云、唐子方、鄂云甫、朱恕斋、长松亭、德润之八缄",是函当为此八函中之一。具体受信人,据《林则徐书简》增订本收录时订为《致江翊云》(页一九六至一九七)。杨国桢《林则徐手札十则补注》一文考订受信人为江翊云。(《故宫博物院院刊》1980年第3期)现采其说。《全集》本作《致江鸿升》。并注称:"江鸿升,字翊云,福建闽县人。道光九年(1829)进士,时在京任职"。

[又按]　信中所称"附片力陈"即指道光二十年八月所上《密陈办理禁烟不能歇手片》。所称"五省造船之议"指七月壬戌大理寺少卿金应麟上奏西洋造船法不过是"中国之绪余耳",主张在木材产地四川、湖广(湖北、湖南)、福建、广东五省分别造船。金应麟又从古书上抄了子母舟、连环舟、楼船、走舸等,认为照此变通推广,由五省赶造,则"川广之船,足以制江,闽、粤之船,可

以防海"，则"蕞尔夷人，有不足平者矣"。(《道光朝筹办夷务始末》卷五八，页四三至四七)

九月十四日，两江总督牛鉴革职拿问，以耆英继任。召奕山来京，以伊里布为钦差大臣兼广州将军，办理善后事宜。(《道光朝筹办夷务始末》卷六一，页二五)

九月十八日，召奕经、文蔚来京。(《道光朝筹办夷务始末》卷六一，页二八)

九月十九日，林则徐行至沙泉。"有居民数十家，向为宿站，亦无行馆，就旅店卸车作饭。此店比昨日差不恶，而除土炕外别无一物。沿途之店大抵皆然，幸自带绳凳、活几，勉聚一餐。此处水咸，昨在马连［莲］井购一葫芦，贮水而来；因星星峡与小红柳园之水俱尚可饮，故至此始用之。是晚风愈大，夜大雪，积厚四五寸。"(《林则徐全集》第九册，日记页四八五)

九月二十三日，林则徐行至哈密，在《日记》中对哈密的历史、地理、社情与行旅路程作了详细记述。

哈密本汉伊吾卢也，置宜禾郡尉，唐为伊州，后陷于土番，元代入版图，明为哈密卫；今其地土润泉甘，田多树密，可谓乐土；惟田归回民耕种，入其粮于回王，满、汉官民皆无与焉。土城甚小，办事大臣及协办大臣同署，余则一通判、一副将、一巡检，皆住城内。其回城距此城约五里，回王府在焉。城内及附近回民约万余户，男戴印花小帽，女穿红衣，土人呼为缠头。其语与华言大异，然能华言者亦多。自此而西南，大抵皆回地也。哈密距嘉峪关一千五百余里，本应作十八站行，此次连兼两程，故只行十六日耳。新疆南北两路，皆此分途，天山横亘其中，故有南、北祁连之称。祁连即天山，夷语谓之达般。北路过达般则至巴里坤，即镇西府城，附郭为宜禾县。凡赴古城、乌鲁木齐、库尔、喀喇乌苏、塔尔巴哈台、伊犁者，皆应取道于北。其西南达土鲁番，凡赴南之喀喇沙尔、库车、乌什、阿克苏、叶尔羌、和阗、喀什噶尔者，皆应取道于南。然北路过达般，其寒彻骨，且雪后路径难辨，倘有迷误，即陷于无底之雪海，故冬令行人虽往北路，亦多由土鲁番绕道；而中有十三间房一站，为古之黑风川，若起大风，车马皆可掀簸空中，则土鲁番一路，亦行人所惮。惟别有小南路一条，亦通古城、乌鲁木齐，其路较近。盖由哈密西南二百八十里之瞭墩（系往土鲁番之大路）分途往北，既避北路达般之雪，又避南路十三间房之风,行人无不乐于由此过。闻宜禾县令不许商旅行小南路,并将此路小店拆毁一空,故中间有四站无店可住,并新建关圣庙亦被毁去;俄而宜禾地震半月之久,城垣、衙署半就倾圮,县令始悔拆庙之非,此本年六七月间事也。顷闻小南路往来行人仍复不少,是以余亦决计由此而行,特㮣缕识之如右。

(《林则徐全集》第九册,日记页四八六至四八七)

九月二十四日,林则徐应御者请,在哈密停留一日,"以养马力",因此,"求书者坌集,竟日作字"。(《林则徐全集》第九册,日记页四八七)

九月二十五日,林则徐离哈密启程往乌鲁木齐,"过回城,入城一观,其王府高出城巅。闻回王名百善,封此四十余年矣。行三十里有一土屋,无村名,小停为食。又四十里头堡,有土城,城内回民百余户,城外汉民二十余户。投旅店中为食,夜宿车中,此后大抵皆以乘舆为卧榻矣"。(《林则徐全集》第九册,日记页四八七)

九月二十七日,林则徐沿天山西南麓行进,"连日望见达般上积雪,一白连天",(《林则徐全集》第九册,日记页四八八)连想到自己因忧国操劳的满头白发和天山积雪一样,难以消除。他在走向暮年了。《塞外杂咏》十首中的第六首或即写于此时。

天山万笏耸琼瑶,　　导我西行伴寂寥,

我与山灵相对笑,　　满头晴雪共难消。

(《林则徐全集》第六册,诗词页二一八)

九月,林则徐对自己携带图书出关赴戍也很感得意,为此而写《载书出关》诗。

荷戈绝徼路迢遥,　　故纸差堪伴寂寥。

纵许三年生马角,　　也须千卷束牛腰。

疗饥字学神仙煮,　　下酒胸同块垒浇。

不改啸歌出金石,　　毡庐风雪夜萧萧。

(《林则徐全集》第六册,诗词页二一七)

十月初一日,林则徐停车在山峡中,因昨夜大雪,所以"雪积五六寸,四面全不辨路径",待阳光出来后始行,"而路中辙迹仍不可辨,且陂陀登降,峡路蜿蜒欲迷者屡矣",勉强行至白山子,因天色已晚,且又有店两家,人马俱疲,所以即住于此。次日,继续前行至奇台县所属大石头,"有行馆,甚完整",本拟稍息后再行,但又因"大雪纷集,遂住此,至夜雪积尺余,仍缤纷未已"。初三日,天晴启行,林则徐见到"高冈平原一白无际,马没蹄,人没踝"。(《林则徐全集》第九册,日记页四八八至四八九)这一雪景可能引动林则徐的诗兴,遂有《途中大雪》之作:

积素迷天路渺漫,　　蹒跚败履独禁寒。

埋余马耳尖仍在,　　洒到乌头白恐难。

空望奇军来李愬,　　有谁穷巷访袁安。

松篁挫抑何从问,　　缟带银环满眼看。

　　　　　　　　　　　　　　　(《林则徐全集》第六册,诗词页二一七)

[按] 此诗在杨国桢著《林则徐传》(增订本)中置于离安西到哈密前的途中(页四七二)。郑丽生笺注的《林则徐诗集》则定为当于十月初三日前后离哈密后途中所作。核之初三日所记"马没蹄,人没踝",与诗中"埋余马耳尖仍在,洒到乌头白恐难"之句,似有情景交融之痕,故应以郑说为是。

十月初五日,林则徐到奇台县木垒河,此地"商贾云集,田亩甚多,民户约五百家。……行馆颇宽敞"。次日到奇台县,"此地南关外,贸易颇多,田畴弥望,是日天暖,雪融成泥,路滑多水"。(《林则徐全集》第九册,日记页四八九)

十月初六日,广州发生烧"洋馆"斗争。当时当地人梁廷枏在所著《夷氛闻记》卷五记斗争经过甚详。

[按] 祁𡎴道光二十二年十二月丙戌奏(《道光朝筹办夷务始末》卷六四)及道光二十三年六月十二月奏(新夏按:原藏大高殿军机处档案)(见《鸦片战争》Ⅳ,中国近代史资料丛刊,页一九三)均作十一月初六日。此依梁廷枏说。

十月初七日,林则徐至古城,古城领队大臣全庆(小汀)来晤。古城"阛阓甚多,闻北口外之科布多等处,蒙古诸部均在此贸易。有满兵、汉兵两处土城,相距三里"。次日,由古城启行至济木萨,"沿途田亩连畦,村落相接,迥非戈壁可比。俗谚设哈密至乌鲁木齐有穷八站富八站,盖戈壁头以东之八站为穷,木垒河以西之八站为富也"。(《林则徐全集》第九册,日记页四九〇)

十月初七、初八日,升平社学群众二千人到省"保卫地方,防范侵略":

　　廿二年十月初六日发生火烧夷楼事件。初七日接到通知,调派二千人来省保卫。初八日踊跃齐集,执行防务。对保卫地方、防范侵略,极为得力。

(《广东人民三元里抗英斗争简史》,见1956年2月《近代史资料》)

但是,清廷不仅不加支持,反而杀人赔款以取媚外人。

十月十一日,林则徐到阜康县,一路上因"雪融后泥潦满涂,已费马力,且路多坎窞,车每陷入,一车陷则众车皆因而停,故自寅至亥始能抵次,而车之折轴脱幅,且不一而足,殊累人也"。(《林则徐全集》第九册,日记页四九一)

十月十三日,林则徐行至乌鲁木齐。此地满、汉二城,皆繁华之区,都统、道、州驻满城,提督驻汉城,相距约十里。(《林则徐全集》第九册,日记页三九一)

林则徐自哈密至乌鲁木齐途中"连遇三番大雪",虽行程稍阻,但致人信中仍表示"于田地得益良多"的喜悦态度,可见其对民生的关注。(《致长寿》,见《林则徐全集》第七册,信札页三一七)

林则徐到乌鲁木齐后,除当地官员来访谒外,还与在成的前东河同知高步月(榤庵)、前江西彭泽令黄濬(壶舟)等会晤。

林则徐收到邓廷桢九月二十一日发自伊犁的信件,告知已请理事厅丞庆辰(湘帆)代为觅定寓所。(《林则徐全集》第九册,日记页四九二)

十月十三日,士人钱江、何大庚撰《全粤义士义民公檄》,并镂板粘贴,攻击投降派的投降卖国政策,反对《江宁条约》,号召群众反抗,成为当时流传很广的一篇抗英揭帖。(《鸦片战争》Ⅲ,中国近代史资料丛刊,页三五三)

十月十六日,林则徐作赴伊犁的准备,"雇定赴伊犁车辆。是晚将行李装齐,共大车五辆,飞车一辆(即太平车),轿车二辆(每套每日四钱,以八折合钱三百二十文)"。次日,离乌鲁木齐赴伊犁。(《林则徐全集》第九册,日记页四九二)

十月十九日,清廷对奕山、奕经、文蔚问罪,革职留任、斩监候。(《道光朝筹办夷务始末》卷六二,页四五)

十月二十日,钱江、何大庚集几千群众于府学明伦堂,宣读檄文,指陈英国侵略者的罪行,号召群众团练反抗。与会群众均"怒目切齿于英夷"。(《鸦片战争》Ⅳ,中国近代史资料丛刊,页四一五)

[按]　《道光朝筹办夷务始末》卷六四页二载祁墳奏,称此事发生在十月二十三日。

当时,投降派耆英、黄恩彤等惧怕此檄将鼓舞民心,有碍对外投降,所以捏造罪名,贬戍钱、何二人,梁廷枏曾记其事说:

江苏钱江者,在粤不为士夫所齿。当时以为失待贤智礼,遽肆詈。局绅不可复耐,乃言于官召而诃斥之,所交多为不平。何大庚者,浙诸生也。为婿于蒋文恪家,尝习申韩,就院司幕,工笔札。则徐始至,保纯延主随员案牍。既而就驻澳道员易中孚幕,病中孚为澳夷诱弄将入省代英夷请释夷俘,先语则徐。既而中孚果诣请,则徐以是信之。久于粤,目击府署幕之有与商人往还者,虑有事必先泄于夷,屡切齿裂眦言之。怀平夷之策,卒不见用,每就江语。会夷恃抚,日益肆,粤中人有思倡义民挫折之而不敢径行者。大庚乃撰为文檄,袖示埙,埙面称其文词,实不意其遽镂板而张贴之也。为江劝,声言将以十月集粤绅府校明伦堂,捐资召勇,示夷以威。时款夷甫数月,船未返国,当事惧有中变,于是以倡乱拘江而戍之新疆,大庚递籍。自是粤绅无敢复言夷事。

(《夷氛闻记》卷五)

十月二十日,林则徐行至呼图壁之塔西河,"此地居民甚盛,闽中漳、泉人在此耕种者有数百家,皆遣犯子嗣。近来闽、粤发遣之人亦多分配于此"。稍息后又行,至绥来县,"此地旧名玛纳斯,今改为县,田土膏腴,向产大米贩各处(大米每升约重四斤余,价四十文;豌豆每升重亦然,价二十二文),人物之繁,不亚于兰州"。(《林则徐全集》第九册,日记页四九三)

十月二十二日,林则徐过玛纳斯河,"是河本极宽深,今值冬令水弱,河流隔为三道,其深处犹及马腹,夏令不知如何浩瀚矣"。(《林则徐全集》第九册,日记页四九三)

十月二十五日,林则徐行抵库尔喀喇乌苏。发致乌鲁木齐都统惠吉和凉州总兵长寿函各一,表示对路途中关注的感谢。(《林则徐信稿》页六)

[**按**]《全集》本附注惠吉、长寿二人简历:惠吉字诗塘,满州正白旗人,时任乌鲁木齐都统;长寿字松亭,满洲正白旗人,时任甘肃凉州镇总兵。

十一月初四日,林则徐抵伊犁所辖的四台,伊犁将军布彦泰、参赞庆昌俱遣戈什哈先期来迎,给予了前所未有的礼遇。(《林则徐全集》第九册,日记页四九六)

十一月初五日,林则徐行经赛里木诺尔(今塞里木湖),"东西宽约十里,南北长倍之,波浪涌激,颇似洪泽湖,向无舟楫,亦无鱼鲔之利,惟水鸟飞翔其间,人亦不能取也。泽中有小土山,不生草木。闻土人言,海子中有神物如青

540

羊,不可见,见则雨雹,其水亦不可饮,饮则手足疲软,谅是雪水性寒故耳!"
(《林则徐全集》第九册,日记页四九六至四九七)

十一月初六日,林则徐过塔尔奇沟,俗名果子沟。参读随带之祁鹤皋所撰《万里行程记》所载:"此处为奇绝仙境,如入万花谷中。今值冬令,浓碧嫣红不可得见,而沿山松树重叠千层,不可计数;雪后山白松苍,天然画景;且山径幽折,泉溜清冷,二十余里中步步引人入胜。若夏秋过此,诚不仅作山阴道上观也。"(《林则徐全集》第九册,日记页四九七)

[**按**]　我在1986年8月曾乘车过果子沟,沿途所见,诚如《日记》所述,而时在夏秋,景色尤胜。

林则徐在日记中记行路之艰难称:

> 至其巅,而狂风大作,几欲吹飞人马,雪又缤纷,扑入车内,欲停车则山巅非驻足之所,欲下岭则陡坡有覆辙之虞。不得已舍车而徒步,与两儿牵裾连袂而下。幸风雪渐微,约行二里许,坡不胜〔甚〕陡,复坐车行。此山为行人所惮,其实不甚高峻,东来者上山路少下山路多,西来则反是矣。

十一月初六日,粤民"与英夷因卖橙子起衅争斗,烧毁红毛公司馆"。(《林则徐全集》第九册,日记页五一六)

十一月初八日,林则徐抵绥定,总兵福珠洪阿(泽轩)率将备郊迎,并邀住署内。邓廷桢"遣丁驾其坐车来迎"。(《林则徐全集》第九册,日记页四九八)

十一月初九日,林则徐到伊犁惠远城,邓廷桢来陪同进城,先见将军布彦泰及参赞庆昌等,然后安置住处,拜会官员。当夜在所写家信中对拿问牛鉴而放纵者英等表示不满。他认为:

> 到此之后,才闻得牛镜堂革职锁拿进京,系因御史参其镇江失守,不行救援即引兵退回金陵。此次从凉州镇长松亭写来,必非讹传。又闻耆介春放两江,不知确否?镜堂议和之请,既已准行,乃尚未办妥,忽又拿问,近事之反复不定如是,真难测度。若罪其失守,则同罪之人尚多,果将穷治耶?抑可异罚耶?如因御史参出,即加之罪,似近来言路又太有权。

在同信中,林则徐对通信颇感不便,信中说:

> 此间看报,将军处为最快,大率五十余日可以看见(现看到九月十

一、二日之报)。惟我们须等其看过数日,方能向借耳。

(《林则徐全集》第七册,信札页三一九)

十一月初十日,伊犁将军发折为林则徐报到,并派林则徐掌粮饷处事,又馈赠米、面、羊、豕、鸡、鸭等物。《荷戈纪程》记至此为止。(《林则徐全集》第九册,日记页三一九)林则徐从西安到伊犁历时四个月又三天,即 122 天,历尽艰辛而仍矢志不渝,足令后人钦敬。

十一月十九日,林则徐在《致刘建韶》书中,说明当地气候寒冷,不能适应,以致"体气衰颓,直是废物。作字不能过二百,看书不能及卅行"。从而对自己"荷戈之事,但存其名,终日萧闲,一无所事"的状况深感遗憾。(《林则徐全集》第六册,信札页三二〇)

十一月二十三日,清廷处分牛鉴斩监候,秋后处决。(《道光朝筹办夷务始末》卷六四,页三)

十一月二十四日,林则徐在家信中,认为通信限制是由于阻隔关外消息的内传,他说:

> 查此处寄信,必得托将军官封,其余如参赞、领队并总兵,均不敢打官封。大抵是向来做就规矩,以为事权归一,不欲人漏信给关内之人耳。

家信中对布彦泰和庆昌亦作了评价以安慰家人说:

> 将军(新夏按:布彦泰)五十二岁,人才儒雅,公事亦甚明练。……庆参赞昌则由巴里坤总兵新擢来此,到任月余,一味老实而已。

同信中,林则徐又对牛鉴的处分表示了看法说:

> 牛镜堂之拿问,适在议和之后,若谓责其失守,则失守之人多矣,大约镜堂亦须来此一行也。

(《林则徐全集》第七册,信札页三二一至三二二)

十一月间,在升平社学的影响和带动下,广州东北路各乡和城南、河南、城内等处相继成立东平、南平、隆平、城厢等社学或公所,互通声气,共同配合,进行抗英斗争。

冬,写《哭故相王文恪公》:

才锡元圭告禹功,　　公归遵渚咏飞鸿。

休休岂屑争他技,　　蹇蹇俄惊失匪躬。

下马有坟悲董相,　　只鸡无路奠桥公。

伤心知己千行泪，　　洒向平沙大幕风。

廿载枢机赞画深，　　独悲时事涕难禁。
艰屯谁是舟同济，　　献替其如突不黔。
卫史遗言成永憾，　　晋卿祈死岂初心。
黄扉闻道犹虚席，　　一鉴云亡未易任。

（《林则徐全集》第六册，诗词页二二二）

二十月初八，邓廷桢赠诗林拱枢，不仅拱枢有和，林则徐本人也和诗奉谢。

公家庭列五花骢，公子五人　　尚爱驱鸡饭犊童。
兰砌肯容凡卉伍，　　松岑却许异苔同。
荀陈敢拟星辰聚，　　孔李相期水乳融。
但得新宫铭共草，　　谪居何事枉书空。

（《林则徐全集》第六册，诗词页二一九）

十二月中旬，林则徐收到妻子寄来述怀纪事诗二首，即写四首答诗回寄。诗题是《室人赋〈述怀纪事〉七古二章，以手稿寄余，喜成四律》诗，表述了对夫人的感情和归老林下的想法。其全诗云：

卅年凫雁镇相依，　　万里鹙鸧怅独飞。
生别胜如归马革，　　壮游奚肯泣牛衣。
只怜瘦骨支床久，　　想对残脂揽镜稀。
忽得诗篇狂失喜，　　珠玑认是手亲挥。

忆昨姜芽曲未伸，　　每拈筠管苦吟蹙。
玉钩出掌能重展，钩弋夫人卧病六年，右手拳曲，忽于掌中搜出玉钩，手乃复展
金蘉宣毫似有神。
苏蕙回文常触绪，　　采鸾写韵不愁贫。
述怀纪事无雕饰，　　肺腑倾来字字真。

闻向帏堂课女徒，　　一庭弦诵足清娱。
但倾旧酿樽频注，　　便许行吟杖不扶。闻有药酒服之遂可试步，宜勿
断也

索和妇能谐竟病，　　　弄娇孙亦识之无。

有时对弈楸枰展，　　　瓜葛休嫌一著输。常与子妇儿女对弈，故戏及之

白头岂复望还童，　　　却病仍资摄卫功。

老我难辞身集蓼，　　　忆卿如见首飞蓬。

近闻词伯多迁秩，　　　且与儿郎作寓公。时京中大考翰詹，舟儿未与

农圃耦耕他日愿，来诗有"他日归来事农圃"之句

不妨庑下赁梁鸿。时眷属赁居青门

　　　　　　　　　　《林则徐全集》第六册，诗词页二一九至二二〇）

[按]　此诗见《云左山房诗钞》卷七，《全集》本出处作刘存仁《笃旧集》卷一。

[又按]　周轩《林则徐新疆资料全编》（新疆大学出版社 2009 年 8 月版）页 406，认为该诗写作日期当在道光二十三年五月十一日，其考证如下：

《林则徐全集》第六册诗词卷第 219 页将此诗定为"道光二十二年十二月中旬（1843 年）"。据林则徐《癸卯日记》道光二十三年五月十一日（1843 年 6 月 8 日），接到家书两件，"内有七言古诗两篇"。五月二十三日（6 月 20 日）"作第二十三号家信并成七律四首"。

十二月十一日，耆英多次奏陈英方要求惩办台湾抗英官员总兵达洪阿和道员姚莹，以求不误"抚夷大局"。清廷命闽浙总督怡良赴台查办，如"查明该镇道实有妄戮难夷，冒称接仗之事，著即传旨将达洪阿、姚莹革职拿问，解至省城，请旨办理"。（《道光朝筹办夷务始末》卷六四，页一八至二〇）

十二月十一日，林则徐收到的第十一号家信，"封缄已全行拆散，恐沿途处处传观矣；西安布将军亦有书来，均被扯破"。十四日收到的友人来信，"封缄又全行拆破"。（《林则徐全集》第九册，日记页五〇二）可能林处在一种被人检查信件、窥伺动向的境遇中。

十二月十三日，自将军处送来邸报中，获悉"扬威、靖逆两将军及文露轩均以失误军机，问拟斩候"。（《林则徐全集》第九册，日记页五〇二）

十二月十四日，林则徐在致郑夫人及子汝舟函中再一次对通信不便表示不满。

查此间规矩，非将军官封不得出境（参赞、领队俱无印，绥定镇〈总

兵虽有印，而相隔三十里，且彼畏将军，不敢以官封代人寄信)，而非随附驿递折便，即将军官封亦必延搁也。

自前次发信之后，计接到家信三封，一由那理堂(新夏按：指陕西盐道那丹珠)寄哈密大臣处递来(第九号)，计行六十四日，不无稽缓。盖盐道官封既为沿途所轻，而哈密大臣官封关外亦不甚重，以后可勿再托也。一由刘润斋转托西安将军官封递来(第十一号)，计四十六日接到，颇为快速。惟信封全行拆破，直将家信红纸及抄件显露在外，有目共睹，虽极可恨，而无如之何。驿站中毫无顾忌，一至于此！此固由西安将军之不能辖及关外，亦因托刘二蛮假作伊信，伊仅用薄纸包一层，而写大人安禀云云，其拆者遂用纸刀一直割开取阅，并不为粘好。此是寄信人失于打算，弄巧反拙耳。大抵西安将军官封自比那理堂为胜，如向其托寄，则须明告以家信，更必以棉纸封固，再加钉封更妥。(凉州镇寄来者，无不钉封)。一由郭远堂转托凉州镇官封递来(第十号)，计六十二日接到，虽转在十一号之后，却不至于拆散。

其次，告家中在伊犁之生活状况。

我到此已月余，诸尚如常，房屋略加修补，添置椅桌床铺，现在亦已齐备。房东不收房租，前已送以四物，俟年下仍备礼相送，大约与租钱相仿。彝官、枢官先在凉州所做大毛袍，伊俱舍不得穿，到此遂各做麦穗一颗圆以作粗穿。此地地气虽寒，而不出门去，在家中亦不甚觉。且今年天气，据各人云比往年暖得多，并有数日穿不住大毛时候。烧煤固甚便宜，每斤不及二文，然好歹迥殊，宁可多出价钱买好的，且必须先在空院中烧透，然后装火盆送入屋内，乃无烟气臭味。日前彝、枢两儿各病两日，皆因煤熏之故。现在枢官不要烧煤，实亦不冷也。

信中对奕经、奕山等受处分，自己遣戍而感到庆幸，对时事也感不可捉摸。

昨见京报，扬威、靖逆及参赞均拟大辟，是牛镜堂、余紫松亦必一律，即使不勾，亦甚危矣。由此观之，雪窖冰天，亦不幸之幸耳。近事翻来覆去，真是不可摸捉，要于大局徒然有损无益也。

信中又附及伊犁的历史沿革，并加以介绍说：

伊吾乃哈密，非伊犁也。伊犁在北魏为乌孙国，唐为西突厥，明称瓦剌，后改准噶尔，乾隆二十年入版图，后定今名，盖取《唐书》伊丽水而名之也(故又曰伊江)。唐有伊丽道行军总管,乃讨西突厥时所设。又,伊丽河亦谓之伊列水,唐时置濛池、崑陵二都督府,皆此地也。

(《林则徐全集》第七册,信札页三二二至三二六)

十二月十七日至二十日,布彦泰邀请林则徐、邓廷桢共议伊犁镇的设裁问题,终于由布彦泰上奏伊犁镇不宜裁撤,拟改撤西安镇。(《林则徐全集》第九册,日记页五〇三)

十二月十九日,林则徐、邓廷桢和伊犁将军、参赞等十一人,在邓廷桢的双砚斋作东坡生日会。林则徐写《壬寅腊月十九日,嶰筠先生寓斋作东坡生日,会者十一人,伊江所未曾有也,诗以纪之》诗,以记这次集会。诗如下:

中原俎豆不足奇,　　请公乘云游四夷。

天西绝塞招灵旗,　　下有荷戈之人顶礼之。

公生距今八百有七载,宋景祐丙子计至今上道光壬寅

元精在天仍为牛斗箕。"生前宿直斗牛箕",公自谓也

命宫磨蝎岂公独,　　春梦都似黄粱炊。

要荒天遣作箕子,"天其以我为箕子,要使此意留要荒。"公在海南诗也。此语足壮羁臣羁

当时天水幅员窄,　　琼雷地已穷边陲。

天低鹘没山一发,亦公海南诗　　只在海南秋水湄。

岂如皇图西控二万里,

乌孙突厥悉隶吾藩篱。伊犁在汉为乌孙国,在唐为西突厥

若将壮游较今古,　　恐公犹恨未得周天涯。

崆峒之西公所梦,

恍见小有通仇池。公诗云"似闻崆峒西,仇池迎此翁",盖记梦也

导公神游合西笑,　　何必南飞载鹤寻九疑。

所嗟公身屡徙复遭屏,"逐客犹遭屏",公在儋耳句

官屋欲僦乃阻于有司。在昌化事

合江之楼白鹤观,　　新居虽营曾几时。

寄身桄榔啖薯芋,　　南冠九死真濒危。

吾侪今犹托厦庇,伊江所在皆官屋　　忆公倍感皇天慈。

谪居一生过也得,　　公语旷达诚吾师。

546

南阳词人涓玉卮，　　　鞠腧先制神弦词。

虽无大瓢展笠像，　　　嬴滕蓬筐谁不携公诗。

公神肯来古伊丽，　　　白鹿可驾青牛骑。

冰岭之冰雪山雪，　　　如见堂堂出峨嵋。

长松尘洗鹤意远，见公答刘景文诗　　　真有番乐来龟兹。

请向望河楼头横笛吹，伊江帅府有此楼　　　公在空中一笑掀髯髭。

（《林则徐全集》第六册,诗词页八八至八九）

他在诗中以东坡的逐弃遭遇相比,东坡是"官屋欲僦乃阻于有司",连住处都困难,而自己则"吾侪今犹托厦庇(伊江所在皆官宅),忆公倍感皇天慈",并引东坡"谪所一生过也得"的诗句以自慰。林则徐在诗中根据确凿的史实写出"皇图西控二万里,乌孙突厥悉隶吾藩篱"的诗句,充分肯定地指明我国对新疆地区的主权。

林则徐又写了《又次邓子期(尔颐)坡公生日原韵时有他感》诗赠邓廷桢之子。(《林则徐全集》第六册,诗词页二二〇至二二一)

十二月二十二日,林则徐致函乌鲁木齐都统惠吉,除对惠吉所赠礼物酒腿酱菜表示感谢璧还外,又赠惠吉徽墨、苏笺、普茶、冬菜等。(《林则徐全集》第七册,信札页三二七)

十二月二十三日,林则徐有《和嶰翁祀灶原韵》诗之作。诗中表达了人力胜天的思想,但却深叹自己徒有雄心壮志,不能伸展,只能任人摆布;如果不坚持抵抗的意见,可能不致被戍。诗中写道:

……

后人年夜踵成例,　　　糟饧涂抹乘黄昏。

妄冀天庭代邀福,　　　那知休咎胥由人。

……

昔贤尝有不黔突,　　　况我绝塞随军屯。

任人添灶或减灶,　　　自著短衣驱短辕。

烧残湿苇灰不起,　　　万里安得逾西仑。

徙薪曲突付一叹,　　　踞鸱听者休相瞋。

（《林则徐全集》第六册,诗词页八九至九〇）

十二月二十四日,浙江提督余步云被处死。(《道光朝筹办夷务始末》卷六四,

页四七至四八)

十二月二十六日,林则徐函告陈德培他到伊犁后的身体状况说:

弟别后于重阳前出关,沿途寒燠靡常,亦与关内相仿,迫过伊吾以后,则皆雪海冰天矣。子月九日行抵伊江,即就惠远城中一廛侨寄。因途次煨炉食炙,积热归于肺经,发为鼻衄、喘嗽等病,几难支柱。兹服清肺之剂,加以静养,庶春融之后,可冀渐瘥。知系锦怀,特以奉述。

(《林则徐全集》第七册,信札页三二八)

十二月二十六日,清廷又起用琦善,赏四等侍卫,充叶尔羌帮办大臣。

(《清宣宗实录》卷三八七,页二二)

十二月二十九日,林则徐写《伊江除夕书怀》诗四章,表达思归之情和对国事的念念不忘。并直抒希望重新被起用的愿望。

壬寅除夕书怀四首,录寄闻石先生粲政。

腊雪频添鬓影皤,　　春醪暂借病颜酡。

三年飘泊居无定,庚子在岭南度岁,辛丑在中州河干,今在伊江

百岁光阴去已多。

漫祭诗篇怀贾岛,　　畏挝更鼓似东坡。用坡公守岁诗语

边氓也唱迎年曲,　　到耳都成劳者歌。

新韶明日逐人来,　　迁客何时结伴回?

空有灯光照虚耗,　　竟无神诀卖痴呆。

荒陬幸少争春馆,　　远道翻为避债台。

骨肉天涯三对影,时挈两儿在戍　　思家奚益且衔杯。

流光代谢岁应除,　　天亦无心判菀枯。

裂碎肝肠怜爆竹,　　借栖门户笑桃符。

新幡彩胜如争奋,　　晚节冰柯也不孤。

正是中原薪胆日,　　谁能高枕醉屠苏。

谪居本与世缘暌,　　青鸟东飞客在西。

宦味真随残腊尽，　　病株敢望及春荑。

朝元尚忆趋丹阙，　　赐福频叨湿紫泥。

新岁傥闻宽大诏，　　玉关走马报金鸡。

（林则徐全集）第六册，诗词页二二一至二二三）

［按］　林则徐于道光二十三年正月初七写信给刘闻石时，曾随信录寄此诗。原件现藏福建省博物馆。

［又按］　《全集》诗题作《伊江除夕书怀》，并附记"道光二十二年十二月二十八日"作诗时间。诗前有字一行："壬寅除夕书怀四首……"除夕当指十二月二十九日。且《日记》十二月二十八日记邓廷桢作《岁暮书怀》，邀林相和。林于次日写诗题《除夕书怀》其意甚明，故定于二十九日。

十二月，魏源根据林则徐上年六月间的建议，编成《海国图志》五十卷。
（《魏耆：《邵阳魏府君事略》）

［按］　吴泽等《魏源〈海国图志〉研究》（《历史研究》1963年第4期）一文根据书中内容、魏源《海国图志》五十卷本自叙和孙殿起《贩书偶记》载有道光二十二年木活字本《海国图志》五十卷等，考订《海国图志》五十卷本当成于道光二十二年十二月。

冯桂芬对《海国图志》在《四洲志》外又杂取他书有所评论说：

是书以林文忠公所译《四洲志》为蓝本，不宜转取从前之《职方外纪》、《万国全图》等书以补其所无，不几以春秋列国补战国策乎？

（《跋海国图志》，见《显志堂稿》卷一二）

是年，林则徐在戍所，钞录京中友人来信所述京师见闻为一册，署《软尘私议》，原藏林则徐长曾孙林源焴手，近人陈锹（嗣初）曾录副。后原件毁于火。此书共十九则，皆有关鸦片战争史事的内幕新闻，其中多有涉及林则徐者。陈锹曾于册后写跋称："按其年事，则为白门订约前后。"而"其中所述，虽为零篇琐语，要多鸦片战争中之珍贵史料，而关于朝中意向之隐秘，尤为世人所未及知者"。陈氏复逐条考补史事，颇便参证。《鸦片战争资料丛刊》V即据陈钞本付印。郭则澐《十朝诗乘》征引时称林氏手录。已收入《谱余》。

［按］　杨国桢认为："（此）书名系后人所加，因取材于书信，故题名《软尘私札》为妥。"（《林则徐传》增订本，页四八〇注④）

是年，方东树作《病榻罪言》。

夷人犯顺,东南数省皆被祸,大帅多退避,先生时时痛心切齿,因作此书,极论制夷之策,遣人上之浙江军门(时浙藩卞公士云与先生相识,是书因卞公上之),惜方议抚不能用。

(《方仪卫先生年谱》)

是年王鼎(1768—1842)、张岳崧(1773—1842)、陈化成(1776—1842)卒。

道光二十三年　癸卯　1843年　五十九岁

正月，林则徐在伊犁戍所，与邓廷桢并为伊犁将军布彦泰所器重。

> 邓嶰筠、林则徐两先生均在伊犁效力，伊犁将军留两先生在署，待以宾礼，甚尊信之。凡有军国事，将军即与两先生商酌计议。将军中之罕见者。

（《鸦片战争》Ⅲ，中国近代史资料丛刊，页一七三）

正月初五日，邓廷桢有咏雪诗之作，林则徐写《和嶰筠立春前一日雪韵》诗。诗中的"压枝还助老松坚"一句，以老松自况，表达了在压力之下反而加强了自己的信念和勇气。"人间多少销金帐，谁似行吟鹤氅仙"二句，表面上似乎鄙弃销金帐的荣华，羡慕鹤氅仙置身世俗之外的悠闲，但实际上是胸怀壮志，不得施展的郁结牢骚。（《林则徐全集》第六册，诗词页二二二至二二三）

正月初七日，邓廷桢又有咏雪诗之作，林则徐写《又和人日雪诗》。诗的结句是"禁得嫩寒残梦觉，倚阑吟想杜樊川"。这说明林则徐自信能经得住挫折，但仍然不忘经世致用的事业。（《林则徐全集》第六册，诗词页二二三）

正月初七日，林则徐《致刘建韶》函，说明身体欠佳，并抄寄度岁诗作。信中说：

> 弟自抵戍以来，迭发鼻衄之症，腊前尤甚，几不能支，幸服清解之剂，加以静摄，近日甫觉轻减，藉以告慰注怀。……
>
> 附录度岁近作数首，奉博一粲，敬祈削正是幸！

（《林则徐全集》第七册，信札页三二九））

正月十五日，林则徐写《元夕与嶰筠饮，遂出步月，口占一律》诗，诗中抒写了赏月观灯的情怀说："踏月吟鞋凉似水，遏云歌板沸如潮。楼前夜市张灯灿，马上蛮儿傅粉娇。"但以"试问双幢开府日，可能恣此两逍遥"为结。虽然从字面上看，似乎有无官一身轻的逍遥乐趣，但仍然反映了林则徐并没有忘怀那可能建立"功业"的"开府日"。约在这时，他所写的《嶰筠赠鹤》诗中末句

说"松下风多且避烟",也说明他只是暂避政治烟云而已。(《林则徐全集》第六册,诗词页二二三至二二四)

中旬,林则徐寄年终所写各诗给谪戍乌鲁木齐的友人黄濬、高步月等人,黄濬写有和诗。黄濬在其《壶舟诗存》中曾记其事。

> 灯节后,林少穆制军以为东坡作生日长句寄余,以除夕书怀四律寄高樨庵。余既录余庚子、辛丑、壬寅三度为东坡作生日诗凡七首却寄,复次制军则徐除夕书怀韵诗四首附束(时制军以事谪伊江也)。
>
> (黄濬:《壶舟诗存》卷一〇)

> 感怀之次,适林少穆制府以戍程六绝寄示,借次其韵。
>
> (黄濬:《壶舟诗存》卷一一)

从这类交往看来,林则徐一方面和黄、高诸人有同命运的声应气求的友谊,另一方面也表现出林则徐在戍所"借诗文以引睡"的无奈情绪。

正月二十四日,伊犁领队大臣开明阿离任赴京,林则徐写《送伊犁领军开子捷(开明阿)》诗送行。这首诗表达了林则徐的防塞思想,他在禁烟运动中认识到海防中的一些战备问题;而在遣戍后,又在悉心考求新疆实际情况下,认识到加强西北塞防的重要性,印证了过去从所译西报资料中所提到的沙俄隐患。他因开明阿"临别索赠言",而"我欲倾肺腑"。他提醒开明阿不要为"三载无边烽,华夷悉安堵"所迷惑,而要积极备边,要先事预防,要未雨绸缪。林则徐在诗中提出了备边建议说:

> 嗟哉时事艰, 　志士力须努。
> 厝薪火难测, 　亡羊牢必补。
> 从来户牖谋, 　彻桑迫未雨。
> 矧当冰檗秋, 　敢恃干羽舞。
> 蜂虿果慑威, 　犬羊庶堪抚。
> 将士坚一心, 　讵不扬我武。
>
> (《林则徐全集》第六册,诗词页九一)

[按] 开明阿于是年七月任喀什噶尔领队大臣。

这首诗是林则徐向军事当局公开的大声疾呼,说明林则徐觉察出西北边防已到了非引起重视不可的严重地步了。

[又按] 周轩《林则徐诗选注》定此诗为正月二十四日送开明阿赴京时

作。杨国桢在《林则徐传》增订本置此诗于二月间。《林则徐诗集》定在秋间所写。据载开明阿自正月离任,七月任喀什噶尔领队大臣,而诗题明标《送伊犁领军开子捷(开明阿)》,则当以周说为是。

正月二十六日,清廷为对外彻底妥协,不顾达洪阿等对在台抗英杀敌事迹的声辩,悍然准备加罪,在上谕中竟说:

> 如所奏皆系实情,亦当筹及大局,将达洪阿撤任,带至省城,候旨办理。
>
> (《道光朝筹办夷务始末》卷六五,页一七至二〇)

二月初三,伊犁赛会,"有高招台阁八架,名曰渭南会,观者如堵"。林则徐应邀到邓廷桢寓所观看。至初六日始止。

> 此间赛渭南会,共四日,可扮台阁人物,每日八架,日日变换,至今日而止矣。
>
> (《林则徐全集》第九册,日记页五〇九至五一〇)

二月初四日,伊里布在粤,因广东人民反英情绪高昂,而英人又屡提入城要求,无法应付而急死。(《道光朝筹办夷务始末》卷六五,页四五;卷六六,页四〇)

二月十二日,饭后,林则徐出伊犁南关观伊犁河。

> 河距城不及半里,发源于东南之那喇特山,为特克斯河,西行至伊犁。近日冰已全泮,水势潆洄,闻夏秋大汛亦可长至丈余。
>
> (《林则徐全集》第九册,日记页五一〇)

二月间,林则徐致函张应昌,张字仲甫,张师诚之子。林则徐受知于张师诚,两家交往甚密,故函中比较直率地吐露对局势及个人处境莫可奈何的不得意心情。信中说:

> 辛秋一别,忽已两易春韶。飘泊孤蓬,支离病榻,既无以为知己慰,而蒿目焦心之事,又复难以言传。……每忆阁下话旧武林,抚膺惜别,解衣推食之外,重以赠言,至今三复鸿篇,弥觉歌泣苍凉,唾壶欲碎。又于河堧改役,再枉佳章,殷殷嘱望之情,仍弗克副,但有心铭颜汗耳。彼时荷戈之役虽已停留,而鄙念固知其终难免,曾于奉和诗中愁字韵聊抒胸臆,乃迁延久之,并此诗亦未得达青眸,而波涛变幻之形,愈不可问,即前诗情事,今复不同矣。……前冬在河上奔驰成疾,既发鼻衄,又患脾泄,两症相反,医药綦难。去夏在西安,乃更大发疟症,调治两月,扶病出关,似此瀚海龙沙,荒程万里,衰龄病骨,风雪长征,濒于九死之形,谅亦无庸

觇缕矣。冬至前数日，行抵伊江，甫借枝栖，即谋药物，鼻红不止，昏晕时形，药既不敢乱投，医又难以姑试。勉自静摄，如处女闭置密室中，幸胃气尚未尽亏，勉支以至今日。知阁下关垂深切，特以告存，以后茫茫，不敢设想矣。

（《林则徐全集》第七册，信札页三三二至三三三）

二月十七日，为将军布彦泰书扁额。（《林则徐全集》第九册，日记页五一一）

三月初七日，清廷派耆英为钦差大臣迅赴广东。（《道光朝筹办夷务始末》卷六六，页二）

三月初七日，林则徐获知伊犁镇不撤及余步云被正法等信息：

军署接到兰州来文，知前奏伊犁镇缺不宜裁撤，拟改撤西安镇之议，已奉谕旨允准，仍寄令陕甘富制军筹议复奏。又见旧腊中旬邸抄，知前任浙江提督余紫松（步云）奉旨即行正法，有上谕一道宣示中外。

（《林则徐全集》第九册，日记页五一四）

三月初九日，有《致马辅相》函，再论铸炮及操练之年。

承示监造大炮二十尊，斤重溢出甚多，备见督制认真，曷胜欣佩。查战具以火器为利用，而火器中能以致远攻坚，则又首推大炮。诚使铸造如法，工料皆精，而又时刻锡磨，朝夕演放，技熟器良，所向皆可克敌，又何至漫无把握乎？尊处既专办此事，自必精益求精。操练能勤，则手脚快利，且有准头，可以大壮军心，大振军气。风声所树，定足建树伟猷矣，企望奚既。

弟昨与伊犁布将军谈及阁下，将军云前在南路时即深相器重，并将尊处近日所寄将军禀函抄件逐一见示，足征赏识之真。现闻潼协万二兄已擢正定总戎，想台驾崇迁亦在转瞬也。

（《林则徐全集》第七册，信札页三三四）

三月十八日，林则徐父子、邓廷桢父子应绥定镇总兵福珠洪阿（泽轩）之邀偕往绥定观花，出伊犁北门，见"夹道绿杨与青青陇麦交相映发"。行三十里至绥定，同至游绥园，"日来桃杏已谢，梨花正盛，其密者如关内绣球；苹婆果花亦正开，红白相间，似西府海棠。""又绕赴锡氏园，见芍药新丛，抽茎已将满尺。"林则徐睹此美景，虽心情为之一畅，（《林则徐全集》第九册，日记页五一五）但对谪居生活仍难免有忧思愤懑，乃作《金缕曲》以和邓廷桢所作。前阕写景:"绝塞春犹媚,看芳郊,清漪漾碧,新芜铺翠,一骑穿尘鞭影瘦,夹道绿杨烟腻。听陌上,黄鹂声碎,杏雨梨云纷满树。"后一阕则寄情,他感叹"谪居权作探花使,忍轻抛,韶光九十,番风廿四",对前途则抱着"任花开花谢皆天意,休问讯,春归未?"的不能自主命运的怨艾。(《林则徐全集》第六册,诗词页二九一)

三月十八日,钱江、卞江殷因到粤督衙门请求抗英被处罪。钱江被从重发遣去新疆。(《鸦片战争》Ⅳ,中国近代史资料丛刊,页三一)

三月二十一日,林则徐在《致陈景亮(弼夫)》信中,一面表示对国事的关怀,一面表示自己闭门思过的态度。信中说:

> 弟前岁应即西行,因负锸东河,于去冬始经到戍。滞留绝塞,无可告慰关垂。惟眠食燠寒,勉自摄卫。中原之事,未敢忘怀。入关之期,亦不敢豫计。省愆思过,如是而已。

(《林则徐全集》第七册,信札页三三四)

[按]　陈弼夫,名景亮,福建闽县人,林则徐的姻亲,陈若霖子,陈宝琛父。时任兵部职方司主政。

三月二十四日,达洪阿、姚莹被革职交刑部审讯。(《道光朝筹办夷务始末》卷六六,页七至八)

三月二十七日,林则徐在致李星沅信中,关切东南局势说:

> 东南事局,口不敢宣,而固无时不悬悬于心目间,不知何所终极。盱衡今之大势,关中之可恃甲于诸邦,而台端才望尤天下最,于从容时筹急切之务,谅执事所已中心藏之者。长城之倚,非伟人其谁属哉?

(《林则徐全集》第七册,信札页三三七)

[按]　此札原作题三月,今依杨国桢考定为三月二十七日。(《林则徐传》增订本,页四八九注③)

约同时,林在给黄福林(黄濬之弟,时作幕昌吉县)信中表露其百无聊赖的戍所生活说:

> 弟伊江跧伏,炉箑载更,因衰病之侵寻,委情怀于灰槁,惟有借诗文以引睡,煨糜粥以养疴。打头屋里光阴,折脚铛边生活,殊无足为爱我者告慰耳。

(《林则徐书简》增订本,页二一〇)

[按]　《林则徐书简》增订本订为 1843 年,无月日,但列于致李星沅函后,

姑系此。《全集》本未收此函。

三月,清廷予琦善二品顶戴(陈庆镛奏中作三品顶戴)、授热河都统。(《清史列传》卷四〇《琦善传》)

四月初四日,御史陈庆镛上《劾琦善、奕山、奕经疏》,词意严正,抗言敢谏,名动于一时。奏中的主要内容是:

> ……夫逆夷之敢于猖獗,沿海兵丁之敢于逃窜,驯至今日海水齐飞,鲸鲵跋浪,为所欲为,莫敢谁何者,实由琦善于逆夷入寇之始,首先示弱以惰我军心,助彼毒焰。今海内糜烂,至于此极。即罢斥琦善,终身不齿,犹恐不足餍民心而作士气,何况鞶带再加,脱俘囚而熏沐之乎?至于奕经之罪,虽较之琦善少减;文蔚之罪,较之奕经又当少减。然皇上将出师,若何慎重,奕经乃夜郎自大,深居简出,顿兵半载,并未身历行间,骋其虚骄之气,志盈意满,期于一鼓而复三城。卒之机事不密,贻笑敌人,覆军杀将,一败不支,此不待别科其骚扰供亿,招权纳贿之罪,罪已不胜诛矣。臣亦知奕经为我高宗纯皇帝之后裔,皇上亲亲收族,推念同气,必不忍遽加显戮。然窃意即幸邀宽典,亦当圈禁终身,销除册档,以无贻天潢宗室之羞。岂图收禁未及三月,辄复弃瑕录用。且此数人者,皇上特未知其见恶于民之深耳。倘俯采舆论,谁不切齿于琦善而以为罪魁?谁不疾首于奕经、奕山、牛鉴、文蔚,而以为投畀之不容缓?直道未泯,公论可畏,非臣一人之私言也。侧闻琦善意侈体汏,跋扈如常。叶尔羌之行,本属快快,今果未及出关,即蒙召还。热河密迩神畿,有识无识无不抚膺太息,以为皇上向用琦善之意,尚不止此。万一有事,则荧惑圣聪者必仍系斯人。履霜坚冰,深足惧也。……

(《道光朝筹办夷务始末》卷六六,页八至一〇)

[按] 梁章钜《浪迹丛谈》卷二载陈奏,文字颇有出入。又谢章铤《稗贩杂录》卷三《夷事》条称陈疏为张亨甫所撰。

清廷为应付舆论,暂时收回成命。(《道光朝筹办夷务始末》卷六六,页一〇)

四月十七日,有《致李星沅》函,叙说在伊犁情况,并托转交信件。

> 弟跧伏伊江,曛将半载,侵寻衰病,勉自支持,无足告慰知己。兹有家言一件,仍乞饬交。又寄复刘玉坡中丞书,并求加封转递是感。

(《林则徐全集》第七册,信札页三三七至三三八)

四月二十八日,林则徐父子与邓廷桢等应邀同赴距城十余里红山嘴的锡氏园亭观芍药,"其园匾曰绿云村,又曰红杏山房,座落几十余处,共有芍药数千本,其他花木亦多"。(《林则徐全集》第九册,日记页五二〇)

四月,林则徐填《金缕曲》,寄黄壶舟,以抒发二人同遭戍发的命运。

> 沦落谁知己?记相逢,一鞭风雪,题襟乌垒。同作羁臣犹间隔,斜月魂销千里。爱尺素,传来双鲤。为道玉壶春买尽,任狂歌、醉卧红山觜。风劲处,酒鳞起(来诗有"风劲红山起酒鳞"之句,仆极赏之)。　乌丝阑写清词美。看千行、珠玑流转,光盈蛮纸。苏室才吟残腊句(承录示《东坡生日》诗及和余除夕之作。君所居曰:"步苏诗室。"),瞬见绿阴如水。春去也,人犹居此。褪尽生花江管脱,怕诗人,漫作云泥拟(君和余句云"诗才无敌有云泥",读之愧甚)。今昔感,一弹指。

(《林则徐全集》第六册,诗词页二九一)

四月,林则徐函刘建韶,对怡良赴台查办姚莹等表示了异议说:

> 闽粤近事绝少见闻,怡制军渡台之后,不知作何办法?仰观天象,先有白气,继有赤星,恐兵戎未能遽戢,殊堪焦系耳。弟伊江跧伏,倏将半载于兹,啸侣命畴,并不岑寂。惟鼻衄之症,不时举发,稍服凉剂,又与脾泄相妨,衰病侵寻,亦惟委怀任运而已。

(《林则徐全》第七册,信札页三三八)

五月初二日,林则徐读邸钞,"知伊莘农(伊里布)逝世,耆介春(耆英)作钦差大臣赴粤"。(《林则徐全集》第七册,日记页五二一)

五月十七日午后,林则徐、邓廷桢为豫堃布置住所。十八日,二人出迎来伊犁戍所的豫堃进城。(《林则徐全集》第九册,日记页五二三至五二四)

五月二十二日,有《致孙慧翼》函,述收到来信情况,并及一年来在戍生活。

> 自去年西出玉门,遂不获以时修候为歉。乃荷绮怀胝注,在远不遗。去岁秋冬,于明古渔五兄处两附惠函,至今春先后递到伊塞,展诵之下,感泐实深。正欲觅妥修缄,借申谢悃,复由云兰舫四兄处接到正初台翰,与前次双鳞所示同一周详。又读一著一篇,于瀛东地利舆情洞澈底蕴。即未经沧海者,但就卓论一为寻绎,亦皆旷若发曚,纫佩更复奚似耶?比维二兄大人履祉茂辑,侍福增绥。久息健鹏,卜扶摇之益远;连觇展骥,伫腾踔以无前。遂听英声,弥殷跂颂。

弟自旧冬到戍，至今倏及半年。荒陬气候之殊，虽非中原可拟，而人稠物阜，转不以岑寂为虞。惟弟衰病侵寻，肺热脾寒交相为祟，温凉药剂两不相宜，只有勉自支持，静加摄卫而已。知承遥注，并以附陈。

（《林则徐全集》第七册，信札页三三九）

五月二十二日，有《致陈尧书》函，告知在戍所情况。

弟跧伏伊江，瞬经半载。同人过从无间，转不以岑寂为虞。惟弟衰病侵寻，肺热脾寒交相为祟，温凉药剂两不相宜，只有勉自支持，静加摄卫而已。

（《林则徐全集》第七册，信札页三四〇）

［按］　陈尧书，字赓堂，福建闽县人，时任署陕西乾州直隶州知州。

五月二十五日，林则徐从内地来信中，"知琦静庵、奕扬威、文露轩均奉旨闭门省过。因御史陈庆镛以刑赏失措上陈，故有此旨也"。（《林则徐全集》第九册，日记页五二四）

五月二十六日，耆英赴香港。二十九日，耆英与璞鼎查交换《江宁条约》批准本。同时，签订《过境税声明》："议明内地各关收税，洋货各税，一切照旧轻纳，不得加增"，并以此附于《江宁条约》之后。六月初一日，耆英回省。（《道光朝筹办夷务始末》卷六七，页一至二；《中外旧约章汇编》）

六月十日，林则徐应豫堃约，同游锡氏药园。晚间，收到转来家信，"信内钉封俱已拆散，此次未见日记，恐被沿途抽去，亦未可定也"。（《林则徐全集》第九册，日记页五二六）

六月十三日，林则徐致函李星沅，对其抱有极大的期望说：

弟忆前书信笔谬陈，似有十余纸，至今都不省记。惟大意窃以为关中形势甲天下，人谓此时第一乐土，弟谓此时第一重寄。有安社稷臣者，诚非寻常才器所足语此也。我公半载治效，洵已深入人心，以陕治陕视诸掌耳！至以陕而安天下，谅亦存诸心而未便宣诸口者，愿凤夜勿忘之也。

（《林则徐全集》第七册，信札页三四二）

［按］《林则徐书札手迹选》作写于六月。杨国桢于《林则徐传》增订本页四八九注②④均作写于六月十三日，今从杨说。

六月二十五日（7月22日）《中英五口通商章程及海关税则》在香港公布。

《中外旧约章汇编》）

　　［按］《中英五口通商章程》系于本日公布，但在签订《五口通商附粘善后条款》时，本章程及税则均作为该善后约款一部分，因而善后条款签订日期（八月十五日）即作为本章程及税则的签订日期。

　　六月二十七日，林则徐在伊犁制水车，将军布彦泰闻之"特修一辆送来……即遣舆人驾赴伊犁河试汲"。可窥知林则徐已在思考在新疆办水利垦荒问题。（《林则徐全集》第九册，日记页五二八）

　　六月，省绅何有书等上书耆英，反对英人进省城。耆以"道路讹传，初无成议"等词搪塞批复。（梁廷枏：《夷氛闻记》卷五）

　　六月，林则徐有《致刘建韶》函，表示安于戍所现状说：

　　　　弟在谪所已逾半载，衰颓之状甚于去年。是以日事儿嬉，聊以养疴消遣，不敢妄论时事，亦不敢妄冀放归，俟命焉已耳。

（《林则徐全集》第七册，信札页三四一）

　　七月初七日，邓廷桢被释回籍。

　　七月初七日，林则徐写《七夕次巚筠韵》诗二首。其第一首的"莫说七襄天上事，早空杼柚有谁知"，第二首的"银潢只见填乌鹊，壮士何年得洗兵"等句都是借织女故事来表达对时事的看法。（《林则徐全集》第六册，诗词页二二四）

　　七月间，林在伊犁主要与当地官员交往宴饮、游览，向家人朋友写信，多时日有一二十封，从内地来信中了解情况，应人之请书写扇联等，可参见其《癸卯日记》。（《林则徐全集》第九册，日记页五二九至五三二）

　　闰七月中旬，林则徐致刘建韶函，表述盼归心情说：

　　　　弟在谪所，跧伏如前。巚翁昨奉赐环，业已就道。渠到戍之日早弟半年，自宜先返。弟不知有归期否？惟当静以俟之耳。

（《林则徐全集》第七册，信札页三四五）

　　闰七月十七日，邓廷桢因被召回授任甘肃布政使，于本日离开伊犁内归。（邓邦康：《邓尚书年谱》）林则徐写《送巚筠赐环东归》诗，借以抒怀。诗中有："白头到此同休戚，青史凭谁定是非"和"玉堂应是回翔地，不仅生还入玉门"等句，祝贺邓的被"赐环"，并且希望邓有所作为。诗中写道：

　　　　得脱穹庐似脱围，　　一鞭先著喜公归。
　　　　白头到此同休戚，　　青史凭谁定是非。

　　漫道识途仍骥伏，　　都从遵渚羡鸿飞。

　　天山古雪成秋水，　　替浣劳臣短后衣。

　　回首沧溟共泪痕，　　雷霆雨露总君恩。

　　魂招精卫曾忘死，　　病起维摩此告存。

　　歧路又歧空有感，　　客中送客转无言。

　　玉堂应是回翔地，　　不仅生还入玉门。

（《林则徐全集》第六册，诗词页二二四至二二五）

　　[按]　邓廷桢对此曾写《癸卯闰秋，被命东归，少穆尚书以诗赠行，次韵却寄二首》和诗，希望林则徐也将相继起用。诗中写道：

　　秋净天山正合围，　　忽传宽大许东归。

　　余生幸保精魂在，　　往日沉思事业非。

　　遇雨群疑知并释，　　抟风独翼让先飞。

　　河梁自古伤心地，　　无那公携泪满衣。

　　事如春梦本无痕，　　绝塞生还独戴恩。

　　未必莐兰香共揽，　　要留姜桂性常存。

　　百年多难思招隐，　　半壁殷忧敢放言。

　　此去刀环听续唱，　　迟公归骑向青门。

（邓廷桢：《双砚斋诗词钞》）

　　同时，林则徐还写了《送邓子期随侍入关》诗赠邓廷桢之子。（《林则徐全集》第六册，诗词页九三）

　　闰七月间，林则徐写了致郑夫人及子汝舟《家书》，告知邓廷桢已赦回，估计自己明年春夏间也可望赦回。

　　此次嶰翁释回，系七月初八日发来部文，却不知是何日奉旨。大抵写此旨意之日，定必相提并论一番，如因其至戍在先，多住大半年，则此次虽不得归，而充类至义之尽，亦不出明年春夏。倘竟别有缘故，则又不可测度矣。计七月内关中必闻有准信，所谓不患归来迟，但患无归期耳。

　　林则徐又谆嘱儿子汝舟在西安郑重接待邓廷桢父子。

　　到西安日，理应出城一接，不独见酬应之周，亦是亟询戍所情形之意也。……到后总须请来一饭,连吟仙、子期同在一桌。……起身时应送路菜,或土物数件俱可。此翁年届七十,而耳目极灵(写小字不用眼镜),谈锋记性俱好,喜填词,研求《说文》音韵,每晤一客,观人言动佳□去后辄为赞叹,否则屡有讥评。其述人言貌,甚能颀缕无遗,但不免随时添设,晤对间留神可也。

(《林则徐全集》第七册,信札页三四六至三四八)

闰七月廿三日,林则徐复直督讷尔经额函,除感谢其关注,颂扬其勋业外,陈述自己目前的处境说:

弟自旧冬抵戍,将届一年。伊江虽系荒陬,而近日渐成繁会,加以同人聚处,尚无岑寂之虞。惟孱躯衰病侵寻,有鼻衄脾泄诸症,用药每形相反,求医又甚乏人,只得勉自支持,委此心于灰槁已耳。

(《林则徐全集》第七册,信札页三四六)

闰七月二十五日,林则徐迁至邓廷桢居处。并将其事告诸家人。

伊犁现寓之屋原可不必搬动,且春夏以来迭经修理,费亦不少,更觉安土重迁。而自将军以下皆□□搬至嶰翁所寓之宅,谓此三四年间住其屋者,已见□人回去矣。余虽不甚信此,而众人好意,不便拂之,且□寓与将军、参赞皆在一条街上,往来亦便,又系官置公所,不必租钱,亦不须□受人情□定于闰七月廿五日搬移矣。

(《林则徐全集》第七册,信札页三四七)

八月十五日,《中英虎门条约》(《五口通商附粘善后条款》)签订。(《中外旧约章汇编》)

秋,林则徐致杨以增函,祝其出任甘肃按察使,并陈述个人目前处境说:

弟自去冬到戍,现已十度蟾圆,绝塞风沙,荒踪可想,惟有勉支衰病,自省愆尤,不为剑铗之弹,敢冀刀环之唱。

(《林则徐全集》第七册,信札页三五一)

九月初二日夜,林则徐在致李星沅的信中,论述了当时军事、财政的危机说:

所论营务习气,弟前略有所闻,叹唱久之。军骄由于将懦,懦从贪生,骄从玩生,积重难返,比比皆是。虽有独清独醒之人,不能不权宜迁就,以避违众激事之过,此江河所以日下也。海邦近事得了且了,奚暇深考。惟河公不仁,三害连至,治之则徒嗟仰屋,不治则立见跳梁,真难乎其为当局者矣。目前患贫为甚,诚如来教,安得有生财之道? 然若中外一心,变通把注,亦尚不无可商,何至较及锱铢,为委琐之下策,而非徒无益耶?

(《林则徐全集》第七册,信札页三四八)

九月十一日,厦门开埠。

九月十五日,林则徐函陈德培,陈述自己在邓廷桢等赦还后的心情说:

仆踪伏遐荒,瞬将弥载。前与邓制军、文河帅共数晨夕,并不寂寥。近日二公相继入关,鄙人只有键户养疴,无他希冀。想二公关门晤次,亦能述敝况以慰系怀耳。……伊江频年垦地,非无开渠之工,然仆衰病之躯,讵能任事。……仆已委心灰槁,早决古井之不波矣。……

(《林则徐全集》第七册,信札页三四九至三五○)

九月十六日,上海开埠。(《道光朝筹办夷务始末》卷七○,页一三;卷七一,页一九)

九月二十二日,林则徐致函李星沅,对河南河工经费及中外通商问题发表看法:

中牟巨工经费,除由南河拨抵外,所绌尚多。若专望捐输,窃恐兴工无日。虽有司空执度,如水衡之不给何! 南中互市章程近于传抄中一见,备极柔远之道,然茶丝之私相授受,殆不可以究诘矣。

(《林则徐全集》第七册,信札页三五○)

秋,林则徐写《又和〈中秋感怀〉原韵》诗二首,追怀往事,悼念亡友,寄托希望。其第一首中写道:

三载羲娥下阪轮,　　炎州回首剧伤神。

招魂一恸登临地,己亥中秋与公及关滋圃同登虎门炮台望月,今不堪回首矣
投老相看坎𡒄人。

玉宇琼楼寒旧梦,　　冰天雪窖著闲身。

麻姑若道东溟事,　　莫使重扬海上尘。

(《林则徐全集》第六册,诗词页二二五)

十月,清廷命琦善为二等侍卫驻藏办事大臣(《清史列传》卷四○《琦善传》)、奕山为二等侍卫充和阗办事大臣(《清史列传》卷四一《奕山传》)、奕经为二等侍卫充叶尔羌参赞大臣。(《清史列传》卷四一《奕经传》)

十月初八日,有《致李星沅》函,讨论河南工赈之事,并及伊犁生计艰难。

中州工赈二事,皆待巨资,星使不能作无米之炊,灾黎亦安能止望梅之渴?若等捐输者以百五十串作百两,恐近世未必再有愚公。秦豫连疆,见闻必能精审,如有良法善象,乞示一二,俾释焦怀为望。

(《林则徐全集》第七册,信札页三五二)

十一月初六日,林则徐写《抚部李石梧先生寄示〈癸卯文闱即事〉诗,次韵奉答,即请是正》及《和前诗后喜闻公子秋捷,复叠前韵寄贺》。(《林则徐全集》第六册,诗词页二二六至二二八)

十一月十二日,宁波开埠。(《道光朝筹办夷务始末》卷七〇,页三〇)

十一月十五日,林则徐写《奉送泽轩二兄大人入关,用嶰筠前辈韵即正,时癸卯子月望日》,送原任绥定城总兵福珠洪阿卸任入关:

九重恩重一身轻,　七载驰驱万里程。

就日欣移专阃节,　望云知慰倚闾情。

行看翠羽金花烂,　况羡蓝田玉树生。两子皆颖悟

遥计拜恩三接后,　还膺阃帅领边城。

(《林则徐全集》第六册,诗词页二二九;又见郑国:
《林则徐致福珠洪阿书札》,《厦门大学学报》1981 年第 3 期)

十一月二十二日,林则徐致函咸阳县杨瑛,陈述自己盼归的心情:

仆远戍伊江,已逾一载,虽毡庐雪窖,心安亦可为家。惟衰病侵寻,每患鼻衄、脾泄两症。荒塞难谋医药,只当勉自支持。倘来春得唱刀环,玉门生入,则未折灞陵之柳,已先看潘县之花,侧耳弦歌,不禁神驰万里矣。

(《林则徐全集》第七册,信札页三五七)

[按]　杨瑛,字崧云,江西南城人,时新任陕西咸阳县知县。

十一月二十三日,林则徐《致李星沅》函对赐书感谢并告之收藏名人尺牍之盛,可见林则徐爱好收藏的雅趣。

弟向于各知好来书收藏不下数十帙,如湘潭周石芳师及孙文靖、顾南雅、郭兰石、张澥山诸前辈,每人皆裒成一巨帙,今又添得阁下与邓嶰翁两公尺牍,一一藏弄,久之或更多于前数公矣。

(《林则徐全集》第七册,信札页三五八)

十二月初二日,林则徐致函乌鲁木齐都统惟勤,陈述个人在戍心情:

伊江跧伏,一载有余。每思省疚以踟蹰,惟借养疴而息偃。

（《林则徐全集》第七册,信札页三六二）

［按］ 惟勤,字鉴堂,满洲镶蓝旗人。嘉庆十四年进士,左副都御史,时任乌鲁木齐都统。

同日,林则徐又致乌鲁木齐提督中福,陈述在戍情况:

弟跧伏伊江,瞬逾一载。值严寒之栗烈,倍衰病之侵寻。现惟键户养疴,尚幸堪为揩拄。

（《林则徐全集》第七册,信札页三六二）

［按］ 林则徐在邓廷桢赦回后的许多信件中都对戍所生活和盼归心情作重复陈述,一方面是莫可奈何,但更盼望的是尽快起用。

十二月,林则徐收到门人戴绚孙表示慰问的来信,内称:

比邓嶰筠先生还,其表姓（侄）户部马君沅,绚孙己丑同岁生。一日,遇绚孙,述先生入见时问答诸语,仰见我皇明圣。其于夷务,始终洞若观火,即夫子得罪,一切皆蒙宸谅,想不日必奉赐环之诏矣。……马君述嶰筠先生所传夫子近况,尚无大苦,此心少释悬系,即此亦足佩吾师之所养至深,岂近世所称贤达者敢望哉!……

（戴绚孙:《上林少穆师书》,见《味雪斋文钞》甲集卷五）

冬,林则徐向布彦泰提出捐资兴办惠远城东阿齐乌苏废地垦务的要求,并即组织人力,开始初垦。

［按］ 林则徐的这项要求,可能是从摘录《衎斋杂录》材料时得到启发的。《衎斋杂录》癸卯七月、闰七月条记称:“叶尔羌参赞图明额奏废员淡春台于道光十七年在乌鲁木齐投效巴尔楚克屯田,陆续招募眷民一百户,捐备车辆盘费搬送到台,并连年开挖渠道,分拨地亩,借给籽种、田具,经理妥协,请赏六品顶戴释回,奉旨允准。此折内引道光十六年前伊犁将军特伊顺等会奏伊犁、乌鲁木齐废员,如有情殷报效,自愿捐资招募眷民者准其呈明该管将军都统,令其自行捐办,如能办及百户,由该管大臣奏请鼓励等语,经大学士、军机大臣会议具奏奉旨允准在案。”淡春台为河南已革粮道,道光十九年五月图明额奏称淡春台于十七年捐办垦务起,已有成效,招徕眷民一百户计男女大小三百三十五名,淡在戍也已六年,乃其申请释回,直至道光二十三年六月二十五日始由内阁奉上谕:“淡春台着赏给六品顶戴,准予释回。”据此可知林则

徐从见到邸钞,摘录资料,翻阅旧例后始定捐资办垦之心。

是年,林则徐在戍所见到旧属黄冕,大谈"御夷之事,制船炮、断接济,以夷制夷诸策及塞上屯田水利、中外地形、南北水土之胜,往往至夜分始散"。(沈来秋:《林则徐谪戍伊犁》,见《林则徐资料研究》第一辑,油印本)

是年,林则徐在戍所写了一些诗作,除有具体日期可寻的以外,尚有《调鹤》、《笼鹅》、《放鱼》、《又次病起原韵》等诗。林则徐这时期的诗大多联系到时事和个人遭遇,如"长颈强于人,人谓此鸟傲,我喜皎皎姿,怀此霜雪操"(《笼鹅》);"欹枕一听泉,净涤尘土耳,江湖渺相忘,风波或不起"(《放鱼》);"前度呻吟悲白首,蚤时肥瘠共苍生,安心胜觅壶公药,归老长追洛社英"(《又次病起原韵》)等句,都有这些含意。(《林则徐全集》第六册,诗词页九一至九三,页二二五)

林则徐在戍所曾为人书写许多艺术作品,受到当地的珍视。

公书具体欧阳,诗宗白傅。在官事无巨细必躬亲,家居必熟访民间利病,白诸当道。求题咏者虽踵接,不暇应也。至是始得肆意,远近争宝之。伊犁为塞外大都会,不数月缣楮一空,公手迹遍冰天雪海中矣。

(《国朝先正事略》)

是年吴荣光(1773—1843)、王鎏(1776—1843)、程矞采(1789—1843)、张际亮(1799—1843)卒。

道光二十四年　甲辰　1844 年　六十岁

正月,林则徐继续在伊犁戍所,从事兴修水利和垦复荒地的工作。

正月初十日,林则徐在家书中说为陕抚李星沅拟定有关钞法条款事。

> 石梧中丞来书,以钞法有交议之请,两次来询办法。既是朝议欲行,则必须立出善法方好。石梧于万里外谆谆质问,我率性条列事宜复之。若渠以为合宜,则只管作伊意思条列复奏(断不可提及我之所议),倘谓不然,即作罢论。所有条款,由复石梧信中附去矣。

(《林则徐全集》第七册,信札页三六七)

[**按**]　林则徐所列条款内容不详,但李星沅于道光二十四年四月间曾上《议复改铸当五当十普尔钱碍难行使疏》,反对铸大钱并实行分区定价行使办法。(《清史列传》卷四二《李星沅传》)此或即林则徐所议内容大要。

正月下旬,林则徐在《家书》中拒绝家中为之纳妾。

> 至欲为我买人送来伺候,则断可不用。虽塞垣谪宦有此者甚多,然景地各有不同。在我已是晚年,何苦多此一累? 若但解除一时烦闷,日后难处之事甚多,悔之晚矣,应作罢论。

(《林则徐全集》第七册,信札页三六八)

二月,耆英任粤督。三月,清廷颁给钦差大臣关防,专办夷务。(《道光朝筹办夷务始末》卷七一,页一九)

三月,台湾嘉义县洪协起事,聚众约二千余人,不久失败。(《东华续录》道光四九)

三月间,林则徐自二月以来,先后写给博忠阿、刘润斋、杨崧云及保恒等人函件中,主要陈述"远羁荒塞,衰病交侵","归期难必,病态时增","株守如前,归期莫必"等处境。(《林则徐全集》第七册,信札页三六九至三七五)

春,林则徐在戍所闻友人、福建诗人张际亮(亨甫)死于北京的噩耗,写《哭张亨甫》一诗,惋惜张的才能未得施展。诗中写道:

尺素频从万里贻，　　吟成感事不胜悲。

谁知绝塞开缄日，　　正是京门易箦时。

狂态次公偏纵酒，　　鬼才长吉悔攻诗。

修文定写平生志，　　犹诉苍苍塞漏卮。

（《林则徐全集》第六册，诗词页二三〇）

春，邓廷桢有《寄怀少穆》诗，叙述与林则徐自禁烟运动以来五年的交谊，热切期望林则徐能召还，并表示愿意长期合作。诗中写道：

五年逐形影，　　展转婴百忧。

遂令平生交，　　直与骨肉侔。

厥初事筹海，　　颇欲驯夷酋。

商略辄中夜，　　肝肾穷雕锼。

逾年困围城，　　越俎敢代谋。

生死寄呼吸，　　朝暮如蜉蝣。

谪戍天山西，　　振策万里游。

搴荛会有役，　　我去公稍留。

荷戈旋复来，　　泛泛双浮鸥。

眠食互存问，　　疾病相噢咻。

患难转益亲，　　下逮仆与驺。

贱子荷环召，　　驱车出芦沟。出伊犁首程，地名芦草沟

河梁不忍别，　　涕泗交颐流。

自念蒲柳姿，　　岂望桑榆收。

酒泉幸生到，　　意慊夫何求？

勿谓无所求，　　思公滞退陬。

穷庐叹孤子，　　悲笳动牢愁。

无人诵《七发》，　　凤疾恐未瘳。

亟祝天回春，　　乐府歌刀头。

郁郁久怀抱，　　鹿卢转不休。

雨露本无私，　　此志行当酬。

旧腊拜恩命，　　宅藩来兰州。

西望嘉峪关，　　兹地为襟喉。

造物似有意，　　置我于道周。

旦晚迎公归，　　慰我辄饥辄。

坎陷不失义，　　灵著告我犹。

相期保百岁，　　安敢论千秋？

大地东南浮，　　吾道宜沧州。

咄哉此二老，　　长作寻盟鸥。

（邓廷桢：《双砚斋诗钞》）

　　林则徐有《又和见怀原韵》诗，也叙述了自禁烟运动以来的个人经历，并抒写了与邓廷桢的友谊将始终不渝。和诗中写道：

曩者使南越，　　谬思分主忧。

感公海水誓，余未至粤，公贻手书云："所不同心者有如海。"

但愧才难侔。

宣谕以恩信，　　纳款驯豪酋。

差幸国体肃，　　奚暇为身谋。

九龙偶反复，　　伏之如蜉蝣。

谁知釜底魂，　　倏作空中游。

鲍庄终失智，　　贾胡空复留。

须臾海水飞，　　变幻空中沤。

已乏决胜策，　　安敢排众咻。

简书赴东浙，　　聊复驰铃驺。

荷戈指天山，　　闻赦当邗沟。

暂免万里行，　　负薪塞黄流。

公时出玉关，　　谓我风帆收。

后尘匪云隔，　　友声还可求。

公来未期月，　　我亦同荒陬。

转喜云龙随，　　肯唱关山愁？

我病入肝肺，　　公病幸即瘳。

去秋却杖起，　　恰报乌白头。

即拟归秣陵，　　筑室名三休。

除书九重出，　　恩渥难为酬。

东辙未及浣，　　四牡仍西州。

雍梁实重镇，　　以公扼其喉。

边庭甫亲历，　　布政诚优优。

人言再开府，　　姓字留金瓯。

我知岩谷心，　　此际方夷犹。

尺素示微意，　　莼鲈当及秋。

我身虽萍浮，　　梦见白鹭洲。

奋飞傍公侧，　　莫讶江干鸥。

（《林则徐全集》第六册，诗词，页九四至九六）

三月，在《家书》中叮嘱不为捐赎之事。

捐赎一事我们万万不为。非独为靖逆等造谣起见也。塞外却是避世之所，但留得身子，自有归期，讵肯为名实两伤之事？

（《林则徐全集》第七册，信札页三七五）

春夏间，林则徐写《梅生公子联捷南宫选入词馆三叠前韵为贺》，向李星沅之子李杭祝贺。约在这时，李星沅有怀林诗见寄，林写答诗《寄酬石梧相怀之作四叠前韵》，诗中感谢李对自己的关怀和对滞留在西安眷属的照顾，并祝李子的中式，流露出羡慕之情。《林则徐全集》第六册，信札页二三二至二三四）

四月初五日，洪秀全、冯云山到广西贵县赐谷村，开始宣传拜上帝会教义。《太平天日》

四月，广东人民展开反租地斗争，英国侵略者强租河南地方的企图未得实现。对斗争的经过，当时人梁廷枏的《夷氛闻纪》卷五曾加记载。

五月十四日，耆英在复美使顾盛的照会中否定了林则徐在广州围困商馆的行动说：

前接贵大臣十一日公文一件，内开道光十九年春间，贵国领事、商民等在十三行内被林大臣围困拘禁，无辜受累等情，本大臣闻之深为惋惜。贵国民人来粤贸易，二百年来最为安静守法，此实人所共知。林大臣即因严禁鸦片，亦应查明实系贩运鸦片之人，方可重究，乃皂白不分，致毫无非为之合众国领事、商民无辜被禁，岂非冤枉？至贵大臣所云：本国实不敢妄干补报，亦不敢受此补报，足征贵国为仁义之邦，而贵大臣为公信之臣也。弟念前事虽甚属不公，而林大臣已因办理不善，奉大皇帝发遣新疆,身罹重咎,且当现议和好之时,本大臣惟有明晰解释,俾合众国商民胥羯旧恨,益臻辑睦。

(英国外交部档案 F.O. 931/517,引自杨国桢:

《英国外交部(中文)档案与林则徐研究》,油印本)

五月十八日,福州开埠。

五月十八日,《中美五口贸易章程》(《望厦条约》)三十四条订立。(《中外旧约章汇编》)这是美国对华侵略的一个重要标志。这个条约进一步扩大了《江宁条约》中的特权。

五月,林则徐呈请捐资认修开垦龙口地段的阿齐乌苏荒地的水利工程。并表示"断不敢希冀乞恩",以解除清廷的猜疑。(《布彦泰片三》,见《史料旬刊》第37期,页三六九至三七○)

[按] 阿齐乌苏为满营旗屯废地,面积约十万余亩,是伊犁河北岸农田中最后一块荒地。垦复这块荒地的唯一办法就是开挖一条引哈什河水的大灌渠。这是清代伊犁开屯以来最大的水利工程,也是乾嘉两代未竟之业,林则徐提出"分段承修"的施工原则,并主动捐资承修整个工程中最困难的龙口首段。这条阿齐乌苏大渠即清代的伊犁皇渠,又称喀什渠、阿齐乌苏大渠,民国称大裕农渠,今称人民渠。当地汉民因怀念林则徐在开这条大渠工程中所作的贡献,也有称为"林公渠"的。新疆伊犁地委史志办公室赖洪波先生曾撰《林则徐与伊犁皇渠》专文(油印本),论述阿齐乌苏大渠的开凿历史和重要意义。

六月,湖南耒阳阳大鹏领导抗粮斗争,聚众千余人。不久失败。(《东华续录》道光四九)

七月二十三日,冯云山离赐谷往桂平。(《太平天日》)

八月十五日,林则徐有《致姚衡(雪逸)函》,发泄在戍所无可奈何的情绪说:

阁下与悦翁同履艰危,始终如一,诚所谓久要不忘者。……

弟跧伏伊江,两年荏苒,难冀刀环之唱,空余剑铗之弹。加以脾肺两经交相为病,温凉药物俱不合宜,惟有勉自支持,强加排遣,摊残帙于打头屋里,煨淡粥于折脚铛中,幸尚告存,请纾遥廑。

(《林则徐全集》第七册,信札页三八三)

570 ·

［**按**］　姚衡，字雪逸。据上海复旦大学陈匡时氏考证，此受信人雪逸即怡良幕中专司与林则徐往返信件的姚衡之字，为姚文田之子，姚觐元之父。姚雪逸与林则徐、怡良间关系密切。

八月十五日，林则徐《致陈德培》函，告知在伊犁情况及黄浚已捐资兴工以求赦还说：

> 近日宦途中，华颠不若童牙，固有明验也。洋务稍静，河事尚不知如何？
>
> 仆在戍已届两年，愈无刀环之想。比来亦与垦荒之事，只以明其不敢坐视，非有所冀于其间也。四小儿于七月间适有估客入关，遂令搭伴先回西安。三小儿仍旧随侍。大小儿屡作出关之请，已力阻之，而伊究必欲作此一行，姑俟明年再定耳。黄南坡虽在乌垒而旧腊曾随惟都护来至伊犁。今年春夏之交，甫经回戍，已于巴里坤城工捐赀出力，谅可奏乞恩施。……

（林则徐手迹，原件藏华东师范大学图书馆）

［**按**］　四小儿即三子拱枢，三小儿即次子聪彝，此并夭折之二小儿秋柏计序。

九月初二日，林则徐有致葭州牧林树棠及甘肃灵州营参将保恒二函，除一般问候外，主要内容都是谪居生病状况，慨叹内归无期。（《林则徐全集》第七册，信札页三八五至三八六）

九月初三日，林则徐致书四川总督宝兴，除述说谪居生病处境外，并解释自己垦荒的意图是："只以勉效驰驱，非敢有所希冀也。"（《林则徐全集》第七册，信札页三八六至三八七）实则是希望能在垦荒中有成效而获释回。

［**按**］　宝兴，字献山，满州镶黄旗人。嘉庆十年进士，时任四川总督。

九月十三日，《中法五口贸易章程》（《黄埔条约》）三十五条订立。（《中外旧约章汇编》）这是法国侵略者继英、美之后胁迫清廷订立的不平等条约。

九月二十五日，林则徐写《奉酬石梧中丞大人见怀之作，四叠前韵，寄请教正》诗以和李星沅所作，诗云：

> 十样鸾笺众妙该，　诗筒珍重浣蔷开。
>
> 秋风琐院重临日，
>
> 旧雨阳关叠唱来。是科公又监临陕闱，闱前以诗见寄，仍叠癸卯监临原韵

绝幕正愁书剑老，　　寒衣仍付剪刀催。
何期天末怀人句，　　万里倾心到不才。

回首中原百感生，　　导河筹海费盱衡。
搴茭沉玉谁输赋，　　昧雉刲羊屡请盟。
曾忆金堤襄保障，　　谬思珠浦树威名。
白头潦倒雄心退，　　始悟闻鸡是恶声。

长安西笑似前缘，　　八口侨居已两年。
杜曲桑麻看植杖，　　灞桥杨柳记停鞭。
猪肝累友原非分，　　鹿脯驰书亦可怜。
荫得暍人依樾下，　　曾云高义此岿然。

玉堂归省恰秋中，　　烛撤金莲照眼红。
鹤发重帷长爱日，　　龙门庶士正倾风。
频叨手诏箕裘勉，公于梅生太史春捷奏谢，奉朱批："殿试朝考名次俱高，甚有出息。"又于馆选奏谢，奉朱批："勉励训导，立品为先。"华衮之荣，为从来所未有
豫拟头衔节钺同。
乔木世臣真不忝，
伏雌安敢媲飞雄。来诗有"簪裾久接世臣风"之语，心甚愧之

道光甲辰九月二十五日伊江谪所晚闻修拙斋中。年愚弟林则徐手稿并希梅生太史指瑕是幸。

林在诗末特附称希星沅之子梅生"指瑕"，并在同日写"梅生太史寄示春闱试卷，读至白驹空谷试帖，赏其寄托之深，聊复效颦二首，寻奉喷饭，知必笑其倒绷孩也"。可见林对李氏父子交谊之重视。(《林则徐全集》第六册，诗词页二三二至二三三)

十月初，伊犁将军布彦泰上奏陈述惠远城东阿齐乌苏废地开垦工程的经过和林则徐在这项工程中经办、捐资等劳绩，请求清廷能对林则徐"弃瑕录用"。布彦泰在奏文中说：

此次开垦阿齐乌苏荒地，一切应办工程具系捐资人员分段承修。龙

口首段系原任两广总督林则徐承修。查龙口地势,北岸系碎石陡坡,高二三丈至八九丈不等,水傍坡流,须刨窝石坎;南岸坐在河流之中,必须建坝筑堤,钉桩抛石,方免冲刷之虞,应修要工渠宽三丈至三丈七八尺不等,深五六尺至丈余不等,长六里有奇。先经奴才指明紧要处所,嘱令认真妥修,务期坚固,以垂永久。兹奴才周历履勘,其所办要工六里有奇,一律完竣,委系十分坚固。自五月兴工至今,计期四月有余,除料物不计外,实用工十万有另。据林则徐原呈内称:"林则徐受恩深重,获谷遣戍,遇此开垦要务,尤宜踊跃急公,情愿认修龙口要工,借图报效,将来工竣,断不敢希冀乞恩等语。"查林则徐到戍已及两年,深知愧奋,奴才每于接见时,留心察看,见其赋性聪明而不浮,学问渊博而不泥,诚实明爽,历练老成,洵能施诸行事,非徒托空言以炫目前者比,久经圣明洞鉴。奴才鼠目寸光,平生所见之人,实无出其右者。窃谓人才难得,如林则徐之遣戍伊犁,实为应得之罪,然以有用之才置之废闲之地,殊为可惜。如蒙天恩,弃瑕录用,俾得及时报效,林则徐必倍深顶感再造生成,竭力图报,实可收得人之效。奴才与林则徐素不相识,断不敢自蹈欺饰之愆,实为人才难得起见,不揣冒昧,手缮密陈,伏乞圣鉴,谨奏。

(《布彦泰片三》,见《史料旬刊》第37期,页三六九至三七〇)

这份奏折说明林则徐在戍所近二年的时间内已经以他的"才干"博取到布彦泰的信任。但是,清廷并没有接受起用林则徐的建议,只是命林则徐去履勘阿克苏、乌什、和阗等地的可垦荒地。这有可能由于新疆垦务急待进行而需要这样一个"干员"去推动,但更主要的还是由于中枢权柄仍然操在投降派等人手中,从中制造了阻力。

十月初三日,林则徐在伊犁《致金安清(眉生)》函,婉谢其倡议捐资纳赎。信中说:

汴州河上匆匆晤别,弹指已三年矣。……

昨于家言中得诵惠寄小儿一书,爱注之殷,溢于子墨。且知赎锾义举,实由执事与梦蝶先生首发其端,虽徐晦之于杨临贺,吴玠之于刘子羽,不是过也。心非木石,感何可言。惟念弟获谷之由,实与寻常迥异,即前此辗转播迁之故,尊处当亦有闻。雨露雷霆,惟待天心自转。与其批龙鳞而难测,莫如听马角之不生。是以小儿先有复书,求寝其事,而厚意则铭诸心版,终不可宣也。

(《林则徐全集》第七册,信札页三八七至三八八)

[按] 原函末署"小春三日伊江邸中则徐",据此当于十月初三日写于伊犁。函中所言"赎锾义举",创议于道光二十三年"吴中士民",未果。道光二十四年夏,唐钟福(梦蝶)、金安清(眉生)等正式发动淮、扬一带同官旧属捐资纳赎。"赎锾义举"在清人文集和笔记中多有记述,如道光二十七年七月宗稷辰在一篇书后中写道:

> 近世儒而侠者,莫如夏峰先生,其周旋六君子,经营赎锾,至树大旗于道上。既而不能纳,则又表而还之众好义者。其志虽不遂而义闻垂二百余年矣。若前数年,侯官林公西戍,人皆思为赎之。其友唐梦蝶、金眉生力倡是举,远近争应。事垂成,始闻于公。公命子苦辞,寝罢。所守至正,两君亦遂以金还诸其人。虽公以贤臣事圣君,雷霆偶下,雨露旋施,迹与往事迥异而两贤气谊之崇、忠信之固,则俨然夏峰之立心矣。传之来祀,夫何间然。

(宗稷辰:《题唐、金二子醵金为林公赎罪书及
林汝舟辞募赎札后》,见《躬耻斋文钞》卷六)

鲁一同也有一篇书后记此事说:

> 公前戍伊江时,南中诸君有赎锾之举,公婉谢之。而公子汝舟言尤切至。一同敬惟人臣事君犹天,惟义与命,无所逃之。虽昔人有言,曷若归命投诚,乞怜君父,要之心迹,今古一时,未可一概量也。公辞之甚正。今公已奉天子简命,巡抚秦陕,移督黔滇,恩宠眷注日隆矣。借令当日义举果行,权重媲美,其不如少迁缓之,以待天心之自转明白。然方诸君为此时,岂逆料有今日事情发于中,而事迫于会。苟可取济,将不复权衡审度而为之,于义甚可嘉。夫天下义有所不暇精而情有所不能待。至于天人诉合,主臣道隆,果有以大慰中外之望,则又非一二人意气所能感格,而国家景福无疆之征验也。于呼远矣。

(鲁一同:《书林侯官手札后》,见《通甫类稿》卷三)

陈康祺的《燕下乡脞录》卷三也记此事说:

> 林文忠公戍西域时,南中绅民有赎锾之举,不期而会集白银至巨万。公闻之邮书婉谢,而公子汝舟言尤切至,遂不果行。……(新夏按:

574

宗侍御稷辰《躬耻斋文钞》倡是举者唐梦蝶、金眉生而远近应之。公既
命子苦辞,遂以金还诸其人)

朱腾(丹木)题林则徐辞赎锾书后有诗云:

尚书出塞苍生哭,	末吏呼天白日新,
义举已称双国士,	生还不待百人身。
侠肠耿耿安危计,	直节觥觥社稷臣,
霖雨滇南休恨晚,	摩娑书札有精神。
时文忠方再起督滇也。	

(郭则沄:《十朝诗乘》卷一五)

　　林则徐的同年友、江南河道总督潘锡恩也为他出头集资赎罪。十月中
旬,林特写信给潘,婉言谢却,退还捐资,并表达自己服罪的态度说:

　　昨接关内书,知江左旧僚有欲为弟赎锾之议,阁下慨然以名世为倡。
左骖解脱,义重齐婴,特愧弟未能为越石父,闻有斯举,不禁铭心胸而汗
项背矣。弟受恩深重,获咎异常,即窜逐终身,亦罪所应得,赎之一字,不
敢言,亦不忍言,且马角乌头,皆关定数。唐太宗诗云:"待余心肯日,是
汝运通时"。况圣心即是天心,放臣依恋之忱固未尝一日释,亦惟静冀天
心之转,敢遽求生入玉门关耶!此事定须中止,不可渎呈。弟已分致诸
同人,沥忱辞谢。闻阁下与江翊云书,嘱其妥为斟酌,倍仰识周见到,先
得我心。翊云深识鄙怀,亦不肯轻举。至同人所集之费,弟尚未能一一
知之,已托其代为询明,分别归赵。

(《林则徐全集》第七册,信札页三九一)

　　[按] "赎锾义举"的主要推动者金安清,字眉生,号偈齐,国子生,曾游
幕于公卿间,掌书记,司笺奏,与林则徐关系密切。官至湖北督粮道、监运使、
按察使。后撰《林文忠公传》。金安清曾把林则徐父子写给他有关赎锾的信
装册。钱泰吉见此为写《跋林文忠公父子手札册》已收入《谱余》。

　　[又按] 此函原件之后附有梁启超跋,即以辞金之事评论林则徐说:"孟
子论人最谨于辞受取与之节,言伊尹思匹夫不被泽,若已推而纳诸沟中,乃其
立身本末则自千驷不视,一介不取始也。林文忠蒙难时所以自处者如此,其
所以为古之人与?此册经百年间贤士大夫考系题识,今乃归蓉初先生,得明
主矣。癸亥十月梁启超敬跋。"

[又按] 唐钟福(梦蝶)曾有致林则徐函言倡赎镯议始末颇详,函中说:"大贤忠诚报国,天下万世自有公论,在内在外一也,诚何足以介大贤之怀;然民之秉彝,其何能已。去年吴下士民知有捐赎之例,皆欣欣然有喜色,奔走相告,佥愿捐资,公同具呈,为大贤请赎,琴南先生以恐转触忌疾,未敢举行。嗣钟福在云舫先生坐中,晤其记室金君眉生,亦倡言及此。钟福愧无寸尺之力,谨志而已!迨返扬州,邂逅醝商包君良丞,论及此事,渠以感恩知己,图报无由,欣愿独任,而眉生以商之芸阁先生,亦议有定数,包君遂改任其半。业由眉生与罗克修商定,自扬浦取资入都,克修自行赴部具呈。是举诚知非大贤之所乐从,然眉生之与芸阁先生暨包君者,实欲一伸天下万世之公义而发于至诚,亦足以见人心之尚在。大贤当亦鉴察其情而曲谅之也。克修克期七月二十日抵都。此间约计桂花香里可得纶音。天心倚畀,本已早有思意,藉此转机而已。……"(《林则徐书札》附件)

十月初九日,洪秀全离赐谷回广东。(《太平天日》)

十月十三日,林则徐在伊犁致函南河海防同知王莲舟,详述了婉谢赎镯的原因及经过,并对王的解囊相助表示感谢说:

弟跧伏伊江,两周岁琯,孱弱衰病,可想而知,惟有勉自支持,听诸时命而已。昨闻淮扬旧雨谋代赎镯,阁下戚谊关垂,特为解囊倡导。仁怀义举,近世所希,远道传闻,犹相钦佩,况其身受者耶? 惟是弟获谷之由颇与寻常有异,赐环与否,圣心自有定衡,若以纳赎具呈,窃恐非徒无益,是以小儿由陕寓寄书至都,力阻其事。阁下肫情稠叠,久已铭泐在胸,此事既不便举行,盛仪又岂当虚耗? 弟已函复眉生兄及舍表侄罗克修,敬为代缴,想荷鉴原。……至集资诸君,弟一时尚未询悉,不及致谢。祈先将弟感愧之怀代为转述,容俟询明,再当泐函分寄也。

(《林则徐全集》第七册,信札页三八九)

十月十三日,林则徐致函外南同知王国佐,感谢他支持赎镯活动说:

弟何戈绝塞,岁篝载周,难期马角之生,益愧龙钟之状。昨闻淮扬旧雨谋代赎镯,阁下领袖袁江,特为解囊倡导。仁怀义举,近世所希,远道传闻,犹相钦佩,况其身受者耶?

(《林则徐全集》第七册,信札页三九〇)

同日,又致咸阳县杨瑛函,述说参与伊犁的开荒活动说:

伊江开垦之事,仆已捐办工程,大约明春始能告竣。

(《林则徐全集》第七册,信札页三八八)

十月二十八日,林则徐致函惟勤,赞扬其主持吐鲁番地区的开垦工作:

此间雪泽优沾,宿麦盘根,甚为有益。惟严寒较早,渠工只可暂停。闻土尔番畚揭正兴,该处地暖气温,在塞外尤称难得。想见捐输之踊跃,胥由董劝之周详。而督饬操劳,仍望随时珍节,是所翘祷。

(《林则徐全集》第七册,信札页三九二)

十月,有《致李星沅》函,言及归还布彦泰代为捐资添办一事。

此间捐办渠工,须明春方能竣事,前函似已附陈。该工经费不敷,同人尚须添捐,弟亦正在筹措。乃承谦帅自支一季廉银,发至工次。代弟名下添办,且嘱勿使弟知之。近日该段工完弟始悉有此一举,欲筹归款,坚未允许。此事既歉然于心,且恐憎此多口,亦为苏省代谋赎锾之举,徒切皇皇耳。阁下遇有便函,尚乞于统帅处婉达鄙忱,俾得措资归款,是所叨感!

(《林则徐全集》第七册,信札页三九三)

十一月中旬,于伊犁《致李星沅》函,力阻酿赀赎罪。(《林则徐全集》第七册,信札页三九七)

十一月初十日,林则徐函贺奕山就任和阗办事大臣,并赠送摹本缎、凝绸衣料四端,白木耳两斤等礼物。(《林则徐全集》第七册,信札页三九四)

十一月,林则徐奉命到库车、阿克苏、乌什、和阗等地勘办开垦事宜。从此时起到次年冬奉旨释回的一年中,林则徐不仅亲历各地,而且还提出过一些建议,如把垦地分给维族农民耕耘,将屯兵制改为操防制等。林则徐实际工作和建议对发展新疆的农业生产,加强边防建设都起了积极作用。

十一月,有《致建韶》函,表示愿参加伊犁垦复荒地之事。

伊江现有垦复荒地之事,弟既在此效力,不敢置身事外,当亦随众捐办工程,然已声明不敢邀恩,非有希冀之念也。

(《林则徐全集》第七册,信札页四〇一)

阿克苏等城,民回杂处,见在开垦荒地,若令回民认种,究竟能否相安及酌给回民承种,日后有无流弊之处,必须另行派员亲历各该城体察情形,熟筹定议。伊犁前办开垦事宜,经该将军奏明委林则徐查勘办理,

577

尚为妥协,著即传谕林则徐前赴阿克苏、乌什、和阗周历履勘,并著布彦泰选派明白晓事之协领一员,随同前往勘视,仍由该将军察核情形,斟酌议定,奏明办理。再本日据常清奏查出库车可垦荒地,捐廉兴工,请给无业回子承种等语,著一并交林则徐就近往勘,由该将军核明具奏,务期日久相安,毋启争占之弊。

（道光二十四年十月二十九日上谕,见《东华续录》道光五〇）

二十四年,伊犁将军(布)彦泰奏请饬则徐勘办开垦事宜。则徐亲历库车、阿克苏、乌什、和阗、喀什噶尔、叶尔羌及伊拉里克、塔尔纳沁等处,请酌给回人耕种,并请改屯兵为操防。均如议行。

《清史列传》卷三八

(道光)二十年,(布彦泰)擢伊犁将军。二十四年疏陈塔什图毕、阿齐乌苏等处开垦事宜。时林则徐在戍所,布彦泰于垦事一以谘之,得地二十万亩。又奏留全庆偕林则徐周勘南路阿克苏、乌什、和阗,得田六十余万亩。

（《布彦泰列传》,见《史料旬刊》第37期,页三六六）

邓廷桢对林则徐的奉命勘办开垦事宜,认为是召还起用的先兆,曾在《和钱心壶给谏(生春)诗》十二首中,专以一首抒写这种兴奋心情说:

何处生春早, 春生瀚池中。

屯田被恩命,少穆奉旨接办回疆开垦事宜 归骑兆祥风。

遇雨占应吉, 瞻云气渐融。

记曾盟息壤,庚子岁暮,少穆与余同滞羊城。余制春帖子云:敢道在山为远志,记曾发箧有当归,少穆为余书之,并曾跋云:他日归山,勿忘此息壤也

招隐小山丛。

（《双砚斋诗钞》）

十二月初四,林则徐致乌鲁木齐都统惟勤函,述说受命开垦经过:

则徐抵戍以来,三经改岁。日昨统帅传奉谕旨,以南路各城所垦荒地,饬则徐前往履勘。伏思此事先蒙特派达参赞往勘,因其引疾开缺,改派及徐,实为梦想不到。事体既属繁重,道路又复绵长,自顾衰庸,深怀兢惧。本拟取道冰岭,即日南行。只缘此次添勘库车地亩,统帅属令即从库车勘起,应俟札南山大兄到任,指领勘明,是以定于本月十七日自伊

江起行,仍由大路前往。

(《林则徐全集》第七册,信札页四〇二)

[**按**]　函中统帅指伊犁将军布彦泰,达参赞指伊犁参赞大臣达洪阿,札南山指库车办事大臣札拉芬泰。

十二月初五日,邓廷桢七十寿辰,林则徐写《寿嶰翁七十》诗祝贺邓的再起,并表达了自己错综复杂的心情。诗中有句说:

莼浦秋风思纵切,　　桑田零雨驾频临。时奉命治垦田

……

欢离悲合溯劳踪,　　自送公归岁再冬。

雨露雷霆恩并感,　　尘沙冰雪路相从。

只今西塞余孤鹤,　　却喜南阳起卧龙。

……

(《林则徐全集》第六册,诗词页二三五)

[**按**]　《全集》本作十一月。

邓廷桢因林则徐也正六十,便填《寿星明》词四阕回赠,其中有句说:

宣室还闻念逐臣。曾造膝,谓公才胜我,天语如春(去冬引对养心殿。蒙谕:朕看林某才具,似胜汝)。

(邓廷桢:《双砚斋诗钞》)

邓廷桢转告这种"造膝""天语"是用来安慰林则徐尚未召还的心情,但也说明道光帝对林则徐的看法。

十二月二十六日,有《致湍布多》函,感谢塔尔巴哈台参赞大臣湍布多对其勘荒工作的关注。(《林则徐全集》第七册,信札页四〇四)

是年,林则徐长子汝舟妻生子鸿翯,妾生子臻品。林则徐为此写《舟儿初举一男诗以示之》及《舟儿妾生子》二诗。(《林则徐全集》第六册,诗词页二二九、二三九)

是年,林则徐为伊犁将军布彦泰写《题山水绝句为布子谦将军(布彦泰)》及《又题花卉绝句》等诗。(《林则徐全集》第六册,诗词页二三五至二三六)

是年,梁章钜有七十自寿诗,在"逐臣深望诏书丹"句下自注说"林少穆督部"。(梁章钜:《归田琐记》卷六)它表明当时士大夫中对林则徐的关切和期待。

是年,林则徐在戍所辑成《衙斋杂录》一卷。《杂录》主要抄录了清代经营

579

新疆的资料，而以屯田情况为主，以道光时为详，拟供自己在勘荒工作中参考。其他有少量与东南沿海有关的资料。另外尚有一部分是官员异动的消息，系录自京报。于此可见林则徐对新疆建设和政局变化仍颇为关心，对研究清代中期新疆地区军屯、犯屯、民屯有参考价值。

［**按**］《杂录》所抄资料最晚为道光二十四年甲辰，故定为此年辑成。无传本，原件旧藏福州林冰如家。厦门大学杨国桢有传抄本，并承为我传抄了一本。

是年钱泳（1759—1844）、吴廷琛（1773—1844）、祁埥（1777—1844）卒。

道光二十五年　乙巳　1845 年　六十一岁

正月初三日,林则徐由绥来动身,履勘垦地。(《林则徐全集》第九册,信札页五三三)

正月初四日,林则徐行至呼图壁,黄冕(南坡)由红庙来会。黄冕在鸦片战争时曾在浙东与林则徐共同抗英。裕谦死后,他也被遣戍新疆。此时已获赦召归,因督垦伊拉里克尚暂留新疆。次日,林则徐启程,黄冕随行。(《林则徐全集》第九册,日记页五三三)

正月初五日,林则徐在昌吉县收到伊犁转来邓廷桢等人书札,黄濬(壶舟)自红庙来晤。另有钱江自迪化来函。林则徐对钱江在粤的抗英行动和个人遭遇深表赞扬和同情,他特在日记的自注中注称:

> 钱东屏(江,字沛然,归安人)专丁赍书来迎(钱在广东领乡勇,欲与夷战,当局罪之,发遣伊犁)。

（《林则徐全集》第九册,日记页五三四)

[**按**]　黄濬,字睿人,号壶舟。浙江太平人。官江西彭泽知县,因彭泽客舟遭风失银,被诬为行劫,落职后又遭陷害,流放乌鲁木齐。(王菜:《柔桥文钞》卷一四)

正月初六日,林则徐抵达迪化州,乌鲁木齐都统惟勤率"在城文武俱效迎,废员来者亦十余人"。(《林则徐全集》第九册,日记页五三四)

正月初七日,林则徐在迪化邀晤钱江,并与共饭,黄冕在座。(《林则徐全集》第九册,日记页五三四)

正月初九日,林则徐与黄冕、黄濬及高步月等在戍旧友共进晚饭。(《林则徐全集》第九册,日记页五三五)

正月十一日,林则徐原定本日登程,因惟勤等当地官员"坚留过灯节",遂"改于十六日始行"。是日,收布彦泰来书并公牍,"恭录上谕,知喀什噶尔奏开地亩,亦蒙续交查勘"。(《林则徐全集》第九册,日记页五三五)

正月十三日,林则徐为黄濬(壶舟)的四首赠诗写和诗二首。这两首诗比较集中地反映了林则徐关心社会动荡、政局不定和迫切希望出山的心情。对以僧道度牒来筹划战败赔款等费的事,尤感愤慨。诗中写道:

> 漫将羞涩笑羁臣,　　此日中原正患贫。
>
> 鸿集未闻安草泽,　　鹃声疑复到天津。
>
> 纷看绢树登华毂,
>
> 恐少缁流度羽巾。时有以僧道度牒为筹边经费计者
>
> 海外蚨飞长不返,　　问谁夜气识金银。
>
> 狂魔枉向病身加,　　肯与穿墉竞鼠牙。
>
> 古井无波恬一勺,　　歧途有客误三叉。
>
> 带围屡减腰仍瘦,　　笋束成堆眼已花。索书者多,苦无以应
>
> 何日穹庐能解脱,　　宝刀盼上短辕车。

(《林则徐全集》第六册,诗词页二三六至二三七)

当地灯市颇盛,"自城内至东关外,通衢多竖牌坊,燃灯数夜"。(《林则徐全集》第九册,日记页五三五)

林则徐停留乌鲁木齐时,曾致函伊犁领队大臣皂兴,告知行程中的艰难。

> 弟自登程以后,旧恙大发,几不可支。途中寒气逼人,较在惠远城中实加数倍。幸坐车极为宽稳,弟以重裘裹护,仍然力疾前行。兹于正月初六日已抵乌垣,体气比前差胜,饮食约可如常,札南山大兄甫于初三日由此前进。弟自须略息两三日亦即南行,请勿远烦垂念。

(《林则徐全集》第八册,信札页三)

正月十五日,林则徐写《次韵寄酬高樨庵(步月)》二首,第一首感慨自己遣戍的遭遇,并对高及其他友人的关怀表示谢意。诗中写道:

> 频年蓬梗逐飘风,　　叹息鱼劳尾已红。
>
> 行役未能辞老病,　　知交犹为计穷通。
>
> 羁臣奉使原非分,　　明诏筹边要至公。
>
> 多谢赠言勤慰藉,　　此身同是雪泥鸿。

第二首中,林则徐对高樨庵的仕途蹭蹬表示同情与安慰,而在结语"痛哭王尊今宿草,久悬揆席未宣麻(思君同里王文恪公)"句中表达了对王鼎的怀念。

［**按**］　高樾庵,字步月,陕西蒲城人。官东河同知,因防河工,加秩太守。道光二十一年开封祥符河决,高步月与东河总督文冲同被革处,文戍伊犁,高则发配乌鲁木齐。

正月十六日,林则徐有《致李星沅》书,倾诉彼此友情,陈述实事求是的勘地原则,感谢伊犁将军对自己的关注等。

承询所勘各城之地,孰先孰后？何时可历一周？查前奉谕旨后,谦帅曾经复奏,不派协领随往,而暂留喀刺沙尔大臣全小汀会勘,并奏明由库车勘起,渐次而西。闻谦帅曾将此稿录寄台端,未知果已入览否？舟儿来禀,恐弟须在彼处督办招垦,事竣方能脱身,是以倍欲赶紧出关,探迎随侍。不知各城大臣所奏,皆系地已垦成,只因不给民而给回,未合圣意,故阿克苏首干严议,次则和阗亦奉停工之谕。然以情形而论,回疆本是回地,自归入版图后,虽有民人赴彼,只是贸易往来,并无携眷生聚欲于彼处长子孙而成土著者,与乌鲁木齐、伊犁大异。若招民户前往种田,问谁给与盘费？且田地既辟,粮食必多,即使招得民人,耕成沃壤,而就近则粮无卖处,远贩则资本大亏,安得有人愿往？从前巴尔楚克(属叶尔羌)招种逆回叛产,约及十年,不满百户。彼时有废员淡春台等情愿捐资办理其事,有一户即给一户之盘费、牛具、籽种,尚且无人应募,况凭空招之者乎？当阿克苏首先奏请给回,宸衷大为诧异,故有严议之旨。迨后各城所奏,无一处不是给回,故第二起之和阗只令暂停而不议处。其后各城(现又交喀什噶尔一处)则并无停止字样,且阿克苏虽严议而不开缺,大抵圣明亦已洞鉴实情矣。弟在伊犁时与谦帅相商,到一城查一城,即将实情呈请将军核奏,绝不敢稍存成见,亦绝不敢粉饰迎合,至说到办不到,更不成事也。以台站而计,由乌鲁木齐至回疆,八城行遍,不过七十站,加以查勘工夫,不免耽搁,如尚顺绪,则四月内或可望其全完。现在三小儿聪彝业已随行,舟儿必应趁此进京散馆,其所请出关一说,实属无谓。乞以鼎谕切阻西来,务令北上,是所至感。

贱体在乌垣医调已愈,现于正月十六日由此赴土鲁番,计至库车约有二十四站,为时已在春仲,田中雪释,始可丈量。兹荷殷垂,谨以缕述。

至沿途资斧,尽属有余。缘弟捐工之资,本已自行筹备,而谦帅所代垫者,坚不许辞。濒行又解囊为赠,再四缴还,几于被恼,不得已而受之。

其于弟此行,自车马以至衣服饮食,无一不亲为制备,所以待弟者,意恳情真,使人感泣。知吾兄大人垂念至切,故备述之。此时旅资十分从容,可纾仁系。至惠函尚有欲将地谊之说,此则万万不敢仰承。窃念两年以来,贱累叨依德宇,一切蒙惠渎神之处,累纸难以罄陈,而有加无已之盛心,转作此让德不居之谦语,弟心非木石,能不感悚交并乎! 敝寓本无所需,万无更费清心之理,沥忱奉述,务乞鉴原。

(《林则徐全集》第八册,信札页四至七)

正月十六日,林则徐离迪化。黄冕、钱江偕行。次日钱江辞去。(《林则徐全集》第九册,日记页六五三)

正月十九日,林则徐在往吐鲁番途中,见到当地民间的水利设施——"卡井"。他了解情况后,加以改进,在垦地推广应用,取得了成效。

……沿途多土坑,询其名,曰"卡井",能引水横流者,由南而北,渐引渐高,水从土中穿穴而行,诚不可思议之事。此处田土膏腴,岁产木棉无算,皆"卡井"水利为之也。

(《林则徐全集》第九册,日记页五三七)

[按] 卡井一称坎井,其构造情况,据林竞所著《西北丛编》叙称:"公察吐鲁番地苦热、缺水,又不雨,乃熟勘地形,发明(新夏按:应以推广为是)坎井之法。今吐鲁蕃棉花、葡萄生产最多,富甲各处,皆公之赐也。现各县亦有仿行之者,皆因地理关系,不能用。惟哈密及库车二县有已经营成功者。开井之法,先择雪山之下,察其地为立土,而其下有伏流,便可试于低处开掘,深则数十丈,浅则数丈,如得水,则向前距离丈许,再掘同样之井,愈前而掘愈浅,至地面为止,向后亦距离丈许,掘法如前,愈后而掘愈深,然后复于井底通阴沟,使各井相通,则水不需人力,自从最浅之井流出地面,其旁另筑淖池以贮水,设闸以司启闭。附近田亩轮流灌溉,有井者酌收其水租。吐鲁番一带,人民有专经营坎井以为业者,其利甚溥也。"(页二四一至二四二)后来当地人为纪念林则徐的推广之功,有"林公井"之说。二十多年以后,由于沙俄觊觎侵略新疆,左宗棠带兵扬威西陲时,曾派专人推广坎井,他在《与刘克庵》信中说:"吐鲁番地土肥沃,尚惜渠工失修,沾润不遍。林文忠戍边时,曾修伊拉里克河渠,考其遗法,亦止于渠中凿井(土人呼为坎井),上得水流,下通泉脉,故引灌不穷。拟饬宋得禄、刘凤清相地为之。如泾水上源亦照凿坎井,则永不愁

旱矣。"(《左文襄公书牍》卷一九)光绪时西成的裴景福在所著《河海昆仑录》卷四中也谈到坎井说:"坎井惟吐鲁番有之,不知创自何时何人,大小有式,深浅有法,河水不足,辅之以坎井,遂为千古农家妙法。林文忠于伊拉里克极力推广,然开垦不过十之二三,兵燹后井废地荒,无复有留心于此者,地利未尽,坐失膏腴,谓非守土之责耶?"(页五〇至五一)

是日,林则徐抵吐鲁番,黄冕仍陪行。见"此地人物繁庶,不减乌垣,天气较他处特暖,土人无衣重裘者,闻夏令酷热异常,人多昼伏而夜市。行馆甚大,此时已不须围炉为暖矣"。(《林则徐全集》第九册,信札页五三七)

正月十九日,林则徐写《梅生世大兄馆丈以仆奉使回疆,复用该开韵寄赠,五叠前韵奉酬,即希教正》。

> 圣主筹边智勇该,　　新畬频报塞垣开。
> 荷戈权作辒轩使,　　负耒原从陇亩来。
> 荒徼得蒙耕凿利,　　劳踪敢惮简书催。
> 诗人贻我琼瑶什,　　纪事端资珥笔才。
>
> 粮莠嘉禾不并生,　　田莱分画要平衡。
> 南东疆理思成宪,　　带砺提封溯旧盟。
> 中外总期无旷土,　　兵农何必有分名。
> 迢迢一片龙沙路,　　待听扶犁叱犊声。
>
> 开辟真教悟夙缘,辛丑夏,仆于镇海招宝山求得一签,首句云:"天开地辟结良缘。"知为赴新疆之兆
> 只愁衰白届残年。
> 虎头旧日怀投笔,　　马腹而今悔著鞭。
> 异类犬羊能向化,　　穷边鸿雁倍堪怜。
> 锋车过处喁喁望,　　劓面花门亦帖然。
>
> 知君还到玉堂中,　　九陌花开烂漫红。
> 帝籍正看耕禹甸,　　边屯也许入豳风。
> 降康长冀丰穰咏,　　鸣盛咸歌福禄同。

西域遍行三万里，　　斯游我亦浪称雄。

道光乙巳孟陬燕九日，同馆弟林则徐脱稿于高昌旅社。

（《林则徐全集》第六册，诗词页二三八至二三九）

正月二十一日，林则徐函迪化知州舒通阿，告知行程中情况说：

弟于本月中旬，行抵高昌境内。此处素称暄暖，已无须墐户围炉。惟前途仍行山峡之中，难免寒如冬令。是以客裘虽敝，未敢遽脱蒙茸。

（《林则徐全集》第八册，信札页八）

正月二十五日，林则徐等抵托克逊，准备小住二日，为友人书写求件。他还为祝贺黄冕而写赠行楷七言楹帖。帖文是："西塞论心亲旧雨，东山转眼起停云。"并在两纸周围写了近百字的附记说："南坡仁弟大人去岁访余，伊江，作数月聚。今复于红山话旧，同行至高昌而别。时余有回疆之役，而南坡以塞外城工襄力，已荷赐环，因伊拉里克垦田，留督其事。行将光复旧秩，良可慰也。属书楹帖，遂书其事于右。道光乙巳孟春下浣。"下钤白文篆书"林则徐字少穆印"及朱文篆印"身行万里半天下"二印。帖文和附记寄托了林则徐希望被起用的寓意。（《林则徐全集》第九册，日记页五三八；又第六册，诗词页三〇一至三〇二）

［按］ 参王启初《林则徐流放中所书的楹帖》，见《文化与生活》1980 年第 1 期；二印现藏福州林则徐纪念馆。

［按］ 黄冕督垦伊拉里克之地即在托城设局。

［又按］ 托克逊是内地钱与新疆钱兑换地。林则徐曾记其事说："此地颇不荒寂，凡赴南路者多于此易换红钱，缘过此则不用青钱也。红钱一文抵青钱五文者，背面铸五字；抵十文者，背面铸十字；今市上常行之，背无铸字，每一文亦抵青钱四文之用（红钱即普尔钱，红铜所铸也，惟回疆用之）。"（《林则徐全集》第九册，日记页五三八）

正月二十六、二十七日，林则徐接连二日在行馆为求书者写件，达五十余纸。（《林则徐全集》第九册，日记页五三九）

正月，黄濬于去年十二月间奉命释还，至此时启行入关，林则徐写《乙巳正月送黄壶舟（濬）入关》诗，祝黄入关，并隐喻清廷不会使自己长戍的含意。诗中写道：

谪居已是六旬人，　　归去依然矍铄身。

天意终怜清白吏，　　使君真作太平民。**君籍太平县**

瓜期许减经年戍，　　柳色先舒隔岁春。**去腊立春前奉恩旨**

但仗东风披拂力，　　肯教霜鬓老边尘。

（《林则徐全集》第六册，诗词页二三八）

正二月间，林则徐写《石梧中丞年大兄大人以徐有履勘回疆田之役，仍用该开韵赠诗见勗，亦叠前韵寄谢，即蕲粲政》。

雪海冰山化寓该，　　风行回鹘八城开。

岂徒款塞〈称宾服〉，**新夏按：手迹脱"称宾服"三字，据《云左山房诗钞》附录补**

尽乐芸田咏子来。

见说解刀牛欲买，　　似闻布谷鸟先催。

羁臣犹荷皇华遣，　　圣世宽仁少弃才。

　

白发萧萧太瘦生，　　栖迟惟恋旧蓬衡。

倘容病鹤孤山放，　　谁结闲鸥浅渚盟。

学稼未成农已老，　　当官岂羡稷为名？

无端谬附屯田使，　　愧听车铃替庋声。

　

叠枉诗筒缔墨缘，　　云泥见忆感频年。

殷勤劝叱王尊驭，　　衰朽惭挥祖逖鞭。

稽事勉期臣力尽，　　民依总荷帝心怜。

劳薪毕竟成灰槁，　　爝火余光那复然。

　

丰穰屡报羡关中，　　积贮充盈窖粟红。

四野膏浓苗仰雨，　　两年化洽草从风。

纵成塞下营田议，　　难与岐西井地同。

垂颖铺菜皆政泽，　　提封五万久称雄。

（《林则徐全集》第六册，诗词页二四〇至二四一）

二月初二日，至河色尔台，有武圣庙及彩色三国故事壁画。

河色尔台，又名榆树沟，此处有榆树数株，井水可饮。军台洁净，较前数台俱胜。台之东亦有武圣庙，乃肃州镇军珠（尔登）所修者，与库木代台之庙俱觉焕然一新。其匾额皆喀城书识赵廷璧所书,颇不软俗。壁间彩画三国故事,则皆榆林来此换防之兵丁张玉荣、刘兆祥所绘,亦颇可观。

(《林则徐全集》第九册,日记页五四〇)

二月初三日,至乌沙克塔尔台。记所见闻。

此台之东,有大玉三块,闻系乾隆年间由和阗入贡,运至此地,忽抬不起,奏奉谕旨不必运送,遂留于此。今视之若小山然,盖未琢之璞也;其旁露出一面,碧色晶莹,可玩而不可凿,亦神物也。台之西有山泉一道,甚清且驶。离台里许,亦有武圣庙,颇宏敞。其近山一带,闻皆蒙古游牧,开小店者皆与之交易。

(《林则徐全集》第九册,日记页五四〇)

二月初五日,林则徐行抵喀喇沙尔(今焉耆县),与调任办事大臣全庆会晤。当日有致阿克苏办事大臣扎拉芬泰函,告知到喀城时情况说:

兹于二月五日行抵喀城,常大兄尚未有到任之信。弟思目下春融雪化,正应赴地查勘之时,若在途次逗留,恐伊犁难于奏报。当与小汀八兄商定,即请其带印起程,并飞致常大兄毋庸急切来喀,仍在库城等候接篆。即查勘地亩,在彼亦可面商。

(《林则徐全集》第八册,信札页一〇)

[按] 常大兄指常清,字靖亭,接替全庆署喀喇沙尔办事大臣者。小汀八兄指全庆,古城领队大臣,奉命与林则徐会勘垦地者。

[又按] 致扎拉芬泰函,原无写信月日,但从函内所记内容与《乙巳日记》相核,正月初六日日记称:"闻常靖亭将到",初七日记称:"早晨靖亭到任",则此函当写于初五日夜。

二月初七日,林则徐与常清、全庆晤面后即离喀城,渡开都河行进,当晚宿南台,写致郑夫人及汝舟函,内容为处理一般家事。(《林则徐全集》第八册,信札页九)

二月初八日,林则徐至库尔勒(今库尔勒市),"见回人(维吾尔人)起土撒种,询之,乃种木棉也"。是夜,林则徐宿库尔勒军台,"此处铺户数十家,居民百余家,每年可出木棉百万斤"。(《林则徐全集》第九册,日记页五四二)

二月十五日,林则徐行抵库车(今库车县),库车办事大臣扎拉芬泰出迎、陪同入城,"回人于山楼上鸣金奏乐"。次日会见在此地贸易商民,"面问垦田

588

事"。(《林则徐全集》第九册,日记页五四四至五四五)

二月十九日,全庆到库车,与林则徐会合,共商履勘垦地事。"夜,整理绳丈,以备明日勘田",可见林则徐办事之认真。(《林则徐全集》第九册,日记页五四五)

二月二十日,林则徐与扎拉芬泰同出南门西南行七十里,至托依伯尔底(今库车县阿拉哈格乡铁提尔其村)所垦荒地处,"周历四至,逐丈较量,计地六万八千余亩"。是夜,在附近之托克苏托马回庄(今新和县城附近托乌村)借宿。(《林则徐全集》第九册,日记页五四五)

二月二十一日,林则徐与全庆会商拟定勘田情形事略,寄与布彦泰。收到布彦泰十四日来函告知,全庆会勘垦地一事已奉到道光帝朱批"所见甚好"。次日,林则徐与全庆开始查勘库车垦地。(《林则徐全集》第九册,日记页五四七)

二月二十七日,林则徐到阿克苏城(今阿克苏市)。次日往乌什(今乌什县)。三十日,抵达乌什。(《林则徐全集》第九册,日记页五四八)

二月,清廷命邓廷桢为陕西巡抚。(邓邦康:《邓尚书年谱》)

二月至六月,林则徐在南疆除从事屯垦工作外,还入乡问俗,写了《回疆竹枝词》三十首,它对维吾尔族人民的农作节气、宗教活动、饮食起居、婚丧嫁娶,建筑医学、文化艺术等进行了生动的描绘,内容很丰富。如描写新疆风土有一首云:

豚彘由来不入筵,　割牲须见血毛鲜,

稻粱蔬果成抓饭,　和入羊脂味总羶。

对于社会风习也有比较真实的描述,如写维吾尔人窖藏粮食的风俗和权子母的放债行为说:

金谷都从地窖埋,　空囊枵腹不轻开。

阿南普作巴郎普,

积久难寻避债台。借债者,本钱谓之阿南普,利钱谓之巴郎普

(《林则徐全集》第六册,诗词页二四二至二四六)

〔按〕　竹枝词,本巴渝一带的民歌,是流行于当地、可以配上乐舞为群众喜闻乐见的一种歌辞。中唐诗人刘禹锡根据民歌改作新词,歌咏巴山蜀水间的民间生活风俗和男女恋情,也曲折地流露出遭受贬谪后的幽怨愤懑之情,

盛行于世,产生颇大影响,为人称道和效仿,遂作为诗作之一而流传。此后历代诗人争相吟咏仿制,曾写过各地竹枝词,杂咏民情风物,形式都是七言绝句,语言通俗,音调和谐,文笔轻快。林则徐的《回疆竹枝词》则别具一格,诗中运用大量维吾尔语,形象地反映维吾尔族在清代的历史制度,反映南疆农作节气,反映维吾尔族历法宗教,反映维吾尔族文化艺术,反映维吾尔族建筑医疗,反映维吾尔族衣食起居,反映维吾尔族婚嫁丧葬,反映南疆生产落后荒凉之状和维吾尔人民生活艰辛之情形。流放新疆,使林则徐有了接近体察下层民众的机会,热情淳朴而贫穷的维吾尔人民,与内地迥然不同的习俗风情,戈壁绿洲的边塞风光,无一不令他耳目一新,深深吸引和打动着他,为他的诗歌带来新鲜气息,也使他写下《回疆竹枝词》三十首,生动地反映了维吾尔人民的生活风俗和思想感情。诗中使用大量维吾尔语,平淡而又诙谐,写实又富有诗意,信手拈来,运用自如,流畅顺口,充满浓厚的维吾尔族的生活气息,不仅具有民歌特色,而且具有民族特色,向后人展示出一幅幅清代维吾尔人民生活的风俗图画。

三月初一日黎明,林则徐与维禄出南城,全庆与兴贵出东城,"各勘地亩,统计其地有十万三千余亩,即乾隆三十一年所设屯田处,分为三屯曰宝兴、充裕、丰盈,原设屯兵千名,今存三百四十名。地亦荒废者多"。(《林则徐全集》第九册,日记页五四九)

[按] 维禄,字荷堂,满洲镶黄旗人。道光二十三年任乌什办事大臣,咸丰元年任锦州副都统。兴贵,字和庵。

三月初五日,林则徐返回阿克苏,次日与全庆一同南行看地。(《林则徐全集》第九册,日记页五四九至五五○)

三月初七日夜,林则徐在阿克苏玉子满回庄(今阿凡提县塔木托格拉克乡玉吉买村)写发家信,希望自己获释,儿子得职。信中说:

此间所盼望者:一是散馆等第及引见、留馆确信;二是伊犁渠工请奖所奏旨意;三是勘过库车、乌什地亩之折是否批交部议,或照折明降谕旨;四是会试榜录、殿试甲第。此数件能同时统寄固好,否亦先将已见明文者寄来。

他在信中还告之日后查勘行程说:

现在我正往勘阿克苏之地,大约三月初十外可往叶尔羌,月杪始能

到和阗。仍须折回叶尔羌,往勘喀什噶尔。计至四月中旬可以勘毕,拟
另由小路转回阿克苏(五月端午以前可回阿克苏)。

(《林则徐全集》第八册,信札页一三至一四)

三月初八日,林则徐与全庆至朗哈里克(今阿凡提县城附近以北一带)新
垦地,分东西两边丈量,林聪彝"乘马带各回官引绳而行,每十丈为一标记,至
脯时量毕"。是夜,仍回玉事满庄住宿。(《林则徐全集》第九册,日记页五五〇至五
五一)

[**按**]　据《光绪大清会典事例》卷一六三记载:"道光二十五年,阿克苏所
属朗哈里克斯新垦地十万二千三百亩。"

三月中旬,林则徐由阿克苏往叶尔羌。一路上,需经过奇兰戈壁等地,风
沙甚大,道路难行,林则徐曾排日记行程与开垦事,择要列次:

十日,到奇兰戈壁军台,"此程戈壁甚长,自萨依里克至此,名为百六十
里,实有百八十里也"。作文牍,拟寄伊犁将军。

十二日,到图木舒克台(今图木舒克市),"风大难行"。

三月十二日,林则徐在赴叶尔羌途中有《致开明阿》函,感谢喀什噶尔领
队大臣开明阿上年绘赠《卡外舆图》,并附详细说明,送林则徐参考;今年又续
访两处,请林补入,林则徐对开明阿关心边防提供资料,"铭感莫能言喻"。(林
则徐:《致明阿书》,道光二十五年三月十二日,见《林则徐全集》第八册,信札页一六)

十三日,到察巴克军台,"将至台时,两旁土山,芦苇高丈余,车穿苇间行"。

又至巴尔楚克台(今巴楚县),为叶尔羌(今莎东县)与喀什噶尔两处交通
要道,"水泉甚足,故可屯田","所垦之地,十余年来,已成者二万四千余亩"。

三月二十日,林则徐到叶尔羌。二十三日启行,往和阗(今和回市)行进。
沿途经戈壁,时有沙土石子,尘土纷纷扑人。

三月二十四日,在波斯坎木台(今泽普县波斯坎木),沿途水渠甚多,车或
涉过,或从革桥上行,登降俱险。……过一土坡,覆车,幸尚无恙。(《林则徐全
集》第九册,日记页五五五)

三月二十八日,林则徐抵和阗,和阗办事大臣奕山出迎。林则徐了解和
阗的历史与现状。

和阗旧有六城,今自大城而外,曰哈喇哈什,曰克勒雅里,此二处各
有一城,回户皆数千;曰玉陇哈什,曰齐尔拉,曰塔克努拉,此三处有庄无

591

城,回户较少。或言此地回子乃汉人种,汉时任尚弃其众于此。唐代置于阗都督府,亦驻汉兵。回人谓汉人为黑台,其音转讹,乃呼为和阗。回人丧事无挂纸钱者,独此地有之,盖汉人遗俗也。

(《林则徐全集》第九册,日记页五五七至五五八)

[按] 据《光绪大清会典事例》卷一六三记载:道光二十五年(1845年)"和阗达瓦克开垦土地十万一百亩,招募回户承种九万六千亩"。据故宫档案朱批民族类和军机录副民族类所记,和阗达瓦克勘地七万二千亩,阿堤巴什勘地二万八千一百亩,合计也是十万零一百亩。

三至五月间,林则徐曾多次致函时任叶尔羌参赞大臣的奕经,对其照顾表示感谢。(《林则徐全集》第八册,信札页一六至一九)

四月初三至初七日,林则徐与时任和阗办事大臣的奕山"同赴新垦地亩,周历履勘。至初七勘毕。遂由新地取道,拟经赴杂瓦台,仍与小汀先后就途,约计望前仍可行至叶城"。(《致奕经》,见《林则徐全集》第八册,信札页一八)

[按] 小汀系全庆字。

[又按] 这次履勘中,据《乙巳日记》所记,四月勘量达瓦克及鸡克坦、爱海里地亩所量地约百余里。五日,赴阿堤巴什勘量,所量亦约百里。七日即抵杂瓦台。

[又按] 四月初三至初七履勘情况,刘长明、周轩所著《林则徐在新疆》(新疆大学出版社2006年5月版)页195至197有较详记述,可供参考。

四月初九日,林则徐行至雅尔满军台,全庆接到上谕,"于查勘各城地亩事竣后,将喀喇沙尔续垦之地仍会同履勘"。

四月十五日,林则徐返回叶尔羌城。

四月十八日,林则徐履勘新垦和尔罕(今库尔干)荒地,"先观水渠形势"。次日,履勘新地。又至开渠引水之龙口"审视水势"。共"勘地九万八千余亩"。(《清宣宗实录》卷四一九)

四月二十二日,林则徐至英吉沙尔(今英吉沙县),晤叶尔羌参赞大臣奕山。

四月二十四日,林则徐至喀什噶尔(今喀什城)城,"此处虽亦土城,而气势雄壮,甲于回疆"。二十六日,"与喀什噶尔领队大臣开明阿等会晤。传唤回子阿浑阿密特等,译询卡外各国夷部地土风俗",亦可见林则徐之不忘边防。

四月二十六日，林则徐与开明阿同至新开地亩之龙口，到后"先勘水势"。次日，"早起丈量地亩"。

[**按**]　此处地亩分河东、河西两处，"河东之巴依托海计地六万七千二百亩；河西之阿奇克雅黑，计地一万六千九十八亩"。（《清宣宗实录》卷四二〇）

同日，布彦泰发出伊犁开垦完工奏请奖励折，并附有《开垦阿齐乌苏地亩渠道全图》。（冯明珠：《清代档案展述介》，见台北故宫博物院：《故宫文物月刊》1993 年第 11 卷第 3 期）全图纵 41.5 公分，横 76 公分，对全渠的修建工程的记述极为详备。图上黄纸楷书标识，有两段说明文字。其一，在图的左中部，文曰："自哈什河龙口起，至乌合哩里克渠尾止，正渠计长七万七千四百五十丈，合计四百三十里有奇。宽自一丈九尺至三丈二尺不等，深自九尺至一丈六尺不等。"其二，在图的右下角，文曰："通计正渠、副渠共建滚水石坝一道，拦水闸四道，退水闸一道，进水闸五道，退水石坝五道，分水闸三十四道，大小桥梁二十八座。"

《开垦阿齐乌苏地亩渠道全图》中显示的内容是：渠水引自哈什河，渠道工程有龙口及滚水石坝一座、闸桥二座、退水闸一，堆筑石坝长六里有奇；由此，渠道西南流，经过博罗布尔噶苏回庄南，建有博罗布尔噶苏进水闸、退水石坝、桥各一座；其后，有博罗布尔噶苏分水口和塔什鄂斯塘分水闸各一座；渠道由此从塔什鄂斯塘回庄东面转入西北方向，有桥、闸五座；又至阿勒卜斯回庄南，有退水石坝一、博罗布尔噶苏进水闸一；至此，渠道又改向西南流，至济尔噶朗回庄南，有桥一、济尔噶朗进水闸一、退水石坝一；渠道流经固尔扎城北，有辟里沁进水闸一、退水石坝一，宽二十丈；渠流至熙春城东北，有巴彦岱绿营分水口一座，渠道改向西北流，至巴彦岱城东，渠道又改向西南流，有拦水闸一、桥及分水口六座、界渠一；渠道至七里沟附近，有东阿里玛图进水闸一、退水石坝一座；渠道流至空鄂罗俄博山东南侧，有拦水闸一、由此分出副渠一条，西南流经阿齐乌苏安户民地亩，副渠沿线有分水口九处、桥四座，副渠流至惠远城北，汇入三棵树大渠；正渠则沿山西北流，渠南侧另有一片阿齐乌苏安户民地亩，亦有九处分水口、桥五座，最后，正渠汇入乌合哩里克河。

赖洪波氏在其《林则徐与伊犁皇渠》一文中指出："《开垦阿齐乌苏地亩渠道全图》详尽、准确地描绘了阿齐乌苏大渠的实况。它准确无疑地证明：道光二十四年（1844 年）林则徐主修的开垦阿齐乌苏地亩渠道，历史上第一次从哈什河引水贯通至惠远城西北的乌合哩里克河,建成了东西横贯伊犁河北岸农田灌区。这条阿齐乌苏大渠,全长四百三十余里,是清代新疆各垦区中最长的灌渠;阿齐乌苏大渠灌溉面积约二十余万亩,也是当时新疆最大的灌区,至今伊犁各族人民受益,这是林则徐在伊犁为民造福的实在业绩。大渠浚通后,阿齐乌苏的十万余亩土地,主要安置了民户,是清代民屯的重大发展。"

(《伊犁师范学院学报》1996年第3期)

四月,邓廷桢署陕甘总督。(邓邦康:《邓尚书年谱》)

五月初二日,林则徐顺河东行,"沿河沙路,杂树林立,见河流汩汩东趋,恨无一苇可杭,徒费轮蹄之苦"。

五月初三日,林则徐抵巴尔楚克台。初五日,由小路折回阿克苏。至此,已将六城地亩全部勘完,并作出报告。旋即沿旧路去库车。途中奉命与全庆查勘喀喇沙尔(今焉耆)。

[按] 关于林则徐南疆履勘的情况,可参阅刘长明、周轩所著《林则徐在新疆》页201至211。

五月初三日,林则徐收到家信,"闻英夷占住福州城内之乌石山,拆祠庙为兵房,炮火军器运入城者无算,官不能禁",因而发出了"未知伊于胡底也"的感叹。

五月初五日,林则徐因李星沅调任江苏巡抚,写《前诗尚未缮寄,闻中丞调抚吴门,七叠前韵再呈教正》四首。诗中推崇李星沅的"实政"。其第三首称:

秕糠前度话因缘,　　三仕江东忆十年。

未与嗷鸿回菜色,　　难除害马愧蒲鞭。

连樯飞挽终无策,　　比户追呼剧可怜。

最是禾棉将熟候,　　别风淮雨听凄然。

(《林则徐全集》第六册,诗词页二四一)

五月十三日,林则徐抵阿克苏城。因全庆患病,停留数日。十九日始启程。

五月二十二日,林则徐与全庆在大窑子候晤新授叶尔羌参赞大臣麟魁(梅谷),后至拜城台馆宿。"拜城田户甚众,汉民来贸易者亦多。"

五月二十五日,林则徐至库车。

五月二十六日至六月初四日,连日为人书写挂屏、联匾、函信、横幅等多件。(《林则徐全集》第九册,日记页五七〇)

五月二十七日,林则徐收麟魁(梅谷)函,二十九日即复告行程说:

> 昨已行抵巩平,(库车)即拟驱车东迈,因焉者(哈喇沙尔)所辖,尚有两处续垦之田,俟至查勘全完,谅在夏末秋初之候。

(《林则徐全集》第八册,信札页二六)

六月初一日,林则徐在致郑夫人及汝舟家书中,表露出急切盼归的心情。

> 自三月间过阿克苏之后,愈行愈西,距嘉峪关已及万里,寄信多有遗失,且昼夜总在路上,行时多歇时少,所以许久未及寄信。端阳节以后所行乃回头路(已将六城地亩全行勘完,陆续呈请将军具奏),若能一直进关,则中秋以前总可赶到西安了。只因途次又有谕旨,令与小汀同勘喀喇沙尔之地,则路过彼处(幸是回头必经之路),不能不再耽搁。而伊犁开垦完工奏请奖励之折,系于四月廿八日始经奏出,计批回总须六月底始到伊犁,再由布将军驰函寄知,约须十日。须见此件恩旨,始能一直进关,则是由喀喇沙尔起身□行已是中元光景矣。昨想一法,欲于喀喇沙尔勘地之后及早离开,是以具一呈子与布将军,说因鼻衄盛发,回疆并无医药,拟由喀喇沙尔勘地完后就近赴土鲁番、哈密寻医诊治,请其附片一奏,未知伊肯代奏否?(顷于六月初一日接到布将军回信,伊不肯代奏,只好罢了)若果奏出,则于喀喇沙尔不过耽搁数日,拟直由土鲁番赴哈密,等候将军之信,计算入关程站,可以赶早二十日。又思京中五月内伊犁完工折子到时,定已先见谕旨,如有释回之信,自必赶寄西安,西安亦必赶寄关外。但未知官封递与何人?若仍寄至库车札南山处,则我业已行过库车以东,伊再将信打回,徒然往返。想巇翁或能代算程期,将信递至哈密,托波□办事大臣转为探交,则当不至延滞也。

(《林则徐全集》第八册,信札页二八)

六月初二日,林则徐函告奕山履勘垦地情况:

> 弟与小汀周历回疆,已将六城地亩全行勘毕,惟喀喇沙尔尚有续垦之地,于四月间复奉谕旨,仍令会勘。现于六月初由库车赴彼,大约月内总可勘明。

(《林则徐全集》第八册,信札页二九)

六月初八日,林则徐与全庆同勘库尔勒北山根续垦之地。次日,同回至喀喇沙尔,林则徐在此停留多日。

六月十三日,林则徐函吐鲁番同知福升,告知已履勘完毕,正待东行。

> 弟查勘回疆地亩,业已遍历八城,现于六月初旬回至喀喇沙尔。因本城续垦之地亦奉派令会勘,不免小有耽延,拟望后定可东行。

(《林则徐全集》第八册,信札页三五)

六月十四日,林则徐会同全庆等"同往环城东南一带,丈量续垦之地,午刻量毕"。

是日,林则徐收到伊犁将军布彦泰初五、初六日两次来函并抄录廷寄一道及军机会同户部议复库车地亩折稿,"虽已准予给回耕种而语意甚为勉强"。于是又与全庆共商再作一复文。

布彦泰还函告林汝舟已留馆。

六月十七日,林则徐与全庆会商履勘喀喇沙尔地亩事,共"草折稿"。至此,林则徐完成了南疆垦地的查勘工作,总数为五十七万八千余亩。

[按] 林则徐南疆垦地亩数,各种记载不同,以六十余万亩为宜。

六月十八日,林则徐致奕经函,对勘荒工作及清廷处理将荒地给予回民耕种事表示异议说:

> 徐于六月九日行抵焉耆,将此地续垦官荒会同履勘。适接伊犁将军来文,知库车垦地一案廷议虽勉准给回,而挑剔责备之处不一而足。且强将粮赋定为按亩平分入官。其末后结穴,又虑及各处捐办开垦有勒派苦累情事,仍令陆续招民,不许迁就。库车所议如此,则各处自概可知。查前勘六城之地,除喀什之河西一处酌议招民外,其余概请给回。于六月初五以前由伊江全行奏出,此时势难再改。昨又具文缕析登答,声请复奏,不知得免您尤否?

(《林则徐全集》第八册,信札页三六)

同日,有《致赛什雅勒泰》函,述库车及查勘六城之地概况,与致奕经函内容基本相同。

[按] 赛什雅勒泰,字石溪,满州正黄旗人,时任叶尔羌帮办大臣,是伊犁将军布彦泰的胞弟。

六月二十一日,有《致扎拉芬泰》函,议论库车新赋事,表达林则徐敢于力陈民情的精神。

　　库车新赋,建议按亩平分,其势断行不去,但此时勿庸以口舌空争,总于试种一年后察看之时,应行痛切力陈,自不能听其为横征苛敛之议。

(《林则徐全集》第八册,信札页四一)

　　六月二十二日,林则徐离喀喇沙尔向吐鲁番进发,全庆等俱送于郊。

　　六月二十六日,林则徐抵托克逊。

　　六月二十八日,林则徐抵吐鲁番。

　　六月,云州回民因永昌回民受当地"香把兄弟"欺凌而起事赴援。(《永昌府志》卷二八)

　　六、七月间,林则徐在给林汝舟信中,坚持将垦地给回民耕耘的主张:

　　夫田地欲招民户者,为边防计耳。殊不知回疆之所谓边防者,防卡外之浩罕、布鲁特、安集延而已,若八城回民,何防之有? 回子至愚极懦,且极可怜。自汉官以至兵丁,使唤之甚于犬马,其贸易放债之汉民欺骗之盘剥之,视若豕羊而已。以公道言之,回子无日不应造反。其所以不反者,从前受准噶尔之害更甚于此,归本朝来,即算见了天日。故虽行路之人,见有汉官经过,即行下马磕头,其敬畏如此。军台弁兵偶一生气,伊即丧胆,鞭打脚踢,不惟不还手,且不敢逃开。是天生一种蠢人,为高庙当时看透,故决计开辟,所向披靡,大功立成。前此张格尔之叛,乃浩罕为之,非张逆有尺寸之能也。浩罕知回子最敬其和卓(即圣人)之后,以张格尔是和卓嫡派,养在彼国,居为奇货,道光六年挟以作乱,扬言和卓得复回疆,所有田地分厘不要完粮,各城回子信以为真,是以该年西四城望风响应,一时俱陷。迨后所言不验,且将回子家产人口掠抢往浩罕去者不计其数,此等愚回始悔从逆之误。十年间再行煽惑,遂骗不动矣。璧星泉《守边辑要》内言之甚详且确。

　　此次历尽八城,亲见其居处饮食之苦,男女老幼之愚,实在可怜。一人两个冷饼便度一日。桑葚枣杏瓜果一到熟时即便度饥,并两个冷饼亦舍不得吃。如此好百姓,汉民中安得有之? 若恐其富强而生反侧,此隔壁账而又隔壁账者也。前次汪衡甫致嶰翁信云"田地给回,恐致内占"。嶰谓此说大不可解。如以田与浩罕,始有内占之患,以本城回子耕本城地亩,何云内占? 衡甫在枢曹中尚是最明亮人,所疑如此,余子更不必言矣。如果南路欲严备边之法,只有将巴尔楚克旷地大为开垦,设为重镇,厚集兵力,不难成一都会,则卡外各夷如浩罕辈,永远不敢窥边。然必须有一百万经费,始能办成。而此一百万之费,不过二三十年内仍可收回,断不落空,何必欲于各城安插民户?无论此时无民可招,即使花钱搬送,亦是无益反害。非虑回子之不依汉民,乃虑汉民之糟蹋回子至于十分已甚,反致激变耳。

我本欲将此意作一总论,无如想及在朝之人,即松湘圃、那绎堂今皆绝迹,更复何可与言?且因有议论,而竟留于回疆筹办,则更为不值,故不如括囊之为愈也。今库车一处,廷议虽准给回,而钱粮要令平分。以此作难,实太不近情理。谦帅胆小,一见廷议挑剔,忽欲将已经奏定给回之八城一并自行改议,复请招民,并谓民无可招,归于拉倒而已。殊不知廷议只是磨牙,并非不准,安用出尔反尔,自家首鼠两端耶?

(《林则徐全集》第八册,信札页四三至四四)

［按］ 原信未注明月日,《林则徐传》增订本页 519 注④定为道光二十五年七月中浣于新疆,但《林则徐全集》第八册《信札》定为"道光二十五年六七月之交于勘地处"(页四三)比照该月林所写他函内容,此说近理。依之。

七月初二日,林则徐"仍为人作字,天甚热而来求书者愈多,只得截止矣"。晚离吐鲁番东行。

［按］ 自正月至此引文及纪事除单注出处外,均据《乙巳日记》,未一一注出。

七月初四日,林则徐致甘凉道春熙函,言及查勘地亩完成后,在吐鲁番候旨。

弟远戍伊江,惟怀省疚。此次勘查垦地,已历回部八城,最后在喀喇沙尔勘明续垦之地,小汀八兄尚须留办,弟已与之分手,回至吐鲁番听候谕旨。

(《林则徐全集》第八册,信札页四五)

七月初六日,林则徐在辟展(今鄯善县)致函一同履勘南疆垦田的全庆,并写《柬全小汀(全庆)》诗纪周勘垦田的情况说:

蓬山俦侣赋西征, 累月边庭并辔行。时同使回疆议垦田事
荒碛长驱回鹘马, 惊沙乱扑曼胡缨。

但期绣陇成千顷，　　敢惮锋车历八城。
丈室维摩虽示疾，　　御风仍喜往来轻。

频年迁客戍轮台，　　何意轺轩使节陪。
归梦未逢生马角，　　游踪翻得遍龙堆。
头衔笑被旁人问，　　齿让惭叨首座推。
纵许生还吾老矣，　　看君勋业耀三台。

（《林则徐全集》第六册,诗词页二四六）

　　七月十二日,林则徐在家信中急切地关心清廷对他的批折内容,表露了希望尽早释回的心情。

　　自六月初一日在库车发信之后,即赴喀喇沙尔会勘地亩。计在六月十五以前七处全行看毕,内有六处系由伊犁将军具奏,惟喀喇沙尔一处有旨令全小汀具奏,当在彼处与之商定折稿,即已全无勘地事宜。惟盼伊犁四月廿八所奏之渠工得奉有释回之旨,便可一直进关,乃迄今杳无信息,甚不可解。向来伊犁折子来回,总不出两个月。而吐鲁番为伊犁进折回折必由之路,是以六月内即由喀喇沙尔折回吐鲁番。查得军台号簿,伊犁四月廿八所发之折,已经回头,系六月二十日寅刻由吐鲁番递过,计伊犁六月十五日必可接到。而六月廿六日布将军又发一折,于七月初二日由吐鲁番递过,并未附有信与我。如果批折回来,是有释回之信,布将军谅必飞信告知。今看此情形,殊属不妙,或者如前年之交部议亦未可定耳。……

　　我现已将到哈密,如日内尚无信息,则不能直行进关,须在哈密等候。倘早晚间得有释回之信,则必兼程进关。家中寄信仍以托西安将军官封为便,但官封面上标明探投之处,须看光景。如系五月底六月初之旨意准予释回,则我现在早晚必可得信,直赶进关,家中信来只要写兰州、凉州一带探投;若前折是交部议,至七月半间始有释回之旨,则须写嘉峪关至哈密一带探投;万一竟不准回,则须递哈密一带了。枢官须晓得斟酌告知西安将军,以便他照样标写。

（《林则徐全集》第八册,信札页五二至五三）

　　是日,又有致河州镇福珠洪阿函,表示拟将垦地给维吾尔人的建议,并透露出急盼谕旨的心情：

> 弟南路行程已逾半载，所勘开垦之地共有七城。前奉谕旨，似欲招致民人，然其势有所不能，只得仍以给回定议，均由统帅处核明具奏。但枢廷与户曹会议，恐不免挑剔多端。现于勘毕后回至吐鲁番，听候谕旨。伊犁渠工报竣之折，拜发已将两月，亦尚未知奉旨如何也。

（《林则徐全集》第八册，信札页五四至五五）

同时还附去致甘肃灵州参将保恒一函，更直接表示其东归的心情说："弟自去腊至今，周历回部八城，往来约二万里。现已折回东部，尚不知能否入关？"（《林则徐全集》第八册，信札页五五）

[**按**]　函中所言"周历回部八城"应指南疆的库车、乌什、阿克苏、和阗、叶尔羌、英吉沙尔、喀什噶尔和喀喇沙尔八城。

[**又按**]　陈胜粦曾据《乙巳日记》行程制《林则徐所经各城军台里数表》，附此备参阅。

起迄时间	所经各城	军台数	里数	备　　　注
正月初三至二月初五	绥来县城至喀喇沙尔城	14	1 605	二月初五至初七在喀喇沙尔城
二月初七至二月十五日	喀喇沙尔城至库车城	10	825	二月十五至二十一日在库车城并勘地
二月二十二至二十七日	库车城至阿克苏城	6	640	
二月二十八至三十日	阿克苏城至乌什城	2	230	三月初一、二在乌什并勘地
三月初三至初五	由乌什重返阿克苏城	重至不计		
三月初六至三月二十日	阿克苏城勘地及赴叶尔羌城	15	1 540	三月二一、二十二日在叶城
三月二十三至二十八日	叶尔羌城至和阗城	8	770	三月二十九日至四月初二在和城
四月初三至十五日	和阗勘地及返叶尔羌城	重至不计		四月十六、十七日在叶城

（续表）

起迄时间	所经各城	军台数	里数	备　注
四月十八至二十四日	叶尔羌勘地后经英吉沙尔城至喀什噶尔城	6	180	四月二十二、二十三日在英城；四月二十五至二十七日在喀城
四月二十八日至五月初三	喀什噶尔勘地后至巴尔楚克台	1	680	五月初四、初五在巴台
五月初六至六月十四日	东归至喀喇沙尔城勘地	重至不计		六月十五至二十一日在喀喇沙尔城
六月二十二至二十八日	喀喇沙尔城至吐鲁番城	重至不计		六月二十九日至七月初二在吐鲁番城
七月初三至初八	由吐鲁番东行，往哈密途中	5	340	七月十二日在瞭墩，十五日至哈密
总　计	共经军台里数	67	7 110	

（《林则徐与鸦片战争论稿》页二三一）

七月十五日，林则徐到哈密。

七月二十四日，有《致刘建韶》函，告以回归尚无讯及诸子轮换事：

> 昨乃伊江信，知彼处渠工奖励案内，贱名已落深山。羝不能乳，马不生角，付之时命，曷可如何！兹先遣彝儿回至西安，换舟儿出来随侍。弟在伊吾暂住，俟舟儿到后再作熟商耳。

（《林则徐全集》第八册，信札页五八）

八月二十二日，林则徐奉旨续勘伊拉里克垦地。由东路折回，于今日到达吐鲁番。

> 我由哈密折回，于廿二日到吐鲁番，而伊拉里〈克〉续修之工尚未赶完，只得略为停待。

（《家书》，见《林则徐全集》第八册，信札页五九）

[按]　此家书写于九月一日。

九月初一日，林则徐由吐鲁番至托克逊，全庆来此会合。初六日，查勘伊拉里克续修工程。林则徐以极为认真的态度验收这一工程，他的旧属黄冕曾对此有所回忆：

彼时塞外垦务,如伊犁数处及乌鲁木齐之伊拉里克,较有实济。冕所承办(新夏按:伊拉里克水渠工程),亦自信未敢草率。公偕全公验工时,公独测量土方,逐加驳诘,加工补挑至再,意犹未慊。冕不测公意,请曰:"在事诸人,实已智能索尽矣,未审公意且云何?"公笑曰:"诚为是乎!上可对朝廷,下可对百姓,中可对寮友,亦且休矣。"乃命停止。

(黄冕:《书林文忠公逸事》)

[按] 为了弥补伊拉里克垦地水利之不足,林则徐倡导掏挖坎儿井。但大规模的计划,一是由于财力缺乏,二是必须上奏朝廷批准,以致未能马上实施。年底,林则徐获释入关,全庆也奉召进京。后任伊犁将军萨迎阿将林则徐在伊拉里克掏挖坎儿井的计划实施完成。林则徐晚年向年轻的左宗棠说起此事,"颇以未竟其事为憾"。(《左文襄公全集》书牍卷一七)三十年后,随钦差大臣、陕甘总督左宗棠进疆的幕僚施补华来此,作诗《伊拉里克河水利,林文忠公遣戍时所开,所谓四十八坎儿也,贤者所至,有益于民如此》:"海族群吹浪,疆臣远负戈。田功相与劝,水利至今多。垂柳家家树,回流处处科。白头遗老在,怀德涕滂沱!"(《泽雅堂诗集》卷二)今天,伊拉湖乡的维吾尔、汉、回各族人民群众还流传林公当年来此倡导挖掏坎儿井的事迹。他为新疆各族人民做了好事,人民至今没有忘记他!

九月初二日,甘肃永昌清吏指使沈盈等杀回,"不分老幼男女,杀绝乃止,搜掠财物,乃其余事。计惨杀城内及南门外(南门外为中城,乃五城之一,又谓之五甲)回民一千三百余户,计八千余丁口"。《回民起义》I,中国近代史资料丛刊)

于是,永昌一带回民进行武装反抗斗争,发布檄文,历数永昌地主政权的罪状,宣布进行武装斗争的目的。(《回民起义》I,中国近代史资料丛刊,页九一)

九月二十八日,清廷以伊犁将军布彦泰奏陈林则徐在新疆有开垦功,命林则徐回京以四五品京堂候补。

谕内阁,布彦泰奏,查勘开垦事务将次完竣等语。前次该将军奏称,林则徐于伊犁开垦阿齐乌苏地亩内捐办要工。嗣因新疆南北各城开垦事务,迭经降旨派令林则徐同全庆前往履勘。兹据布彦泰奏,各城开垦,九十月间即可全局完竣。林则徐自饬派查勘以来,自备资斧,效力奔驰,将近一载,著有微劳,著饬令回京,加恩以四五品京堂候补。

(《清宣宗实录》卷四二一)

[**按**]　林则徐在西南疆勘荒开垦的成绩具见《清史列传》卷五二《全庆传》(《清史稿》卷三八九《全庆传》所记过简)。综其大要为：

(一)"库尔勒距喀喇沙尔二百余里,查环城一带所用之水,应于前年开浚北大渠南岸,接挖中渠一道,引入新垦地内,又于地内分挖支渠两道。其库尔勒北山根地亩,须用开都河之水,该河南岸山根,旧有龙口一处,为回庄引水之渠,今新垦民田,未便仍用回渠之水,应展宽龙口,加工修筑,并别挖大渠一道,即与回渠并排,再于新垦之地,分挖支渠四道,地尾别挖退水渠一道。"

(二)"伊拉里克系在吐鲁番所辖托克逊军台之西,该处旷地一区,形势平坦,土脉腴润,土人谓之板土戈壁,即此次所垦之官荒也。再行而西为沙石戈壁,约二百余里,始至山口出泉处,有大阿拉浑、小阿拉浑两水汇成一河,从前渠道未开,水无收束,一至沙石戈壁,任其散漫,潜入沙中,而东边之板土戈壁,水流不到,转成一片荒滩。此次办理开垦,始将极西之水导引而东,即在沙石戈壁内凿成大渠,复于板土戈壁多挖支渠,以资灌溉,而龙口之束水石坝与下游之泄水长渠,一切钜工均经办竣,启坝放水,溜势畅行。"

(三)"此次所开大渠,地势约分三大段:自龙口至黑山头一段,系由西南折向东北,以顺向来水势,自属得宜;而黑山头至拦河坝一段,北高南下,水势偏趋于南;拦河坝至分水岭一段,南高北低,水又偏趋于北。询之土人,据称未开渠以前,水南北漫开,不能一气东注者,皆由地形互有高低,今有大渠以资容纳,即遇大汛,水有所归,但地底系碎石夹沙,而水性又横冲侧激,若两岸冲刷,恐渠身难免淤平,是岁修保护之功断不可少。"

(四)"查吐鲁番境内地亩,多系掘井取泉,以资浇灌,名曰卡井。每隔丈余,淘挖一口,连环导引,水由井内通流,其利甚溥,其法颇奇,淘为关内关外所仅见。此次垦地,不无高阜之田,难令渠水逆流而上,应听该户民于盐碱空闲之处,自行出夫挖井,冬春山水微时,可补不足。"

(五)总成效:按勘地先后顺序是"库车、乌什、阿克苏、和阗、叶尔羌、喀什噶尔、喀喇沙尔及伊拉里克,凡垦地六十八万九千七百十八亩"。

南疆垦田和兴水利的成绩,虽然由全庆出面奏报,实际上大部分都是林则徐所作的贡献。林则徐虽然由于是遣戍革员未能具奏,但他多年来积累的农田水利知识与经验,希望在畿辅试验而未获实现的愿望,竟然在边陲的戍所作出成绩,林则徐也会感到满足和欣慰的。

林则徐在履勘垦地所经见地名的回语含意,均在日记中有所记录,如:

(一)哈拉玉尔滚军台:"回语谓红柳为'玉尔滚',谓黑为'哈喇'。此台有古柳,故以取名也。"

(二)托斯干河:"回语谓兔为'托斯干',闻河滨有兔,是以得名。"

(三)乌什:"城之内外,三面环山,山黑而石突出。回语谓突出者为'乌赤',乌什即乌赤也。"

(四)巴尔楚克:"回语巴尔,有也。楚克,言全有。"

(均见《林则徐全集》第九册,日记)

秋,林则徐致函陕西督粮道张集馨,对张照顾留陕家属表示感谢,并告知自己在新疆的状况说:

弟伊江奉戍,今已三年。去冬奉旨派勘回部八城新开地亩,近又添派吐鲁番、哈密两城,尚未勘毕。龙沙遍历,增白发之衰颓;马角难生,望青门而间阻。……

贱累侨居关中,本非得已,年来寓庐迭徙,更恐门不容车,频枉高轩,不安实甚。

(《林则徐全集》第八册,信札页六一)

九月下旬,林则徐勘毕伊拉里克台地亩后,又奉命与全庆同往哈密查勘塔尔纳沁垦地七千余亩。

弟于九月勘毕伊拉里克地亩,因哈密之塔尔纳沁亦奏开垦,复蒙派令往勘。其地距哈城将近三百里,山中雪盛,觅路颇难,然不敢不冲寒而往,弟未知此役毕后尚可希冀息肩否也。

(《致福珠洪阿》,见《林则徐全集》第八册,信札页六六);又参见郑国:
《林则徐致福珠洪阿书札》,见《厦门大学学报》1981年第3期)

十月二十九日,林则徐由塔尔纳沁回至哈密。当地绅商军民百余人拦车递呈,按告七世哈密王伯锡尔"勒租收费,要求清查东新庄土地。十一月初一,林则徐与全庆在哈密公署当面询问伯锡尔。关于东新庄土地,伯锡尔愿将东新庄万亩土地献为公有。十一月上旬,由全庆领衔、林则徐会衔发出《查勘哈密地亩严禁私垦勒租索费告示》，全文如下：

为通行查禁事。

照得本内阁部堂、本候补京堂奉命前来哈密查勘地亩，十月二十九日自塔尔纳沁回至本城，有绅商军民多人拦舆递呈，以清厘哈密地土、明定疆界等情合词恳办。查阅词内控称："哈密地土虽宽，民田竟无半亩。即各庄回子所种之地，报部册内亦仅京石籽种三千四百余石。此外所有新田皆系现任札萨克承袭郡王伯锡尔私垦专利，喝阻民人不得耕种，即瓜菜之地亦纳回王租赋，其关乡市镇大小铺屋并煤厂、石山、木山，皆勒地租。又将近城一带坟地筑墙围占。兵民如往殡葬，即有回人出阻，给价数两始埋一棺。即营中修理军库药局、兵房马棚，取土一车亦索钱数十文。近闻钦奉上谕，各城扩〔旷〕地一律招民垦种。经本城大人奏明，附近哈密城有当年官荒地亩，且见城外东新庄一带有回王现种之地。经本城大人饬委哲章京查勘，钉木立桩。伏祈趁此开垦之时，清厘地土，不惟民生有裨，且固国家边防。"等语，接阅之下，殊勘诧异。

查新疆自入版图以来，无论南北各路，寸土皆属天朝。况哈密内附最先，康熙年间即已编设旗队，是阖境之地皆官地也。自额贝都拉承受札萨克敕印以来，现已六次承袭，深荷大皇帝厚恩，世为国家臣仆，于普天率土之义岂有不知？惟访问一二循私之辈，将《回部王公表传》影射附会，以为哈密地土曾奉恩旨免粮，即混指为该回王私地。似此悖谬之论，惶惑人心，深为可恨！不得不明白辨析以破其谎。

即如《表传》所载："康熙五十四年谕曰：'哈密编设佐领，无异内地。'"是该处地土早经由官经理，故当时分开屯田至十余处之多，不特防兵数千资为口食，并将吐鲁番回民移来养赡，明非札萨克所得自私，其证一也。

《表传》又载："雍正十二年所部献可耕地之错军营屯田者，上以哈密皆国土，且为缠头回族世耕地，不忍别置民人，而其地错官田，不便兵民互耕，诏别给地亩及牛具谷种偿之。"等语。夫"国土"者，国家之土，不得谓之回土也。"不忍别置民人"者，以其时哈密尚无内地人来，只有回族世为耕种，不忍从别处招民安置，致多迁徙之烦。设使当时哈密民人亦如今日之多，即何难就近安置，非谓回子耕过之地不可以置民人也。"不便兵民互耕"者,谓其地既与官田相错,只宜收作官屯,全交兵种,不便使民与兵互耕一处,非谓民与回不可互耕也。圣谕至明,岂容借端影射。且当时所献之地,必已收作官屯,故有别给地亩偿之之谕。而所别给之处,仍是哈密境内荒地。可见该处地土随在由官拨给,非札萨克所得自私,其证二也。

《表传》又载:乾隆元年额敏奏:"兴师以来,哈密岁纳屯粮二万七千五百石。"是当时交官粮石比现在多至三四倍,官地之广可知。又载:"乾隆十八年谕曰:'哈密所属赛巴什、达哩雅等处屯田,前给回人耕种,所交谷石以四分交官,六分给与回人。今阔伊等生计稍艰,著加恩将每年所获谷石全行赏给,不必交官。钦此。'"查赛巴什即今之蔡巴什,原给回人承种纳粮,至乾隆十八年乃免交官。而二十三年改防兵为眷兵,则又将蔡巴什之屯田给兵承种,至今无异。是该地给回给兵,皆可因时制宜,更非札萨克之所得私,其证三也。

《表传》又载:"乾隆二十一年谕曰:'准噶尔全部底定,哈密属邑德都摩垓、图古哩克地,不必复设汛哨,仍给回民为世业。钦此。'"查德都摩垓,即今之上莫艾;图古哩克,即今之土古鲁,专指此二处给为世业,则此外之非世业可知。况查哈密厅现存卷内,粘有乾隆二十一年印文。内开:"侍郎雅奏称:'七月二十八日奉上谕:黄廷桂奏,据哈密贝子玉素富呈称,从前回子所种之上莫艾、土古鲁,仍祈令回子耕种,请旨等语。现今哈密回子生齿滋繁,又经平定准噶尔,一应卡伦等项俱无庸安设,著加恩照玉素富所请,将上莫艾、土古鲁等处赏与属下回子耕种。该衙门移行彼处,承办官员会同驻扎巴里坤侍郎雅尔哈善,将此等处详查,赏与回子耕种。钦此。奴才随遵将办理哈密回民主事萨满达带赴上莫艾可种之地,东自那木图鄂哩起,西至英布拉克止三十里,北自伊布拉克起,南至巴汗布拉克止六十丈。土古鲁可种之地,东自伯尔齐尔起,西至和济格尔布拉克止十二里,北自阿尔噶郎图起,(南)至阿格尔止一百丈。请照奴才等详查四至以内,令其耕种。'奉朱批:'知道了。钦此。'"是该地四至极为分明,四至以外仍归官地,非札萨克之所得私,其证四也。

以上各层,证据显然明白,除曾经奉旨赏给之地应为回子世业及历届报部册内指明回庄地方,每年所下籽种石数之地,应听回子照旧耕种外,其余概系官地。如该回王伯锡尔所开之东新庄一带地亩,即是私垦。至于勒取地租,围占坟地,掩埋索价,取土要钱,此等行为,如果属实,殊出情理之外。

本部堂、本京堂接呈之后,遂于十一月初一日同至哈密大人公署,适该回王伯锡尔禀上衙门,当经会同哈密大人,将原控各情面加询问。据伯锡尔回称:"东新庄一带之地逐渐垦成,今知应属官地,情愿献出作为公田,另呈请奏。至一切勒租索费,该回王俱不知情。"等语。除献出东新庄之地,现将已垦未垦处所统行丈明,俟奏奉谕旨,钦遵办理外,所有勒租索费等事,该回王既不知情,自系其属下人等借端勒诈,致招军民公愤,亟应严行查禁,俾民回永远相安。

本部堂、本京堂现驻哈密,专待完结此案。合亟咨请贵大臣饬属照会伯锡尔,先将近城坟地一带前筑围墙即行拆毁,听军民葬理,不得阻索。其关乡市镇铺屋门面暨煤厂、石山、木山各官地,俱不得勒取地租。闲旷地面,听军民取土资用,不得索措。倘该回王属下尚有借端勒诈之人,即须重治其罪,不稍宽贷。

总之,新疆与内地均在皇舆一统之内,无寸土可以自私;而民人与回子均在圣恩并育之中,无一处可以异视。必须互相和睦,畛域无分,始足以荷覆载之生成,享闾阎之乐利。伫候办结之日,即将禁止缘由饬行厅营,督令军民泐石刊碑,立于城关大道之旁,俾众目共瞻,永昭遵守。除咨哈密大人外,合并通行严禁。为此,行厅、协知照,即便公同禁止毋违。

右行哈密厅、协。

（《林则徐全集》第五册,文录页三二六至三二九）

十月,永昌回民的反抗斗争在清兵的镇压下失败。（《永昌府志》卷二八）

十一月初,全庆、林则徐将《查勘哈密地亩,严禁私垦勒租索费告示》内容,向布彦泰汇报备案。

全、林同启宫保将军阁下:

敬启者,塔尔纳沁开垦一案,等（新夏按:指全、林二人）未经往勘之先,即闻众论纷纭,咸谓有地无水,若果招民承种,必至贻误屯粮。在未曾目击之时,虽有所闻,不敢预存成见。迨身至其地,逐加履勘,乃知所谓可垦之地皆错杂于屯田之间,琐碎零星,并无整片大段,其为数亦仅六千有零。然尤其病之小者，及查勘水源，更属毫无把握，即屯田七千余亩，尚有不敷浇灌之时。遍询兵、遣人等，均谓若添民田，伊等均不能承种屯田。察核众情，实系必不可办之事，只得据实中止。但思等仰蒙特派到此，如竟诎然而止，于心殊有未安。

又查哈密境内，除官屯之外，民田并无一亩。似此咽喉要地，实边防最重之区，无田无粮，几成化外。而耳闻回王自道光十三年至今，垦成田产以数万计，其专利营私之术，军民言之皆甚切齿。等自沁城回至本城，有百余人环跪递呈，诉其勒揞各情，细询皆无虚捏。就中东新庄钉桩一段，舆论咸疑为别有文章，固亦未敢臆揣，然复阅原折本，将附近哈密城当年官荒之地与沁城并提，而后半乃专言沁城，不提附近。且既于上年十月间即以木桩定界，而久之转无信息，当面亦未告知，倘于等离开之后，嫁名掺纵，致冒不白之冤，尤不得不虑。等接呈之后，因于次日同往公署，传到伯锡尔面询，并以大义开导。该回王尚知利害，先将东新庄地亩具呈献出。虽本系私垦官地，而既请作公田，即不便复行追问。是以公同赴地勘丈，连未垦之处共有一万余亩，统入开垦呈内，请祈核奏。第未知办理果否有当，声叙能否得宜，悬系于怀，殊未能释。

（《林则徐全集》第五册，文录页三二九至三三〇）

十一月初一日，苏松太道宫慕久公布《上海租地章程》二十三条。"划定洋泾浜以北，李家庄以南之地，准租与英国商人，为建筑房舍及居住之用。"（《中外旧约章汇编》）

十一月初四日，清廷命布彦泰为陕甘总督，未到任前，由林则徐以三品顶戴署任。

十一月初六日，林则徐在哈密获悉以四、五品京堂起用之讯，即请伊犁将军布彦泰代奏谢恩并陈明将哈密一带地亩查勘工作结束后即起身回京。（《林则徐全集》第五册，文录页三二五）

林则徐对道光帝的这种恩宠非常感激，写了《乙巳冬月六日伊吾旅次被命回京，纪恩述怀四首》诗四章说：

飘泊天涯未死身，　　君恩曲贷荷戈人。

放归已是余生幸，　　起废难酬再造仁。

一唱刀环悲白发，　　重来辇毂恋红尘。

枯根也遇阳和候，　　会见金门浩荡春。

洟岁锋车遍十城，旧冬奉命履勘回疆八城开垦地亩，近复续勘吐鲁番、哈密两城，甫经毕事

花门鏊面马前迎。

羁臣几见膺星使，

清秩频惭附月卿。道光六年在籍，蒙恩以三品卿视醠两淮，辞未赴。二十一年罢粤督任，复蒙以四品卿赴浙东，前后以四五品畀京堂者三，益滋感悚

雨露雷霆皆圣泽，　　关山冰雪此归程。

衔恩正对轮台月，　　照见征袍老泪倾。

大树营门礼数宽，　　将军揖客有南冠。

非徒范叔绨袍赠，　　不待冯谖剑铗弹。

夙世因缘成缔合，　　一心推挽愧衰残。

格登山色伊江水，　　回首依依勒马看。

寓公家室问苍茫，　　笑指新丰似故乡。贱累寓西安三载余矣

频附音书烦北海，李石梧中丞　　曾同忧患忆南阳。邓嶰筠前辈

门墙沆瀣云情重，眷属在陕，多承及门方仲鸿、刘鉴泉两观察解推之惠

儿女糟糠絮语长。

准备椒盘谋饯岁，　　屠苏偏合老先尝。

（《林则徐全集》第六册，诗词页二四六至二四七）

[按]　林则徐在这四章诗中表达了对赦免召还莫能言状的感慨和喜悦，对道光帝充满感恩之情。他难忘在新疆勘地受到维吾尔民众欢迎的情景。回想自己三落三起的宦海生涯，叹息垂老弩末。感谢伊犁将军布彦泰对他的推荐引进，感谢李星沅等友人对他家人的关怀照顾，思念与他共经忧惠的老友邓廷桢，急切盼望与家人团聚，也充满了他即将离别新疆时依依不舍的留恋之情。

[按]　诗题中伊吾旅次之"伊吾"为哈密古称，与今天山以北哈密地区之伊吾县为不同地理概念。

友人李星沅为此写了《和林少穆制军东归述怀原韵》诗，论述了林则徐的

志行建树,并借以表达自己企望与林共任艰巨的心情云:

天下安危系此身,　　皇衷笃注老成人。

岁寒不改冰霜操,　　地广能敷雨露仁。

万里轺车惊汉节,　　半年筹策靖边尘。

坡翁诗句涪翁笔,　　留作阴山勒勒春。

当时道济本长城,　　百粤楼船横海迎。

坐叹炎蒸劳马援,　　几令雪窖困苏卿。

臣殷北向忘羁旅,　　帝盼东归算驿程。

毕竟孤忠动天鉴,　　秋阳照烂有葵倾。

牙纛重临陕甸宽,　　青门膜拜集衣冠。

乍瞻衮绣神先王,　　细数轮蹄泪欲弹。

佛力允推肩荷钜,　　雄心肯让鬓华残。

九州利病千秋鉴,　　了了螺纹指上看。

伯劳飞燕感苍茫,　　旧部依然蟹稻乡。

敢望前规奉萧相,　　何期左顾辱孙阳。

远塺孤矢情珍重,　　强负盐车道阻长。

回首三峰在天外,　　蓼虫辛苦共谁尝。

(《李文恭公诗集》卷六)

邓廷桢获知林则徐召还起用讯后,写《喜少穆入关》诗祝贺,盛赞林履勘垦地的辛劳。诗中写道:

高皇拓地越乌秅,　　圣主筹边轶汉家。

拟向轮台置田卒,　　特教博望泛秋楂。

八城户版输泉赋,　　千骑旌斾拥节华。

载笔它年增掌故,　　羁臣乘传尽流沙。少穆自伊犁戍所,奉命履勘回疆新垦地亩,驰驱越岁,遍历八城,得旨以四五品京堂回京候补

夔蚿心事最怜君,　　燕羽差池惜暂分。

　　　　宣室忽闻新涣汗，　　霸陵真起故将军。

　　　　春风远度天山雪，　　卿月重依帝阙云。

　　　　往岁诗篇盟息壤，　　道周相候慰离群。**去春有奉怀诗云："造物似有**

意，置我于道周，旦晚迎公归，慰我辋饥辋。"

（邓廷桢：《双砚斋诗钞》）

　　林则徐在回京途中写对邓贺诗的和诗《次韵崃筠喜余入关见寄》，回忆了戍所生活，并表述了自己将署陕督能和邓共事的喜悦心情。和诗写道：

　　　　田屯塞下稻分秅，　　万里穷边似一家。

　　　　使命惊闻来雪窖，　　谪居曾许泛星槎。

　　　　鸡竿正及三年戍，　　马角应怜两鬓华。

　　　　还向春明寻旧侣，　　巢痕回首感搏沙。

　　　　暂膺假节又随君，　　左右居然两陕分。

　　　　攘臂应嗤老冯妇，　　充缡或识旧终军。

　　　　清阴最喜秦中树，　　幻态刚愁陇上云。

　　　　何日初衣俱释负，　　沧江双桨逐鸥群。

　　林则徐的释回起用，在士大夫中引起了较大的反响。从时人的诗集中可见到有较多的诗篇，如著名诗人梅曾亮写有《林少穆先生奉恩旨入关署陕甘总督作此寄呈》诗云：

　　　　中外倾心望赐环，　　竟回旌旗过天山。

　　　　运筹久已伸清议，　　臣节终能转圣颜。

　　　　梅海尚口心胆壮，　　屯田未觉鬓毛斑。

　　　　华阴曾有灵岩句，　　绝壁重题想更攀。

（梅曾亮：《柏枧山房诗集》卷七）

　　文学家鲁一同更是满怀激情地高歌《使君来》云：

　　　　儿走呼爷爷语儿，　　侯官使君今日来。

　　　　敕书如风行万里，　　还公节钺征公起。

　　　　一日数惊万口传，　　城中倾城市罢市。

　　　　使君不来海水立，　　夷人仰天手加额。

（鲁一同：《通甫诗存・之余》卷下）

[按] 鲁一同的《通甫诗存》卷三尚收有颂林功业的诗二首：

> 失喜儿童叫，　　从天雨露新。
>
> 焉耆人入汉，　　张掖地通秦。
>
> 国有河山福，　　朝多老大臣。
>
> 荐贤蒙上赏，　　此谊足沾巾。伊犁将军布彦泰力荐,疏再上,得俞旨

> 终竟朝廷意，　　迟回有岁年。
>
> 政宜操管钥，　　不遣扫鲸鳣。
>
> 汉使初通马,土蕃遮留汉马,公剸之有功
>
> 河隍旧垦田。公在伊犁垦田八十万亩
>
> 书勋劳史笔，　　余事及三边。

与林则徐曾同官共事的钱宝琛也写了《闻林少穆节帅起官陕督有作》诗云：

> 苍天久系殷时望，　　紫塞旋闻起故官。
>
> 万里岩疆初被命，　　三吴旧部尽腾欢。
>
> 简孚岂借山公牍，　　连汇看弹贡禹冠。
>
> 雨露雷霆天意在，　　非缘旷荡下鸡竿。

（钱宝琛：《存素堂诗稿·壤音集》）

李星沅的儿子李杭也以晚辈的身份写了《闻侯官林公入关志喜》诗以贺云：

> 去国三年劳成役，　　营田万里画边屯。
>
> 忽闻优诏来丹极，　　已报生还入玉门。
>
> 故郡正思庸魏尚，　　谪居未忍老虞翻。
>
> 共知明虑由天断，　　早献讦谟慰至尊。

（李杭：《小芋香馆遗集》卷八）

即使不相识者也以诗表达了企望的心情,如时人张金镛写诗道：

> 书局随身日，　　伊循罢垦时。
>
> 难辞贤者责，　　终赖圣人知。
>
> 起为苍生贺，　　休教绿鬓丝。
>
> 玉门万杨柳，　　眼盼入关旗。

（张金镛：《躬厚堂集》卷四）

[按]　张的诗题是《闻林制府(则徐)东还有作。余未识制府,不以寄也》。

从上面选录的诗篇看,这些具有不同社会地位与身份的人所表达的欢忻感情正以见林则徐被释回起用确实产生了较广泛的影响,也以见林则徐在当时人心目中的地位和人们给予的评价。

十一月十一日,林则徐亲戚王景贤获悉林被起用以三品顶戴署理陕甘总督讯,在友人寿筵上传述轰饮。次早"衢歌巷忭"者十余日。待正式消息到闽,"阖城万众手额,颂皇上圣明",而"吴、楚、两粤之人"也都"欢喜过望"。但是,王景贤也提出很中肯的施政建议说:

> 顾前此开府多在南方,今则拥旄西北,治法疑有不同。窃谓南方风气近柔,而屡经兵事,所以治之者,当以宽大为先,使元气渐舒,而后激之以义愤,始可用以敌忾制强。西北俗素刚劲,必以威重为镇抚,使法令纪纲,肃然无犯,而后渐摩以仁义道德,乃可齐一其风气,俾日进于醇。……景贤亦有窃用杞忧者,天下财源日匮矣。即以闽省言,赋税重加,富民且不免坐困,而贫乏者无论焉。吏治官方皆以理财为急务,民生疾苦,谁为动念?滔滔者不知何时得返?我公一出,为苍生系命,望大持主见,挽此狂澜,将天下实依赖焉。

> (《上林少穆岳叔书》,见《伊园文钞》卷四;
> 又见《林则徐书简》增订本,页三五五至三五六)

十一月十一日,林则徐结束在新疆履勘垦地任务,从哈密启程返京。二十二日在玉门奉旨,命他不必来京,径赴新任。二十四日,抵肃州,上《遵旨以三品顶戴署理陕甘总督迅即驰赴署任缘由折》。(《林则徐全集》第三册,奏折页五〇〇)

冬,为黄濬(壶舟)撰《壶舟诗存》序。

> 昔齐次风宗伯之序《绿天亭集》也,曰:"澄泉一泓,屈曲从山中泻出峭壁,悬为瀑布百丈,汇为巨潭。夹以玲珑岩石,随势转折,望之窈然而深,洌然而清,浩然而注诸沧溟,此鹤巢林先生之松古文之得意者也。"盖宗伯与鹤巢先生,生同时,居同郡,其倾倒必深,故其言如是。然只谓其清矫拔俗,得诗家之一格而已。

> 不百年而有黄壶舟先生者出,与鹤巢先生同里闬。鹤巢居横溪,壶舟居凤山,则相违不三十里也。鹤巢累举不第,穷愁著书,以老明经终;

壶舟虽成进士,官知县,以微谴挂吏议,谪戍乌垣,归隐故里,则出处之艰辛,与鹤巢亦略相似也。而其为诗若文,能浑函万有,不主故常,汪洋恣睢,惟变所适。窥其意境,若长江之放乎渤澥,竹木艑舻,不遗巨细,而无乎不达。盖鹤巢之气清,壶舟之气雄;鹤巢之笔幽,壶舟之笔健也。

方壶舟迁谪乌垣时,余亦屏逐伊江,往往相逢戍所,辄翦烛论文,连宵不息,各出其丛残相评骘,商略去留,不存形迹。及乎分手离居,时以邮筒相倡和。今且先后赐环,约与同行。盖一居浙,一居闽,虽终歧路分驰,尚可联镳同鹢至章门也。

乃余忽受命勘地阿克苏城,壶舟少住西安,以待余返辔。甫将入关,而又有署理陕甘制军之命,恐壶舟以待久不至,将买骑而南,不获复与相见。亟为表章其制作之宏,且追溯相与往还之迹,合为斯篇邮寄,而附诸简端,以为他日万一相逢券。余诚未知次风宗伯之与鹤巢先生其始终交谊为何如,而余两人者亦可谓相知心矣,奚必同居里,相征逐,而后谓之知交乎哉!

道光乙巳秋日留。愚弟林则徐拜撰,时在肃州城东行馆。

（《林则徐全集》第五册,文录页四一四至四一五）

[按] 林则徐到肃州,为道光二十五年十一月二十四日,称道光乙巳秋日,疑有误。

[又按] 序中所言齐次风即史学家齐召南,官至礼部侍郎,所著有《赐砚堂诗文集》、《水道提纲》等。鹤巢为林立松号,字蒐木。浙江台州人。秀才,工诗文,有《绿天亭集》,是序撰于道光二十五年。

十二月初十日,林则徐在凉州接署陕甘总督,并驻此地指挥镇压藏民反抗。次日,致函福珠洪阿,叙述藏民反抗情况,征询镇压对策,并请调集随身亲兵,函中称:

迫至玉门,忽奉署理陕甘之命,真是梦想不到。仰荷恩施破格,不胜感极涕零。然番务之难,至于此极,弟以昏庸之质,且感老病之身,如何可以将就?此番谦帅之授,却在意中。渠尚有平反逆案,未能遽结,知弟奉旨署理,自不肯赶早驰来。大约春夏之交,始届瓜期,实有度日如年景象。自入关后,接据禀报番贼情状,抢马抢人,戕兵戕官,不下十余起,与七八月间竟无二致。总缘庆署镇军（新夏按:名庆和）被害之后,并未接有一仗,获有一贼,斩有一馘,兵胆日怯,贼胆日张。若竟不能挽回,地方尚可问乎?

弟腊月初十日在凉州接篆,奏明在此驻扎,一时尚难返省垣。若东而西宁,西而甘州,再有他警,尚不免移往调度。无如情形路径全是生疏,员弁贤愚亦多不悉。所有剿番事宜,究竟有无扼要之法,务祈二兄大人详相指示,以启茅胸,万勿稍有客气。至河州兵丁,向称甲之通省,其中何人番径最熟,何人技艺最精,何人临阵最勇,可否由尊处挑选数十名,俟操练精熟时,就近遣到西宁一带?弟一经至彼,拟再通加考验,收作亲兵,遇有吃紧之处,使之出阵立功,为他兵之表率,未知卓裁以为可否?

(《林则徐全集》第八册,信札页六七至六八;郑国:《林则徐致
福珠洪阿书札》,见《厦门大学学报》1981年第3期)

十二月十三日,耆英与德庇时在香港会晤后,代英人请求准入广州城。(《道光朝筹办夷务始末》卷七五)

十二月十四日,姚莹闻林则徐内召,写《察木多归次闻少穆旧帅以九卿召还喜而有作》诗,反映当时著名人物对林关心的情况。姚莹《康輶纪行》卷十五有《林制军内召》条记称:

闻少穆先生以九卿内召喜而有作云

白发丹心出玉关,	清风皓诗集作朗字月满天山。
五年中外同翘首,	一夕乌孙报赐环。
明诏应收父老泪,	花砖仍冠上卿班。
三吴故吏如存问,	新探江源雪岭还。

(诗又见《后湘诗续集》卷四)

当时,友人方士淦、宗稷辰、萧元吉都有贺诗见寄,林则徐分别写了《方濂舫太守(士淦)闻余入关见寄次韵答之》、《次韵宗涤楼见寄》、《次韵答萧谦谷太守(元吉)》等诗作答。这些诗除了表示对召还的喜悦和感恩外,也感叹自己已是垂老弩末,恐难有所作为。(《林则徐全集》第六册,诗词页二四八至二四九)

十二月十八日,广州人民进行"反知府斗争",知府刘浔逃走。夏燮的《中西纪事》卷十三记有斗争的具体情况。

[按]　梁廷柟《夷氛闻记》卷五、《道光朝筹办夷务始末》卷七五页一〇均

记此事经过。

十二月二十四日,有《致李星沅》函,告知陕甘地方不稳,并谋制炮。

闻南中秋成尚好,漕事谅胜往年,惟清查未知有眉目否?恭读恩诏,漕项在豁免之中,比之前番即为易办矣。盗风迩来更炽,水路起自王江泾,旱路迄于峒峙驿,大抵不能晏如,此一事恐费清神不少耳。

兰垣自虚席之后,弟本谓阁下十居其七,谦帅十居其三,乃翔凤不屑恶木之栖,意者垂益在廷,或有拜稽之让耶?弟之昏庸衰废,幸而得荷赐环,那复有此代庖之梦?乃主恩出于望外,而臣身入于坎中。今冬贼焰之张,较夏秋似犹有甚,东西两路杀人如麻,营马之一去不复返者又不知凡几。弟于玉门得旨催赴署任,不得不兼程入关,嘉平十日于五凉受篆,并奏明即驻其地居中调遣。无如军无斗志,望影先奔,积习早成,竟非一时能挽。兹另募猎户土兵,团练村庄民勇,究亦未知有济否也。谦帅在伊江本有平反逆裔之案未即了结,闻弟在此暂替,更必迟迟吾行。此地贼情来春更不可问,谅至爱不忍视其殒越,务望有以策之,感祷曷有极耶!

梅生太史考差在即,谅不必随侍南行。吴门幕中多有可延之友,必不至如弟目前之身兼数役也。舟儿冒寒出塞,致患剧疾,顷尚未瘥,然犹幸有伊随来,略助一二,知念,并以附陈。璧星泉制军近日具奏,新铸之炮演放甚远,轮车及元宝炮架又极灵妙,不知究竟得用否?吴中炮匠果有精能手段,望查具姓名住址寄示,弟现欲捐制此器,其匠人可以雇来否?炮架炮车乞绘一图(贴说更好)赐寄,感荷,感荷。

（《林则徐全集》第八册,信札页六九至七〇）

十二月,林则徐归途行至甘州,镇压了当地藏民暴动。(《清史列传》卷三八《林则徐传》)

十二月,林则徐在《致姜玉溪》函中,向其详细了解造船铸炮之事说:

弟阳关甫入,巨任重权,自惭老病之增,弥切履临之惧。现以生番肆扰,亟宜设法剿防,然费绌兵疲,时形棘手,未识长才至契,又将何以教之?前次足下委赴江南监造战船,未识如何造法,并曾否经手铸炮?所铸是否即照洋中铜炮?每位斤重若干?费用几许?口门多大?能放多远?并祈详悉开载,以广见闻,是为至幸。

（《林则徐全集》第八册,信札页七〇至七一）

是年,林则徐曾致书胡林翼,勉其出而问世,"不宜自甘暇逸"。(夏先范:《胡文忠公年谱》道光二十五年条)

是年,林则徐可能写《槎河山庄图刘燕庭廉访(喜海)属题》(页一〇八至一〇九)、《曹丹山(杰)属题诗稿》(页二五〇)诗。(《林则徐全集》第六册,诗词)

是年,英国侵略者在广州黄埔设立柯拜船坞(Couper Dock;J. C. Couper & Co.),美国长老会在宁波办美华书馆印刷所(Mei Hwa Printingoffice),英国东方银公司在香港设分公司。

是年马建忠(1845－1899)生,字眉叔。江苏丹徒人。近代维新思想家。所著有《适可斋纪言纪行》和《马氏文通》。

是年胡敬(1769－1845)、富呢扬阿(1789－1845)卒。

道光二十六年　丙午　1846 年 六十二岁

正月,林则徐在陕甘总督署任,并在凉州发家书,表示自己急切希望卸去署任,归返内地。信中说:

> 南坡于十二月二十七日到凉州,现尚在此。因我欲铸炮,伊力任自赴江苏,劝同寅捐办解来,日内议尚未定,大约初十外始能前进耳。
>
> 此时番务如此之闹,我不能回兰,家眷自不便迁来。至于交卸后能否不被羁留,殊难豫揣。今我且将此情写与谦帅,伊若肯放我去,则三月初谅可卸事,即勿庸前来,若伊不肯放我,二月间亦当有回信来,彼时可定主见。

(《林则徐全集》第八册,信札页七三至七四)

[按] 南坡即黄冕;谦帅即布彦泰,字子谦。

正月初十日,有《致全庆》函,告知尚难一时离开甘肃之无奈心情。

> 此间兼旬以来各路查探却无贼踪,但番匪并未受创,岂肯远飏? 恐在近处潜藏,难保旦夕间不又窃发,是以弟仍在五凉暂驻,未敢遽赴湟中也。

(《林则徐全集》第八册,信札页七四)

二月初五日,林则徐到西宁。(《致福珠洪阿》,见《林则徐全集》第八册,信札页七五)

二月初十日,林则徐上《商议新疆南路八城回民生计片》,片中根据他在南疆勘荒所见,反映了南疆维族人民的生活困苦情状说:

> 查南路八城回子生计多属艰难,沿途未见炊烟,仅以冷饼两三枚便度一日,遇有桑椹瓜果成熟,即取以充饥。其衣服蓝缕者多,无论寒暑,率皆赤足奔走。访闻此等穷回,尚被该管伯克追比应差各项普尔钱文。

(《林则徐全集》第三册,奏折页五一一)

二月中旬,林则徐于西宁有《致福珠洪阿》函,告知甘肃一带"已无贼踪",

且已移驻湟中。

> 昨日因甘、凉一带已无贼踪,弟遂于正月二十六日由彼移驻湟中。仲春五日到此,察看附近一带,亦尚未见有偷渡、聚抢各情。然番贼出没靡常,巡防不敢稍懈,连日拿获汉奸十余起,现在严审惩办矣,以儆戒其余,未知果能有效否?

(《林则徐全集》第八册,信札页七五)

[**按**]　福洪珠阿时由甘肃河州镇兵调任直隶天津镇总兵。

二月至六月,林则徐幕友陈德培在西宁从林则徐由新疆带回来的译稿中亲手抄录其中一小部分集成《洋事杂录》一卷。

> 道光二十六年丙午,自春二月至夏六月,在少穆先生幕下,得录此千百之一。

(《洋事杂录》跋)

[**按**]　《洋事杂录》,系林则徐在广东时组织翻译西书和新闻报纸等所留存的一小部分的洋务资料,内容比较广泛和琐碎。道光二十六年(1846年),林则徐署理陕甘总督,其幕僚陈德培抄录成册,现存上海社会科学院历史研究所。《全集》本所辑者,即根据该所所藏手抄原件复印件整理点校。(《林则徐全集》第七册,译编页三五六至三八二)

[**又按**]　1985年10月林氏后裔林永俣在福州"纪念林则徐诞辰二百周年学术讨论会"上对《洋事杂录》予以介绍,并与孟彭兴合写《新发现的〈洋事杂录〉述论》一文。(《学术月刊》1985年第12期)次年,林永俣与孟彭兴共同整理校点了《洋事杂录》,全文刊载于《中山大学学报》1986年第3期,同期还发表了陈胜粦所撰《林则徐"开眼看世界"的珍贵记录》,对《洋事杂录》作了评介。

《洋事杂录》凡八十八页,页八行。陈德培亲加题签,并有短跋,题签下钤有"子茂"(陈德培字)阳文篆字朱印。

《洋事杂录》既有当时传闻的四洲之属国名称,中西历之比照,阿拉伯数字和二十六个英文字母读音的资料,又有关于度量衡和各种币制名称、兑换率以及铸造质料等知识,还亲手摹绘了几种外国驻华使节印章和外币图式等等。

林则徐上《拟将黄冕暂留西宁差遣片》,奏留曾在新疆帮同办理垦务的原江苏知府黄冕(南坡)暂留西宁差遣。(《林则徐全集》第三册,奏折页五一七)

三月初二、三日、初六日，英人在福州连续肇事，遭到当地居民的反击。（《道光朝筹办夷务始末》卷一五，页三一至三三）

三月初六日，云南回民起义军攻永昌飞石口，杀守备赵发元等；又攻官坡、大力哨，先后杀死外委杨廷佐、都司缪志林等。（光绪《云南通志》卷一○六，《武备志》二三六，戎事六）

［按］　相传，缪死后，其女发誓嫁与为父报仇者，道光二十八年，林则徐在滇督任，捕杀击毙缪志林的起义者。缪女守誓，自愿委身于林则徐。时郑夫人已病故，林遂纳缪女为侧室，后同返福州。缪女为人甚好，颇受乡党家人尊重。光绪间尚在世。其生平无正式文字记载，林氏后裔曾据亲闻写成一文，已收入本谱谱余。

三月初七日，林则徐因鼻衄、脾泄、疝气及喉痛失音等症，请求在布彦泰接任陕甘总督后，"俯准于卸事后，暂行请假在寓医治，遇有紧要事宜，仍与布彦泰、达洪阿往返函商，密筹会办"；"一俟所患病症稍就减轻，仍即勉力趋公"。（《林则徐全集》第三册，奏折页三一八）

三月初七日，上《请留用熟悉边情将领徐福马进禄片》，因"该二员久任沿边营缺，洞悉番情，马进禄尤能晓番语"，请留于西宁差遣，足以见林则徐之知人善任。（《林则徐全集》第三册，奏折页五二一）

三月初九日，耆英与德庇时在虎门订立英军退还舟山条约五条。（《中外旧约章汇编》）

三月十一日，布彦泰到西宁接任陕甘总督，即赴兰州任所，林则徐仍留西宁会办"番务"。

三月中旬，林则徐函告刘建韶在甘镇压藏民情况。

弟代庖刚及九十日，而劳惫兢懔之状，不啻以日为岁，前于西路派兵搜查之后，番贼幸已远飏，当经捉获汉奸及土番之冒为野番、积年行抢并戕害官兵者，解审严办，匪类稍为敛戢。仲春移至湟郡，亦曾筹兵一二起，略树声威，总以经费难筹，不能放手一办。现在获案之贼，虽有五十余名，只能示警一时，不足永除此患。三月十一日布宫保来湟接篆，弟交卸之后，希图可释仔肩，不谓先奉留办番案之旨，不能藏其庸拙。而屠躯自二月来，咳嗽不止，竟至失音，其他鼻衄、脾泄、疝气诸疾迭起丛生。不得已奏恳圣恩暂请给假，尚未奉到批谕，兢惕弥深。昨因彝儿亟须回闽补前两次岁考,舟儿又不能离开,只得将贱眷接到兰泉,稍可就近照应。

(《林则徐全集》第八册,信札页七六)

[**按**]　《林则徐书简》标写信日期作二月中浣,但此函明署"季春中浣",当为三月中浣。

三月二十日,陕西巡抚邓廷桢卒。三十日,清廷命林则徐继任,但仍留甘肃与布彦泰会同办竣"番务"。林则徐在甘肃对藏民的反抗进行了镇压。

三月二十八日,林则徐于派兵清查"驻牧大通河脑之雍希叶布番族"有无反抗情事后,特制定约束章程四条,并上报清廷。章程全文如下:

谨将核拟约束雍希叶布番族章程四条,敬缮清单,恭呈御览。

一、令该番堵截贼路,奋剿立功也。查该番住牧大通河脑,逼近八宝山,为河北扼要之区,近年果洛克番贼由海南突出,及河南族番由东信等处偷渡,北窜甘、凉,无不取道大通河脑。兹据该族百户等结称,身被贼名,无由辩白,请杀贼报效,以判泾渭。查该族人丁率多勇悍,且住牧处所又皆扼要门户,若纵贼内窜,则被抢之家,众怨群疑,百口难辩。应令该百户等嗣后常派番子,勤加哨探,如遇果洛克及河北番贼假道图抢,立即督率番众,尽力堵御。即或贼匪势重人多,力有未逮,亦须飞报该管盟长及各卡营汛官兵,准备防剿。设贼匪先已抢掠得赃,取道而返,尤当埋伏山涧,截贼归路,即将所获牲畜,尽行给赏,如有生擒贼匪,并准解送,照赏格厚给优奖。务使外来番贼,进无所掠,退无所归,则该族既可洗去贼名,且更有功足录。至著名贼匪旦曾奴勒布等,无论是否果洛克及冒名雍沙之别项番族,该百户等总当设法访缉,亦限一年之内,侦捕送官,以明心迹而观后效。

一、令该番全行剃发,以免溷淆也。查甘省住牧之蒙古熟番,率皆剃发留辫,惟河南之野番及川省之果洛克等族,均系留发被面,故生番熟番之异,即以剃发不剃发为分。而雍希叶布一族,自道光十八年准其依附蒙古住牧以来,仅止该百户百长剃发留辫,其所属众番,仍蓄留全发,与野番等初无二致,无怪沿边及附近军民群疑该番为贼伙党。兹经站柱等传集百户百长头人等,宣示德威,伊等带领番众多人,同至营盘,环跪感泣,佥称情愿剃发留辫,以绝他族番贼冒名嫁祸之弊。自应准其辨别,以释群疑。即饬站柱等取具该百户等番字切结,倘以后再有该族番子蓄留

· 621 ·

全发,涸入野番行抢,一经被获,除将本犯加等治罪外,该百户等亦必从重示惩。

一、番族户口,应责成盟长百户随时认真查报,以祛流弊也。查该番户口应以此次所查清册为定,嗣后遇有增减,悉令报知该管头人,转报百户百长,汇总造册,出具番结,呈报右翼盟长。该盟长按季派属前往,逐细编审,如有增减,即于册内分晰注明。由该盟长按年照造蒙字清册,出具承查印结,转报青海大臣衙门,每年酌派司员,率同该盟长前往抽查。非但不准容隐别族番户及内地奸民,即本族番子先经他往,此次查未入册之户,亦不许私自收留,以杜逸犯潜回之弊。

一、买易粮茶,应严禁溢额,以杜接济也。从前雍希叶布初住青海,所需粮茶,悉照蒙古章程,请领印票,定数易买。乃近日讯据汉奸等供指,果洛克番子由川省买食黄〔粮〕茶,迫结伙远来,遇有缺乏,皆川省近边番族为之接济,并称雍希叶布与果洛克世代姻亲。今该族百户等既自剖明,并无勾结果洛克情事,自应即照现查人数,计口授食,使其仅敷所用,则接济之风,不禁自戢。此后应买粮茶,悉由右翼盟长督饬该族百户,按照丁口确数,报明青海衙门,逐细核定,照例给票购买,不准稍有溢数。倘有影射夹带情弊,一经查出,即提该百户等从重治罪。

(《林则徐全集》第三册,奏折页五四九至五五一)

三月三十日,林则徐于甘肃平番县会见新任伊犁将军萨迎阿。萨向林征询伊犁之吏治民情。

奴才萨迎阿于三月三十日晚在平番县遇见林则徐,向其询问伊犁地方情形以及各官中能办事者。

(《史料旬刊》第38期,页三八一)

四月,江苏诸生卜起元有《上陕西巡抚林少穆先生书》,针对时弊,畅论人才与廉耻问题,希望林则徐给以汲引。

当今天下之事,莫急于人才,莫重于廉耻。无人才则无实政,无实政当事皆工涂饰,成法适为趋避之空文,一书吏足以应天下矣。无廉耻则争势利,争势利居官日事夤缘,仕途为商贾之借径,生民无不为其鱼肉矣。故在阁部无献替之臣,台谏无骨鲠之臣,封疆无保障之臣,地方无刍牧之臣,合内外百执事,无敬事勿欺之臣,而且专征无韬略之将,临敌无忠勇之士,防御无可用之兵。举世泄泄,讳言国政,以诡随为称职,以正直为不祥,以谄诙为贤能,以忠信为谬妄,廉耻之丧,人才之衰,未有甚于今日。……然人才实邦国之本,廉耻实人才之本。今本已坏乱,何以能不切杞人之忧也。……今则不必问其人之贤否,捐赀入粟多者,即可以膺民社,为显官矣,而欲责其廉,是犹责商贩以廉也;而欲责其义,是犹责盗贼以义也。夫至为商贩盗贼之行,上不以为过,众不以为羞,其又何人不乐为也?……中夏为礼乐文教之区,而上下交征利如此,是以腥秽杀人之烟土,耗我内地精华矣,犬羊成性之夷鬼,索我帑藏金银矣。……国家之败,由官邪也。官之失德,宠赂章也;宠赂章,其误国也,其殃民也,皆上所令也。而犹问其国计,彼固不知何以为国计;而犹问其民生,彼固不知何以为民生。虽有廉耻无所用,虽有人才何自兴。……人才之盛衰,关乎邦国之盛衰也。特是人才固为为政之具,而求人才于今日,实寻常选举科第中之所难,即有有志济世安人者,亦不屑为时下揣摩之术,而无由自进。平素砥砺廉隅者,又不工为时下趋附之方,而不欲求进。……今年已蹉跎至壮,深恐岁月如流,欲此身之不委于沟壑而不得。用是悄然,傍徨中夜。如先生察其言有可采,因以其人为可教,幸裁之使进于道。自念此身得以出大贤之门下,将来或进身有时,亦足以立尺寸功名,仰报君父,步趋后尘,不至空言无补。

(《潜庄文钞》卷二;又《林则徐书简》增订本,页三五九至三六一)

四、五月间,林则徐在兰州写《致金安清》函,告以近年状况说:

自辰年手答一书之后,旋以密承温谕,勘地回疆。穷亥步于大荒,历庚邮于经岁。……只以甫入阳关,即权制篆,值防番之鲜暇,欲裁谢而未遑。每溯丰标,弥增歉臆。

弟沦谪三年,奔驰万里,自蒙环召,谬代边防。始则备御于西凉,继又周巡于湟郡。春杪幸经交卸,冀得稍掩疏庸,复奉恩纶,谬膺陕抚,仍以会筹番务,留驻兰垣。虽贼踪业已潜藏,而藏事尚难预计。

(原件藏故宫博物院,见《林则徐全集》第八册,信札页七七)

闰五月二十九日,林则徐于兰州《致刘建韶》函,告知陕省情况说:

弟自湟郡回兰,意已决然求退,不过因布宫保屡相劝阻,略待假满始陈耳。不谓再造恩慈,复畀关中之席,乞骸之说一时竟不敢言。因所奉谕旨须于番务竣时始能赴任,是以谢恩折内豫请竣事之日先行进京。近日奉到朱批:"毋庸来京,可赴任时即赴新任。"钦此。若论目前,沿边一带尚属安恬,即赴陕未为不可。第适贼踪窃发,布宫保出巡之后,策应未便无人,所以姑为小住,然亦无益之甚也。陕西虽称完善,而近年闻亦难言,究竟何弊必先力除,何害必先豫杜? 各处人材、吏治以及南北山紧要事宜,务祈详加密示,俾得先时筹画,临事施行,实所感祷。

(《林则徐全集》第八册,信札页七九)

[按] 张守常《林则徐手札受信人刘闻石》一文以此函为五月二十九日所写,(《故宫博物院院刊》1981年第1期)惟函中有"前于五月所发函中"一语。从语气体察似以闰五月二十九日为宜。

六月十四日,李星沅五十初度。林则徐写寄《石梧五十初度,八叠前酌寄祝》诗,表示祝贺。(《林则徐全集》第六册,诗词页二五〇至二五一)

六月二十四日,林则徐离兰州赴陕抚任。(《林则徐全集》第四册,奏折页一八)

六月二十四日,林则徐从兰州启程赴陕抚新任时,上《赴陕西巡抚新任起程日期折》,报告甘省"筹办番务"情况:

窃臣仰荷恩纶补授陕西巡抚,仍留甘肃会同布彦泰、达洪阿筹办番务。当即具折叩谢天恩,并请将会办事竣,于到任之前先行进京陛见。钦奉朱批:"毋庸来京。可赴任时,即赴新任。"钦此。臣跪诵之下,敬绎再三,既不敢以瞻就下忱再行渎请,而本任之职守与番务之情形,尚须权其缓急。

查本年沿边各卡隘防守綦严,并无野番窜入,惟上冬循化厅卡外之黑错寺番贼劫杀洮州土司一案,官兵赴彼缉凶,胆敢抗拒戕害,不得不慑以军威,是以数月以来臣未敢遽离甘省。当与督臣布彦泰等叠次奏明添兵易将,恪遵历奉谕旨,攻其要害,歼厥渠魁,务使番族等知威知惧。兹经达洪阿带兵剿办,将主令抗官之僧寺及恃众济恶各番庄悉行焚毁,贼番巢穴为之一空。其逃至果岔地方希图负嵎为固者,复经痛加剿击,斩获甚多,余众乞命投诚,随经收抚,将田地招良承种,大兵凯撤回营。计此案先后解到番犯共有六十三名,除西宁镇总兵站柱所获内有讯系株连之人业经随时释放外,其余均已分别勘办,另行会折具奏。又本年以来拿获番贼汉奸多起,亦就其情节轻重,会核罪名,分别奏咨完结。

达洪阿于撤兵后经过省城，与督臣布彦泰及臣面述一切，遂回青海本任。布彦泰以奏准亲巡边隘，亦在料理起程。

臣前由西宁回至兰州，已阅四个月，现与布彦泰、达洪阿访询舆论，咸谓向来番匪出没靡定，虽不敢保其久远无事，而此时野番之慑伏，边隘之安恬，实与去岁情形判若霄壤。臣思近年番匪鸱张，原因弁兵怯懦所致。卡隘几同虚设，既不能堵贼于未来之先，入山视为畏途，又不能击贼于失事之后。卡内则有汉奸熟番为之引路通信，卡外则有番僧巨寺为之匿犯窝赃。是以来去自如，肆无忌惮，不独民间叠遭劫掠，即戍官亦若泛常，不独草肥始出逞凶，即寒冬亦多肆扰。经此次大加惩创之后，番众知喇嘛寺院不足恃为护符，我兵知大炮抬枪实能远攻克敌。军威既振，贼胆自寒。加以督臣带兵亲往各卡周历巡阅，新任提臣台涌不日即可到甘，亦能力加整顿，臣现在别无应行会办之事。而陕省文闱伊迩，巡抚例应监临，所有科场事宜亦须先期督办，免致临事周章，是以臣谨遵前奉朱批："可赴任时，即赴新任。"定于六月二十四日由兰州起程。

（《林则徐全集》第四册，奏折页一九至二〇）

[**按**]　此折为六月二十四日所上，是对前此镇压藏民活动的总结，关于黑错寺事件尚有多折涉及，如五月十八日所上《添兵黑错寺会办戕杀土千户杨国成案片》，闰五月二十五日所上《黑错寺拒缴凶犯已被焚毁并酌量撤兵折》，六月十四日所上《续攻黑错寺众败退聚匪之仲巴喀果岔地方情形折》及六月二十六日所上《攻毁黑错寺所获之犯审明定拟折》等（《林则徐全集》第四册，奏稿页四至二一），可参阅。

林则徐少年时的朋友杨庆琛得知其受陕抚任命时写诗以贺云：

策马朝行塞，　　闻鸡夜枕戈。
田畴春万顷，　　风雪鬓双蟠。
臣节初终凛，　　君恩感涕多。
八骓临莅处，　　四境起欢歌。

舆望孚棠镜，　　仁风速置邮。
天低秦陇月，　　霜肃节辕秋。
宵旰纾西顾，　　关津控上游。

> 祝公绵福寿，　　黼黻赞皇猷。

（《林少穆同年入关旋拜陕西巡抚之命喜而有作》，见《绛雪山房诗钞》卷一八）

闰五月，有《致江鸿升》函，告知剿黑错寺反抗势力。

> 此次达都护带兵直捣贼巢，复追窜匪，两次痛剿，大获胜仗，斩杀甚多，将该寺四百余院及番庄三十余处全付一炬，可谓大振军威。查系积恶最著之番族，今得痛加剿洗，使之胆落魂惊，谅各族闻此风声，亦必交相震慑矣。

（《林则徐全集》第八册，信札页八〇）

六月，胡林翼由陕西捐输案内报捐内阁中书，并捐升知府，分发贵州补用。此事系由林则徐专折奏办。（夏先范：《胡文忠公年谱》道光二十六年条；《请准降调编修胡林翼改捐知府片》，见《林则徐全集》第四册，奏折页三四）

六月以后，林则徐函唁朱克敏母丧。朱将此函上石。

> 时轩老先生孝履：昨者小住枌乡，始亲芝雅。正结因缘于文字，旋增别绪之潇洄。枉送临歧，殊深怊惘。

> 满以来歌鹿鸣，藉堪再接尘[麈]谭，乃展讣函，惊悉太孺人驾返瑶池，曷胜骇悼。在执事心殷爱日，定知哀毁异常，然思太孺人寿近八旬，庆贻三代，已咸臻乎五福，知无憾于九原。况闻匠事先成，益见孝思维则，尚冀葆身自玉，以礼节哀，是为至嘱。弟身羁关辅，未能恭奠灵帏，兹附便寄上楮敬一函，殊惭绵薄。祈代荐瓣香是荷！专此奉唁，诸惟珍摄。不宣。
> 　　　　　　　　　　　　　　　　　学弟林则徐顿首

（《林则徐全集》第八册，信札页八一至八二；刻石藏甘肃兰州文物管理处）

[**按**]　1983年兰州某氏把保存多年的两块石刻捐献给国家，其中一块系林则徐致朱克敏母唁函，即上文所录内容。朱克敏，字时轩，兰州人，为书画篆刻家。母死时，林则徐曾致唁函，朱将此函上石。此石横37厘米，高31厘米，字体是工笔小楷，共16行，180字。1983年7月28日《兰州日报》曾报道此事。

七月初九日，林则徐抵西安，接任陕西巡抚。于十三日上《接任陕西巡抚日期折》。（《林则徐全集》第四册，奏折页九三一）

八月初五日，苏松太道与英领议定英租界西界。（徐公肃、丘瑾璋：《上海公共租界制度》）

八月二十四日,林则徐上《请鼓励渭南县知县余炳焘片》,除要求奖励镇压反抗的余炳焘外,还分析了渭南一带发生反抗斗争的原因说:

> 陕省之渭南、富平、大荔、蒲城一带,久为刀匪出没径途,缘此数处回族最多,素以争斗为能,抢窃为利,与刀匪互相勾结,势焰益张。攫财物则彼此分赃,闻缉拿则纠同抗拒,有窝巢以为藏身之固,有器械以为抵御之资。不独兵役避其凶锋,即州县营员,亦不免望而却步,虽访知著名恶党亟应搜捕驱除,而转思惜费惮劳,不如省事。又恐负嵎恃众,易致损威,且即破一巨巢,获一大伙,而又虑及在逃余犯或设计报复,或捏控抵制,其为后累者正多,并又惮于吏议之严。因起获火器刀矛而转咎其从前之失察。是畏累之心愈甚,即缉匪之劲愈松,讳饰因循,渐至养痈贻患。

> (《林则徐全集》第四册,奏折页三八)

但是,人民反抗的真正原因是由于连年灾歉,民生困苦,致使社会动荡,反抗蜂起。十一月间陕西朝邑县一位七十八岁的举人李元春在上陕西护抚杨以增书中曾沥陈人民极度困苦以致发生反抗的状况说:

> ……朝邑之灾,比他处为甚。麦多未种,种亦未出。明岁虽少收,恐犹今岁之歉也。……现在饥民流徙满路,或有缢树赴水投崖而死者。其未徙之家,有阖门坐待饿杀者;有煮食干瓜皮、辣菜叶而卒无以延生者。其中鬻妻鬻子女弃婴儿者,殆不可胜数。加以匪类所在多有,或以夺食而至毙人命,或聚众黑夜强劫,或结伙白昼乱掠。……

> (李元春:《上护院杨至堂大人言救荒书》,见《桐阁文钞》卷六)

［按］　杨以增,字益之,号至堂,山东聊城人。十一月间,林则徐病假,杨以增护陕抚。

八月二十八日,林则徐于西安函陈德培,告知陕西不安定情况说:

> 弟自七月初九日行抵青门接篆,倏已月余。公事较之他省原属简少。然刀匪之诈扰,回众之凶强,欲戢顽梗,以安善良,即非易易。且夏秋雨泽稀少,秋收歉薄,已无补救之方,而种麦届期,最不可误,屡经设坛祈祷,始获两次甘霖。二麦尚可播种,然仍未见深透,盼泽犹殷。……顷闻番贼闹至嘉峪关外,殊堪愤恨。布宫保大约重阳后可回省,敝意甚恐其进京也。……

> (《林则徐全集》第八册,信札页八四至八五)

九月二十二日,林则徐上《拿获抢劫轮奸要犯审办情形》折,报告陕西"刀匪"作案情事。

　　窃照陕省刀匪最为闾阎之害。经臣叠饬严缉,已据渭南县拿获要犯多名,当场格毙数犯,并夺获刀械火器,即经臣提犯审明定拟,奏蒙圣鉴在案。

　　查此等匪徒,总因伙党众多,并有私藏器械,胆敢逞凶藐法,靡恶不为,且毗连甘南之河州、灵州,民风亦多犷悍。臣前在甘省即闻有陕西大荔等处回匪、刀匪潜赴甘肃连界地方,勾结匪类,伺劫掳人,倚恃山路纷歧,往往此拏彼窜。当与督臣布彦泰、提臣石生玉熟商,檄饬文武,无分畛域,严密堵缉。

　　嗣臣到陕后,又查知甘省派员在灵州等处获贼颇多,各犯闻拿奔逃,势必潜回原籍,密札大苏[荔]县知县熊兆麟,刻即悬赏购线,设法侦拿去后。旋据熊兆麟禀称,访得县属丁家村实有甫自甘省窜回刀匪,即督率差役前赴该村围捕,陆续获到丁六八、丁未成、丁五三、丁培娃、丁沙嘎儿、于囊壶六名,讯认听从丁双受纠约,各带库刀,赴甘肃灵州一带抢劫属实。随即添派差役,密拿首犯丁双受。追至山西交界地方,将丁双受拿获到案。讯据供认纠众行劫,并与在甘被获之丁六儿将事主妇女轮奸不讳。又经该县派遣丁役缉至山西吉州地丁续获逸犯丁万山,先后禀报前来。此案丁双受等纠伙抢劫、轮奸种种不法,系在甘肃地方,陕省并无报案,已飞咨甘省查核原案,一面饬提各犯来省,严讯核办。又据三原县知县周赓盛禀称,访闻刀匪猴振有等在该县曹师凹地方客店伙抢妇女,勒赎轮奸,当即会营赶往围拿。该匪等持械拒捕,差役受伤。又经该县添差往拿,先后获犯猴振有、孙可全、梁学义、李振魁、贺学孔、张西仲、荆有芝、荆有云、樊五等九名,讯认纠众携带顺刀,伙抢妇女武张氏、刘李氏、易苟氏、王尚氏、孙刘氏,关禁勒赎,轮流奸污,并拒伤差役属实,现亦提省严讯。

　　又查蒲城县刀匪充斥,当经臣访悉姓名,密饬该县张肇元选差分投严拿。据张肇元先后禀获杨才、程太和,讯系抢夺乡试士子车上钱文之犯,并起获顺刀尖刀各一把。又获王焕儿,讯系纠众中途打夺递犯火要子案内从犯。又获逃军刘化儿,系因行抢拟军发配广东潜逃回籍。又获吴犬儿、吴春友、张会儿、张社儿、李升、吴聪贞、杨双道等，系与富平、临潼、渭南各县于交界处会合兜拿，该犯等被追情急，窜至蒲城境内之化木寨望楼，负嵎抵拒，经兵役围捕一昼夜，悉数就拴，起获顺刀七把、长矛三杆、乌枪一根。又获曹根有、曹鬼儿，系持刀藏匿空庙，被拿抵拒，砍伤差役臂膊等处。差役亦将曹鬼儿脚腕格伤拿获。又节次拿获持刀讹诈伤人之刘浮儿，带刀游荡之刘伏儿、刘魁儿，权禄儿、曹有才、张映魁、张小九儿、陈来儿等犯。先后禀报前来，均经批司分饬严讯，并将各案逸犯严缉务获，不准稍有松动。

此次各该县于境内应拿要犯咸能不事回护，陆续缉获多名，力除从前粉饰瞻顾积习，似捕务较有起色。现届冬令，宵小易于窃发，且西安、同州两府属因雨水短缺，秋麦未能遍种，粮价不免增昂，尤恐匪徒以荒歉为名，乘机抢扰，仍谆饬各府县营汛督带兵役，加意访缉，务使有犯必获，无案不破，以期仰副圣主戢暴安良之至意。

（《林则徐全集》第四册，奏折页五七至四九）

［**按**］　此件后有道光二十六年十月初五日朱批："查缉甚属认真，勉力为之，钦此！"

秋，林则徐在《致祥某》函中，对祥某所著《炸弹图说》表示欣赏。"令本标将弁遵照来示所开各条，细心体认，并即召匠学铸，以期如式应用。"林并对弹形提出了改为长形以利加重用药的建议，主张炸弹的功效"总以能远有准为要"。他在信中把改革兵器的目的归结为"只图利器可资"，可见他在武器装备方面是有一定实践经验的。（《林则徐全集》第八册，信札页八七）

［**按**］　祥某时任陕西陕安镇副将，生平不详。

十月初，林则徐主陕西武闱，并为写《道光丙午科陕西武乡试录》序：

道光二十六年岁在丙午冬十月，武举乡试届期，臣巡抚陕西，例典试事。爰进将军臣布彦图咨送前锋马甲武生共一百五十九名，学政臣金国均取录七府五州学武生一千三百四十八名，率同布政使臣裕康、按察使臣唐树义、提调官督粮道臣张集馨、监试官盐法道臣崇纶、监射官署西安城守协副将臣保恒，公同校阅，择其骑射技勇兼优，列为双单好字号，复人闱默写《武经》，详加甄别，取中满洲额勒精额等十名、武生柳林桂等五十名，刊次试录，进呈御览。臣例得缀言简端。

　　臣惟古人选士于学，必先射于泽宫，《周礼》三年大比，以五物询众庶，主皮和容兴舞，以兴贤能，即骑射技勇之所由昉也。秦为古岐丰地，自兔置得闳夭，而干城之选重，自渭滨载尚父，而韬钤之略传。盖由雍州土厚水深，于山则有太华、终南，于水则有黄河、泾、渭，扶舆磅礴，吐气含和，士生其间，莫不重节概，尚义烈，有同袍同泽之风焉，夫非山川灵杰之助欤？汉时以六郡良家子选给羽林期门，又令郡国选才力武猛为材官骑士，而公孙贺、李广、赵充国、傅介子、甘延寿诸人皆立功异域，彪炳史册。唐则设立武科，若张仁愿之控制边陲，郭子仪之抚绥河朔，并以武举起家，懋昭显烈。所谓关西出将者，得自科目为多。由宋迄明，虽亦武科并重，而得人则远不逮古。我朝修明武备，简练精良，是以翘秀蔚兴，习龙韬而奋鹰扬者以踵相接。臣蒙恩分陕，忝任司衡，于骑射则观其弓调马服之能，于技勇则试其负重翘关之力。迨内场扃试，仍于默写《武经》之后，复使一一挽强，以期悉拔真才，宏收实用。尤愿登期选者，咸具有勇知方之略，益昭克敌致果之能，各矢忠勤，务兼谋勇，以副我圣主育才兴贤之至意。此则臣与多士所兢然共相励翼者尔。维时官斯土者，西安将军臣布彦图、左翼副都统兼署右翼副都统臣西兴阿、陕西提督臣石生玉、汉中镇总兵臣春福、署甘陕镇总兵臣祥瑞、延绥镇总兵臣赵龙田、潼商道臣常绩、陕甘道臣兆那苏图、延榆绥道臣万保，例得备书。

　　　　　　　　　　　　（《林则徐全集》第五册，文录页四一五至四一六）

十月十三日，林则徐函杨以增，因有病难于理事而谋去官，函称：

　　弟九月间卧疾数日，已觉精神大减。本月初在校武外场又复重感风寒，致仍大咳失音，至今未愈。旧患疝疾，现又加剧。本已决意具折将印务交与方伯接替，偏值裕重山亦忽被疾，不能接受。不得已略待数日，再看光景。然自知如此病躯，若一冬勉强从事，断受不起。且目睹天时之旱，麦不能种，种不能生，蒿目焦心，只有添疾而不能减。如不去官，则恐为巤翁之续。此心已决，惟待相机而行耳！

　　　　　　　　　　　　（《林则徐全集》第八册，信札页八八）

十月二十八日，林则徐致函杨以增，对四川省哥老会众驱赶总督宝兴的斗争表示震惊说：

　　川省啯匪集至盈千，云与节相送行，占住简州大公馆，甚至捆官掳弁,殊不成世界也。

(《林则徐全集》第八册,信札页九○)

十月,云南缅宁、云州一带回民起事,至次年初始失败。

十一月初二,林则徐函杨以增,贺其任陕藩,并敦促其速来,"奏明将抚篆交台端署理,以便弟调摄夙疴"。(《林则徐全集》第八册,信札页九一)

十一月初五日,林则徐病情加重,不仅"脾泄、疝气两症仍无起色,近日咳嗽又发,夜不能寐,益觉气促神昏"。十六日,林则徐上《患病未痊,请开缺调治折》称,自十月以来患病未痊,请开缺调治。清廷准假三月。(《林则徐全集》第四册,奏折页八五至八六)

十一月中旬,林则徐函告郑祖琛自召还后的状况:

> 旧腊幸蒙环召,生入玉关,亟思有以报命,而忽被假节之恩。剿番孔亟,周历甘、凉、西、湟诸郡,虽未躬冒矢石,而无日不风餐雪卧,刀淅剑炊。如是三阅月,遂为寒瘴所侵,一病几殆。奏蒙温旨,给假医治,而于番务似不得脱离,正欲续请乞骸,而陕抚之命下矣。膺斯再造,即捐糜顶踵不足仰酬。陈力就列之言,又乌敢遽出诸口?秋间黑错寺凯撒之后,弟始得履任青门,正值秋试之期,首以监闱为事。使星方去,而武露旋滋,劳顿之余,疾又大作。墓表未能即书之故,非阻于病,即阻于劳。

其次,因郑正任官福建,故又论及东南局势说:

> 海滨瘠壤,民间已不聊生,况有物焉,鼾睡于旁,人心何能安定?……五六年来,东南之事正如一部十七史。弟方思咎不遑,又曷敢过问! 要之始末皆在识者胸臆间,不知来者犹可追否耳?

(《林则徐全集》第八册,信札页九二至九三)

十一月十五日,林则徐奏复对刘良驹、朱樽等解决银贵钱贱现象的建议。刘、朱等曾奏请各省广用钱之路而持银价之平,官运钱入内地以济银。清廷即将此种建议发交各地督抚讨论。林则徐根据陕西的具体情况,上《银钱出纳陕省碍难改易折》及《陕省不便遵行银钱搭放片》,主张陕西仍应银钱并重,不宜更改旧章。他的理由主要是:

①陕西交通不便,运钱脚费繁重;②陕西银钱市价涨落无常;③难以规定全省统一银钱时价;④常年税课已有部议规定,不能更改;⑤可以搭放钱文的项目早已实行。(《林则徐全集》第四册,奏折页七九至八二)

林则徐的这些理由都反映了他确实调查和了解过当地的具体情况,对当时财政经济问题上的银贵钱贱现象如何解决提出了看法,他反对强求一律,主张因地制宜。这些都证明林则徐确是一个比较务实的干吏。

十一月二十日,林则徐函请杨以增早日接护抚篆,以便自己养病。

> 计台旌自廿二日启程,初四日已入陕界,或略兼一二站,弟即可委官赍篆至永寿、乾州一带,奉请拜接(祈先示复),使弟得早息肩,感荷无既。
>
> (《林则徐全集》第八册,信札页九五)

十一月二十二日,林则徐撰《祈雪祝文》,祈雪利农。(《林则徐全集》第五册,文录页五〇三至五〇四)

十二月初一日,林则徐函护抚杨以增入居官衙。

> 衙署为办公之所,宅门以内书吏,宅门以外官人,皆必聚集一处,并案卷皆不可离,公事方免丛脞。从前弟在吴门两次署督,一次进京,皆系怡悦亭五兄署理抚篆,先亦不肯住居抚署。迨弟再三相劝,随即依从,公事即皆顺绪。此即现成式样,并无半点嫌疑。
>
> 缘抚署东边有"终南山馆",又东有"春祺介雅",此两层本是余地,弟却爱其幽静,已将贱眷搬入居住,由箭道出进,极为方便。这一边自二堂以后,尚有两层正上房,并西边亦另有两层上房,弟住时即觉其廓落,兹已搬居东边,此房空着。若阁下不肯来住,署内杂人必来作践,甚至门窗格扇皆不能存,殊非爱惜公廨之道。况向来书办人等,在衙办公则无格外津贴,一经出署,纷纷禀求饭食(随辕名目),司库安有剩款可筹?故必请吾兄大人俯如鄙见,来住节署,于公事既极妥便,且亦可以体恤属员(谓两县等)。遇贱疾稍瘥之时,尚可晤对。想爱我者必不弃之如遗。
>
> (《林则徐全集》第八册,信札页九六至九八)

十二月初,林则徐因关中西安、同州、凤翔、乾州等府州属夏秋被旱,致使"二麦多未播种,即其已种出土者,亦因久不得雪,未能稳固盘根,来年生计所关,难免人心惶恐",上《酌筹平粜劝济极贫片》,请求改变粮仓出借的旧章为平粜,使贫民得到"实济"。对于那些"极穷之民以及老幼废疾,即使减价平粜,彼亦无力买食",则由"官为收养"。当时即西安省城一处,就收养三四千人。并劝令"有力之户量出钱米,各济各村"。(《林则徐全集》第四册,奏折页一〇二至一〇三)

林则徐不仅谋求解决当务之急的对策,而且还看到,由于干旱,"民不能耕,争杀牛以食"的现象,认为这会造成"来岁又饥"的危险,决定采取"官为收牛,偿其值,劝富民质牛予以息"的保护耕牛的措施,以保证来年的农业生产。(李元度:《国朝先正事略》卷二五)

林则徐对解决救灾问题提出了"缓征"的主张,得到了陕西督粮道张集馨的支持和贯彻。

> 是年,关中雨泽较迟,各属纷纷报旱。其时少穆先生抚陕,意在缓征。余明知旱不成灾,粮道衙门所征皆是兵糈,非甚旱不准议缓,恐兵糈无从出也。且各粮差奸民,已将各花户应纳之粮,折收入手,如能缓征,则包揽粮石,暂且不交,得以侵渔入己,邀约诸无赖赴院、道两署具呈。余以事关民瘼,固不欲百姓之受困,更不肯以开征冀有所余,而为少穆先生所薄也。少翁询商,余曰:"缓征实属正办,即或灾不普遍,便宜小民,不愈于便宜官吏乎?"少翁深然之。余具详请奏,凡报旱处所,概行停征。特恐明岁倍征,而粮差揽户逃匿无踪,未免受累者仍在业户耳。

> (张集馨:《道咸宦海见闻录》页八三至八四)

林则徐在陕仍注重研究水利问题,曾请张集馨详考《关中胜迹图》一书。

> 少穆中丞欲兴水利,以《关中胜迹图》一书,饬余详考。余又细核各府县志,开具节略呈核。后以费用甚大,而事不果行。

> (张集馨:《道咸宦海见闻录》页八四)

十二月十三日,林则徐上《谢赏假调理片》,报告清廷,已于初十将巡抚印信交新任布政使杨以增护理,而请假医疗。(《林则徐全集》第四册,奏折页一〇八)

十二月二十八日,林则徐函陈德培,告知陕西地方状况及个人病情说:

> 关中秋冬大旱,秋收既甚荒歉,冬麦又未种齐,人心皇皇,市粮昂贵,虽经设法调剂,并奏请缓征,而棘手多端,殊难言馨。向谓此间为海内第一完善之地,讵命穷者至此,遂遇灾荒!因此体气愈衰,病魔迭扰。小春在校场考武,大受风寒,咳嗽失音,比在湟中时尤甚,加以脾泄、疝气诸症一时并作,本欲请假医调,而藩伯裕仲山遽尔作古,无人接替,仍复力疾从公。迫冬至后,病愈不支,只得奏请开缺调治。兹蒙恩旨宽给三个月假期,揣分扪衷,倍深感悚!至堂方伯于嘉平十日到陕,仆遂借释仔肩。日来键户养疴,每日服药一剂,咳嗽幸已差减,而上气常喘,下气常坠,行

动俱甚艰难。仰荷圣慈俯体之恩，又不敢径情再渎，殊觉进退维谷，奈何，奈何！

此间腊内幸已得雪数番，已种之麦尚堪补救，其未种者，藉可补植杂粮。晋豫一带亦大都如此。所喜南山甚为丰稔，雪泽亦已优沾，足为告慰耳。……

（《林则徐全集》第八册，信札页一〇六）

[按] 此函原件末署丙午小除日，小除俗指除夕前一日，此函当写于是年十二月二十八日。又函中"嘉平十日"指十二月初十。

冬，乡人王庆云自北京函告福州发生的英人入居省城事件说：

故山般若邻霄，已成腥臊之气，其失策总在使之入城。当时松龛（徐继畬）方伯亦思联乡者以阻之，顾议论多，成功少，向使得一人有声望、方略者，使官民必从其言，夷人亦可敛迹。无如桑梓之中，已不能如草木，同其臭味，此错何从铸乎？

（王庆云：《石延山馆文集》；又《林则徐书简》增订本，页三五七至三五八）

是年，林则徐在陕抚任上应天理教起义时毙命的滑县知县强克捷之子请，写《书强忠烈公遗墨后》一文。全文如下：

天下之患，发迟则祸烈，发速则祸轻。当嘉庆癸酉，贼兵未动时，犹厝火积薪也。忠烈攘臂一挥，贼状以彰，贼谋以破，贼党遂不能须臾忍，而朝廷因得以办贼。盖诚见夫安危不算，间不容发，遂决然奋击，至不恤以全家身殉之。颜常山开土门以挠安史，王新建抵蜡丸以疑宸濠，其功盖后先相埒；而于晏然无事时为未兆遏谋计，冒首祸之戒，开非常之原，则所处更有难焉者。事既上，仁庙以功在社稷，褒信乎其社稷之功也。岁丙午，则徐承抚三秦，忠烈次君蓉圃司马出遗墨三纸见示，受而读之。其论李公之不阿，谓赤心人必不能为委曲事，可以见所养之正。论李公之不屈，谓无愧明哲保身之义，可以见所学之精。至于家书，所言苦景不以语外人，俭德足以范子弟，劝安分，戒倚势，寻常涉笔于古人修齐之教，靡不规重矩叠，揆合符同，自非浩然之气，集义之功，真积有素，其流露于毫翰间者，能如是其昭融哉？则徐读公之文，想见公之为人而有感于其已事焉。爰缀书传后，以志向往之诚云。

（《林则徐全集》第五册，文录页四一六至四一七）

[**按**]　我读林则徐书后,颇同情强令之忠于职守,后读张昀所著《琐事闲录》始知强令之无奈自尽,感叹书未读遍不得随意著笔,林公处事、为文谨慎敏达,不意有此一疎,乃撰《杂书不可不读》一文以自警。

杂书不可不读

学者多好读官书,因其为正式记载,而于笔记稗说则视为杂书,或作消闲,或屏而不读;但杂书往往有异说、新说,颇可资参证者。

清嘉庆后期的天理教起义为清代具有较大影响的一次群众反抗活动,不仅跨省联手,而且深及宫廷肘腋,清代官书有所记载,私家著述也多所涉及,后世有关著作及教科书中更不乏记述。虽滑县起义和进攻宫廷的具体时间略有先后,但事件的大致轮廓无甚出入,而对滑县令强克捷死于当场则说法完全一致。《清史稿·仁宗本纪》中记称:"冯克善、牛亮臣陷县城,(强)克捷死之。"站在官方立场的兰簃外史所撰《靖逆记》亦称:"城陷,知县强克捷死之。"因此强令身后备受清廷褒恤,赐谥建祠。直至道光二十六年林则徐巡抚陕西时,犹为强子所出克捷遗墨三纸书后"以志向往之诚",其影响深远可知。病中读嘉道时人张昀所撰《琐事闲录》,所记强克捷非死于滑县而是乘乱逃往封邱令全福处隐遁,后因清廷明令褒恤,无奈而自缢于县衙东花厅。《琐事闲录》较详细地记称:

> 封邱邑侯全大令福与强公戊辰通谱。强公逃至封署,拟为恢复计。比闻滑邑既失,公之眷属已阖门遇难,即欲自尽。全大令再四阻之,且百计防范,所以潜居二十余日,迄无知者。及恤典既下,全不得已,始具宴邀强公痛饮。二更后,延至花厅,将衣裳棺椁妥为料理,握手拜别。强公乃从容捐躯。吁! 亦悲矣!

这段记载虽然用了一些如"拟为恢复计"和"从容捐躯"之类的掩饰性语词,但仍能如实地写下了事实的真相:强克捷是临阵脱逃投奔封邱避难,因为他与封邱县令全福是嘉庆十三年换帖结拜为异姓兄弟,有相当密切的关系。全福也确实尽力保护这位盟兄弟,可是朝廷却是按照容有失真的报告,给予殉难的优遇,赐谥忠烈。成正忠襄是谥法中最高贵的字眼,小小县令能得到这类谥法,确属异数。可能这次起义波及宫廷,影响甚大,有意重奖,但是却把强克捷逼上了死路。不死不但一切荣誉毁灭,还要波及家族;全福也无能为力,再包庇下去,不仅无益于强克捷,自己也将获重罪,而出首又有亏金兰义气,所以为其准备好后事,设宴送别,不仅安慰,也可能有所动员,因为摆在面前的只有自杀这条路可走。这段详细的记事足可驳强克捷"死难"之说,至少是另一种说法。

《琐事闲录》的作者张昀曾于道光十五年任封邱令,亲临其地,时间相隔也不过二十余年,故老旧吏犹在,采访往事,谅非虚构诬人。虽为孤证不能完全破除成说,但终成一说。官书所记,未可全信,私家著述,也未必无据。是杂书之不可不读也。

  (《依然集》卷四,山西古籍出版社 1998 年版,页二六二至二六三)

是年,杨芳(1770—1846)、邓廷桢(1775—1846)、麟庆(1791—1846)卒。

道光二十七年　丁未　1847年　六十三岁

正月，林则徐为诸子写《析产阄书》，对财产进行了处分。分书的内容是：

合计前后之产，或断或典，田地不过十契，行店房屋亦仅二十三所，原不值再为分析。……汝辈既已长成，自应酌量分给，俾其各管各业。除文藻山住屋一所及相连西边一所，仍须留为归田栖息之区，毋庸分析外，其余田屋产业，各按原置价值匀作三股，各值银一万两有零，即每股或有多寡，伸缩亦不过一二百两之间，相去不远。合将应分契卷检付尔等分别收执，其应行收租者各自收取。如因中外服官不能自行经营，亦各交付妥人代理，将来去留咸听尔等自便，我亦毋庸过问。……再目下无现银可分，将来如有分时，亦照三股均匀，书籍、衣物并皆准此可也。兹将所分三股产业开载于左。此谕。共录三纸，尔等各执一纸为照。

道光二十七年丁未孟陬吉日，竢村老人亲笔书于西安节署之小方壶。（新夏按：年月日上印有陕西巡抚关防）

（珂㼈版影印件，林则徐纪念馆藏；

见《林则徐全集》第五册，文录页五〇四至五〇五）

[**按**]　林则徐的财产比未入仕前确有增加，但在当时的封疆大吏中，尚不足以称为豪富，甚至为后来某些官僚推崇为"清廉"的榜样。陈康祺的《燕下乡脞录》卷一三记曾国藩致其弟曾国荃信中说："闻林文忠三子分家各得六千串。督抚二十年，家私如此，真不可及，吾辈当以为法。"这段记载虽在推重曾国藩，但也反映了一般大吏对林则徐操守的看法。

正月，林则徐在《致文海》的信中，赞同其内地种烟和许民吸土烟的主张。信中说：

鄙意亦以内地栽种罂粟于事无妨。所恨者内地之民嗜洋烟而不嗜土烟，若内地果有一种芙蓉，胜于洋贩，则孰不愿买贱而食？无如知此味者，无不舍近图远，不能使如绍兴之美酝、湖广之锭烟，内地自相流通，如人一身血脉贯注,何碍之有?尊议曲折详尽,洵为仁人君子之用心,第恐此种食烟之人未必回心向内耳。

(《林则徐全集》第八册,信札页一一六)

[按] 文海时任江西抚州府知府。

春,林则徐先后给陕西基层地方官李炜、钟龄和沈功枚等书信,讨论救灾措施。(《林则徐全集》第八册,信札)

钱粮虽届开征季节,然民艰若此,必须分别征缓,以公恕行之,不宜稍有勉强。昨经署方伯委员分往察看商办,想尊意自必相同也。

所有捐资各户,任恤可嘉,日后核实禀报,当为从优奏请奖励。弟从前在江南办灾,有将捐生请给道衔,曾蒙恩准者,阁下可将此意先为传知。凡好义急公,无不优加叙奖,庶好善者咸知兴起,灾黎或可生全。惟闻贵处乡间人传述,各局散济贫户,尚有苦乐不均,似各绅士各亲其亲,未必皆能平允,尚望详细体察,务令厚薄匀停为要。

(《致李炜》,页一二七至一二八)

至接济极贫户口,先由尊处捐廉倡率,劝捐绅富,量出钱米,各保各屯,如本屯均系贫穷,即劝邻屯兼济。选举绅耆记载捐数,以备请奖,并行榜示乡民,俾受者感惠,予者见德。此皆原议通行之法,惟祈切实为之,仍由阁下随时留心详察,自可风清弊绝,实惠及民也。

(《致觉罗钟龄》,页一二八)

上冬荒歉之象,西、同、凤以同州为甚,而同属又以朝、韩、蒲为甚。通邑已种之麦,不过二三,即使春初得有透雨,亦不过补种杂粮,丰字早已无望,若再如此亢旱,并歉字亦不足以蔽之矣。目前满地扬尘,无处可以挥锄秉耒,自食其力者,安得不刮及树皮!劝济与平粜二端,自皆不可从缓,来示所论,俱中肯綮,但须吃紧行之耳。龙池泉既著灵应,务必虔诚劝[祈]祷,以尽为民请命之心。诚勤二字,下可感动民情,上即感动神听,非虚应故事者比也。匪类一面严拿严办,辟以止辟,在荒年尤不宜宽。至春征更当先看情形,其有应缓之村、应缓之户,定须勘明禀报,切不可听书差怂恿,勉强追呼。弟于民瘼攸关,不敢不极力陈奏。

(《致沈功枚》,页一一三)

[按] 李炜,湖北兴国州人,进士。道光二十六年十一月署任陕西富平

县知县。《云左山房文钞》卷四收此函,题《答富平令李明府书》。觉罗钟龄,满洲镶黄旗人,笔帖式,道光二十六年任陕西潼关厅同知。《云左山房文钞》卷四收此函,题《答署潼关司马钟明府书》。沈功枚,浙江归安人,监生。道光二十六年十二月任陕西蒲城县知县。《云左山房文钞》卷四收此函,题《答署蒲城令沈明府书》。

二月初六日,于西安有《致廉敬》函,告知病体日渐恢复及陕省灾情。

> 弟息影养疴,瞬将两月,肺疾已形减轻,喘坠等症亦觉渐平,拟于本月望间奏明回任。惟入春以后,关中仍患恒旸,既未能补种杂粮,而已出麦苗焦枯日甚,嗷鸿遍野,安集良难。

（《林则徐全集》第八册,信札页一一八至一一九）

[按]　廉敬,字聚之,满州镶黄旗人,时以成都将军署四川总督。

二月十五日,林则徐写《致戴绚孙》函,对未能奉和戴诗及复函事表示歉意,并沥述召还入关后的种种行事。信中反映了林则徐对时事的顾虑与避讳。他已经在一定程度上失去了当年的锐气,对局势感到束手无策。信中说:

> 曩在塞垣,承贻感事之作,以为浣花复生,啮雪讽吟,泣数行下。穷荒无与共赏,惟拍铜斗而碎唾壶耳。所以未敢奉和又惮于答书者,触绪则悲生,转喉则讳重,盖掷管而中辍者屡矣。但于封面题一联云:"剧怜水部吟诗苦,转叹山公启事难。"质之吾贤,亦可谅鄙怀之非木石耳。入关以后,御戎于陇,办荒于秦,先之以劳,继之以病。去年三奉手翰,尚未一答,愧歉更不可言,惟知我者亮之。

> 自闻转秩南床,知有班心之议。但时事难言矣。知病而无药,与不知病等,惟言之可以有补者,勿以小为无益可也。

> 仆以壮趾灭顶,自取咎愆,前事那复足道? 惟归来头白,更何能为! 蒙恩垂畀封圻,深感再造,若徒以病躯塞责,抚衷太觉不安。旧冬沥情上陈,诚非得已。乃荷圣慈体恤,宽给假期,继复迭奉丹毫,益深愧悚,乞骸之情,何敢更渎宸聪。近日稍可支持,即于二月之望仍回本任矣。······

> 大集可刻,但前数诗宜勿入为嘱。

（《林则徐全集》第八册,信札页一二四）

[按]　李阳培《读林则徐〈答戴绚孙书〉手迹》一文定此函写于道光二十七年二月中旬,更准确一点,是在二月十五日至二十日之间。（《文物》1979 年第 2

期)《林则徐书简》径定为十五日,依之。

二月,有《致怡良》函,告知病势见轻,准备销假。

> 弟前此具疏乞骸,事非得已。蒙恩赏假三月,梦想所不敢期,感极悚深,自不宜再行渎请。腊前交卸节篆,即经闭户养疴。计已静摄月余,肺疾渐形轻减,惟中气依然下坠,此系本来旧疴,只得从缓医调。现在节届春分,尚不致复添他症。准拟本月望日即当力疾销假,不敢稍事迁延也。秦中于去腊得沾雪泽,方冀麦苗渐长,兼可补种杂粮,乃其土厚性干,至今未沛春膏,仍是扬尘赤地。似此来年失望,为日方长,正不知回任后如何棘手耳。

> 笠耕八兄驻藏之行,迢遥万里。多年京职,清况可知。一俟路于潼关,当与各知好设法妥商,以冀稍资膏秣。特怅年岁如是,恐未能丰腆为惭耳。专此泐复,敬展谢忱,祇请台安。惟希蔼鉴,不宣。

(《林则徐全集》第八册,信札页一二○至一二一)

[按] 怡良于道光二十三年(1843 年)在闽浙总督任上告病辞职,时赋闲在家。

二月间,林则徐销假回任。

二月上中旬,有《致程焕采》函,告知销假视事及家事近况:

> 愚客秋抵陕,半载于今。连办文武乡闱,已觉劳神费力,继复经营俭岁,更属棘手焦心。迫入严冬,遂婴剧疾。嗣因颓唐过甚,不得已径请乞骸。乃蒙高厚鸿慈,赏给假期三月,引分自揣,悚感难名。比来调理经时,肺疾渐形轻减,中气虽未尽复,比前亦稍可支持。现已节过春分,尚不致变生他症,拟于望日即当销假,以期仰慰宸慈。内人精神尚健,大小儿昨令入京。三小儿客秋归试,榜发无名,学殖本疏,自无容妄生希冀,与四小儿现仍在闽,俟岁考毕来署。

(《林则徐全集》第八册,信札页一二二)

[按] 程矞采,江西新建人。嘉庆二十五年(1820 年)进士,时任湖北按察使、署布政使。

二月十八日,德庇时借口正月二十六日英人六名、美人一名在佛山被居民石击事件,带领火轮船二艘,划艇三板二十余只,兵千余名,直撞入省河,一路"肆行无忌,间有爬上炮台,将炮眼钉塞",最后在十三行湾停泊,提出入城、惩凶和强租土地的要求,并声言"如不依允,伊即带兵闯入"。广东人民在社学的领导下展开了反抗斗争,发布讨英公启,筹募经费,组编壮勇。投降派耆英在人民强大的反抗声势下,不敢明目张胆地应允条件,但暗地里却都"次第妥办",并与德庇时订了两年后入广州城的约定。事后,耆英设辞请求内调以逃避责任,而英人也只能"以重价承租新豆栏南口内外数丈之地",不得不暂时中止租占河南等地的要求。(《道光朝筹办夷务始末》卷七七、七八)

林则徐对待这次人民反抗斗争的胜利抱着一种赞许和肯定的态度。他在这年秋获讯后,曾在《复江南江宁府徐青照书》中指出广州"不至卧榻前任人鼾睡"之功在于"彼间民人义愤同心"。(《林则徐全集》第八册,信札页二一九)

二月二十三日,林则徐在《致许赓谟》函中,告以"养疴两月,肺疾已瘥,虽气坠中虚,尚难平复,而屡蒙恩谕,不敢再请乞骸",遂销假回陕抚任。同日有致黄琮函,内容相似。(《林则徐全集》第八册,信札页一二五)

[**按**]　许赓谟,字菊士,时任署河南怀庆府河内知县。又黄琮,字渠卿,云南昆明人。道光六年进士,时任署兵部右侍郎,五月实授。

三月初,林则徐上《复陈部议陕甘捐输经费再行详核折》,折中分析了甘肃藏民反抗形势。林则徐通过镇压藏民反抗的实践,已经感到这种反抗力量很难根绝,表示了难以措手的无奈态度。他在折中说:

> 窃以番务为甘省最累之端,自古至今,不知办过若干次数,果有一劳永逸之法,前人早应绝其根株,必不肯将就一时,仍贻后来之累。无如该番众等族类既不可胜数,插帐又并无定居,且无恒业以资生,但恃攘夺为长技。捕一处则一处暂为敛迹,办一年则一年仅免鸱张,如有关顾不到之时,防范未周之地,彼即狼奔豕突,无恶不为。

(《林则徐全集》第四册,奏折页一二五)

[**按**]　此段时间,林则徐以同样内容致友人函有多件,此收数例,其余可参阅《全集》第八册。

三月十六日,清廷命林则徐为云贵总督。要他不必来京觐见,径往云南。四月初一,上《补授云贵总督谢恩折》,对直接赴任不必觐见颇有憾意。

> 新授云贵总督臣林则徐跪奏,为恭谢天恩,仰祈圣鉴事:
> 窃臣接准部咨:"钦奉上谕:'林则徐著补授云贵总督,即赴新任,毋庸来京请训。'等因。钦此。"臣跪诵之下,感激悚惶,莫能名状。谨即恭

设香案,望阙叩头,虔谢天恩。

伏念臣以获咎之身,渥沐鸿慈再造,先署陕甘总督,继授陕西巡抚,愧涓埃之未效,值疾恙之频侵,犹荷恩纶,宽期给假,在下怀所不敢希冀,而圣主乃曲予优容,弥深沦浃于髓肌,倍矢捐麋于顶踵。自二月间销假回任,因歉年元气未复,黾勉拊循,叠蒙训谕遵行,深幸地方安谧。惟念毫无报称,滋愧衰庸,乃复仰荷恩施,畀以滇黔总制。

窃念边疆重地,既虞控驭之难周,加以回汉杂居,尤戒抚绥之失当。而凡吏治营伍,铜厂釐务诸大端,均须加意讲求,认真整饬。如臣暗昧,实恐胜任未能,所冀上秉诇谟,俾得勉图遵守。而自道光十八年在湖广总督任内,奉旨进京陛见,迄今已阅十年,犬马恋主之忱,久已萦诸寤寐,此次仍蒙温谕,令其即赴新任,毋庸来京。在天地父母之心,频加体恤。而覆载生成之感,未遂瞻依,既不敢以渎陈,实难名其孺悃。

现将经手题咨事件赶紧缮发,将印务移交新任抚臣杨以增接收,臣遵即束装起程,由四川一带取道赴滇,以期早抵新任。

除将交卸日期另疏题报外,所有微臣感悚依恋下忱,谨缮折具奏,恭谢天恩,伏乞皇上圣鉴。谨奏。

四月初一日

道光二十七年四月十四日奉朱批:"长途善养,以副简任。"钦此。

(《林则徐全集》第四册,奏折页一三六至一三七)

三月,林则徐致函在东河效力时任开封知府的邹鸣鹤,对其所著《守城善后事宜》一书备加赞誉,称为"言皆纪实,尽可广为刊布,以为信今传后之资,功在生灵,允堪不朽矣"。(《林则徐全集》第八册,信札页一四三)

三月,林则徐函陈德培,告知病状及销假回任事。

弟静摄养疴,刚逾两月,肺疾虽经轻减,中气总未复元。而仰蒙恩谕频加,不敢过迟销假,遂于仲春之望回任趋公。行动甚觉累人,只得勉为支柱。

(《林则徐全集》第八册,信札页一四四)

四月上旬,林则徐致函邵懿辰,赞赏其为抗英名将葛云飞所撰之《葛总戎墓表》,"可媲三绝碑,必传无疑"。(《林则徐全集》第八册,信札页一四六)

四月十二日,林则徐由陕经川赴滇。林则徐的门人鲁一同为此写诗给林

子汝舟,表达对林则徐赴滇将有所建树的深切愿望,并准备去滇就幕。诗中写道:

> 马角催归万里途,　中原人望白髭须。
> 三秦黎献还愁思,　六诏风烟定有无。
> 已伏麃麇安反侧,　况闻干羽慰来苏。
> 流沙黑水天南朔,　一例春风入版图。
>
> 玉京公子气英英,
> 元老芳筵叩姓名。汝舟于汤相国座中殷殷致询,遂获往还
> 夜仰星辰瞻太华,　春传鱼雁到昆明。
> 旌旗南服浮云远,　禾黍东皋白发生。
> 不分间关趋幕府,　弓衣遥与咏升平。

(鲁一同:《少穆师自关中移节滇南即事寄其
公子汝舟编修都中》,见《通甫诗存》卷三)

林则徐离陕前曾访晤督粮道张集馨,言及推荐一事。张记其晤谈情况说:

四月,少翁升云贵总督,同人馈赠,概行辞却,惟收余燕窝四斤、高丽参四斤,而以坐马一匹、《五经》一部留别。濒行来署叙别,言:"足下早晚必迁,至迟不到中秋也。去年密考,余曾切实言之矣。"余逊谢不敢。少翁曰:"吾久欲乞归,志愿未遂。但愿海内多名大吏数人支柱,吾等伏处田间,方得自安耕凿。荐贤系为国家,并非朋友私情也。"议论正大,愧余非其人耳!

(张集馨:《道咸宦海见闻录》页八五)

四月十五日前,于西安有《致郭戟宸》函,告知赴任云贵之情况。

仆承抚青门,愧无建树。计自客秋莅任,适逢旱暵为灾,蒿目民间,焦思特甚。入冬后,因寒感触,遂抱沉疴。当经具疏陈请,蒙恩赏假三月,藉得安心调理,渐次痊除,于二月中旬奏明回任。旷官日久,歉抱方深。顷复仰蒙纶音,擢畀滇黔总制,既深感激,倍切惶悚。兼奉"勿庸进京",即拟四月望前就近由川赴任。连圻边务,本恐控驭难周,兼值汉、回互争,余波未息,拊循弹压,倍觉棘手多艰。自顾衰龄,弥增惴惴,爱我何以策之?大小儿自戌戌至今,蹉跎十载,今春勉令进京。三、四两儿在闽

中,岁考后始能起身前来。内子寸步难移,幸眠食尚能支拄。承询并以附及。

(《林则徐全集》第八册,信札页一四九)

[按] 郭觐宸,字敬堂,江西新建人。道光六年进士,时任湖北荆门直隶州知州。

四月二十二日,林则徐行抵褒城,为山水所阻,驻于马道驿。夜写致杨以增函,感谢杨寄来《题名录》,获知其婿沈葆桢成进士。并请在自己存项中"代拨京平五百两,由小儿转交小婿作为用度"。(《林则徐全集》第八册,信札页一五〇至一五一)

四月二十六日,林则徐抵宁羌,将出陕境。

五月十一日,林则徐有《致杨以增》函,告知已于五月初六日到成都,并及日后行程说:

> 弟于天中后一日行抵成都,承地主款留,又值甚雨连朝,暂停至十一日始经进发。拟由叙州一带取道赴滇。盖即铜铅委员所行大路,约须一月以后始得安莅昆明。

(《林则徐全集》第八册,信札页一五二至一五三)

[按] 阴历五月初五日中午为天中节,此函内所称天中后一日即五月初六日。

六月十二日,林则徐致函豫堃,对林汝舟寄存家具事表示谢意,信中说:

> 大小儿已于三月望间星奔到省,随即至行营省视,诸叨平顺,堪慰远怀。惟闻其眷属出都时,家具零星,俱经寄存尊寓,劳清神之照拂,萦感篆以维殷。

(《林则徐书札》)

[按] 据此函可知林则徐与豫堃有较深的私交,借以驳林、豫不协的俗说。此函《全集》本未收。

六月十五日,林则徐抵昆,十七日接任云贵总督。

> 愚于孟夏望前束装就道,虽历蜀川诸险,犹幸身眷皆安。兹于六月之望行抵苴城,十七日受篆视事。

(《致戴绢孙》,见《林则徐全集》第八册,信札页一六〇)

六月中旬,林则徐到任后即上《补授云贵总督到任日期谢恩折》,得到朱批"一切如昔,克副重寄",对林则徐表示抚慰。

奏为恭报微臣到任日期,叩谢天恩,仰祈圣鉴事:

窃臣由陕西巡抚钦奉恩纶,补授云贵总督,并谕令即赴新任,毋庸来京。谨即遵旨赴滇,奏明取道四川,以期早抵新任。嗣于途次恭奉朱批:"长途善养,以副简任。"钦此。臣跪诵之下,感激惭悚,莫可名言。伏思犬马微躯,上荷恩慈轸念,惟恐难胜重任,仰负生成,敢不自慎长途,勉支衰病。

此次由蜀赴滇之路,虽所历多属险艰,而计程尚不纡折,仰赖圣慈福庇,幸无委顿情形。兹已行抵云南省,于六月十七日,准兼署督臣程矞采,将云贵总督关防,并王命旗牌文案,委员赍送前来。臣即恭设香案,望阙叩头,祗领任事。

查云贵为边陲重地,苗夷杂处,奸宄易滋,且汉回积畔寻仇,甫经寝息,务在杜其报复,以期久远相安。臣惟有殚竭血诚,随事随时相机督饬,并与抚、提各臣,和衷商榷,总冀猛宽互济,公正无偏,庶几绥靖地方,仰副鸿慈简任。

除恭疏题报外,所有微臣抵任日期,并感悚下忱,理合具折叩谢天恩,伏乞皇上圣鉴。谨奏。

朱批:"一切如昔,克副重任。"

（《林则徐全集》第四册,奏折页一三八）

六月间,林则徐到昆明莅任后,发多函于友人,告知来滇经过及滇省近况,（《林则徐全集》第八册,信札）计有:

(1)《致乔用迁》(页一五六)

弟自入滇以后,沿途亦托粗平。兹于季夏望日行抵苴城,十七日堪以接篆。

(2)《致吴振棫》(页一五六至一五七)

弟滇垣抵任,瞬届浃旬。迤西近日情形尚称静谧,但保山逃亡未复,回地未清,终恐难云了局。现饬悉心招复,寓约束于抚绥,未识果能奏效否也?

[按]　吴振棫,字仲云,浙江钱塘人,嘉庆十九年进士,时任贵州按察使。

(3)《致周守正》(页一五七)

弟别后行程平顺，业于望日抵滇，十七接篆。所幸雨旸调适，边腹粗安。

[按] 周守正，时任贵州大定府威宁州知州。

(4)《致文庆》(页一五七至一五八)

弟西陲承乏，建树毫无，南诏兼坼，履冰倍惕。已于六月望后行抵滇垣，接印视事。值此汉、回结衅，深虞规画乖方，任重才疏，难酬高厚。

[按] 文庆，字孔修，满州镶红旗人。道光二年进士，时任兵部尚书，在军机大臣上行走。

(5)《致陈孚恩》(页一五八)

弟前在西陲，已渐缑短。兹来南诏，倍切冰兢，已于六月十七日在昆明接篆。前此汉、回结衅，近时甫息交锋。然人怀报复之心，动即猜疑易起，而军少干城之用，久已经费难供。

[按] 陈孚恩，字子鹤，江西新城人。以拔贡入仕，时任署兵部左侍郎，在军机大臣上行走。

(6)《致魏元烺》(页一五九)

侍仰蒙逾格鸿慈，畀以连坼重寄，既深感激，尤切悚惶，已于六月十七日在昆明接篆。前此汉、回结衅，迩时甫息交锋，亟思抚辑绥怀，以冀猜疑两释。自顾才疏任重，陨越滋虞。

[按] 魏元烺，字丽泉，直隶昌黎人。嘉庆十三年进士，时新任兵部尚书。

(7)《致江鸿升》(页一五九)

弟前由蜀川取道，备历蚕丛。贱躯勉强支持，散卷亦随同前往，幸叨远庇，尚获粗平，兹于六月十七日在昆明接篆。地当边徼，控制綦难。且汉、回结衅甚深，交锋甫息，抚绥整饬，责任匪轻。

[按] 江鸿升，时任兵科给事中。

(8)《致戴纲孙》(页一六〇)

兹于六月之望行抵苴城，十七日受篆视事。珂乡田畴葱郁，雨泽调匀，农事民情均皆佳善。惟是汉、回结衅，甫息交锋，防患绥边正非易事。

(9)《致崇纶》(页一六〇至一六一)

弟自蜀入滇，路途缭曲，崇崖峻嶙，艰险备经，嗣在黔中，顺道补阅威宁营伍。六月之望行抵昆明，遂于十七日接篆。前此汉、回结衅，甫息交锋,而隐怀报复之心,易起猜疑之隙。

[按]　崇纶,字荷卿,满州正白旗人。时任署陕西布政使。

(10)《致张集馨》(页一六一)

弟自蜀入滇,路遥缭曲,崇崖峻巇,艰险备经。嗣在黔中,顺道补阅威宁营伍。六月之望行抵昆明,遂于十七日接篆。前此汉、回结畔,甫息交锋,而隐怀报复之心,易起猜疑之隙。

[按]　张集馨,时任陕西粮道署按察使。又此内容原稿仅为"云云同崇",此二函内容全同。《全集》本据崇纶函补入。录此以见林则徐对各方周旋之匆忙。

(11)《致杨殿邦》(页一六二)

弟西陲承乏,已深竽滥之惭;南诏兼坼,倍切冰兢之惕。兹于六月望后履任昆明。虽汉、回甫息交锋,难保其竟无反复,抚绥防范,每虞未克周详。

[按]　杨殿邦,字叠云,安徽泗洲人。嘉庆十九年进士,时任漕运总督。

(12)《致王彦和》(页一六二至一六三)

弟承抚秦关,涓埃未效,复蒙恩命,总制滇黔。自维衰病屏躯,恐负边防重任,而仰荷圣慈优渥,不敢再以疾辞。昨从蜀道南来,已于六月望间抵滇视事。此地汉、回构衅,两不相容,现虽甫息交锋,难免尚思报复。抚绥弹压,甚费筹维。

[按]　王彦和时任安徽徽宁池太道。

(13)《致李恒谦》(页一六四)

弟猥以衰庸,膺兹边要,履新之后,丛脞时虞。惟希勤绩之匡襄,庶获边陲之静谧,是所盼冀者耳。

[按]　李恒谦时任云南永昌府知府。

(14)《致荣玉材》(页一六六)

弟滥竽关辅,衰惫已形,兼总滇黔,惭惶弥切。昨由蜀中取道,季夏行抵昆华,遂于十七日接篆。边疆重任,控制已难,且汉、回构衅甚深,现虽暂息交锋,仍虑不时反复。惟盼前旌遄至,俾得藉资伟略,悉庆安怡,是所心焉欣望者耳。

[按]　荣玉材,满州正红旗人,时任云南提督。

（15）《致孙兆溎》（页一六七）

弟由蜀中取道，沿途均甚崎岖，幸屏体尚可勉支，眷属亦俱无恙。季夏行抵滇省，遂于十七日履新。鞅掌簿书，靡遑昕夕，尚喜雨旸调顺，迤西亦复粗安。

［按］ 孙兆溎，字子湘，林则徐任陕抚时幕友，时在陕。

（16）《致胡林翼》（页一六九）

弟滥竽关辅，已愧驽庸，总制滇黔，更虞蚊负。昨于六月望后行至苴城，即于十七日接篆。所幸雨旸调顺，边腹粗安，借可告纾绮注耳。

［按］ 胡林翼，字润之，湖南益阳人，道光十六年进士，时为贵州候补知府。

六月间，林致函较多，大多为复贺函而写，主题大致相同，一为告履任经过，一为已预见到汉、回结衅问题，文字大体相类，《全集》本收有二十余封，以见官场周旋之繁。

六月，姚莹写《候林制军书》，向林表示仰慕，并建议注意西南边防。信中说：

莹生平迍邅，仕途自由命定，而兢兢自求，惟一义字。以此内权行止，外接事物，稍有得力，虽艰厄多端，庶不自失其性，通塞毁誉，一切听之。特时为江南旧累、蜀中新逋所苦，愧无以偿之耳。幸官卑事简，稍得以暇读书，于役两年，成《康輶纪行》十数卷，纪所历山川、风俗、人物；杂论古今学术、文章、政事。因考达赖、班禅、黄红教而及天主教、回教之源流是非，明辨之以防人心陷溺之渐。因考前后藏而及五印度、西域诸国以及西洋、英吉利、佛兰西、弥利坚之疆域情事，详著之以备中国抚驭之宜。数十年来所未了然者，复因魏默深之书得闻粤中尊译欧罗巴人《四洲志》，知其大概，惜未见原书，未审有原本可得否？莹亦有英夷图书数种，苦无翻译之人，徒藏笥中而已，安得善译者一考校之耶？滇蜀皆接藏地，藏外即廓夷，其部落东接缅甸、西接毗楞，即英夷所得东印度地，与后藏仅隔哲孟雄一部。哲孟雄即廓夷属地。毗哲中界一山，颇险阻，近为英所据，屯兵其上，哲部不敢较，英可长驱入藏矣。蜀中英烟最多，皆从此之藏，而入蜀下长江也。上冬，英求通藏市，盖其窥藏之心久矣。廓夷本与英有隙，欲报之。庚子、辛丑间，闻英初扰粤中，求天朝助之兵饷，往攻其巢。当时执事者不悉地形、兵事,拒其所请,及英大扰闽浙、江南,廓夷乃自乘虚袭之大胜。英自闽浙抽兵回救不及,乃以所得于我之物赂之,渎所虏掠以和廓夷,由此怨我而骄,益形轻慢,借上次贡使不返为词,本年贡期延不遣使,大约藏中尚费周折耳。

(姚莹:《东溟文后集》卷八)

六月间,有《致黄宅中》函,议论消灭盗匪及养蚕等事。

闻贵辖屡沾甘澍,可望丰成,深为欣慰。所论缉捕之法,以窝藏在此而失事往往在彼,宜先拿窝户以绝盗踪,此诚塞源之论。尚冀督属实力奉行,俾收成效。获匪陈东生等,供出伙名,既经知会营弁、邻封一体踩缉,谅有续获之犯。滇、黔山深菁密,奸宄最易潜藏,但能破获者多,则出没者自少,是所望于贤郡侯之力为整饬耳。至词讼本称繁赜,自执事勤于听断,呈状遂减于前,可见清厘之则少无情之词,丛脞之则启诪张之幻矣。

寄示《种橡养蚕赋》一首,披诵之下,具见体物之细,纪事之详。可作一则蚕书读,不仅以妃黄俪白相推也。尊处以此劝民,近时必有应者,尚祈将如何树橡、如何养蚕颠末,集一说略见寄,俾得仿行。滇、黔地本毗连,土宜亦不相远,能兴蚕织之利,则衣被边氓,良非浅鲜。梅溪大令《橡蚕图说》,昔曾于里门见之,惜未曾带来,如尊处觅有刊本,尚希遇便邮寄为荷。前在途次,承惠《矿厂图说》,系吴瀹斋中丞所刊,弟阅后藉知梗概,良为纫荷。无如此间铜斤亏短,竟至无术补苴,殊增焦急耳。

弟别后于六月望日抵滇,越二日受篆视事。炎金叱驭,屏躯幸尚顺平。惟汉、回甫息交锋,而云、缅尚存余烬,抚绥防范,诸费纤筹。自顾衰庸,实恐未能胜任。既获叨联桂楫,惟祈远锡兰箴。盼甚,祷甚!专泐复候升安。附完芳版,惟希荃照,不一。

(《林则徐全集》第八册,信札页一六九至一七〇)

[按]　黄宅中,时任贵州大定府知府。

七月初十左右,洪秀全再赴广西贵县赐谷村。十七日赴紫荆山会见冯云山。十一月初旬返回赐谷村。(《太平天日》)

七月上中旬,有《致黄德濂添单》,对防治地方兵弁供给及推行保甲等事有所讨论。

649

所示缅、云军务甫竣，各处防兵不宜多撤，自须量为留驻。所开分防兵数，布置洵属佥宜。第就顺属而言，已有一千三百余名，合之永属，恐又有加倍之数。每月应发粮菜，统计之已觉繁多，此后尤不知何时始止，殊深焦虑。所有云州留兵之内，尊意尚可裁撤一二百名，应烦就近查撤可也。目下秋风正起，又不能不寓体恤之心。承示每兵一名给银一两，稍为添补衣履，此举断不可少，应于经费项下动支，仍即另具公牍，以便批发备案。至将来报销，不独此款不能列入，即盐菜一项，无论五分、三分，均与本省征调之例不符，只可另商筹办，此时自不能不支给也。来示备开此事缘起，可谓洞澈周详。现在体察各该处情形，云州可期安静，即保山清产招亡亦可办，惟缅宁、右甸不能遽望相安。昨阅陆少逸所陈，亦欲急脉缓受，且看弟告示贴出之后人心如何耳。

保甲一事，务在善行。不可使丛□逞其故智，明则诿诸官，暗则复其私仇。不但格杀字样不可以谕若辈，即截拿亦非伊等所宜也。尊意以为何如？保山韩令与委员陆丞办事一心，殊堪欣慰。现在保属之场徭，十二寨既有眉目，其余亦宜听其妥商办理也。藩库所存经费亦极有限，容再筹画。右甸经历已与方伯面商，改委周子彬。其陆万鹏先已派往保山，帮办清产招亡之事，恐不能专任一处耳。

（《林则徐全集》第八册，信札页一七四至一七五）

［**按**］　黄德濂，字悒溪。湖南安化人。嘉庆二十二年（1817年）进士，时任云南顺宁府知府。

七月十二日，林则徐在昆明写信给儿子林汝舟，谈及处理回汉纠纷问题说：

永、顺、缅、云一带，现在却尚安静，而流亡之回子散在各处，不免时有抢案，总非了事之道。我意总以归复原处，有产者清产还之，无产者量以绝产给种。（前年永昌城内实杀三千多人，全家死者即是绝产。）

（《林则徐全集》第八册，信札页一七二至一七三）

七月，林则徐奉命体察云南汉回情形，提出了"但当别其为良为匪，不必歧以为汉为回"的原则。（《复陈汉回情形片》，见《林则徐全集》第四册，奏折页一四〇）

林则徐对待云南回民反抗问题，采取了镇压与抚绥并用的手段。即所谓的"不问汉回，但分良莠"的政策，来处理民族冲突和纠纷。对于回民的反抗实行残酷的镇压,如到任以后,立即把上年缅宁、云州反抗事件中被捕的反抗者,"绑赴市曹,即行处斩,并传首犯事地方枭示,使匪类闻风知儆"(《云州等处互斗各犯审明定拟折》,见《林则徐全集》第四册,奏折页一四○),借以恫吓反抗者。另一方面,他又派人去了解历年永昌等地回汉纠纷的情况。(《林则徐全集》第四册,奏折页一四四至一五四)

七月,云南回民丁灿庭等至京控诉"香匪"串谋,灭杀无辜。旋杜文秀亦至京控告"匪棍"诬陷,扰累无辜。清廷均命林则徐彻查办理。林则徐连上数折片,报告处理回汉关系的对策。摘要如次:

《复陈汉回情形片》:

> 伏思汉回构衅,不过民与民仇,迫至纠众抗官,则兵不得不用,然已叠经剿办,尤须永冀安恬。前此永昌之后,缅宁又起。缅宁之后,云州又起。惩创非不痛切,而仍反复无常,总由人人以报复为心,即处处之猜疑易起。加以游匪造言挑衅,汉回多为所愚,意欲借以复仇,而不知适以自害。彼则利其焚夺,人已陷于败亡,此种匪徒最为可恶。前督臣李星沅及兼署督臣程矞采节次惩办者,业已不少,犹恐潜踪匿迹,煽惑为奸。故外匪一日不除,即祸根一日不断。如何始能净绝,现臣与抚臣均在加意讲求。此时以军务而言,似善后特为余事,而以清源而论,则杜患正费深筹。窃思汉回虽气类各分,而自朝廷视之,皆为赤子,但当别其为良为匪,不必歧以为汉为回。果能各择其良,以汉保回,以回保汉,协力同心,共驱外来游匪,则所谓同体者非复虚言,而所谓攻心者毋烦劲旅,与李星沅前所密陈,似相吻合。惟臣甫经抵任,一切未及周知,容当体以虚心,持以实力,不敢以目前息事,稍任各属文武相率因循。

（《林则徐全集》第四册,奏折页一三九至一四○）

《云州等处互斗各犯审明定拟折》。（《林则徐全集》第四册,奏折页一四○至一四四）

《丁灿庭京控案现办情形片》:

> 伏查永昌、顺宁、缅宁、云州一带汉回,节次构衅,已越两年。臣程矞采甫于本年四月间到任,臣林则徐系于六月间始到,诚如圣谕"无所用其回护"。但本未躬亲其事,则原委未易深知,是以于未奉谕旨之前,即无时不明查暗访,并恐先前在事各文武不免意存掩饰,难以确究真情。因

查迤西道王发越，系于本年三月始抵新任，当将善后事宜责成妥办，并确查节次仇杀根由。又以普洱府同知耿麟，从未经手该处军务，委令署理顺宁府篆，即与新派之委员文山县知县陆葆，一同密察情形据实禀复。叠接该道等来禀，以目下弹压巡防，倍加严紧，尚无别起衅端，惟报复之心，彼此均不能泯。

缘汉回积仇已久，累世各不相能。溯查道光元年、十三年、十九年，皆有奏办两造械斗焚杀多命之案，第尚不至如此次之甚。彼时回民亦会赴京叠控，有卷可稽。就赴诉之一事而言，则原告无非理直，被告无非理曲，剖断似极不难。而统全案之原委而言，则此造直中有曲，彼造曲中有直，纠缠实为不了。盖一仇即有一报，而所报偏非所仇。崑冈之玉石俱焚，城门之池鱼殃及，凶顽煽毒，而良善受灾，事之不平，固莫有甚于此者。然欲按名伸理，而法又有时而穷。缘汉回彼此报复，皆起于仓猝之间，往往因游匪外来，遂成乌合之势。回匪合则汉村倏为灰烬，汉匪合则回寨立见摧残。人多势乱之时，被杀被烧者先已魂惊魄散，即起死者而问其孰杀，亦复不能指明，又何从为之搜捕？惟访有匪类即拿，拿有匪类即办，则凶手自在其中。然欲讯其所杀何人，彼亦诿诸不识姓名而不能指实。此办法所以綦难也。

查前此节次用兵，皆称剿办回匪而未尝及汉民者，缘回众先有拘禁官弁，戕害将备，劫放重囚，抗拒官兵等事，是以向其攻剿，而汉民中之匪类，虽于回民混杀乱抢，究尚不敢抗拒官兵。彼回民见官兵剿回，则以为助汉，而汉民见官吏杀回不尽，又以为助回，无非只顾私仇，而不知官法。前蒙发下李星沅密片，亦云回汉无不怨官者，职是故耳。即如丁灿庭等现在京控词中所诉之冤，与臣等衙门所接回呈，大意亦略相似。其最称冤屈者，系指前年九月初二夜，永昌七哨汉民将城内回民男妇老幼概行擅杀之事。虽其所呈八千余丁口之数，核与贺长龄原奏"永昌城内本有住家回民四千余人"之语不符，即道府厅县及委员前后所禀，亦均无八千余人之多。除再由臣等细查，以期核明实数外。即就四千余人而言，亦几于全无遗类，是该七哨汉民之凶横惨毒，实属骇人听闻。总缘永昌一带距省窎远，蛮野成风，向有乡民私设牛丛火竿以御盗贼，侦获一匪即任意陵虐致死，并不报官。原呈所称，道光十三年间，棍等活埋民命，知县查究被围，知府亲往救解，反被勒结等情，虽现在查无案据，而所指未必无因。迹其恃众逞凶，历经禁止不悛，甚堪发指。然当回汉互争之际，无不豕突狼奔，地方官惟激变是虞，一时力难禁止，由于威约之渐，以致太阿倒持。言之实深愤懑。自有永昌擅杀之事，而仇衅愈结愈深，遂致不可收拾。案查原任督臣贺长龄于二十五年十二月，将该处汉民万林桂等照光棍例斩决，又于二十六年七月将汉民杨老九等照"杀一家二命"例斩枭，此皆七哨之乱民。均经奏办有案。其办理不善之道员罗天池、署知府恒文等，亦经查明参奏。迨李星沅接任，又将罗天池奏请永不叙用，亦无非因永昌汉民擅行残杀，不能阻止之故。在回民仍以此等匪类惩办尚少，难令甘心，每以纵匪杀良，归咎于官，此诚无辞以解。然谓官有助汉灭回之见，则是已甚其辞。观于焚杀汉民之回匪，官亦未尝一一究办，是谓之无能则可，谓之偏护则未必然。汉民一面之辞本不免于失实，况其所切齿者在九月初二之事，亦思初二以前与初二以后，回众之凶横，何尝在情理之中。

　　以臣等访闻，此案自二十五年四月间，因回民在板桥唱曲，讥笑汉民起衅，汉民打毁清真寺，业已调处赔银，而回民张世贤、丁泳年等尚复纠聚多人，叠扑板桥，不服弹压，先将汉人张占魁杀毙。是月内汉民三次斗败，被烧樊家屯、窑门口两寨。官兵赴援，亦被拒伤。迨七月间外回聚于猛庭者甚众，乃又进攻思母车寨，烧枯柯街及陶家寨，又烧大田街，攻丙麻。世职高朗死之，都司杨朝勋、守备潘惠扬，及兵丁百余人俱被该回掳去。此皆九月初二以前回民逞凶之事。即丁灿庭等现词，亦自认烧抢枯柯等处，戕伤官弁，并在莲花寺掳官掳兵各情，而以"难回误罪"四字巧自掩饰，实不知其欲盖弥彰也。至九月初二以后，则该回与官兵接仗于永昌城外之小松寨，游击朱日恭死之。其烧毁汉民村庄，亦复指不胜屈。迨二十六年春间，回匪黄巴巴复经传帖聚众数千人，在大丫口抢客银四千八百余两，烧顺宁之江桥，攻永昌之飞石口，又在永昌官坡接仗，至千总赵发元、外委杨廷佐、都司缪志林、把总赵得和先后阵亡。四五月间，则又扑营于大麦地，接仗于乌鸦河，都司韦成喜，守备严方训，把总解浇、金鳌皆死之。维时回众攻右甸城，抢五里寨，复有窜赴蒙化将南洞巡检砍伤者。九月间，该回逃犯马帼海，与海老陕等又纠党至缅宁，声称报复十九年互斗之仇。烧杀掳抢，为日甚久。其云州之回，又将出决绞犯打夺两名。至十二月间，云州街道十九条，汉民房屋均被回众烧毁，计三千数百间，并遍烧猛郎等汉寨三十余处。官兵赶往剿办，至本年正月内甫得息事。以上各情，又皆在前年九月初二以后，该回民等呈内绝不叙及，其为讳匿可知。在滇省汉人绅庶，咸云回民之杀汉民，前后统算，实数倍于汉之杀回。臣等本未目睹情形，无从烛照数计，惟节次蔓延之大概，不敢不详细访查。故曰：就赴诉之一事而言，剖断似极不难，而统全案之原委而言，纠缠实为不了也。

臣林则徐到任之后，体察情形，与臣程矞采备细熟商，此时断不可再行用兵，致滥杀而转滋借口。即缉拿匪类，亦须先除外匪，而内始可渐清。所谓外匪者，本系无籍游民，自称为回，而未必真回，自称为汉，而未必真汉。何处抢杀，即随何处助凶。此等匪徒，现在拿到即办，并处处严查保甲，务使无地容身。其所谓内匪者，如汉回同壤而居，安分者即为良，生事者即为匪。若必一时穷治追溯搜查，则查汉而汉人即目为护回，查回而回人又目为护汉，汉回各执一说，分辩不清。治丝而棼，终非了局。臣等窃谓目前所最亟者，在弹压之使不妄动，化导之使不互疑。是以首饬文武将永昌、顺宁等处，无论绝产逃产，官为悉数清厘，无论汉民回民，官为设法招复。汉回中各有绅衿耆宿以及掌教头人，责令于本处同类之中自相约束。又令各具互结，以回保汉，以汉保回，永禁侵陵，务敦和睦。现有数处善良绅士，已自议立章程，交相保护，臣等即先给予奖赏，以树风声。不日将届秋收，先须杜其聚众抢割之习，故于紧要处所皆须多留兵弁，防范稽查，仍严饬带兵各员妥为约束，不得借端生事。

（《林则徐集》第四册，奏折页一四五至一四八）

七月，有《致杨国桢》函，告知履任并处理汉、回交争问题。

迤西一带，汉、回甫息交争，而报复之心俱不能尽泯。弟饬将永昌回产逐一清厘，不许汉民侵占，其逃亡在外者，招复归来，并以绝产酌给无业之回，俾得复田养命。复使剀切示谕，务使永远相安。

（《林则徐全集》第八册，信札页一八一）

七月，有《致林树恒》、《致徐有壬》、《致吴璈》等函，皆有解决回汉纠纷同样内容。

汉、回结衅已深，现虽甫息交锋，而报复之心未泯。弟到后惇嘱文武清厘田产，招复逃回，并令公正绅耆悉心劝导，务使交相保护，永息衅端。第势阻鞭长，未知能臻成效否。

（《林则徐全集》第八册，信札页一八六至一八八）

六七月间，林则徐在所有致人函中，无不谈及汉回交衅的处理，主张抚绥，这一直是林则徐在滇处理汉、回间纠纷的基本原则。

七月，林则徐对先后拿获的东川汤丹厂回汉纷争人犯二十八名处以斩、绞、杖、流、徒等罪。（《汤丹厂互斗各犯审明定拟折》，见《林则徐全集》第四册，奏折页一四九至一五四）

八月十三日至十五日，姚州白盐井地方回汉互相纠众烧杀，损失甚巨。林则徐搜捕了二十二人，并主张"严行惩办，以昭炯戒"。

同时，林则徐又根据他历来所主张的"立政之道，察吏为先"的原则，于十月二十一日上《甄别昏庸及不称职各员分别革职勒修致教折》，处分了白盐井提举及嵩明、邱北、师宗各州县官吏。（《林则徐全集》第四册，奏折页一六六至一六七）

八月十九日，林则徐在复四川署督廉敬函中，陈述到滇后处理汉回问题的情况。

汉回构衅，已越两年，兹虽厘息交锋，而彼此犹怀报复。辰下招流亡以安其业，清田产以遂其生，并设卡添兵，严缉外匪。现虽办有端绪，未卜成效何如。

（《林则徐全集》第八册，信札页一九一）

八月上中旬，林则徐有《致罗绕典》、《致周涛》等函，复贺新任，并告近况。（《林则徐全集》第八册，信札页一九三至一九四）

[按]　罗绕典，字苏溪，湖南安化人。道光九年进士。时任贵州布政使，原函标有"复贵州藩台罗"。周涛，字听松，贵州贵筑人。嘉庆二十五年进士。时为江南候补道。原函标有"复江南候补道周"。此类函件尚有多件，可参阅《林则徐全集》第八册信札卷。

八月，林则徐在昆明写给儿子林汝舟的信中阐明自己对回汉关系的态度说：

汉、回现尚不斗，然不可恃，恐九月收成之际必大有事。从前入手时，

655

原不必专指回民为匪,今中外并为一谈。滇中有折,注语上无不日回匪,日回务,若有回而无汉也者,若汉人中无匪也者。及奉上谕,无不照折声叙,无怪回人不服。今于折片内略寓微意,然皆未必看出,亦尽我心而已。

(《林则徐全集》第八册,信札页二〇五)

林则徐对回汉关系问题能有上述这种看法,表明他确是具有政治卓识的一位能员。他的识见已超越当时统治阶级一般官僚士大夫的看法。这是林则徐处理云南汉回问题的指导思想,也是他能较稳妥处理汉回问题的一个重要原因。

九月,湖南新宁瑶民雷再浩起义。十一月,雷再浩等被俘,起义失败。

(《东华续录》道光五六)

秋,林则徐在《复江南江宁府徐青照》函中斥英人强占广州河南民地的罪行,并赞颂粤民的反侵略精神。信中说:

岛夷欲强占粤东河南民地,犬羊之性反侧无时。幸彼间民人义愤同心,竟以公启止之,始不至卧榻前任人鼾睡。黑白当从局外看,令人但有慨然耳。

(《林则徐全集》第八册,信札页二一九)

十月十五日,林则徐妻郑氏病卒,年五十九岁。四十余年的共同生活,一旦生离,使林则徐感到很悲痛,旧疾因此复发。他在十月十九日写给陕抚杨以增的信中较详细地叙述其妻患病经过及辞世时的情况说:

前者之来,本以病躯勉从行役,而携挈病妻偕来,尤为失计。缘其时儿辈均不在侧,无人随侍南回,不得已同涉险程,相依为命。

六月中旬到后,内人积羔已深。滇中本无良医,就中延一二人,与议诊治之法,至八月略有转机。而弟先已奏明,赴东南路补阅营伍,并值姚州匪徒复有汉回互杀之事,不可遽行剿击,而藉阅伍以树风声。中秋出省巡行,所历皆蚕丛鸟道,夙[风]餐露处,疲累万分。九月望间署中书来,知内人疾又加甚。弟回署后,虽迭试刀圭,而不食不眠又将浃月,且肝风内动,抽搐迥异常形。延至十月望日竟以不起。偏值三子无一在侧,送终者少女一人耳。辰下枢停署中,赶谕舟儿及彝、枢等各由南北来滇奔丧,俟其到来再议扶榇之事。

(《林则徐全集》第八册,信札页二二六至二二七)

　　[**按**]　有些著述订郑夫人卒于道光二十八年十月十九日。此函写于道光二十七年,函中又称"十月望日,竟以不起",则应以道光二十七年十月十五日卒为是。《林则徐传》增订本页五四四作十月二十日卒,疑误。

　　林则徐在哀痛之余,复撰联相挽,联语是:

　　　　同甘苦四十四年,何期万里偕来,不待归耕先撒手;

　　　　共生成三男三女,偏值诸儿在远,单看弱息倍伤神。

(萨嘉矩:《林则徐联句类辑》,福建省图书馆藏)

　　[**按**]　《全集》本第六册诗词页三四二收此联,题《挽室人》。

　　林则徐在致杨以增的同一函中,还论及浩罕(安集延)支持下的和卓后裔又一次窜回南疆,煽动叛乱一事,并提出自己对军事力量布置的见解说。

　　　　以弟悬揣兵势,伊江二千之众由冰山南去,红庙之一千五百历高昌而西,中间之乌什、阿克苏、库车、喀喇沙尔等城皆相犄角,当不待定西到彼,即已归马放牛。此事似可希冀。当此度支大绌之际,若稍稽时日,其何以堪? 惟仗圣主福威,早日截定耳。

(《林则徐全集》第八册,信札页二二七)

　　十月十七日,丁灿庭京控案解滇审办。十一月初三日,杜文秀京控案也咨解到滇。林则徐派人至保山七哨地方提取道光二十五年九月初二日杀回的有关案犯到省质讯。七哨地方为"烧香结会"者所聚。林则徐分析了提解工作中可能发生的问题,并作了相应的布置。(《提解永昌京控案未能就绪情形片》,见《林则徐全集》第四册,奏折页一八八至一九〇)

　　十月十九日,有《致刘齐衔》函,告知夫人亡故,并嘱其以长婿身份协同料理家中丧事。

　　　　自到滇后,令岳母之病即日深一日。七月间尚可勉强过去,八月间愚赴东南两路阅兵,九月半回署,而伊之病大发。每每肝风鼓动,浑身如竹树播摇不定,难卧难食,将满一月,延至十月十五日午刻竟尔长逝。呜呼! 明春即满六旬,何此一冬便过不去? 且临终病磨之苦,难以形容,以三子俱不在前,倍为伤惨。要其神气清爽,一丝不乱,前年自制寿衣等物,此次皆自检点上身。适得有极佳之寿木,文细味香,十月十二三先即做就,十五日气绝之后,即于酉刻入敛,现停署中正寝,专等舟官等赶来奔丧。

从前原拟彝官在家考试,枢官携眷来滇,今则两人皆须前来,方能扶枢回去,而其眷口俱不必来矣。本应遣一脚子送讣回闽,而询问亦须五十日始能走到,且思脚子到家,必将凶信突然交进,彝、枢二人皆未经过大事,恐其骤然惊吓,是以将此信转到京中,仍由折差带闽。拟先交至姑爷处先为开阅,再与伊二人知道;一面烦为安慰大小姐,勿令过痛。

所有闻讣后家中应行招魂、讣告、开吊等事,俱烦代为斟酌,指教彝官等勿失礼仪,但总以省俭为主,一切不必张大。至亲中不得不讣,此外乡绅通报,愚意便可不必,未知同乡有人怪否。兹将帖式寄回三个,希(中缺)无准信,盖其心之切望亦甚可悲也。元湘二兄于愚家事料理颇熟,仍应请其料理,一切均与姑爷妥为商量。至生前身后应做几件佛事,皆经令岳母自定,于署中一一照行,家中隔远,即毋须再做矣。

舟官出京奔丧来滇,其家眷苦于路远人多,恐难携带,然在京又无至亲依倚,正极踌躇。吾倩即日易吉,能于来春即携眷进京否?念念。手此顺候近祺,不一。

拙舅期少穆手书　十月十九夜

再,福州本家至亲仍不能不帮助,兹开年下帮项一单寄至姑爷处。前见寄来数单十二纸,似此项尽可于个中取付。刻下彝、枢二人一经闻讣,心绪焚如,应烦费神,将此项代为开发,明妥交付,各家年下皆急急等待,勿迟为妙也。至家中开吊需用及彝、枢二人起身盘缠、安家伙食,统祈于□项内酌量给付。总费清心,代为筹画,不妨稍宽,缘路途过远也。又托。

(《林则徐全集》第八册,信札页二二九至二三一)

[按] 刘齐衔,字冰如,福建闽县人。林则徐的长婿。道光二十一年进士,时丁忧在籍,后官至河南布政使。

十月二十一日,上《姚州白井汉回互斗情形片》,报告十三日至十五日姚州白盐井地区汉回互斗情况及处理结果。

查勘白塔街、洋派、北关、官屯等村,汉民被烧房屋共二千六百八十余间,山脚、官庄两村回民被烧房屋共二百六十余间。汉民查报伤毙男女三百二十七丁口,内经获尸验明,被杀被烧及跌崖落水致毙者一百三十四丁口。回民查报伤毙男女六十五丁口,内经获尸验明,被杀被烧致毙者二十二丁口。此外并无尸身。是否尚有逃亡,抑系查报不实,现复逐处清查,俟得确数,再行具报。并闻白井关外回民亦有烧杀之事。该处仅住回民十余户,均已搬避,未据亲属投报,究被何人杀害,致死几人,尸弃何处,现亦确切查访,俟得有端倪,起尸验办。计白井、姚州、楚雄县先后拿获滋事回汉各匪契三窃、张汝淮、陈典、马帼良、契有盈、马春渼、契金、聂伦、马成名、契汶盈、契老抓、马玉山、萧小定、契新成、马致禾、胡小万着、李映详、契世涤、契世葱、契有功、杨旭、契小双等二十二名。并案内要犯契伊么,因指拿党匪契有盈自图减罪,致被契有盈砍戳毙命,验明属实。惟各犯供多狡展,逸匪尚未全获,现仍上紧侦缉严审,务得确情,录供详办。被害者均已按户抚恤,逃避者陆续招徕安集,不致失所等情前来。

臣等查该汉回等因口角衅争,辄敢纠众互相烧杀,以致伤毙多命,烧毁房屋多间,实属逞凶不法。现查汉民被伤人命多于回民十分之八,汉民被烧房屋亦多于回民十分之九,虽其中互有曲直,而回民之强悍为尤甚。应将两造首恶党匪严行惩办,以昭炯戒,不敢稍任轻纵。

(《林则徐全集》第四册,奏折页一七〇)

十月二十三日,乡人王庆云有《复林少穆先生书》,直陈福建漳、泉地区械斗的根源所在,并提出治安防范的见解:

吾乡漳、泉械斗,当事久付诸固然,恬不为怪。民非乐斗,特移于习俗,以是为居乡随俗之故事。其所以能使之斗者,奸徒也。如头家之科敛,凶徒之勒赎,匪类乘机劫掠,衙蠹藉案把持,愚弄驱逼,从而鱼肉之。彼焚荡之富室,疮痏之良民,未尝不痛心疾首,恨无人鞫灭此耳。若得贤明守令,根究刁唆播弄主名,痛绳以法,而劝谕其余,势必遽止。且非特此也,械斗所在,人心必强悍而朴愿,今攻利之盗,所在多有,诚能因民之可用而转移之,如弓箭社之属,使耻于私忿,乐于公斗,友助之久,渐生亲睦,奸无所容,回心向善,安在不转为地方之福哉!近者直指出矣。顾其风非起一日,则与偶然一二起可以捕获了事者迥殊,必清其源,使顽痰者皆化为血脉,否则芒硝磁石,势必大伤元气。其用药不当者,又不在此论。

清盗源,咸知有团练、保甲。近日中州大市镇,民间自举乡团者,已有明效。特此事曲折至多,作事谋始,必思弊之所必至而预防之,庶行之可久。否则,因噎废食,官与民必逡巡畏阻也。至保甲,为古今不易良法,惟通套陈旧,上未行而先倦,下阳奉而阴违,致见行善政,无一实效。窃意必用其实,而勿袭其名,且更加之简易。如编户,则绅富不必编审,丁则中户以上之妇女、幼丁不必计。里甲之长,不妨假借以稍美之名,惟在地方官联以情意,新其耳目,所谓通其变、使民不倦,可使由、不可使知者,或有万分一可行乎?

(《林则徐书简》增订本,页三六三至三六四)

[**按**] 王庆云,字家镮,号雁汀,福建闽县人,官至工部尚书。

十月二十八日,有英人六名驾船闯入广东省河北路一带乡村打鸟游玩,至南海县属之黄竹岐地方,擅自登岸,撞入村中栅闸,肆行无忌地放枪打雀,村民"虑其伤人滋事,各上前拦阻",英人竟击村民二人致命。于是,"顷刻间,村众毕集,鸣锣,将递传邻近诸村来护"。在群众愤怒声势下,这六名逞凶的侵略分子得到了应有的惩罚而毙命。这次"黄竹岐事件"是人民群众进行自卫的正义行动,但属投降派的两广总督耆英竟无耻媚敌,捉捕村民十余人,处死四人,其余拟绞、充军或判刑。同时,并"令府县集省绅于大佛寺,合拟函词,刻而遍贴,以慰夷心"。耆英等人卖国残民的丑恶面目已暴露无遗。(参见梁廷枏:《夷氛闻记》卷五;旧藏故宫大高殿军机处档案[钞本],道光二十七年十二月二十八日耆英等奏)

十月,为梁章钜写《称谓录》序。

《称谓录》一书,闻欲撰之,命名甚妥,此举诚为盛事。若续录、广录名目,随后必有采取,不得不广,诚不欲人议其挂漏也。大江南北,可与商榷此事者,似不乏人,即如阮阁老可资参证,惟其年高;似阁下之颐道修严,胸罗万有,更有二乎?大著侍得读者,本多杰作,如《文选旁证》之通经博史,《退庵随笔》之坐言起行,尤所钦佩。兹由远道寄来全稿,甫卒读,必入郇厨,别类分门,无珍不备,心目为之炫耀。稽古征今之作,诚非其人善之为者。书成先睹为快,家置一帙,人手一编,不待言也,亟宜付剞,以公同好。书来命叙以亲笔,正惭疏陋,自嫌劣画,何敢题名作佛头诮而遽跻此集耶?容徐图之。必急于成书,难于邮达,或即以此书作叙。要之,所云亦止于此纸耳,茞林老前辈其教正之。

丁未小阳,侍林则徐呈

(《林则徐全集》第五册,文录页四一九至四二〇)

十一月二十五日,林则徐在复广西巡抚郑祖琛函中叙述处理汉回纠纷的情况说:

> 弟昆华履任,五月于兹。永昌、顺宁之间,节经防范抚绥,大致尚为安静。惟秋间姚州、白井一带亦有汉回烧杀之案。回民固为凶悍,汉民亦属冥顽。当时示以兵威,并委干员弹压,数日间即经止息,幸免蔓延。惟匪回气狠心齐,同教必相庇护,事后搜捕逸匪,有旷日持久之虞。若一时听其潜藏,恐日后复滋他故,是以防兵仍不敢撤。而有兵即不能无饷,又多支绌之忧。棘手焦心,殊无长策,不知卓裁将何以为之代筹也。永昌回民两起京控,原告业经解到,而被控之人太多,提解纷纷,尚未到省,恐顽梗之辈猝未能折其气而平其心耳。

(《林则徐全集》第八册,信札页二三八)

十一月二十九日,保山七哨烧香结会之众,劫夺解送赴省质讯的京控案有关汉人案犯,并烧县署,杀回民。其情形是:

> 十一月二十九日,永昌府县会营带兵押解京控案内被证,至离城四十里之官坡,被保山哨民劫去。次日又拥入城内,焚烧保山县署,监犯尽行放出。先经招复之回民,现被搜杀无存。沿途哨民聚集,阻塞道路,搜检公文,凡有关系之件,均不能递送,江桥板片已被拆去各等情。……始知该处七哨匪徒不下数十万人,每聚众时,用牛角一吹,无不蜂拥而至。此次打夺京控人证,实系十一月二十九日之事。其时文武带领兵役,虽有数百名,无如哨匪累万赶来,枪炮乱放。

林则徐闻此讯后,即主张调重兵镇压平乱:

> 今逆情如此昭彰,直欲负嵎梗化,若再化大为小,不独永昌竟成域外,而凡汉回匪类,孰不恃居边远,群起效尤。……须得多调重兵,方足以示弹压而资剿办。

> 查七哨有数十万之众,兵力单弱,深恐损威,其永昌、顺云一带之兵,既因要隘甚多,难以分拨,且须防其勾结,必得另调他处之兵。是以札商提臣荣玉材,先于提标及维西、永北、鹤丽、剑川、景蒙等营调兵约二千余名,为前队一起,交荣玉材带领,先赴永平驻扎,相机前进。又调省标六营及曲寻、开化各兵约二千名,为中队一起,赴大理听候调遣。又调昭通、东川兵七百名,令昭通镇总兵刘定选统带,并调贵州提标及威宁、安

661

义两镇兵共一千二百名,交安义镇总兵秦钟英统带,为后路一起,陆续进发。以上约调兵六千名,皆由东路前往。其永昌以西,有腾越、龙陵一镇一协之兵,亦经酌调二千名,由西路前进,以期夹击。复查历次迤西用兵,无不添雇练勇,该处山川险阻,箐密林深,客兵路径生疏,易滋迷误,须用惯习山路之土民夷练,或指引向导,或分截要隘,兼杜匪徒窜伏,以防意外之虞。臣等亦已分饬各土司雇备精练,并札该管府营认真挑选,以资应用。但查永昌之澜沧江两岸,皆依山为险,路极弯曲,江桥一座,为往来咽喉要路,今经该匪拆去桥板,聚众防守,恐此路未易进兵,若不得已,则各处官兵均须绕道顺宁府前进。臣等分檄经过各地方,预为布置,已有眉目,计各路官兵正月底可以到齐。臣林则徐拟于十九日由省起身,赴大理府驻扎督办。该处距省城十三站,距永昌六站,自可随时相度机宜,分别调度。臣程矞采仍在省城督催各路官兵,筹办粮饷接济。所有总督衙门日行事件,暂委藩司赵光祖代拆代行,其紧要事宜,仍包封寄至行次,由臣核办。至军需应用经费,查滇省别无闲款可筹,只得于盐课项下借动银十万两,先行济用。

惟目前哨匪联为一气,良莠不分,若概予征剿,恐胁从者自知不免,亦复相率抵敌,碍难办理。是以臣等先行剀切出示,遍贴晓谕,以附近各村汉民如不敢随同附和,定不概予株连。即先已被胁勉从者,但能悔罪输诚,亦可量邀末减。其心存畏惧,不敢始终硝恶,须将首要各犯迅速喇行缚献,以正刑诛。所有江桥板片亟须照旧铺平,各处隘口不许阻拦行旅,往来文报毋得截留撕毁,被抢军械作速照数缴还。以上各事如果逐一遵行,或可网开一面,免致尽数歼除。若仍冥顽不灵,罔知利害,则大兵一临,惟有痛加剿洗,人皆粉骨碎身,地尽犁庭扫穴,不能曲予保全。如此大加晓谕,庶党羽可渐解散,元恶易就歼擒。臣等惟有极力筹维,冀地方速归安谧,以仰副圣主绥靖边隅除莠安良之至意。

(《林则徐全集》第四册,奏折页一九八至二〇一)

[按] 林则徐镇压保山杀回抗官的汉族地主阶级暴乱,这对维护封建统治,安定社会秩序,缓和回汉矛盾都是一种有利措置。杨国桢《林则徐传》中认为:"这在客观上对回、汉民有利,具有减少回、汉人民生命财产损失的积极意义,不能和镇压回民起义混为一谈。"(增订本,页五四九)这一意见是值得重

视的。

十二月初八日,林则徐在复江西巡抚吴文镕函中叙述其解决地方民族问题的对策说:

> 弟自莅五华,倏将半载。迤西一带,迩来幸尚安恬,而昔时之衅隙既深,此日之防闲宜密。用是招流亡以散其党,清田产以遂其生,并于各要隘设卡添兵,严缉外匪。章程粗定,边氓渐就范围,特恐感化未周,难以长期静谧。筹边任重,时凛冰渊,所幸岁事丰成,差足报纾宸注。

(《林则徐全集》第八册,信札页二四一)

是年,为刘家镇撰《皇清敕授文林郎南安县学训导刘君墓志铭》。

除叙刘家镇生平及散财亲支事外,特著其藏书及编目事。

> 君力行节俭二十余年,将所遗先产值万金,均分为二:为同高祖支下、同祖支下义产。同高祖者,所行八事:曰修支谱,曰葺先墓,曰助婚娶,曰抚承继,曰伙死丧,曰裹葬埋,曰恤孤寡,曰养老病,附以救荒之法,贫者计口授粮,如官发廪起讫;又别出资建家庙,立本范参方堂,设经文、书算两斋,以教族子弟。同祖者,岁时祭扫、讳日、延师、赴试之用资焉。具牒于藩伯徐公继畲,请给官帖;复具牒请归美于父。藩伯深嘉之,力主其事,遂得请旌于朝。又为高祖之本生祖祢置产、墓祭、立后,以继其小宗。君之愿于是慰矣。

> 训诂音韵之学,计所得旧家藏书,京师、吴门秘本及杭州文澜阁所抄录,共一百七十余种,尝自题"皱均图记"。所纂书目有五:曰《五朝切韵萃编》,曰《皇朝华韵合声谱》,曰《切韵指南阐说》,曰《五音字韵汇编》,曰《皱均居小学书经眼录》。其中不传之秘,融会贯通,会萃精华。手稿盈尺,写成净本,即可付梓,传诸后来,岂必如图记所云"访遗书,求异人,始克偿所愿"哉!

(《林则徐全集》第五册,文录页四七六至四七七)

[按]　此碑林则徐撰文,刘家镇妹夫郑琼诏书写。碑为将乐石,碑长105厘米,宽58厘米。志额为篆书,志文为小楷,分三截。每截均为24行,行13字,字大1厘米。1976年出土于福州北门福州市纺织印染厂基建工地。福州市文管会官桂轮曾撰《谈林则徐撰写的墓志铭和题额》(油印本)予以介绍。此碑为碑主子齐昂勒石,现立于福州市文管会碑廊。

是年,林则徐婿沈葆桢成进士。

是年,魏源《海国图志》增补成六十卷。

[按] 据吴泽等撰《魏源〈海国图志〉研究》一文(《历史研究》1963 年第 4 期)考订,魏源增补《海国图志》成六十卷当在道光二十六年到二十七年之间。最后于咸丰二年增补成一百卷。又李瑚《魏源诗文系年》说:《海国图志》六十卷本约完成于道光二十四年。二十六年在扬州作了一次修订。二十七年增补为一百卷刻于扬州。咸丰二年,最后定稿,重刻于高邮州。

是年,姚莹《康輶纪行》成书。

是年,胡礼垣(1847－1961)生,字翼南。著有《新政真诠》。

是年,蒋立镛(1786－1847)卒。

道光二十八年　戊申　1848年 六十四岁

正月，林则徐在云贵总督任。

正月初九日，林则徐发布《为明示顺逆利害俾知输诚悔罪以免玉石俱焚告示》，宣布处理汉回问题的政策。告示如次：

> 永昌虽处极边，而圣泽涵濡已久，科名仕宦代不乏人，岂尚不知国法。乃此次因提京控人证，该处哨民胆敢纠众打夺，伤差辱官，甚至蜂拥入城，焚衙劫狱，复将城内回民杀尽，并杀应试文童多名，并巡道之家丁、县监之狱卒亦被杀毙。且将镇道以下各官逼困城中，限其米粮，断其文牍。又拆断江桥板片，更于各路隘口拦截行人。一切公文被其扯碎，并杀害递送之人。惟伊等意中所欲为者，则又逼官缮用印文，送往金鸡哨挂号发递。似此种种不法，直与叛逆何殊。从前该处汉、回互相焚杀，犹曰民与民相仇，乃彼时因回众有抗拒大兵、捆官劫囚等事，是以奉旨用兵剿办。而汉民尚无此等情罪，故未加兵。今亦竟敢蔑法抗官至于此极。本部堂、本部院即心存仁爱，岂能废国而纵宄民乎？

> 其京控提人，乃出自煌煌上谕，并非地方官吏擅自行提。从来词讼到官，未有告而不审、审而不提之理。即大小衙门自理控案尚皆依例提人，况于京控重情奉旨交审者乎！如谓提人即是激变，所〔则〕每年各省京控所提不知凡几，有谁如尔等之抗拒者乎？且查此次原呈所控不下二百多人，本部堂、本部院念其人数过多，难以尽解，曾札迤西道将无甚紧要者就地取供，汇送核办。目前所解仅止九名，不及原控二十分之一，其能谓之滥提乎？前因尔等借称先有军犯张杰、万重起解被回人截杀，此次京控人证亦恐遭害等情，当经本部堂、本部院谕以从前斗争未息，致有意外之事，今经官为化导，互释猜嫌，又何虑此？然仍饬派员弁兵役至五六百名之多，为尔等保卫护送。尔等如果理直，正宜到官质明。本部堂、本部院并未偏信原词，遽置尔等于法。且有告即准有诉，何难至省递呈？

乃不敢置质于公堂，而偏先逞凶于边地，伤护送之员弁，夺保卫之军装。尔等以德为仇，不自陷于重辟而不止。

乃将谓人众可以恃强耶？从来反叛之人，其始何尝不强不众，一经大兵征讨，无不断绝根株。况七哨仅止一隅，即就本省动兵，尔等已不能存活，若上干圣明震怒，何省不可调兵？试问，以天下之兵威不能灭一隅之叛逆，有是理乎？

将谓地险可以自固耶？保山东隔澜沧江，西隔潞江，在尔方谓可阻外来之兵，而不知实为自困之地，腹背既皆受敌，跬步亦不得行。而我兵进剿之路正多。任将板片抽去，何处不可飞渡？即如从前回子烧断江桥，而万兵仍皆过江迫击，尔等岂无见闻乎？将谓文武各员被尔困在孤城，可以借此挟制耶？殊不知镇道各官，人人皆秉忠义之性，若竟为尔等宄民戕害，适足成其忠义之名，褒荣则俎豆千秋，袭职则簪缨百世，为忠臣者有何不值？而尔等同为大逆，莫不处以极刑，人皆粉骨碎身，地尽犁庭扫穴，屠洗之余，即欲留一个而不可得。致祸若此之烈，尔等果甘心自取乎？

本部堂、本部院上体圣主之仁，下恤小民之命，每思该哨虽著名凶恶，岂竟无一淳良？若因一二哨之匪徒，遂将各哨概加剿洗，心固有所不安；即因一哨内之匪徒而将全哨概予骈诛，亦复有所不忍。今已调集各处兵练，日内即可调齐，尚不忍不教而诛，用特明申示谕。

为此，仰保山一带军民知悉。向闻该处七哨，有南三北四之分。南哨人尚知畏法，即北四哨上中二哨亦比金鸡、板桥差堪理论。此次起意纠夺之首恶，及当场滋事动手伤官，继又入城烧毁县署放囚杀人各要犯，尔等无不周知。果有悔惧之心，不敢始终怙恶，即须将此等首要人犯迅速自行缚颈，以正刑诛。其余被胁勉从尚可稍为末减。所有江桥板片亟宜照旧铺平。各处隘口，不许阻拦行旅。往来文牍毋得截留撕毁。被抢军器速即照数缴还。以上各事逐一遵行，尚是明其改悔输诚之念，则或网开一面，免致尽数歼除。若仍冥顽不灵，罔知利害，则大兵一到，惟有痛加剿洗，谁能曲予保全。彼时即自悔其愚，亦已噬脐莫及矣。再，该处香首会头有身家者较多。而其弟子亲人，在省肆业经商者亦复不少。现正开诚诰诫，不忍稍事株连。而尔等反己自思，岂绝无所顾忌？岂绝不知感激乎？顺逆利害，惟望自择，毋谓言之不早也。至军徭十二寨十一伙头以及附近各村汉民，如不敢附和，断不波及；随同抗拒者毋赦。其回民只许听官查办，不准于官兵未到之先，混扰他处，尤不准于官兵进哨之际乘势复仇，合并一体谕知，毋得故违干咎。

（《林则徐全集》第五册，文录页三三二至三三四）

正月十九日，林则徐于保山七哨劫案发生后，一面调集大军齐集七哨，一面于本日由省城启程，亲赴大理"督办调度"，并先期发出告示以瓦解七哨汉民内部。他在《剿办保山七哨匪徒起程日期折》奏报中说：

> 是以臣等先行剀切出示，遍贴晓谕，以附近各村汉民如不敢随同附和，定不概予株连。即先已被胁勉从者，但能悔罪输诚，亦可量邀末减。其心存畏惧，不敢始终怙恶，须将首要各犯迅速自行缚献，以正刑诛。所有江桥板片亟需照旧铺平，各处隘口不许阻拦行旅，往来文报毋得截留撕毁，被抢军械作速照数缴还。以上各事如果逐一遵行，或可网开一面，免致尽数歼除。

（《林则徐全集》第四册，奏折页二〇一）

二月初四日，英人在上海附近的青浦地方肇事寻衅，遭到当地居民的反击。（《道光朝筹办夷务始末》卷七九，页五至六）

二月十二日，林则徐上《弥渡地方滋事调兵先往剿除情形折》，报告云南弥渡地方动乱情况称：

> 窃臣先因保山县七哨匪徒打夺解省人证，恃众抗官，种种不法，奏请调兵剿办，并亲赴大理府驻扎调度缘由，于正月十三日会同抚臣程矞采具奏在案。臣出省后，行至楚雄府，即据大理府知府唐惇培、提标参将存住等连次驰禀，弥渡地方，有外来回匪勾结在地土匪，聚集多人，上年冬底，强索典铺，诈得银钱，本年正月初九日，复与军犯口角互殴，被军犯戳毙一命。地方官已为相验缉凶，讵该匪等恃众将在配各犯住处全行抢掠，且直入通判衙门搜戳军犯，两死四伤，文武弹压驱逐，总不解散。十八、九日又添邀各处外匪在五显宫烧香拜会，愈聚愈多，二十日即结队出抢街市，乱放枪炮，惨杀无辜。各官禁压不住，致赵州知州周力墉被矛杆戳伤右腿，跌落小河，经人扶起；都司韦中魁被矛戳伤右手指，又被棍打伤右肩甲；署弥渡通判林甘源亦被拥挤跌伤。该匪胆敢乘势围攻通判衙

667

署，因各官原带兵役无多，被困在署，道路梗塞不通，已专差驰赴大理，禀请提督发兵。旋又据报，二十一至二十三日，各匪分股攻抢附近之皂角营寺、坡北甲沙坝、菜园村、下海子、西河寺、蒙化街、太平山、马溪营、姚期营、竹子巷各村寨，以及陆家、杜家、赖家、刘家、吴家等营，随处焚烧，杀人无数，各村民惊惶逃走，相望于道。提督闻信，已带兵亲赴弥渡围剿，该府等亦皆赶往查办各等情。并准提臣荣玉材咨同前由。臣接阅之下，不胜发指。

查滇省外来游匪，自二十五年迤西汉回结衅互杀之后，招朋引类而至者，一年多似一年。缘回民恶习，首以帮护同教为能，遇有汉回互斗，即以回字传帖，远近约会，谓之搬人。且连年永昌、顺宁、缅宁、云州、姚州、白井各处，焚杀相仍，其名固谓复仇，其实尤在图抢。此等外匪随同滋扰，到一处即得一处之利，是以邀之即至，不邀亦来。虽叠经查拿驱除，随获随办，而其隐藏庇匿，终难逐处搜查。就中川、陕匪回，十居七八，亦有汉匪随同入伙，并以白布缠头，冒充回子，以图各处礼拜寺皆可容留。要其表里为奸，必先与本地土回串通勾结，然后知何处最易获利，何处最有积藏，讹诈则说合分肥，焚抢亦暗中指引。故内回户多之处，外回尤所争趋。弥渡为蒙化、顺宁往来大路，又接壤大理、永昌，向为买卖马，实迤西精华所聚，虽系赵州管辖，而距州城九十里之遥，向来军犯发配在此者，常有六七十名之众，是以大理府通判即在弥渡驻防，在昔本有城垣，嗣经坍塌，未能修复。其通判衙门，差役有限，遇有匪徒诈扰，只能传谕绅耆乡约，亟以解散为先，不但不敢请兵，即牒府移州，亦属鞭长莫及。该匪等因此愈无忌惮。

臣访得去冬度岁时，该外匪诈扰弥渡典铺，经内回代为调处，已诈得钱二百二十千、银二十两。本年正月因与军犯互殴，致毙一命，虽经官为验办，而除擅杀抢夺之外，又诈得银三百二十两。在商民皆冀匪徒速散，遂不惮凑给行赀，而该匪等利欲熏心，得一步又进一步，故于诈赃过手，仍复结会拜盟，恃众肆扰，甚至伤官围署，直与反叛无殊。若不尽法歼除，何以靖边陲而申军纪。所幸此次适因保山要案，调集各处官兵，在前者未抵永昌，在后者已经过省，较之往届遥为檄调，为期速而得数多，事机断不可失，是以臣立即飞札带兵各官，将前队折转数程，后队趱行几站,以资厚集兵力。又鹤丽镇总兵音德布,先令将姚州防兵量撤,带赴保山,该镇正在中途,当即札饬先来弥渡。适准抚臣程矞采咨会,亦因接据弥渡禀报,剿办必不宜迟,飞催后路兵来,听臣调遣。

二月初一日,提臣荣玉材、镇臣音德布均到弥渡,扎成大营,计各处官兵已集二千余名。因附近山路岔口甚多,先行四面兜围,以防该匪突窜。探知弥渡有旧城门六处,皆经回匪添造木栅,累石数重,多人坚守,以为拒敌之计。臣行至云南县,距弥渡仅四十里,即暂行驻扎,遣臣标千总施嘉祥,持令约会提镇,克期进攻,并令密与通判署内被围各员暗约由内冲突而出,外兵皆可接应。维时匪类见兵威甚盛,奔命不遑,官署之围遂解,赵州知州周力塘等,均乘机趋赴大营。

初三日早晨,该提镇皆亲驻弥渡之东面山梁,指挥督阵。臣标及提标将领,分队齐进,即先连放大炮,攻开栅栏,回匪皆头裹白布,执持大小白旗,施放枪炮,并力抵拒。署提标游击陈得功、寻沾营守备王国才,首先率带枪兵,冲锋直入,各队无不拥进。该回匪情急,先向西头放火,适西北风猛烈,转烧东头,即该处内回聚居之所。有清真寺一座,本甚宏敞,该回匪抢劫赃物,多藏寺内,故保护之人极多,皆从墙眼内放出枪炮,连环不绝,我兵虽有伤亡,而围攻愈急,并将火罐火弹抛掷墙内,匪徒爬上屋顶,随拒随逃,经我兵轰打落地者,不计其数。又东街有老庙一所,及大兴、长顺、泰兴、洪春、万顺、万兴六大店,皆系外匪居住,并寄藏赃物之处,亦因火猛延烧,其冒火出拒者,官兵奋力斩杀,尸相枕藉。统计烧毙歼毙约有四五百名。(上眉朱批:"大快人心")除弁兵献馘不计外,其在阵前带伤生擒,及逃窜四出,经弁兵差役及乡团人等前后盘获者,又有一百余名,均解至云南县,臣即督同委员审办。除另折缕晰具奏外,又夺获大小炮十九位,鸟枪五十余杆,刀械三百五十余件,贼匪乘骑骡马共九匹头,均点明分交带兵各官,随营配用。

臣于次日亲至接仗之处,周历查视,因该处烟户本极稠密,当未进兵之先,即恐良民惊悸,且虑玉石俱焚,是以先期示谕,各村良民,只须闭户自守,概不株连,有被害者,准其指引向导,以凭擒拿,及官兵攻入弥渡栅内,亦即如此扬言晓谕。其居民有乘间逃出者,由各路防兵盘诘,并令乡团认明果系无辜,悉行遣去,而凡妇女老疾幼稚,均派兵妥为护出,免其转徙颠连。今于事后稽查，虽民房间有延烧，而平民并无妄戮。（朱笔旁批："好"）男妇老幼，沿路俯伏叩头，以为解其倒悬之厄。仍饬确查被烧受害，果系赤贫者，酌量给予抚恤。

（《林则徐全集》第四册，奏折页二〇四至二〇七）

又上《弥渡滋事各犯审明定拟折》，报告弥渡地方陆续解送人犯一百二十三名，均核明事实，处以凌迟、枭首、斩立决、戮尸、充军等刑。（《林则徐全集》第四册，奏折页二〇九至二一二）

二月十八日，户部侍郎祁寯藻致函林则徐，议论回汉纠纷之事，并言及军需经费问题。

永昌汉回，积怨已久，顷又有夺劫焚杀之事，竟因私仇而藐及长吏。似此凶悖情形，必应用兵剿办。现闻节麾已莅大理，提镇分率弁兵，东西两路夹击，筹划秩如，先声定慑贼气。且告谕真切，绅士良民定多感励。散其党羽，歼厥渠魁，当不致蔓延日久。从前汉回互杀，尚无抗官情事，官亦不便以兵威加之。此则直藉提案为名，肆行凶狡，官兵一出，罪有主名。且有回匪报复牵掣于内，官兵震慑于外，孰肯不顾身家，甘心为此一隅哨匪，玉石俱焚耶？以局外愚见度之，大兵到日，痛剿一二次，贼胆既落，势当星散，或可缚献逆首，即在彼土尽法惩治。在汉民无可借口，而回众亦可平心。或者数十年之蕴积，一旦了此大劫，亦未可知。惟地方文武得人，能知麾下之用心，轻重缓急，办理得手，庶不致迁延时日，更费周章。军需仅借动十万，即捐输亦无多，此事甚难筹划。近来各省拨款，日不暇给。大抵课虚责实，缓不济急。若滇事续有需费，当如之何？广东距滇尚近，只有税款分季报解。近已为南河拨去廿余万，其余部库，专待急用。除此一项，不知滇、黔两省，更有何款可以通融，尚望速示，并希筹及济急之策。

（《林则徐信稿》页一五〇）

二月二十一日，林则徐向清廷报告办结弥渡回民起事一案。计第一次在清兵进攻下被获而处死者六十二名，伤重监毙者八名（《弥渡滋事各犯审明定拟折》），第二次由蒙化、宾川、姚州等处拿获而处死者十九名。《继获弥渡滋事逸犯审为情形折》前后共残杀了八十一人。处流、徒各刑者还不计在内。（《林则徐全集》第四册，奏折页二〇九至二一二，页二一五至二一七）

二月间,林则徐督师永昌途中经跌迦寺曾写牡丹诗:

石磴危泉抱曲栏,　　四山云扑寺山寒。

东风一夜春光透,　　刚到花朝见牡丹。

（《跌迦寺见牡丹》,见《林则徐全集》第六册,诗词页二五三）

[按]　《林则徐诗集》页五九六至五九七收此诗,定为道光二十九年二月在昆明所作;但林则徐在用同韵写赠诗给孙毓汸所附信,末自署"仆于戊申仲春,督师永昌,过跌迦寺,见牡丹已开,口占一绝"。当指此诗。《诗集》定于二十九年二月,疑误。

三月初,林则徐由大理移驻永平以进击保山七哨。林则徐在永平首先利用保山七哨地方绅衿,从内部瓦解暴乱力量,"遂令铺板桥以渡官军,修驿馆以资住宿,设甲长为耳目而罪人无患妄扳也,募壮士为爪牙而匪党无患脱逃也,举昔日胁从附和之徒,今皆遵官而恐后,父献其子,兄拿其弟";继而他采取了诱降、杀降政策,即所谓"初借渠魁以剪羽翼,继以羽翼尽而及渠魁",终于"获犯四百余名,首要无一漏网。……还纵出之狱囚,缴私制之炮械,拆金鸡之围墙"的成绩。这一成绩博得了地主阶级赞叹为:"此亦古今用兵之一奇局也。"（《回民起义》I,中国近代史资料丛刊,页一八〇）

三月初五日,保山七哨因林则徐大兵压境出降。林则徐搜获有关"人犯"一百三十余名,分别加以"传贴纠人,抗官打夺,入城焚署,杀人放囚"等罪名;并准备作进一步的搜捕。（《保山七哨献犯审办情形折》,见《林则徐全集》第四册,奏折页二二〇至二二二）

三月初八日,林则徐上《复陈保山汉回情形片》,报告在镇压保山七哨汉族地主阶级暴乱的同时,又对回民大肆搜捕。他认为回民"良善少而顽梗多",主张"非重罚数处,难挽积惯颓风","非重办无以扫清"。（《林则徐全集》第四册,奏折页二二二至二二四）

三月十五日,林则徐赴永昌,校阅腾越镇标,永昌、龙陵二协,顺云一营的队伍。并为防范地方土著军队受当地反抗势力影响会发出意外变故,特建议酌照四川、甘肃换防之例,改变永昌驻防军营制,即"添派别营客兵,择要驻防,按年交换,不使与各乡哨渐相熟习,联为一气。并将该协在城额兵,量拨邻境差使,俾彼此互有牵制,以杜意外之虞"。（《顺途校阅营伍并酌改营制折》,见《林则徐全集》第四册,奏折页二二八至二三〇）

三月二十九日,清廷嘉奖林则徐对保山七哨三月五日以前第一次搜捕结果为"所办好"。但对保山绅耆出降献犯一事要求:"对所献之犯有无祖庇藏匿,必应彻底根究,务期所献实皆本人。首犯尤关紧要,应令按名交出。仍一面明查暗访,断不可有一名顶冒,致有漏网";查问此次出降是出于"至诚",还是"仅凭劣员在中调处"。并进一步责成林则徐等:"惟当示以兵威,广加晓谕,倘略有恃众难驯情形,仍当立予剿洗。"而对前此被围困在城的镇道各员情况,必须"确切查明,据实具奏"。(《林则徐全集》第四册,奏折页二五五)

三月底,林则徐在《致廉敬》函中,陈述在滇镇压汉回群众反抗情况,说:

> 弟昆华承乏,昕夕劳劳。汉、回善后事宜迭经加意抚绥,方冀渐臻安帖,乃昨因传提京控人证,而保山哨匪竟敢纠众抗官,甚至焚署劫囚,不能不调兵剿办。弟于春初傲装就道,前赴榆城,行至中途,又适有弥渡回匪掠伤官兵之事。当即移师剿捕,共斩获数百名,仍复折赴澜沧,进兵金齿。而该哨民闻风生畏,相率输诚,先后缚献匪犯已至三百余人之多,呈缴炮械亦不下千数百件。现将各犯提审,分起定谳,明正典刑,不日即可恭疏入告。惟京控之案尚须讯结,兼以督办蒙化各属回匪,及顺历迤西各郡阅兵,大约重五前后始能旋省。

(《林则徐全集》第八册,信札页二八三)

三月底,林则徐办结保山七哨事件,计被捕者达三百二十九名,均经林则徐分别处以"凌迟处死"、"斩首枭示"、"斩立决"、"绞立决"及其他罪名。林则徐在大肆镇压之余,感到满意,认为保山一带已是"人心震慑,地方均甚安静",因之决定:"所有前调各标官兵,除酌量留防外,余已陆续檄撤归伍。"(《保山案犯审明定拟并陆续撤兵折》,见《林则徐全集》第四册,奏折页二三六至二四三)

三月,广西武宣人陈亚贵联合僮(壮)汉各族农民在武宣起义,与清军转战于广西中部地区。

春,林则徐于大理《致穆彰阿》函,对穆唁林妻郑氏之丧表示谢意,并附告在滇弥渡等地镇压反抗情况说:

> 前值室人变故,本不敢上渎渊聪,因舟儿叨列门墙,现又在京供职,理宜具讣以闻。即恐致扰鸿情,曾恳勿劳惠唁。乃闻都门设幕,过荷纤尊,更蒙厚赙亲颁,谆谕以少贱不敢辞之义,拜登隆贶,感悚交深,复承钧谕遥传,温词下慰,仰见言情而略分,曷胜偻臆以鸣胸。

晚奉职昆华,昕宵兢凛,汉、回善后之事迭经抚绥防范,已觉渐就安恬。惟京控奉旨发交,不能不提人审办,而保山七哨因此竟敢纠众抗官。若非示以兵威,未易驯兹顽梗。已将情形入告,自荷钧垂。昨者出赴榆城督兵筹办,而赵州之弥渡地方适又有内外匪徒勾结滋事,当于中途小驻,先予剿除。幸已歼毙数百名,并生擒百余犯,于讯明惩办之后,仍复搜擒余党,以期净绝根株。今拟由大理移驻永平,督办保山哨匪。筹边任重,惕惧难名,惟祈惠锡良规,俾资遵守,是则倾心天末,尤莫胜翘跂之殷者耳!

(《林则徐全集》第八册,信札页二七三至二七四)

〔**按**〕　同时,有《致潘世恩》函,内容与《致穆彰阿》函类似,可见林则徐对枢臣的周旋态度。潘世恩为乾隆五十八年状元,时任大学士、军机大臣。

四月初三日,上《保山要犯金混秋审明定拟折》,报告捕获到和保山七哨有关的"主使者"金混秋,将其"绑赴市曹,凌迟处死,并传首保山城哨地方,悬竿示众,以昭炯戒"。(《林则徐全集》第四册,奏折页二三一至二三五)

四月初三日,上《顺途校阅营伍并酌改营制折》,报告校阅整顿营务事。

臣查滇省向来阅伍章程,迤西之腾越镇标暨永昌、龙陵两协,顺云一营,均在永昌府校阅。此次臣督办保山军务,先由大理移驻永平,节经获犯讯供,渐次就绪。永平距永昌二百里,臣于三月十五日亲赴郡城,沿途查看城哨情形,均极安静。随即校阅永昌协标官兵,并调考腾越镇、龙陵协、顺云营官弁。其附近之鹤丽镇、维西协、永北、剑川等营,向系附于提标及大理城守营操阅。此次该镇协营官兵有调至永昌军营者,亦即就近先行校阅,以省日后轮换赴考。所有阅过队伍,阵式均尚整齐,连环排枪,声势联络,刀矛杂技,击刺跳舞,亦俱熟习,马步箭中靶分数不等,各在六七成以上,施放抬炮抬枪鸟枪,亦皆猛捷有准。兵丁技艺优长者当场奖赏,生疏者分别责革降粮。其将领备弁中,尚无应劾之员。

查永昌民风素称强悍,故兵丁不患其软弱,而转患其嚣凌,尤防其与各哨匪类勾通,致捕缉不能得力。臣于考校之余,当场严加训饬,以上年冬间匪徒滋事,如果该营兵丁尽可如干城之倚,何待多调各处兵来。即如该协拿送已革各兵,现经审明,分别定罪,岂尔等尚不知炯戒。谆谆开导之后,又严谕各将备再行确查,如有勾结匪类之兵,速即革粮严办,倘

· 673 ·

尚扶同徇庇,察出定予特参。

又,查永昌东隔澜沧江,西隔潞江,两处江桥最关扼要,此外各路隘口亦极繁多,若专恃土著之兵踞险分防,恐缓急究难深恃,除现仍留驻征兵缉拿余匪外,拟此后酌照四川、甘肃换防之例,添派别营客兵择要驻防,按年交换,不使与各乡哨渐相熟习,聊为一气;并将该协存城额兵量拨邻境差使,俾彼此互有牵制,以杜意外之虞。容与提臣荣玉材、抚臣程商采备细酌商,再行会折具奏。总期地方安谧,戎卫森严,以仰副圣主绥靖边疆至意。

所有查阅永昌一带营伍并筹画营伍大概情形,理合缮折具奏。

(《林则徐全集》第四册,奏折页二二九至二三〇)

四月二十六日,林则徐致函兵部尚书魏元烺,报告在滇处理地方治安问题:

侍边陲筹笔,三月于兹。幸保山七哨献获三百余名,分别审明惩办。兹复折至大理,提讯京控之案,且督缉蒙化一带匪回,亦幸多所弋获,次第办理。

(《林则徐全集》第八册,信札页二八四)

四月,林则徐在滇西甄别府州官吏,并请调张亮基为永昌知府。(《林则徐全集》第四册,奏折页二四三)

四月,林则徐为了进一步加强对回族群众的统治和缓解汉回间的积仇,乃将保山回民移居官乃山。官乃山距保山二百余里,形势险恶,"周围约十余里,外狭中宽,前隔潞江,后依雪山。雪山之巅,石崖陡险"。这是一座天然的营地。林则徐通过回民少数上层分子将回民在城产业强行折价与山中汉民资产抵换,把官乃山全作保回聚居之地。移居时"除有他处亲戚可依,不愿前往者听其自便外,凡愿移之回户,皆按大小人口,官给盘费,经署保山县知县韩捧日、署永昌协副将桂林等,将该回民二百余户分起押送前往"。

这种迁移一方面为加强对回民的控制,起到防范和监视作用;另一方面也是为安置和保护招复回民的一种权宜措施。变汉回杂居为回民聚居的目的是为使"保邑汉回各遂其生,永无可开之衅",而且回民原住处已成灰烬难以复建。这次迁移又采取了自愿原则,事后还派人了解安置情况。这些措施在当时历史条件下还是比较妥善的。(《保山县城内回民移置官乃山奏明立案折》,

见《林则徐全集》第四册,奏折页五三二至五三五)

五月初,林则徐续获保山七哨暴动中的有关"案犯"一百零七名,其中三十五名被处决。(《续获保山案犯审明定拟折》,见《林则徐全集》第四册,奏折页二七四至二七九)

五月初四日,林则徐于太和县普硼地方接见新任永昌知府张亮基。次日又指示善后事宜,并告张亮基说:"此等事非我为之于前,子为之于后,他人不能办也。"(林绍年:《张制军年谱》卷上,道光二十八年)

五月十一日,林则徐对清廷三月二十九日上谕中所提疑问作了复奏。林则徐认为对保山七哨一案是"执法严办"的,"此案前后获献各犯共有四百余名之多,问拟凌迟斩绞者计一百四十五名,发遣军流者一百八十八名,即至轻亦问徒杖,现在尚饬严拿逸匪"。办理如此严酷,当然不会"复听劣员调处了事"。而镇道各官,"倍著辛勤","于仓猝遇事之时,犹能竭力筹维,和衷共济,俾城池仓库诸获安全,首要各犯不致远飏,地方仍臻靖谧","并无办理不善之处"。这种尽力维护下属的作法,正说明林则徐已是老于官场的一员"干吏"了。(《查明保山案内并无劣员调处片》,见《林则徐全集》第四册,奏折页二五六至二五七)

五月十四日,林则徐《致浙抚梁宝常》函,告知在滇平乱工作。

　　弟远莅五华,倏将一载。前因保山莠民滋事,督师远出,几费运筹,兼复有赵州匪回纠众窜扰,当经分兵剿捕,奸毙数百人,随即驰赴博南,筹办哨匪。幸先声之已树,竟相率以归诚,获到匪犯四百余名,讯明定谳。兹复折至大理、楚雄一带,督缉历年逸匪,先后亦获数百名,率皆焚杀掳劫之徒,不得不置诸重典。计自边城轺辕,已越十旬,兹仍小住迤西,督同谳狱,大约蒲月下浣始可旋返省门。此间积重之余,恐乏久安之策。

(《林则徐全集》第八册,信札页二九一)

五月下旬,有《致廖惟勋》函,告知在滇用兵情况,并准备在月内"撤兵回省"。(《林则徐全集》第八册,信札页二九六)

六月间,林则徐于昆明致函时任顺天府尹的汪本铨(《全集》脚注:汪本铨,字衡甫,江苏阳湖人。道光九年(1829)进士,时任顺天府尹。),首先对清廷的广开捐输表示忧虑说:

　　此次都中捐项,仍复可观,自是招徕之力。然未解库而先以招拨,则掘井济渴,其何以支?至若羊头羊胃,几于充塞都邑,其利害不待智者而始知。恐此事有益于经费者微,而有损于吏治者大,宜梓翁(遗迹)〈引〉之以为忧耳!

其次,论及南漕北运的改革意见说:

本折兼收之说,尊见以为不可行,自是正论。然以瞽见揣之,漕粮一石到京,合计沿途用费率及十五六两,而帮费不与焉。奉天粮价贱于南方,舟运尤省,果能妥议变通之法,亦未始无挹注之方。且南方所累于折漕者,总借口于帮费耳。而帮费万不能去,则以沿途闸坝于通仓经纪之故。若谓无南漕而京师遂绝粮食,似事之所必无者。且近来领俸多是稜米,且尘土居其半,与市侩交易,比从前尤为受亏。倘京官应领一石之米给以京平二两纹银,似人人皆以为乐。而南方所折称是。作为定额,即使地方官浮收,亦断不至如折漕之甚也。阁下南人也,岂不知条银是浮收乎?然控折漕者十之九,而控钱粮者尚不至十之一,则弊之轻重,亦略可识矣。所难者旗丁舵水均无安顿之方,故河漕二事虽分,必合为一而谋之。此非一时所能罄言,他日或可细说耳。

再次,林则徐还告知在云南处理汉回问题的情况说:

弟于迤西之事,往返半年,剿抚兼施,地方已臻静谧。历年不法之犯,获者已越千人,俱已分别讯明,惩办入告,汉回却甚相安。第日久何如,尚未敢必耳。此次调兵,三倍于前,而军费只有十五万余,尚为节省。当此司农仰屋之际,不惟不敢请帑,并不敢径请于捐输项下开销。

（《林则徐全集》第八册,信札页三〇二至三〇三）

六月十三日,林则徐与程矞采会衔上《保山回民两起京控案审明定拟折》称:保山七哨劫犯暴动案全部结束后,即返省城,审办丁灿庭、杜文秀等京控案。林则徐承认了京控案中的若干事实,但也指出了几点所谓"呈控不实"之处,如被杀回民人数不符,被控告的人不实等等。

林则徐根据这些"呈控不实"的理由,认为回汉纠纷双方都有责任。他又总结了几年来处理回汉纠纷的经验,证实过去所定"但分良莠,不论回汉"的方针是有"明效大验"的。

最后,林则徐认为丁灿庭、杜文秀等呈词中虽有失实之处,"本应照申诉不实律定拟",但是"姑念伊家均已被害,情殊可悯",请求从宽免处释放,暂时

地平息了这一场回汉"纠纷"。(《林则徐全集》第四册,奏折页二九七至三〇四)

同时,林则徐在省城与云南巡抚程矞采共商进一步镇压迤西一带反抗的措施。共上《兹后迤西缉获要犯请准审明就地正法片》他们主要研究了处理案犯的问题,提出了案犯解省审办不仅沿途人力财力耗费甚多,而且还有劫夺、脱逃的危险。结果,地方官畏难苟安,被害之家怕逃犯报复而不敢呈告,造成迤西一带"贼不畏官官畏贼,民虽被贼莫鸣官"的情状。因此他们向清廷建议:

> 拟即准其(新夏按:地方官)就近批解道府,审勘明确,由道移明臬司,具详督抚,核明情罪果属允当,即由臣等咨行该处驻扎之提镇,恭请王命,就地正法。

他们认为这样就可达到"戢暴安良"的目的,所以在奏折中着重申述道:

> 非独所获凶盗可免长途被劫被逃,而行刑于犯事地方,俾被害者显伸其冤抑,梗顽者共慴于骈诛;且地方官不至畏累苟安,缉捕可期奋勉,似亦戢暴安良之一法。

(《林则徐全集》第四册,奏折页三〇五)

六月十三日,上《顺道校阅迤西营伍折》。

> 窃臣于三月间驻扎永昌,业将阅过该协营伍,并调考腾越镇、龙陵协、顺云营官弁分别降革缘由,奏报在案。嗣办理永昌哨匪事竣,回至大理,提讯回民原控两案,又因督缉姚州上年焚杀案内余匪,移驻楚雄,当将提标及大理城守营、楚雄协,并调阅之鹤丽镇、维西协、永北、剑川、景蒙等营官兵,先后亲加操阅。其有偏僻营分路程较为迂回者,循照往例,将官弁调来亲校。其兵丁各技,分委别营镇将前往操阅,仍报臣汇核办理。

> 所有阅过队伍阵式,均尚整齐,连环排枪,声势联络,刀矛杂技,击刺跳舞,亦俱熟习,马步箭中靶分数不等,各在六七成以上,施放抬炮抬枪鸟枪,亦皆猛捷有准。兵丁技艺,优长者当场奖赏,生疏者分别降粮责革。

> 以上均据各该管营员揭报前来。所遗各缺,即以技优之弁兵当场递行拔补。此外尚无庸劣员弁,亦无老弱虚粮。委验军械马匹,俱属足额。除谆饬各镇将再行申明纪律,督率备弁认真训练,务使官兵技艺益见精强,以期仰副圣主整饬戎行,绥靖边疆之至意。

谨将查阅迤西等处营伍情形，慕折具奏，伏气皇上圣鉴。

（《林则徐全集》第四册，奏折页二八五至二八六）

六月十三日，林则徐为镇压弥渡地方回民起事的出力员弁请奖，上《弥渡出力员弁请奖折》。（《林则徐全集》第四册，奏折页二八七至二九一）

六月十五日，林则徐具报审办上年姚州白井暴动的有关案犯。先后被捕者共二百三十六名，其中处凌迟、斩决、枭示、绞决等极刑者，竟达一百三十八名之多。（《林则徐全集》第四册，奏折页三〇九至）

六月，有《致曹履泰》函，告知近况及年内拟告退之念。

生承乏五华，刚周一载。前因迤西汉、回滋事，当即亲提劲旅，远赴边城。幸剿抚兼施，地方已臻静谧。半年栉沐，甫经遄返省门，衰惫之躯殊觉难于支拄。原拟投簪归去，而此间公事一时未能息肩，稍待冬初，不得不为乞骸之请耳。（《林则徐全集》第八册，信札页三一二至三一三）

同年友时任云南学政的孙毓溎（梧江）也写诗相贺，林则徐于八、九月间曾写《梧江四兄大人以仆新被殊恩，枉诗见誉，读之愧汗无已，依韵寄答，即希斧政》诗寄答，诗云：

九隆山翠锁重重，　　蛮俗难驯旧数蒙。

愧乏龙韬撼胜策，　　翻叼凤绶奖边功。

频年芽蘖期除莠，　　半载驰驱笑转蓬。

巨力就衰天宠渥，　　感恩长此惕微躬。

忆昨筹戎荷指南，　　驿亭官烛夜深谈。

司签喜见携银鹿，

折柬先劳骋玉骖。君有纪纲张福书记，翩翩且能跨马疾驰，顷刻数十里。今春二月君先停装普洱，仆拟退舍以避，而张福驰来，以君意力邀同住，是夕遂作联床之谈。今见其《菊影》诸诗，清丽可人，诚非萧颖士不能有此仆也

幸涤兰沧新浪净，　　待悬藻鉴曙光涵。春间，君本拟按试永昌，仆与晴峰中丞以时值用兵，奏改来年岁科并试，已邀俞允

者番重过龙泉地，

凭杖诗禅八景参。弥勒县龙泉寺有叶毅庵、汪云壑、顾南雅诸前辈八景诗翰

（《林则徐全集》第六册，诗词页二五四）

六月,有《致姚元之》函,告知在滇镇压反抗势力情况。

> 侍半载滇南,筹边心瘁。前因迤西多故,不得不惕以兵威。既剿抚之
> 兼施,愧悾愡而鲜暇。兹永昌七哨献犯三百余人,俟定谳后,移驻榆城审办
> 京控案件,且借以督捕回匪余党。(《林则徐全集》第八册。信札页三〇五)

[**按**]　姚元之,字伯昂,安徽桐城人,嘉庆十年进士。仕至左都御史。

六月至年底,林则徐向有关政要及地方官员致函多件,主要内容均为告
知在滇平定汉回纠纷情事。(参见《林则徐全集》第八册,信札页二九七至三七三)

七月十九日,清廷以林则徐"剿办云南弥渡、保山哨匪功",加太子太保
衔,并赏戴花翎,给予了极大的荣宠。(《东华续录》道光五八)

七月,友人吴嘉淦曾有诗祝贺,林写《和吴清如主政嘉淦见贺五律二首》
以答,诗中表达自己年老已有退出仕途的想法。他对于在滇镇压回民反抗的
前途成败,不敢预卜。诗中还反映他对禁烟运动中遭受的政治挫折虽有余
憾,但却并不介意。

七月,林则徐在《致徐广缙》信中对于民力可用的思想有明确地表露说:

> 承示粤民可用,弟尝谓今之所恃,惟此一端,今经执事为之作新,更
> 可供指臂之使。

[**按**]　函中所谓"粤民可用"指徐广缙与英人交涉进广州城问题时得到
广大群众在省河两岸的声援而拒绝英方进城要求一事。

但是,就在同一封信中,林则徐对自己镇压群众反抗活动的"业绩"又沾
沾自喜地说:

> 弟五华承乏,岁琯倏周。前因迤西汉、回后先滋事,当于春初调兵剿
> 办,并亲历边境行营。先将弥渡匪回歼擒数百,继而七哨闻风知惧,献匪
> 乞诚,计获犯共四百余名,亦经讯明惩办。随即以凯撤之兵,搜缉蒙化、
> 赵州、姚州一带匪徒,凡历年滋事在逃者,大都皆置于法。所谓刑乱国,
> 用重典,亦迫于不得不然。辰下积匪既清,地方可期静谧。
>
> (《林则徐全集》第八册,信札页三三一)

七月二十九日,林则徐上《参草道员刘聂昌京控案审明定拟折》(《林则徐全
集》第四册,页三三〇至三三九)详陈其审办刘聂昌案之经过,思虑周密,审定认
真。林则徐在审问此案时曾亲笔写有《折狱问条》七十八页(《林则徐全集》第五
册,页三三四至三五三),为审前准备之讯问,益以见林则徐对案件之严肃情状。

[**按**]　此手迹长卷藏上海图书馆,其后有黄家鼎跋称:

右折狱问条七十八纸,侯官林文忠公督云贵时手笔也。光绪丁酉余得自福州旧书肆丛残中,全卷厚尺许,去其公牍、供词,而以公真迹汇而存之,装成长卷。其文详或八九百言,简或十数字,无非汉庭老吏口吻,而字则具体欧阳者也。闻公居清秘时,已于六曹事例因革得失莫不悉心考核,迨抚三吴,躬理京控诸狱,以故世道民情皆贯彻于心。

此乃道光戊申奉旨交审贵州毕节县巨案,为告病在籍广东南韶连道刘聂昌京控巡抚吸鸦片烟、藩司府县克扣铅斤运脚、在籍户部主事举族谋反及休致道员私买学田等情,关系繁重。时公莅滇未久,方督师赴州,剿办汉、回。五月回省,提集人证,昧爽视事,夜阑才息。越两月始定谳焉。此在他疆吏便夸能事,于公实余绪耳。

余久临公乡,且获交公之群从,尝得公手录诗稿六十余叶暨未刻政书十数大册,将谋鸠资次第板行,今复遇此瑰宝,洵风尘未改之厚幸也焉。装玩竟,谨盥漱而跋之。丁酉腊八日鄞县后学黄家鼎骏孙。

(《林则徐全集》第五册,文录页三五二至三五三)

九月十一日,清廷议准林则徐等所请迤西所获人犯"审明后立即惩办,毋需解省审转"的要求:

该处军务甫竣,余匪正当严办。著即予限五年,俟期满后,仍照例由督抚亲提审明题奏,以示限制,而昭划一。

(《东华续录》道光五八)

十月廿二日,林则徐于昆明致函山西巡抚王兆琛,告知在滇处理治安问题:

弟昆华承乏,倏忽年余。迤西风气桀骜,自二十五年以来,汉、回之焚杀互仇迄无休息。去冬以京控传提人证,竟至焚署劫囚,不得不调集重兵,亲赴行营督办,驰驱半载,始得撤伍而还。经剿抚之兼施,幸地方之悉靖。

(《林则徐全集》第八册,信札页三五五)

十月二十四日,上《续获迤西汉回逸犯审办折》报告处罚迤西逸犯,计凌迟一名,斩枭七十四名,共七十五人。(《林则徐全集》第四册,奏折页三九二至三九九)

十月二十四日,林则徐为巩固迤西一带的统治力量,以便进一步控制回汉各族人民,上《迤西移改协营添设汛兵折》建议清廷移改协营,添设汛兵,并陈述了具体方案。(《林则徐全集》第四册,奏折页四〇〇至四〇八)

云贵总督臣林则徐、云南巡抚臣程矞采、云南提督臣荣玉材跪奏,为迤西甫就乂安,地方实形辽阔,拟于善后案内,添移营汛兵丁,及酌派换防处所,将经费由外筹办,以联声势而重巡防,恭折奏祈圣鉴事:

窃照滇省之永昌、顺宁、大理三府,暨蒙化一厅,并楚雄府所辖之姚州,皆处迤西边境,山深箐密,道阻且长,杂处汉回,易藏奸宄。本年自春至夏,先在弥渡用兵,继由保山、永平,递及蒙化之大小围埂,终而办至姚州,皆借所调大兵分投缉匪。除剿杀不计外,先后获犯一千余名,均已分别讯明,寘之于法。经此一番惩创,间阎始能安枕,商旅乃得通行。惟地段绵延,各营汛相距既遥,即有鞭长莫及之势,迨闻焚抢劫杀,兵至而贼已远飏。是以今夏军务竣时,虽将全师凯撤,而犹酌留兵弁分段驻防。入秋以来,仍陆续报获逸犯多名,地方益臻静谧。惟各处情形不一,有须互相钤制者,自宜以客兵换防;有须永固藩篱者,又宜以土兵驻守。为久远计,不得不相度要隘,移汛添兵,以期巡察周详,互相犄角。

臣林则徐前在迤西驻扎时,即与臣荣玉材,率同迤西道王发越,随处查勘,公同酌议。迨回省后,复与臣程矞采,暨在省司道,节次筹商。如永昌地方,最称扼要,在国初原设永顺镇总兵,统辖中左右三营,迨后改镇为协,只留左右两营,左营兼中军都司一员,右营守备一员,均驻永昌府城内。自城外至大理府五百余里,路途险阻,而实为来往通衢,乃仅有把总、外委汛地,并未驻有千总以上之武职,殊属非宜。今拟将永昌存城之右营守备一员,移驻紧要之永平县城,其自澜沧江北岸之杉木和汛,直至东北大路之漾濞汛,皆应归于右营管辖。查永平原驻把总一弁,带兵三十四名,未免单薄,今拟添募兵八十六名,连原驻之兵,合共一百二十名,驻扎永平,以为永昌门户。又永平辖之永定站,亦系大路,距城约及百里,为盗贼出没之所,向来驻兵,今拟添募兵五十名,拨一外委督巡,作为永定汛。又龙街,距城一百二十里,回民多而且悍,向来亦未驻兵,今拟添募兵四十名,拨一外委管带,作为龙街汛。又漾濞。虽在蒙化厅界内,而距厅城约二百里,其汛地本系永昌右营所辖,但向来仅以额外外委带兵三十二名驻扎相近之柏木铺,而于漾濞上下两街烟户极多之处,虽有巡检分驻,并无武弁专防,殊不足以资巡缉,今拟移拨永昌千总一弁,添募兵八十名,令其管带驻守,其柏木铺原驻兵弁,即作为漾濞汛协防,统归右营守备管辖。又永昌左营之姚关汛,壤接夷地,距城一百六十里,原设把总一弁,驻兵六十名,今拟添募兵四十名,共成一百名,驻守要隘。又旧乃汛,距城四百五十里,本系右营汛地,今应改归左营,其原设代防外委一弁,驻兵三十名,在昔足敷防守,今将保山回民安插于官乃山,已有二百余户,而尚有回民续求赴彼居住者,该山系旧乃汛所辖,防范稽查更关紧要,拟改拨把总一弁,添募兵五十名,以资弹压。又永昌坡,距城一百八十里,地形险要,向只驻兵十二名,今拟添募兵六十二名,移把总一弁赴彼管带,以资防守。至永昌协左右营汛地,前因都守均在本城,故分汛颇有错杂,今既将守备移驻永平,应接各汛地势,分别改隶两营:如姚关、旧乃、永昌坡、蟒水、枯柯河、潞江、猛峒、戛子铺、猛赖、粟柴坝、观音山十一汛,应归左营都司管辖;杉木和、竹鲁凹、燕子河、北冲、河湾、永平城、永定、龙街、柏木铺、漾濞十汛,应归古营守备管辖。此永昌一带添改备弁兵丁之情形也。

但永郡最为险要者,莫过于澜沧江桥。往年回匪之烧桥,上冬哨匪之拆板,皆谓此桥一断,官兵即不能渡江,以致匪类恃为负嵎之固。查向来该桥一带只派兵丁八名轮巡,固属无益,今即添营移汛,若仅守以本处兵丁,仍恐其与哨匪勾通,缓急究难尽恃。臣林则徐前于永昌阅兵折内,业经先陈大概,兹复公同商议,似此咽喉之地,宜以客兵换防,拟由提标派出千总一弁,带兵一百名,驻扎澜沧南岸之平坡。该处踞险凭高,四面皆堪瞭望,以之守御折冲,自当倍形得力。每届半年,调换一次,俟接防者到彼,准原驻者回营,以均劳逸。但客兵于地形未尽熟悉,仍须主兵协同守望,不任置若罔闻。此后拟将江桥地方作为永昌左右两营公汛,如该处失事,将永昌都守与派防之提标千总,一体惩处,以期各顾考成。此又酌拟主客互防之原委也。

至顺宁府地方,南北相去七百余里,从前营伍原隶永顺镇标,迨后改为顺云营,以参将一员管辖,驻扎缅宁厅城内,离顺宁府城三百余里,而所辖之锡腊等处,接连夷地,回匪每与夷众勾结为奸,且距营既遥,恐参将难于远驭。查龙陵协副将一缺，虽处边隅，而地方现甚安静，且龙陵距腾越镇不远，该镇总兵堪以随时策应。今拟将顺云营参将与龙陵协副将两缺互相调换，作为顺云协副将、龙陵营参将，并龙陵中军都司亦改为顺云协中军都司，均移驻缅宁厅城，将该协钱粮归都司经管，其顺云营左军守备，仍驻顺宁府城，右军守备则须移驻锡腊。查锡腊原只外委一弁，带兵十八名驻扎，今情形大非昔比，夷回均须防范，兵力不可太单，数年以来皆有留防弁兵三百名，现拟以守备带兵久驻其地，所需兵额酌定二百四十名，除原驻兵十八名外，尚应添兵二百二十二名。又右甸一城，介在永、顺两府之间，是以永昌协与顺云营皆有右甸汛名目。然该处距顺宁府城只一百四十里，而距永昌府城二百一十里，今既于永顺坡添兵驻守，则永昌协不必再立右甸汛之名目，自应归于顺云专辖。查右甸城，毗连猛庭寨，汉回杂处，屡启衅端，原驻把总一弁，带兵四十三名，为数本少，近年多事之际，添驻防兵每及数百名，今匪类多已就擒，仍须时加防范，拟酌添守兵三十七名，连原驻之四十三名，共成八十名，并深拨额外外委一名，随同把总管带。又阿鲁史塘，亦系犬牙交错处所。原设塘兵五名，不敷稽察，今拟改塘为汛。添兵三十五名，应拨顺云营存城外委一弁管带。以上三汛，共应添兵二百九十四名。查顺云之兵分汛多而存城少，龙陵之兵分汛少而存城多，除右甸、阿鲁史两处所添兵数，仍于顺云存城兵内改拨外，所有锡腊应添兵数，即于龙陵存城兵内改拨，作为新设顺云协额兵，不必另行招募，千总以下各弁，均不更动。惟其中军都司既改归顺云协，应将龙陵右营守备改为中军守备，并将左右两营改为左右哨，由该备督率两哨千总经理营务。此顺宁一带酌改营制之情形也。

至大理府，为提督驻扎之所，复有城守一营，似兵力已属充足，但城守营汛地绵亘三县四州，而额兵仅七百余名，逐日解犯护饷等差，络绎不绝，势难再行裁拨，其提标中左右三营之兵皆为征调而设，若将标兵改汛，殊与营制不符。现查太和、赵州交界之下关，商旅辐辏，向无员弁驻扎，亦属非宜，今拟添募兵一百名，拨大理城守营存城之右哨千总一弁，移赴下关驻防，作为该千总汛地，其原设巡防上下两关汛之右哨把总汛地，即令专驻太和县城，毋庸兼管，并另派左哨外委千总前往上关驻扎，以专责成。又弥渡地方，甫经裁定，原驻外委一弁，带兵四十名，尚觉单薄，今拟添募兵四十名。又红崖一处，亦匪类聚集之区，向无驻扎弁兵，今拟添募兵四十名，拨城守左哨二司外委，在红崖驻扎巡防，与赵州、弥渡上下联络，统归大理城守都司管辖。其余各汛，悉仍其旧。此大理一带移汛添兵之情形也。

又蒙化一厅，最多回户，而其汛地系景蒙营游击管辖，该游击向驻景东厅城，距蒙化厅城已有四百七十里，而自蒙化厅至扼要之三胜站，又七十余里，中间未设塘汛，实恐疏虞。今拟将景蒙营存城之右哨二司把总移驻三胜站，由该营拨兵八十名随同驻扎，并巡查大小围埂及茅草哨等处，以免空虚。至楚雄原有楚姚镇标，自裁镇改协之后，其分驻姚州者，惟千总一弁，带兵六十七名，除分布二十二塘，计兵四十五名外，存城者仅兵二十二名。如上年该处汉回焚杀之事，在城兵丁即不敷弹压，今拟添募兵五十三名，连各塘共成一百二十名，俾共防守城池，巡缉附近匪类。此又蒙化、姚州两处改汛添兵之情形也。

以上所改协营汛地，凡驻防各员弁，均于存城内酌量移拨，毋庸增添。惟兵丁除拨抵外，计应添募守兵六百四十一名，无闰之年需饷银七千六百九十二两，有闰加增银六百四十一两，兵米每名每月例支三斗，今拟概以折色散放，每月折银三钱，无闰之年需米折银二千三百七两六钱，有闰加增银一百九十二两三钱。但思国家经费有常，曷敢以添饷增兵，复由部中于正饷之外另筹拨款，惟当于本省自行筹画，庶足以资久远而节度支。

查滇省盐务课款中，因销数畅旺，于正溢课外尚有溢余银数万两。道光八年前督臣阮元奏请按年据实造报，以一半归部报拨，一半留存本省以备边费，各项例不准销之款，就此支销，奉旨允准在案。今因迤西汉回甫定，边地绵长，移伍添兵，实善后中必不可缓之务。合无仰恳圣恩，准于本省盐课溢余项下，每年尽先动拨银一万两，遇闰加增八百三十二两九钱，作为新添兵饷米折之用。此款开除之外，尚应存溢余若干，再照奏定章程，以一半归部充公，一半留存本省边费。每年估拨兵饷之时，即先将增添饷银米折数目，声明扣除，毋庸请拨，以清款目。至移驻都守应盖衙署，及千把外委兵弁均须建盖汛房，经费颇繁，亦未便开销款项。现据大理府知府唐惇培捐银二千两。准升蒙化同知汪之旭捐银一万两,腾越厅同知彭崧毓捐银三千两,共银一万五千两,堪以分拨估建。如尚不敷,再由臣等另行筹给。此项工程既系捐办,应奏明请免造册报销。至永昌江桥换防弁兵盐菜口粮,每年约需银一千五百两,并往返军装抬费,即由本省边费内支放,毋庸另筹。如此一挹注间,于帑项既可不糜,而营伍堪资实用。总期久安长治,以仰副圣主整饬营伍、绥靖边陲之至意。

所有添募兵丁,现即预饬各营汛先行认真挑募,务择其年力强壮、技艺可观者方准应募,由该管将备逐层考验报查,不许以老弱一名充数。俟奉俞允后,即于二十九年正月起,一体到汛值防,以免拖前搭后。

(《林则徐全集》第四册,奏折页四○○至四○五)

[按]　这是一份完整改革营制的建议,全面而具体,对增强迤西稳定有重要作用,特全文收录。

十一月初二日,苏松太道与英领商定,扩大英租界范围,北以苏州河,西以泥城浜为界。(徐公萧、丘瑾琏:《上海公共租界制度》)

十二月初八日,林则徐会同滇抚程矞采从本日起,"调集督标中左右三营,抚标二营及城守营各官兵,亲赴教场,分日校阅"。(《校阅省标六营官兵折》,见《林则徐全集》第四册,奏折页四五六至四五七)

十二月十六日,林则徐函复署贵州安顺府知府胡林翼,对胡林翼推荐左宗棠入幕一事(见梅英杰:《胡文忠公年谱》卷一;罗正钧:《左文襄公年谱》卷二,均在道光二十八年条)表示欢迎说:

承示贵友左孝廉,既有过人才分,又善经世文章,如其嘌肯来游,实所深愿。即望加函敦订,期于早得回音。其馆谷舟资应如何致送,亦希代为酌定。以执事之聆音识曲,当能相与有成,即使弟来年获遂初衣,亦可于此间妥为位置,第未知其是否急于计偕耳。

(《林则徐全集》第八册,信札页三六七)

[按]　左宗棠对这次推荐因家事羁绊而辞谢。次年,左宗棠在给胡林翼的复信中曾表达对林则徐的仰慕心情说:

少穆官保爱士之盛心,执事推荐之雅谊,非复寻常所有。天下士粗识道理者,类知敬慕官保,仆久蛰狭乡,颇厌声闻,官保固无从知仆;然自数十年来闻诸师友所称述,暨观官保与陶文毅往复书疏,与文毅私所纪

685

载数事,仆则实有以知公之深。海上用兵以后,行河、出关、入关诸役,仆之心如日在公左右也。忽而悲,忽而愤,忽而喜,尝自笑耳!尔来公行踪所至,而东南、而西北、而西南,计程且数万里,海波沙碛,旌节弓刀,客之能从公游者,知复几人?乌知心神依倚,惘惘相随者,尚有山林枯槁未著客籍之一士哉!来书谓宫保爱君心赤,忧国形癯,巨细一手,勤瘁备至,望仆有以分其劳。陈义至大,所以敦勉而迫促之者甚切。仆之才之学,固未足以堪此。……仆诚无似,然得府主如宫保者,从容陪侍,日观其设施措注之迹,与夫莅官御事之心,当有深于昔之所闻所见者。纵不能有当于公之意,然其有益于仆,则决可知矣,尚何所疑而待执事之敦促也。……愿我公益坚晚节,善保体素,留佐天子、活百姓,毋遽言归。文书笺奏,在于幕府,苟不乏人,尚以时优游斋阁,少劳简思,永保终吉,天下之幸,亦吾侪小人爱慕公者之幸也。

(左宗棠:《答胡润之》,见《左文襄公全集·书牍》卷一)

十二月十九日,林则徐在督署招同人为苏东坡生日会,并写诗《戊申腊月十九日,滇中节署招同人作坡公生日》一首记其事。(《林则徐全集》第六册,诗词页九六至九七)

林则徐自到滇以来还写了一些应酬诗。如《岩栖上人以诗求题率成与之》、(页二五二)《题项易庵山水卷》(页二五五)等。(《林则徐全集》第六册,诗词)

十二月二十日,林则徐上《汇核滇省本年拿获人犯折》,报告全年所办"盗匪"案件,"计本年自春至冬,除迤西专案奏办劫杀各犯,并此外各属详办杖刺零匪俱不计数外,实破获各处抢劫及叠窃多赃之案,共八十四起,计盗匪三百六十八名,先后讯取确供,经臣等批饬招审,并严缉逸犯,分案惩办"。
(《林则徐全集》第四册,奏折页四六六)

冬,林则徐在《致贝青乔》函中,对贝所论外国侵略之害与漕运的弊病发表看法,认为所论极是,但却感到无实现的希望。这反映了林则徐历经挫折后,锐气消弱的情绪。复函中说:

所论岛夷之害,漕运之弊,可谓抉择无遗。然昔时体统犹存,尚能操纵;今则授之以柄,彼且有以难我。即使仆复与其事,能嵌制之于纵逸之余乎?黑白当从局外看,惟付之浩叹已耳!至漕运,则我见为害者,皆人所藉以为利。治其枝节,抑末矣;若究其本根,则欲去在此之害,必先去在彼之利。恐事未集而侧目者众,不惟挠之使其无成,且必构之使其受祸。一人之力难胜众人,亦徒托之空言而已。海运原不自今日始,而时势既殊,故议者多谓其窒碍,且亦实难保其万无一失也。此后再试良难耳!

(《林则徐书札》)

是年,梁廷枏联合广州城内粤秀、越华、羊城三书院绅士号召民众"出丁设械,为拒夷入城之备",并联络城外各社学共十万余人,日夜操练,严密布防。每晚,社学壮雄出巡,"四城灯烛照耀,殆同白日,枪炮声闻十里",形成了反入城斗争的浩大声势。(梁廷枏:《夷氛闻记》卷五)

是年黄安涛(1777－1848)、徐松(1781－1848)、贺长龄(1785－1848)卒。

道光二十九年　己酉　**1849年** 六十五岁

　　正月,林则徐在云贵总督任。十七日,林则徐邀云南巡抚程矞采和廖韵楼、保绍庭等人共游万寿寺看山茶花。林则徐写了《己酉上元后二日,邀程晴峰同年、廖韵楼前辈、保绍庭刺史、李桥东、杨平阶两明府万寿寺看山茶花有作》一诗,以抒情写景。

> 滇中四时常见花,　　经冬犹喜红山茶。
> 奇观首数塔密左,泛地名　　树大十围花万朵。
> 官斋安得寸根移,　　但涤罂瓶供折枝。
> 纵饶座上斒斓色,　　那及园林烂漫姿。
> 东君不秘倾城艳,　　春光尽许吾曹占。
> 平生未惜马蹄遥,　　肯使城南花事欠。
> 昨宵小雨替清尘,　　步屧春风正及晨。
> 禽语钩辀催曙色,　　花幡摇曳约诗人。
> 定光寺里珊枝老,　　可惜今年开不早。
> 菊瓣群夸太极宫,太极宫亦在城南,有树三株,花瓣似菊
> 还输万寿庵中好。庵即在塔密左
> 小板桥西路几弯,　　墙头先霞半林殿。
> 初疑日上棹桑丽,　　旋讶霜侵枫树丹。
> 须臾转入摩尼殿,　　赭色迷天天不见。
> 火伞高张祇树林,　　赪珠遍照空王院。
> 花气清当雨后天,　　朝曦初映倍鲜妍。
> 迸开新瓣浓于染,　　擎出高枝烂欲然。
> 最宜佛座东偏看,　　银海光摇红不断。
> 谁抛朱绢树头缠,　　岂炽洪炉林下煅。
> 花光遥扑碧鸡关,　　欲换燕支塞外山。

鹤顶投林翻觉淡， 鹃声啼血枉留斑。

回思火树明前夕， 似有仙人向空掷。

天女凌虚散作花， 转教桃李无颜色。

江南我忆众芳寻， 赤玉丹砂亦满林。

梵行寺有端明咏，寺在扬州

拙政圆〔园〕经祭酒吟。园在苏州，吴梅村有山茶花歌

宝珠色相犹输此， 却到边陬叹观止。

合将南诏号朱天， 不负行戎一万里。

醉劈云笺字剪霞， 聊凭绮语写秾华。

花神若与诗争艳， 笼取红纱胜碧纱。

（《林则徐全集》第六册，诗词页九七至九八）

　　正月，林则徐因清廷派琦善为钦差到滇处理降调知县广和京控案，特致函表示欢迎。（《林则徐全集》第八册，信札页三八一）后因改派成都将军裕诚处理，琦善并未到滇。

　　二月二十日，林则徐奉命议复有关云南开矿的问题，上《查勘滇省矿厂情形试行开采折》。他首先叙述和分析了云南过去开矿的情形，并提出了对勘采、管理等有关问题的见解。他认为："踩勘必须详细"，要"多派书差巡练，以杜偷匿漏课，并禁夺底争尖"。他认为那种持"人众难散"论调的人，是"非真知矿厂情形"。他主张由商民来办矿。

　　林则徐的这些主张是经过"与在省司道及日久在滇之正佐各员，下逮商旅民人，无不虚衷采访"后所提出来的。他反对那些认为开矿会聚乱民的观点，鼓励私人开采，提倡商办为宜等等，对当时推动社会生产力的发展是有利的。林则徐在这种具体分析的基础上制订了宽铅禁、减浮费、严法令和杜诈伪等四项章程，来整顿云南的矿务。

　　臣等与在省司道及日久在滇之正佐各员，下逮商旅民人，无不虚衷采访。窃以此次认真整顿，令在必行，所宜先定章程者，约有四事：

　　一曰宽铅禁。查银矿惟炸矿为上，为其块头净洁，出银多而成色高。然厂中似此之矿，百不得一。其习见者，名为大花银矿、细花银矿，其实皆铅矿也。铅矿百斤，煎铅得半，即为好矿。而好铅十斤，入炉架罩，其上者得银六七钱，次者仅二三钱。除抽课、工费之外，只敷半本。其裹出

· 689 ·

铅汁,名为铕团,铅浸灰内,名曰底母,皆可溜成黑铅,以此售卖,始获微利。滇省向因黑铅攸关军火,曾有比照私卖硝磺办罪之案,故炉户所余底铕皆为弃物,亏本愈多。臣等查黑铅一项,或锤造锡箔,或炒炼黄丹颜料,所用亦广,原非仅为制造铅弹之需,律例内并无黑铅不准通商之文。且贵州之柞子厂、四川之龙头山黑铅,均准售卖。滇省事同一律,如准将底铕出售,以补厂民成本之亏,庶不至于退歇。况售买底铕必有行店,其发运若干,令厂员验明编号,填给照票,俟运至彼处,即将照票赴该地方衙门缴销,既可杜其走私,于军火无所妨碍,借得沾有利益,于厂民实获补苴。

一曰减浮费。查云南各属,无论五金之厂,皆有厂规。其头人分为七长。每开一厂,则七长商议立规,名目愈多,剥削愈甚。查历办章程,迤东各厂硐户卖矿,按所得矿价,每百两官抽银十五两,谓之生课。迤西各厂,硐户卖矿不纳课,惟按煎成银数,每百两抽银十二三两不等,谓之熟课。皆批解造报之正款,必不可少。此外有所谓撒散者,则头人、书役、巡练之工食薪水出焉。有所谓火耗、马脚、硐主、硐分、水分,以及西岳庙功德、合厂公费等名目,皆头人所逐渐增添者,虽不能尽裁,亦必须大减。现在出示晓谕,务令痛删无益之规银,以办必需之油米,庶不至因累而散。

一曰严法令。查向来厂上之人,殷实良善者什之一,而犷悍诡谲者什之九。又厂中极兴烧香结盟之习,故滇谚有云:"无香不成厂"。其分也争相雄长,其合也并力把持,恃众欺民,渐而抗官藐法。是以有矿之地不独官惧考成,并绅士居民亦皆懔然防范。今兴利必先除害,非严不可。即如所用铁器,除锤凿、锅铲、菜刀准带外,一切鸟枪、刀械,全应搜净,方许入厂。其驻厂弹压之印委员弁,皆准设立枷杖等刑具,有犯先予枷责,或插耳箭游示,期于小惩大戒。若厂匪胆敢结党,仇杀多命,闹成巨案,或恃众强奸盗劫,扰害平民,责令该府州厅县会同营员立即兜拿务获,审明详定之后,请照现办迤西匪类章程,就地请令正法,俾得触目警心,庶可惩一儆百。

一曰杜诈伪。查矿厂向系朋开,其股份多寡不一,有领头兼股者,亦有搭股分尖者,自必见有好矿而后合伙。滇省有一种诈伪之徒,惯以哄骗油米为伎俩,于矿砂堆中择其极好净块,如俗名墨绿及朱砂、荞面之类,作为样矿示人,唉以重利,怂恿出赀,承揽既多,身先逃避。愚者以此受累,黠者以此诈财,良民不敢开采多以此故。又厂上卖矿买矿之时,复有一种积蠹,插身说合,往往私抽厘头,为之装盖底面,颠倒好丑,为贻害厂务之尤。兹先出示谕禁,嗣后访获此等匪徒,皆即加重惩办,庶可除弊混而示劝惩矣。

（《林则徐全集》第四册,奏折页四九八至四九九）

二月,林则徐为梁章钜《制义丛话》作后序,论述制义,并推崇梁著的意义。

国家承前代之旧,以四书文取士,自春秋两闱,内而成均,外而学使及郡县诸试,咸以四书文定取舍,名曰制艺。盖朝廷之功令,士林之趋向系焉。顾学者不察,徒以弋取科名,而于制义之盛衰正变,荒昧而莫识其由来,则以近代无有如挚虞、刘勰其人者,深明流别,究极利病,纂成一书,俾学者探厥指归也。长乐梁氏,吾闽望族,累世以科目起家。茝邻先生少禀庭训,即致力于制义。自通籍以迄出持节钺,政事文章,经史著述,卓然当代伟人,而于制义亦无一日弃置。尝于暇时辑《制义丛话》一书,自北宋逮于今兹,按其时代,各成卷帙,兼以考证旧闻,网罗琐事,翼传注之遗阙,极风气之变迁,读者得由此以知人论世。虽七百余年之远,其盛衰正变,一一可辨夫升降,洵为自有制义以来不可少之书也。吾闽向称文薮,前明如蔡介夫、周莱峰、田钟台、傅锦泉、李九我、许钟斗、吴青岳、苏紫溪诸家,名重艺林,先生曩辑《闽文复古编》,已备采之。兹《丛话》之作,则遍及宇内,搜择无遗,较之宋人诗话中阮阅、胡仔诸书,世称取材富而考义详者,殆有过之无不及矣。则徐少鲜学问,功力极浅,年未三十即幸获科名,虽屡奉使衡文,自问实未能深造。洎膺疆圻之任,簿书鞅掌,戎马倥偬,文字因缘益疏。先生尝命作序,久无以应。顷闻先生方游浙东,而则徐远官滇徼,相去万里,合并何时,因就管见所及,书此以报,非敢云序也。

道光己酉春二月,馆侍侯官林则徐序

（《林则徐全集》第五册,文录页四二〇至四二一）

三月下旬,林则徐写了和孙毓溎原韵诗以奉邀欢叙:

碧鸡台畔拓荒庄,　　准备披襟共纳凉。

　　　　药笼知君搜采遍，　　　间看秋士踏槐黄。

在此诗后，林则徐又写赠诗一首：

　　　　妙笔新词点石栏，　　　旧吟应笑小虫寒。

　　　　何期拂却尘埃满，　　　替写兰亭换骨丹。仆于戊申春仲督师永昌，过趺迦
　　寺见牡丹已开，口占一绝，不知何人书于屏间。次年春，梧江学使按试过之，以诗字显
　　然不类，辄书易其处，且见和一绝并跋其后。感此盛意，仍用前韵报谢

　　　　　　　　　　　　　　　　　（《林则徐全集》第六册，诗词页二五五至二五六）

　　［按］　林则徐于戊申春仲（道光二十八年二月）督师永昌时，曾过趺迦
寺，赋牡丹诗，后被人书于屏间。本年初，孙毓溎按试全省过此，见诗书不相
称，即另处别书，并和诗一首跋于后。林则徐复用孙和诗原韵写上诗，对孙表
示谢意。林将此诗附致孙函中寄去并邀其回省时欢叙度夏。函末署"己酉病
月下浣，馆愚弟林则徐漫草。"病月即丙月，为三月，故定为二十九年三月作。

　　三月二十五日，上《续获迤西案内逸犯审明定拟折》，报告拿获迤西自道
光二十五年以来匪犯一千二百余名。

　　　　伏思迤西汉回，自道光二十五年以来，叠次构衅，外匪之依附既多，
　　凶恶之嚣凌借炽。经上年大振军威之后，奸毙固已无算。而陆续擒获惩
　　办者，亦至一千二百余名，人心莫不震慑，浇风咸已涤除，现在地方甚形
　　绥静。

　　　　　　　　　　　　　　　　　（《林则徐全集》第四册，奏折页五一一）

　　三月，英香港总督文翰以兵船入虎门，欲以武力强求入城。升平社学等
组织号召民众抗英，迫使文翰表示不再要求入城。《中西纪事》卷一三曾概述
其事。

　　两广总督徐广缙、广东巡抚叶名琛掠社学反入城斗争之功，奏报"入城之
议已寝"，清廷即加爵赏："徐广缙著加恩赏给子爵，准其世袭，并赏戴双眼花
翎；叶名琛著加恩赏给男爵，准其世袭，并赏戴花翎。"（《道光朝筹办夷务始末》卷
八〇，页一五）

　　三月以来，林则徐有致各方人士函件，内容大体一致，即陈述云南汉回纠
纷及动乱已被平靖。自己身体不佳，拟辞官养病。可参见《林则徐全集》第八
册信札。

　　四月初六日，林则徐自本年正月十九日起至本日间派兵镇压腾越彝民暴

动,得到清廷"所办甚好"的嘉奖。(《林则徐全集》第四册,奏折页五一五至五一九)

四月二十七日,上《他郎厅新矿酌更营汛折》为云南普洱府他郎厅金矿改由官为督办,并拟酌更营汛、加强兵力,以巩固他郎厅的官办地位。(《林则徐全集》第四册,奏折页五一九至五二一)

四月二十七日,林则徐上《访获他郎厅私挖矿硐之黄应昌等大概供情折》,向清廷报告逮捕他郎矿反对官办而自行开采者一百一十二人的大概情形。(《林则徐全集》第四册,奏折页五二二至五二四)

四月二十八日,上《省会被灾援照直隶成案办理捐输片》,报告昆明连遭雨灾,请求办理捐输。(《林则徐全集》第四册,奏折页五二八至五二九)

五月初六日,林则徐上《保山县城内回民移置官乃山奏明立案折》,向清廷报告强徙保山回民于官乃山的一年来情况,并准备强为变卖尚未处理的回民在保山的零产,以使回民永远定居在官乃山。(《林则徐全集》第四册,奏折页五三二至五三五)

时人王发越写诗盛赞林则徐解决云南汉回纠纷的功绩,虽中有谀词,但尚称纪实之作,可借以了解当时人的一种看法。王赞林则徐的智谋是:"深沈智勇问谁如,力挽狂澜震泽潴。妙算早知胸有竹,神鍼何虑骨生疽。中山机捲哮林虎,沧海钓吞跋浪鱼(首犯金混秋、沈振达等,公皆密谋传获)。"诗中又以较多的诗句颂扬了这次战功说:

狼烟狐火廓然清,　　缚服何曾折矢兵。

拔帜先声惊贼胆,　　轰雷一怒奠民生。弥渡一捷,匪已闻风胆落

典当从重谁逃网,　　法贵持平独秉衡。

最是三军经过处,　　扶犁野老自深耕。

霓旌凯撤火流鹑,　　五月泸江再渡人。

直欲妖氛清井野,　　肯作余蘖扰兰津。公自永昌凯旋,遣将搜拿围捕赵州、曲硐、姚州等处,积年滋军巨匪五百余名

迎车犵鸟鸣欢豫,　　夹道蛮花献笑曅。

边境晏然成乐土,　　仁风布遍万家春。

漳江扫尽雾千里,　　丕播恩威六诏蒙。

荒缴豺狼胥革面，

丹徒华衮喜褒功。　捷书入奏，天语褒嘉，当加太子太保衔，并赏戴花翎

泽如时雨苏群卉，　　疾若秋风捲断蓬。

愿铸黄金装活佛，　　绥边全赖富韩躬。

《倚云山房诗文集·南游吟草》卷四

〔按〕　王发越，字英斋，时任云南迤西道。林则徐曾有复函向王祝林寿辰表示谢意。

五月初六日，张亮基由于年余在永昌府任上"于地方之利弊，无不访察周知，于风俗之浇漓，无不革除务尽"，所以林则徐上《密保永昌知府张亮基片》称："将来遇有兼辖迤西及统辖滇省之任，如蒙简畀鸿慈，似张亮基皆可力图报称，以收得人之效。"（《林则徐全集》第四册，奏折页五三五至五三六）据此，清廷即将张亮基由知府超擢云南按察使。次年，张亮基即经由布政使、巡抚而擢居云贵总督。（《清史列传》卷四九《张亮基传》）

五月十四日，林则徐因旧病复发，上《旧疾复发请假调治折》，请假一月调治。二十日，林则徐将督篆交云南巡抚程矞采兼署，自己则"键户医调"。六月十七日，上《病势增剧请开缺回籍调理折》，清廷于七月二十四日予以批准。

云贵总督臣林则徐跪奏，为微臣病势增剧，一时难冀医痊，谨沥下忱，吁恳天恩俯准开缺回籍调理，恭折奏祈圣鉴事：

窃臣前旧疾迭发，自交夏至以来，所患喘嗽、疝气、脾泄诸证，倍甚于前，自顾委顿难支，深恐贻误公事，不得已奏恳恩施赏假一月，将督篆交抚臣程矞采兼署，俾臣服药静摄，以冀速痊。如病势日见减轻，虽未满一月之期，亦当急图销假。是以发折之后，复经延访数医，商同诊治。无如心愈急切，而病之枝节愈多。缘一身之中，虚火浮于上，痰湿滞于中，虚寒陷于下，节节互相妨碍，用药倍难。其为治本之言者，谓脾泄之勤，疝气之痛，无非积寒所致，须服温剂为宜；乃服之则虚火愈以上浮，唇肿舌敝，咽喉作痛，而气之下陷者如故。因而稍加凉剂，则脾肺间湿痰更为粘结，咳嗽愈多，痰愈不出。并因咳久成喘，上气呃逆不平，中气又不宜通，下气仍不收摄。且脾泄多而两足软，举步似即欲僵；虚火起而两耳鸣，闻言如有所隔。屡经抚臣程矞采、学臣孙毓溎，暨在省之司道府县，亲至臣卧房看视，咸以用药实多棘手，不如静养为宜。而臣耿耿于心、朝夕焦急

者,则以目下虚悬职守,寤寐皆不自安。

伏念臣以一介寒微,渥沐圣明恩遇,由翰林、御史出为道员,三十年间,洊膺封圻重任,如两江、两广、湖广、陕甘、云贵五处总督,皆非臣才力之所能胜;且于获咎之余,复荷恩加再造,即糜顶踵,何足仰答高深。然致身断不敢惜身,而奉职实倍虞旷职。虽此时督篆已有抚臣程矞采兼署,其办事之精勤熟练,实胜于臣。惟臣既病日增,若本缺未开,必不能安心调理,伏乞圣主鸿慈,准将云贵总督另赐简放,以专责成。臣开缺之后,可回原籍从容调理,并驰赴他省,顺便就医,庶几心绪稍宽,病势或能渐转。如蒙恩庇,幸获就痊,即当入京泥首宫门,恳求赏给差使,断不敢自耽安逸,仰负生成。

所有吁恳下忱,谨缮折具奏,伏乞皇上圣鉴训示。臣不胜惶悚依恋之至。谨奏。

六月十七日

道光二十九年七月二十四日奉朱批:"钦此。"

[按] 据中华书局抄存稿,朱批日期为道光二十九年七月初六日。

[按] 冯桂芬有怀人诗二十首,其中一首即记林则徐告归一事。诗称:

总制威名振百蛮,　　功成优诏许还山。

定知万里经行处,　　多少香花竹马班。

(冯桂芬:《梦奈诗稿》)

五月二十八日,林则徐在昆明有《致刘建韶》函,陈述自己告归求去的原因说:

弟自去岁督办弥渡、保山匪案,用兵半载,周历驰驱。夏杪回至省垣,病体已难支拄,即经沥情乞疾,与在陕前事略同。乃适有本省被参之员至京讦控,仍奉谕旨,发滇交弟审办。同人咸谓弟如乞病,必由京另简星轺,滇、黔最属瘠区,远道大差,深贻地方之累,特将弟已发之折加站赶回,此弟所以辗转逗留而未能决然舍去也。孰知此案原告刁狡异常,弟将所审大概情形先行具奏,圣意以本省大吏究难箝其口而折其心。星使之来,业已一易再易,而至今尚未能至,弟愈悔去年不应曲徇众人之请,以致枝节滋生耳。

兹自入夏以来,凤恙又复迭发,如喘嗽、疝气、脾泄诸症,皆比在陕时尤甚。先犹力疾从事,夏至节后,倍觉委顿难支,不得已据实奏陈,先请一月之假,拟六月内即当续请开缺。月前李石梧制军之请尚蒙恩准,可见圣明亦极俯体下情。弟年齿之衰,视石梧更逾一纪,想主恩定予曲全也。

这封信虽然说明他是因病告退,但也透露出在仕途上已遇到棘手的问题,加以健康状况愈下,不能再任职下去了。而这正是他引退的真实原因。

林则徐在同一封信中还对英人入居福州之事颇为怀忧。他说:

福州既有他族逼处,弟若与之同壤,尤恐招惹事端。

(《林则徐全集》第八册,信札页四〇九)

这种忧虑不仅是对英人,更重要的是忧虑自己回籍后不能见容于当地疆吏。后来,闽督刘韵珂等谋加中伤正说明林则徐的忧虑确是有识之见。

七月十八日,林则徐收到未曾谋面的友人邵懿辰劝其勿引退的信件,即作书复邵,详述滇省政情及自己呕呕引退的原因。

至殷殷然属勿以年衰引身而退,则爱之愈挚而望之亦愈深。……夫为国首以人才为重,此扼要之谈也。然人之才地各异,亦因用之者为转移,有才而不用与无才同,用之而不使之尽其才与不用同。且当其未用之先,犹有所冀也,及用之而不能尽其才,或且以文法绳之,猜忌谴之,则其人之志困而不能自伸,而天下之有才者闻之亦多阻。自古劳臣志士之不能竟其用者此也。……然则培养之,扶植之,使天下之才皆足以为我用,是所望于执事所谓虚公而好善之人矣。今日之人才诚不知其何如,而诚得虚公好善之人求之,则以汇聚、以汇征,因其所长而分任之,虽艰巨纷投未有不立办者。否则,内忧外患交集于一时,安能以有数之人才分给之耶?况天下事,势合则易为功,势分则难为力。……今之时势,观其外犹一浑全之器也,而内之空虚,无一足以自固。即得大有为者以振作之,尚恐其难以程效,况相率而入于因循粉饰之途,其何以济耶?狂澜东下,诚有心者所欷歔而不能已耳。执事所深嫉者,在于剜肉疗饥、吮血止渴,此诚确论。然上下皆明知之而故蹈之,亦曰计无所出云耳!……不佞鲜学寡闻,自释褐至今三十余稔矣。驰驱中外,虽不敢妄自菲薄,而荷两朝知遇,无以仰答高深,又未尝不时蒙惭恧。前者岛夷弗靖,自愧以壮往招尤。及生入玉关,惟以得归为幸,乃荷圣慈再造,重忝封圻之任,报称愈难。年来,盗匪之恣纵、汉回之纠纷,竭其蠢愚,勉为措置,幸不至覆𬖂贻诮,然筋力则已颓然矣!筹边重任,非一官一邑之比,而衰惫之躯厕其间,使擘画未周,则贻患非细,将如国事何?将如民事何?所以反复筹计而不敢苟禄者此耳。

(《林则徐书简》增订本,页二九八至二九九)

[按]　此函《全集》本未收。

这封信的中心讨论了人才是否得用的问题。林则徐提出的"有才而不用与无才同,用之而不使之尽其才与不用同"的论点,是对当时吏治阘茸、阻塞才路现实的抨击,也是他个人的抱负和才能得不到充分施展的感慨。这正透露出他的引退是由于遇事掣肘,而体弱多病、不能担当重任只是告归的一种借口。这封信还批评了当时政治局势已是"相率而入于因循粉饰之途",明知存在着"剜肉疗饥、吮血止渴"的危机而"故蹈之"。这种政局败象也促使林则徐不得不自动地结束其政治生涯。

七月,林则徐、程矞采与孙毓溎(梧江)同游城东黑龙潭,并欢饮于大观楼下。林则徐即事成诗二首请和:

玉鉴悬秋欲采风,　郊原联辔访龙宫。
松杉过雨垂鬟碧,　鱼鲔跳波弄眼红。
揽胜莫辞衣袂湿,　临歧肯放酒杯空。
老梅认取陈根在,
卅载鸿泥一梦中。黑龙潭有唐梅二株,嘉庆己卯徐使滇中尚见之,一株已枯,而旁出小茎引一大株,犹极蟠郁之盛。今此株亦只剩枯根尺许,为之慨然

笋舆穿辙郭东西,　载上轻舠息马蹄。
雨后浓园花四壁,　水边香绽稻千畦。
栏干百尺横波立,　楼阁三重压树低。
合乞文星留墨妙,　长言休让昔人题。大观楼有百八十言长对,故云

(《林则徐全集》第六册,诗词页二五六至二五七)

约七、八月间,冯桂芬曾有《上林督部师书》,劝其勿引退说:

国步需人,岩疆寄重,圣明在上,向用方殷,不宜听夫子之去,即夫子亦岂宜遂决然乎?(《显志堂稿》卷五)

同信又陈述江苏水灾为患,对林则徐道光初年在苏救灾办赈的政绩表示怀念说:

　　近接家言,吴中水灾,视癸未尤甚。正谊书院不浸者半扉。城闉惟间门无水。当事泄泄沓沓,不惟乌牧之是求。两月以来,流离满野,沟壑填委而开赈尚俟诹日。呜呼!其及待邪?虽乡曲妇孺,莫不慨然思夫子当日事,至形诸谣谚,益信德泽之入人心者深也。东南漕事,自夫子之去苏,变端百出,乡民折价石钱八九千,视夫子时殆倍之,民不能堪。于是乎不得已而议减帮费,又不得已而议行海运,又不得已而议均粮户,卒之动辄掣肘,咸归不行,惟有增多灾分以为出路,始则闾阎之脂膏可竭而奸蠹之囊橐必饱,继且朝廷之正供可减而丁胥之定数必盈。州县敛怨于民,深入骨髓,一旦有事,人人思逞。大水以来,数郡之间,毁衙署、辱官长者比比。此非一朝夕之故矣。非大有以振刷而挽回之,更一二十年,流弊尚可问哉!夫子之惓惓于吾吴久矣,当亦为之长太息尔!

(冯桂芬:《显志堂稿》卷五)

七月,林则徐为邹汉勋纂《大定府志》作序。

　　自明代武功、朝邑二志以简洁称,嗣是载笔之儒,竞尚体要,沿习日久,文省而事不增,其蔽也陋。抑知方域所以有志,非仅纲罗遗佚,殚洽见闻;实赖以损益古今,兴革利病,政事所由考镜,吏治于焉取资,所谓前事不忘,后事之师,顾可略欤?《周官》小吏掌邦国之志,外史复掌四方之志,职方又掌天下之图。凡士训、诵训所道,无非是物,何不惮繁赜若是,孔子欲征夏殷之礼,而慨于文献不足,志非所以存文献者乎?足则能征,不足反是,宜详与否,亦可识矣。然所谓详者,岂惟是捃摭比附,侈卷帙之富云尔哉!采访宜广而周,抉择宜精而确。惟广且周,乃足以备省览;惟确且精,乃足以资信守。江文通谓修史莫难于志,非以两者之不易兼乎?

　　悝斋太守由翰林改外,领郡县三十年,所至皆有循声惠绩。莅官之始,必访图志,宗朱子法也。初仕闽,见李元仲所纂《宁化县志》,以土地、人民、政事分门,喜其详赡,有裨于政,尝欲效之。时闽省方修通志,君宰首邑,旋晋福州郡丞,多所赞襄,而不暇自成一本。洎守黔之大定,以身率属,殚心教养。尝谓其地古蛮方,叛服靡常,我朝始设郡县,二百年来彬彬文化,而苗夷诸种今犹多于汉民,欲变化而整齐之,志乘尤不可略。

因访得前守王君允浩未刊志稿八卷，取为权舆而厘订焉、衰益焉。书成示余，且嘱为序。余受而读之，为卷凡六十，视旧稿奚翅增以倍蓰。其体例门目。亦皆自抒胸臆，不相沿袭。乃每卷先标原撰名氏于前，而自署曰重辑。噫！此诚君子以虚受人，美不自炫，而实则重辑之功什百于原撰，谓之创造可也。夫王君八卷之稿，断手于乾隆十五年庚午，距今已百年，中事非旧稿所有也，且旧稿仅纪郡守亲辖之地，而各属皆未之及。君则于所属诸州县一一载记，巨细靡遗，荒服瘠土，搜采綦难，而君竭数年精力，不使以阙漏，终一境地，必溯其朔；一名物，必究其原；一措施，必缕陈其得失。凡可以昭法守、示劝惩者，无不郑重揭之。且每事必详所出，不以己意为增损，其贯串赅洽，即龙门、扶风之史裁也，其大书分注，即涑水、紫阳之体例也，如郦道元、常璩、袁枢、郑樵诸述作，间亦资为铦揽，取以敷佐，使数千年往迹，若指诸掌，非君平时视官如家，视民如子姓，其能若此之实事求是乎？此书出而阖郡风俗、政治，犁然毕陈，即君莅官以来所以治是郡之实政，亦灼然见其梗概。后之官斯土者，如导行之有津梁，制器之有模范，果其循习则效，择善而从，又岂猾吏莠民所能障蔽其所睹哉！且此书之用，非独一郡所资，即措之天下，传之奕祀，莫不如契。斯印君之设施，讵有涯涘耶？昔余在闽里居，尝亲见君之惠政，比督滇黔，又幸得君之匡益。今岁大定荒疫，振恤补救尤重赖君。兹疮痍既复，而是书适成，诚斯土之幸而又不仅斯土之幸也。第余自愧老病，乞归养疴，不获与君常相切刷。所冀蒸蒸日上，宣力四方，所以上孚下浃，更有大且远者。吾身虽退，犹乐为延颈企踵以瞻治绩之隆也。

　　道光二十九年秋七月，总制滇黔使者侯官林则徐叙

（《林则徐全集》第五册，文录页四二一至四二二）

　　时人王发越对林则徐的去官，不胜依恋，写诗十章抒怀，兹录其四首，记林则徐抗英、筹边事迹及遭成厄运。

掀天骇浪忽生潮，　　压住蛟龙气不骄。
讵假虎门强弩集，　　居然鲸海毒烟销。
三章约法申严令，　　一叶轻帆载画桡。
免胄令公争快睹，　　至今威望重天朝。

谤书一纸达津门，　　　宵旰忧劳廑至尊。

得失寸心无介意，　　　是非千古有公论。

金戈铁马皆天数，　　　雨露雷霆尽主恩。

独惜藩篱轻撤后，　　　秋风燐火满江村。

安澜绩奏复投簪，　　　术壁风霜关历深。

绝塞仍甘征戍苦，　　　九重独鉴老臣心。

卅年积谷筹边饷，　　　万顷屯田代帑金。

西域忽传恩诏下，　　　欢腾遐迩颂纶音。

滇南兵燹几经秋，　　　戡定谁能运远谋。

福曜朗悬妖彗扫，　　　春霆怒震瘴烟收。

才能盖世心偏细，　　　胆大于身虑自周。

从此沧江风浪息，　　　筹边万里仰高楼。

（《倚云山房诗文集·南游吟草》卷四）

八月二十六日，林则徐奉旨卸滇督任。上《请准开缺回籍折》：

前任云贵总督臣林则徐跪奏，为恭谢天恩事：

窃臣前因患病恳请开缺一折，尚未奉到批回，兹准新授督臣程矞采移知，已准部咨："钦奉上谕：'林则徐著准其开缺回籍安心调理。'钦此。"臣于卧疾之际，跪诵温纶，感激涕零，莫能言喻。

伏念臣自惭庸陋，曾蹈愆尤，仰蒙圣主鸿慈，恩加再造，即捐糜顶踵，不足上答高深。乃以祜薄灾生，致婴犬马之疾；惟恐误公滋咎，只得据实陈情。既蒙赏给假期，旋准开缺调理。薪忧正切，迭闻谕以安心；梓里久离，益幸允其回籍。虽病躯委顿，仍然诸恙之纷乘；而遵旨就途，尚可缓程而静摄。惟卅载渥邀知遇，未能仰报夫生成；苟一息犹获支持，不敢自甘于暴弃。

所有微臣感激惶愧下忱，理合恭折叩谢天恩，伏乞皇上圣鉴。谨奏。

八月二十六日

（《林则徐全集》第四册，奏折页五四三至五四四）

九月十五日，林则徐函告女婿沈葆桢，决定回归乡里以避免无谓的议论。

所商进京居住之说,先前本有此意,是以函托厚庵议及诚园,以为菟裘之计。嗣知索价甚重,即不欲再寻。且明知京中应酬更为繁重,不出门则恐致招怪,若出去又与告病名实不符,设转贻拟议之端,尤为不值。且年来在滇过冬,并不用穿大毛衣服,忽受京中如许之冷,恐必老病益增。又想先茔未亲祭者二十年,亦不可不亟图归奠。昨奉谕旨,既有"回籍"字样,理宜直返家乡。目下此意已决,将来果能长住与否,亦不可知,只好随时再酌。住屋亦不得不仍旧,缘买屋之难,尤不可胜言也。

(《林则徐全集》第八册,信札页四二五)

九月,有《致毕应辰》函,论时文之弊说:

所谓学者无处而非集益之资,不拘拘于时文试帖也。向见埋头帖括者,欲叙半点小事亦不能明晰,无怪老辈以为社稷苍生晦气也。

(《林则徐全集》第八册,信札页四二三)

[按]　原件后有林则徐门人戴纲孙跋语称:"督滇时所致",故系于此,以见林则徐对时文的态度。

[又按]　毕应辰,字星楼,云南昆明人。道光三十年进士,曾任监察御史,其父为林则徐任云南乡试主考时录取的举人。

九月,林则徐离滇归闽。滇民拥马惜别。他在临行时,曾和僚属论及云南回民问题。林则徐对他几年来镇压回民反抗的成效并不乐观。他仅仅作了维持十年的估计。从这种估计可以看到当时云南回民的反抗力量不容忽视,这也正是太平天国举事后云南回民能起而响应的社会根源所在。金安清所撰传记中记此事说:

公临歧,与寮属论回事曰:"驭边者,恭勤仁明威,少一不可。守令能恭勤则小衅可弭。大吏能仁明威则众心自服。经此次创艾,区区之力,不过维持十年,过此非所知矣!"迨咸丰七、八年,滇患复炽,悉如公料。

(《续碑传集》卷二四)

[按]　云南省文史馆藏罗养儒撰《永昌回民相残记》稿本中说:"一日,程抚(按:指程裔采)设宴款林,席中谈到迤西各处乱事,今世勘平,程抚随举酒贺林。林督笑而言曰:'老同年,亦未可乐观也！汉与回,其结仇集怨,是同样深厚,云胸中无芥蒂存在,老同年岂能信乎？今只能云暂时安定,最大限能达十年。'"以此印证,金安清撰传所言似非虚构,也可借以见林则徐对当时云南

· 701 ·

地方形势是有比较符合实际的估计的。

九月,林则徐在离滇归闽途中赋《留别滇中同人》诗四首以答谢送别者。第一首说明自己告归的衷情,第二首追求和云南的因缘(一次作学使,一次作总督)和在云南的建树,而末二句:"莫恃征西烽火息,从来未雨合绸缪",则是提醒后来的当政者不要为表面上镇压了反抗力量的现象所迷惑,要作好预防变乱的准备。这一方面表明林则徐对巩固封建政权的关心,另一方面也说明林则徐确已意识到在平稳的现象下面还预伏着危机。第三首怀恋与当地耆旧诗酒欢会的乐趣。第四首不仅抒发依依惜别的感情,而且还念念不忘于民生困苦和局势的颓败。诗中写道:

> 黄花时节别苴兰, 为感舆情忍涕难。
>
> 程缓不劳催马足, 装轻未肯累猪肝。
>
> 膏肓或起生犹幸, 宠辱皆空意自安。
>
> 独有恫瘝仍在抱, 忧时长结寸心丹。

（《林则徐全集》第六册,诗词页二五九)

[按] 林则徐应召再起时,宜黄陈偕灿(少香)曾就此诗写书后诗说:"公忠身许济时艰,引疾归来忍置闲,天下安危韩魏国,苍生霖雨谢东山。筹边策合驰重译,谕蜀文曾定八蛮(前年定滇匪),最是碧鸡坊外路,临歧犹轸念恫瘝。召棠邮泰众情钦,小范文章蔚翰林(谓长嗣君),调鼎功宜虚左待,匡时才岂异人任。入山猿鹤烟梦古,跋浪鲸鲵瘴海深。莫使草堂开绿野,征车早慰九重心(时被召再起)。"(林昌彝:《射鹰楼诗话》卷二)陈偕灿与林则徐颇有交往,陈的诗集中有一首题为《林少穆宫保枉顾寓斋》的诗说:"小屋笆篱上绿苔,燕泥封榻乱书堆。日高睡足茶烟起,深巷传呼仆射来。"(《鸥汀渔隐诗续集·春雨楼近诗》)由此可见林则徐回原籍后的淡泊生活。

林则徐的一些友人以林的告归多寄赠诗作,林也写了答诗。这些答诗都或多或少地反映了林对国事民生的关怀。如:

(一)《袁午桥礼部(甲三)闻余乞疾寄赠,依韵答之》诗,诗中抒发了他从召还后,虽屡加重用,但还一直未允召见,从而无法面陈意见的抑闷心情;同时,对广东地区侵略势力的嚣张也表示极大的担忧。他在诗中说:

> 星星短鬓笑劳人, 回首光阴下坂轮。
>
> 敢惜残年思养拙, 难祛痼疾剧伤神。

安心屡愧承温诏,两奉恩旨,皆令安心调理　　　止足原非羡逸民。

辜负君恩三十载,　　况从绝塞起羁臣。

除书频忝姓名标,　　自入关来未入朝。

谬向蛮方开节镇,　　犹闻洋舶逞天骄。

澜沧昨岁鸮音革,　　珠海何年蜃气消。

病榻呻吟忧未了,　　残灯孤枕警中宵。

(《林则徐全集》第六册,诗词页二五七)

（二）《次家啸云(树梅)见赠韵》及《和陶莲生(廷杰)赠行原韵》等诗都表达了对形势的关切和惜别的友情。(《林则徐全集》第六册,页二六一、二五九)

在归途中,林则徐读贵州《大定府志》,对为地方志写序的要求及如何搜寻志料等提出了见解,这是现在所见到林则徐资料中唯一论及地方志书编写的材料。这是在《致黄宅中》信中所提出的。全函称:

大著志书六十卷,先在滇黔道上,跋履险巇,未及细读。兹由瀒溪放棹,始得反复寻绎,藉以消遣积疴。深叹编纂之勤,采辑之博,抉择之当,综核之精。以近代各志较之,惟严乐园之志汉中,冯鱼山之志孟县,李申耆之志凤台,或堪与此颉颃,其他则未能望及项背也。所嘱叙言,自顾谫材拙笔,恐不称于全书,特以誼逌之殷,不敢终匿其陋,勉成一稿,录以寄政,但大刻未见凡例,只就弟诵绎所得者言之,即或见智见仁,犹恐未能洞澈窾要。窃念弁言之作,原为全帙提纲,如叙中于书之体例有脱漏者,应请就稿酌添;有触背者,亦祈酌易。总使作者之意尽宣于叙者之言,俾读者观一叙而会全书之宗旨,乃为吻合无间。拙制恐未能尔。文章公器,吾辈可共切磋。以六一先生之文,尚不惮与人商榷,况谫闻之士乎?韦祈爷以斯言,切勿客气是祷!

将来如有闽便,先望将志书再寄一部。现在刊本未免尚多错字,须嘱细心者重校一过,逐加修改,更可以广流传矣。

又附笺一纸说:

再,惠人志中无可表见者,但入职官谱。至传中则有详有略,有专传,有附传,胥视其人诚合于舆评之公,绝无以意为轩轾者,惟《徐玉章传》内既附入周有声,称其有惠声矣,而下文云其家不通谱状,此则采访似尚未周耳。周太守字希甫,由中书起家,工诗,刊有诗集,文名颇著;其令嗣鸣鸾,字介夫,由襄阳府擢庐凤道,回避石梧制军,改河南候补。并以附及。

(《林则徐全集》第八册,信札页四二八至四二九)

[**按**] 此件受信人原作惺斋,即曾任大定知府的黄宅中,《全集》作《致黄宅中》,黄氏生平具载民国《大定县志》卷九《宦绩志》,记其纂志缘由甚详:

> 黄宅中字惺斋,号图南,山西河曲人。由翰林外放闽县知县,晋湖南宝庆同知,赝特荐简任贵州大定知府。道光二十五年莅任,以大定地处偏隅,汉少夷多,声教不通,志乘残缺,乃取前守王允浩乾隆中志稿作权舆,而延湖南邹汉勋为主纂。宅中以其时讨论而参酌焉。又檄取五属记录,逐条备载,纲举目张,阅四寒暑而蒇事。既未设局,又无存款,宅中惟勤省俸薪,勉成巨帙,仿闽中李元仲所纂宁化县志体,分土地人民政事六大纲,加以外篇文征共八门总二十册约六十余万言,刊本印行,其版藏弄明伦堂中,距今七十余年版毁而书亦罕存。

[**又按**] 又据《中国地方志综录》著录,《大定府志》六十卷,黄宅中、邹汉勋撰,道光二十九年刊,正与林函中所云"大著志书六十卷"相合,故林所评论志书即此《大定府志》。此志版毁书罕,后似未重刻。

[**又按**] 林函中涉及人物著述,特诠释如下:

(一)"严乐园志汉中"——严如熤字乐园,撰《汉南续修府志》。

(二)"冯鱼山志孟县"——冯敏昌字鱼山,撰《孟县志》。

(三)"李申耆志凤台"——李兆洛字申耆,撰《凤台县志》。

(四)徐玉章,字南诒,浙江乌程人,嘉庆五年举人,十三年大挑一等,分发贵州,历署铜仁知县,麻哈知州,普安同知,补平安知县,升仁怀同知、遵义知府。道光五年署大定知府。(参见《大定县志》卷九)

(五)周有声,字希甫,湖南长沙人,由中书起家。嘉庆道光间官大定知府,工诗,勤于吏治。子鸣鸾,官庐凤颍道。(参见《大定县志》卷九)

[**又按**] 林则徐在这封《致黄宅中》的信中发表了对地方志的一些见解,主要是:

(一)评论了清修地方志,并举出严如熤、冯敏昌和李兆洛所修志书是佳志,并借此肯定了《大定府志》的价值。

（二）提出了如何为方志写序的问题。林则徐认为"弁言之作原为全帙提纲"，应该让"读者观一叙而会全书之宗旨"。（这对当前地方志编写工作中颇有可资借鉴之处。）

（三）要注意刊本的校勘工作。

（四）对入志人物的评论与采择，"胥视其人诚合于舆评之公，绝无以意为轩轾者"。即不以个人感情好恶来论定是非。

[又按]　林则徐重视地方志从其藏书也可借见。林汝舟编《云左山房书目》（钞本未刊，现藏福建省图书馆），分所藏书为经、史、子、集、时文及方志六门，其中方志门列有湖南七十七部、湖北六十三部、江苏四十四部、河南七十部、山东八部、四川一部、福建二部、直隶二部、甘肃一部、广东一部。于此可见他留心于地方文献。

林则徐在归途中还受到沿途群众的热烈迎送，据传闻：

> 沿驿有人探问，某日可到某站，某日可过某乡。农辍耕，妇辍浣，扶老携幼，鹄立乡首以俟。

（刘孟纯：《林文忠乡闻录》，福州郑氏春麰斋钞本，福建省图书馆藏）

十月初七日，林则徐行抵镇远，"即买舟顺流而下，泛棹荆湘"。（《致张日晸》，十月初八日，《林则徐全集》第八册，信札页四二六）

[按]　张日晸，字晓瞻，江苏吴县人，贵州贵筑籍。道光二十九年至三十年任云南巡抚。

十月十六日，林则徐在途中复沈葆桢函，嘱其继续寄京报，以免闭塞。

> 信内云此后不寄京报，则我在闽中直成聋聩矣。有吾甥在京，此一事谅不至全不相顾。嗣后每遇闽中折差，如恐太厚之报渠不肯带，上谕总可封入信内寄回，切嘱，切嘱。

（《林则徐全集》第八册，信札页四二七）

十月，李沅发在湖南新宁起事，率部转战于湘、桂、黔边。直到次年四月始在清廷重兵镇压下失败。（《东华续录》道光五九）

十一月十日，林则徐函告姐夫沈廷枫（丹林）行程。

> 兹弟开缺南回，舟儿亦扶先室灵輀，随同行走。自滇黔山路之外，余则水路为多，而偏值冬令水枯，风势又多顶逆，故行程甚觉纡迟。先室葬期拟择于正月十三日举行，而年内尚不知能否抵里，颇令人急切也。

彝儿自里中出来,已在水次迎着枢船,与舟儿一同扶护。

同一信中,又述及勉力在生活上对亲友的照顾。

弟罢官之后,于诸亲常年伙助,本觉力不从心,然使此时诎然而止,必有指此项过年而猝遭触望者。不得已,寄令枢儿仍于今年照往届之单,设法挪借应付,俟弟到家后再行筹还,庶不误诸亲过年急用。

(《林则徐全集》第八册,信札页四三〇至四三一)

十一月二十一日,林则徐与左宗棠在长沙舟中相晤,谈论竟夕。林则徐对左宗棠深加器重,并为左宗棠书写联对。

冬十一月,侯官林文忠公自云南引疾还闽,道湘上,遣人至柳庄招公,公谒之长沙舟中,一见诧为绝世奇才,宴谈达曙乃别。

(罗正钧:《左文襄公年谱》卷一)

林宫保所书各联,别时曾嘱交夏憩亭、李仲云处,想不至误。宫保固天人,乃嗣君三人者,亦未易及也。江中宴谈达曙,无所不及。

(《左宗棠:《与贺仲肃书》(庚戌),见《左文襄公书牍》卷一)

[**按**] 左宗棠于道光三十年十一月二十一日所写《唁林镜帆》函中说:"去年此日,谒公湘水舟次。"故订林左于此日相晤。

林则徐在这次会面谈话中告诉左宗棠:

西域屯政不修,地利未尽,以致沃饶之区,不能富强……颇以未竟其事为憾。

(《左文襄公书牍》卷一七,页五五)

这对左宗棠日后注意经营西北是有一定影响的。多年以后,左宗棠对这次夜话犹记忆深刻,并在为《政书》写叙时言其事说:

忆道光己酉,公由滇解组归闽,扁舟迁道访宗棠于星沙旅次,略分倾接,期许良厚。……军事旁午,心绪茫然,刁斗严更,枕戈不寐,展卷数行,犹仿佛湘江夜话时也。

(左宗棠:《林文忠公政书》叙)

十二月底,林则徐居南昌百花洲养病度岁,写《题长恩书室》诗,诗序记寓居百花洲养病与邻右书贾庄肇麟交往,称赞庄姓"溯各著述缘起,便便然如数家珍",于是不仅为题"长恩书室"额,还写赠诗一首,记庄姓经营图书情况说:

牙签万轴绝纤尘,　　满室芸香著此身,

奇籍早经银鹿校，　　元机更养木鸡驯，

谟觞倾处多知己，　　古缏收来好度人，

试听琳琅说金罍，　　泻如瓶水口津津。

(《林则徐全集》第六册，诗词页二六二)

是年，林则徐还写《送傅雪樵(士珍)宰武城》(页一〇一)、《题赵秀峰(廷俊)太守春明饯别图》(页一〇二至一〇三)、《题杨平〈阶沃州归饯图〉》(页二六〇)、《题赵述园(光祖)〈横琴侍鹤图〉》(页二六一)、《舆纤》(页二六一)、《相见坡》(页一〇三)和《写韵楼解杨文宪公像》(页九八)等诗，诗中除推重对方、倾诉别情外，还写归途所见情景。(均见《林则徐全集》第六册，诗词)

是年写《何傅岩先生神道碑》及《赵秀峰先生墓铭》。(见《林则徐全集》第五册，文录页四七七至四七九、四七九至四八二)

是年，林则徐在云南纳侧室缪氏，偕归福建。

是年，洪秀全复至广西。

是年阮元(1764－1849)、梁章钜(1775－1849)、沈维镛(1779－1849)、杨国桢(1782－1849)、吴清皋(1786－1849)卒。

道光三十年　庚戌　1850年　六十六岁

正月,道光帝死,第四子奕詝继立,改明年为咸丰元年,是为清文宗。

正月,林则徐的门下士沈衍庆时任江西鄱阳令,得知林在南昌小住,就致书于林,表达钦慕之忱,并附呈沈在道光二十二年八月所作的《上大府请罢英夷和议书》。这封《上大府书》是沈氏对清廷投降行为的抨击。信中虽然有较多华夷之辨的论说,但对鸦片之害、英人暴行及条约危害等均有剖析,对投降派也有严厉的指摘,并提出了御敌之法。这封信反映了当时某些地方基层官吏的义愤态度。(《槐卿遗稿》卷三《书牍》)林则徐收到信后就写了复信,称赞了沈衍庆的治绩和所写的《上大府书》,但却谆谆嘱咐沈不要触犯时忌。信中说:

> 仆自念作官无益于世,今老病益无能为,然得一良吏,心窃敬之。要以不日将行,未暇与执事通款曲也。不谓贤者耳目綦周,知仆在此,不以为老朽而予以书,且奖借大溢其分,读之滋愧。又录示壬寅八月在江南所上一书,陈义大正,论事明切,严气正性,使忠者读之,首肯而泪下;佞者见之,颜厚而汗下,岂非古今之至文哉!仆不敢于文中加墨者,想执事必能知其故而谅之。惟佩服在心,已将此稿存之箧笥。此文垂之久远,自有定论。目前于知者之外,不轻示人可也。

(沈衍庆:《槐卿遗稿》卷三附)

林则徐在这封信中所表现的重重疑虑,反映了朝廷中投降势力仍居要津,人们对禁烟运动的是非还有所顾忌而不愿触及。

二月初五日,林则徐在南昌有《致姚椿》函,对救灾、漕政等提出了建议。

> 执事经世之学虽未显用,而康济乃其本怀。比者三江两湖异灾迭出,早知拯饿援溺之策无时不厪仁人念中,兹读致钟泉及仲昀书,复坚之以《川米行》之巨篇,洵救时恤民一长策也。
>
> 以人事论,则漕政、河防皆不能无变易。读执事甲申所著《河漕议》曰:"行海运而一时之漕治,行屯田而日后之漕益治,视河之所趋,不使与

淮相合以入于江,而一时与后世之漕且俱治。"大哉言乎! 体要具矣。弟亦常主此见,故于己亥年复奏漕议,有二条曰:"补救外之补救"、"本原中之本原",正与先生同意,而因是不免见尤于人,谅吾兄早闻之矣。又,弟向议河事,以谓神禹虽未必可学,而王仲通则无不可学。其治法,自荥阳东至千乘入海,天下无河患者六百年,无他,顺河之性也。今不亟使东注,而必导之南行,以激烈之性绕迂缓之程,势必不受,此皆惑于风水而不计为患之大耳。弟读钟泉《道齐正轨》,于循吏各传持论皆具特识。尝语钟泉云:"君论王景治河,不外商度地势,可谓一言破的,若以君主河事,诚有成竹在胸矣。"大作者所云"河不与淮合以入江",何其先获我心哉! 今之洪泽湖迭受河淤,浚则不胜其浚,不浚而运道几断,若使河不夺淮,则洪湖正可复泗州、虹县之旧,以为帝籍,谷尤不可胜食,非独不患淤,且惟恐其不淤矣。至千乘即今之利津河,若由彼入海,须穿张秋运道,则漕艘以转搬为便。如大作所引刘晏之法,江船不入汴,汴船不入河,河船不入渭,非前事之可师者乎? 因读执事谠议,故纵笔及之,要难为寻行数墨者道也。

而对英人入居福州,更表示了难以容忍的愤激态度说:

第敝乡卧榻之侧,有人鼾睡,能否常住尚未可知。

(《林则徐全集》第八册,信札页四三六至四三七)

并附去《答姚春木寄怀原韵》诗二首。林则徐小住百花洲时曾写《百花洲春行追和钱文端公原韵》诗二首,描述了百花洲的景色。(《林则徐全集》第六册,诗词页二六二至二六三)

林则徐离南昌返里,舟经弋溪时,陈寿祺之子陈乔枞出《鳌峰载笔图》请题,林则徐为题诗如次:

海内经师叹逝波,　　乡邦文献苦搜罗。

匡刘未竟登朝业,　　何郑俱休入室戈。

神返隐屏生岂偶,　　编传左海好非阿。

者番归访金鳌岫,　　倍感前型教泽多。

(《林则徐全集》第六册,诗词页二六四)

[按]　此诗对陈寿祺学术深表敬佩,痛惜其逝世。匡刘指西汉经学家匡衡与刘向,何郑指东汉经学家郑玄、何休。

此诗原题有识语,收入《诗钞》时被删去而增诗题《陈朴园大令(乔枞)属题其尊人恭甫前辈〈鳌峰载笔图〉》。1934年5月沈葆桢玄孙沈祖牟为编《左海先生(陈寿祺)年谱》曾自其舅氏陈几士处借用此图,将图上跋语全部钞录,成《鳌峰载笔图题跋》一册(今存福建省图书馆),原图今佚,林跋藉沈辑《题跋》而存,跋语称:

> 则徐庚寅在里中,与恭甫先辈别。甲午在吴门,得凶赴,为位而哭。嗣颇闻同里诸荐绅于纂修通志事,意见参商,已成巨籍,几欲尽废,心甚异之。兹乞病归里,拟与同人重谋剞劂。适舟过弋溪,朴园年大兄出此图属题,意多所感,言难尽传,因檃括为诗一首。吾乡读书种子,几如广陵散矣,可胜喟然。朴园其谅吾意而教之耶?林则徐拜识。

(《林则徐全集》第六册,诗词页二六四)

这则跋语中的"意多所感,言难尽传,因檃括为诗一首"数语是颇耐人寻味的,为什么"言难尽括",又为何要"檃括为诗"。在谢章铤的《鳌峰载笔图跋》中始求得一解,谢跋称:

> 《载笔图》则专为修《福建通志》而作,关系颇巨,再阅数十年恐无有知其始末者。志告成矣,方将迻写校刻,而先生弃宾客。某中丞者,素以文学自结于先生,里居相望,因筑室微有违言,而芥蒂未能忘也。乃乘隙修怨,倡言新志乖义法,众绅之不学者,闻而知之。
>
> 时总纂、分纂诸君子当在局,不以所拟议商之局中,竟缕列公牍鸣于官,当路亦有讶其不情者。而中丞方柄用有权势,弗敢质也,乃捆载全稿归之,阳推中丞为删定,而事体繁重,中丞方营营富贵,实亦无暇及者,迟之又久,委托非其人,以钞胥为作者,毁新返旧,新稿全付一炬,今旁观者无从校证。吁,可怪也。章铤未及先生门,而其高第弟子多相知,辄以遗事诒我。

(谢章铤:《赌棋山庄文又续》卷二)

从谢跋中可知此图为修《福州通志》而作,而林诗所隐括之事正是通志的一场纠纷。不过谢跋对纠纷的另一方仅云"某中丞"而隐其名,直到1915年马其昶见此图后所题跋语中始直指其人云:

> 观诸家题记,又知先生晚年修闽省通志,与梁蓝林中丞议论相失,稿成而废弃,闽人至今惜之。先生学行高一时,而梁公亦有誉望,竟不获相与成。

[按]　陈寿祺在闽督孙尔准支持下，主持修撰《福建通志》，道光十四年初稿完成，陈去世。高澍然接任总裁，将陈补入儒林传。志稿将付印，梁章钜因志稿不为其岳父郑光策立传，提出志稿有五不善：儒林混入、孝义滥收、艺文无志、道学无传、山川太繁，提请复勘。时闽督程祖洛、学政陈用光将志稿重新审核，高澍然辞职，志局解散，各稿由各分纂自携回家，梁章钜亦携其半而未归还。志稿终于散佚大半，纂修达四十三年的《福建通志》遂成一未了公案。"某中丞"即指其事。

林则徐处在前辈与好友之间，难乎为言，只能以诗隐括，保存历史公论，所以谢章铤慨乎其言说："侯官林文忠七律已定是非大概。"

《鳌峰载笔图》是陈寿祺生前在道光九年主持《福建通志》纂修工作时，请周凯为其绘图，但周一时未能完成，直到道光十四年重九，周在陈寿祺身后始绘成此图并跋称："恭甫老前辈大人，主讲鳌峰书院二十余载，造就极多。时方兼修《福建通志》，命作此图。适因公事倥迫，未暇涉笔。闻已修文，深负所嘱。谨点次成之，并作书告于灵前，以贻哲嗣。道光十四年岁在甲午重九日。后学周凯。"

此图成后，曾遍请姚莹、吴荣光、沈维镶、何绍基、张祥河、阮元、林则徐、张际亮等十多位名人题跋。图后归陈宝琛，传于子陈几士。今已佚。

[按]　关于此图上述诸端均参用福州林则徐纪念馆官桂铨所撰《〈林则徐题鳌峰载笔图〉考》一文。(《福建论坛》(文史版)1984 年第 1 期)

三月初三日，林则徐回居福州城内，获知道光帝讣讯。(《林则徐集全集》第四册，奏折页五四四至五四五)这对林则徐是莫大的震动。他追怀三十年过程中的种种情景——知遇、特达、信任、遣戍、召还、起用都引起他感恩怀主的感情。他"恸哭攀髯"，以致"病体益剧，不能入京谒梓宫"。(金安清：《林文忠公传》，见《续碑传集》卷二四)

林则徐可能感到自己的政治活动将随道光帝的死而结束，准备晚年在文藻山的旧居云左山房(福建方言：文藻与云左谐音，即名书斋曰云左山房)度过归隐林下的恬静生活，所以撰写了一副表明心意的对联悬挂在寓宅。他的联语是：

郊原雨足云归岫，

台阁风清月在天。

但是,他的反侵略思想依然使他不能容忍面临的现实。当时,英国侵略者违背居留城外的约言,强居到福州城内乌石山的神光、积翠二寺,引起了林则徐和当地士绅的不满,共议驱英。闽浙总督刘韵珂、福建巡抚徐继畲都主张对外妥协投降,并准备弹劾林则徐破坏和局。这时,恰因朝廷拟召用林则徐而不得不中止。清人所写传记多记此事:

> 洋人据省城乌石山,闽督刘百计迁就之,诸绅大哗。公家居,持论侃侃。洋人畏公,遂巡避去。而闽督大憾之,将劾其挠抚局。

（金安清:《林文忠公传》,见《续碑传集》卷二四）

> 家居倡驱夷议,大忤当事,外夷方为敛迹,而当事思中伤之。会玺书召用,谗者乃止。

（李元度:《国朝先正事略》卷二五）

在地方志的本传中也记其事说:

> 英夷因广东停其贸易不许入城,改而之闽,入省城,住神光、积翠二寺,则徐率绅士倡议驱之,虑其以炮船来海口恐喝,数乘扁舟至虎门、闽安诸海口阅视形势,函商疆吏。与总督刘韵珂、巡抚徐继畲意见不合。

（《闽侯县志》卷六九列传五下《林则徐传》）

在林则徐等义正词严的抗争下,英人被迫退住城外,但林则徐担心英人从海上进行干扰破坏,利用炮舰进行威胁,所以又亲至各海口察看形势,积极设防。三十多年以后,左宗棠因法国侵略者启衅到福建巡视时,曾"亲历各海口,见公所建炮台,形势扼要"。（左宗棠:《林文忠公政书》序)足证当时林则徐认真设防的态度。

[按] 徐继畲集中曾有数疏涉及与林则徐及地方士绅在驱英问题上的矛盾,如《英人租住神光寺原由疏》、《复英夷租住寺屋实情并镇静筹办侦察谣言各缘由疏》、《复官绅意见不合疏》、《筹办夷务疏》(均见《退密斋文集》卷一)等均攻击主张驱英的士绅,如称:"臣等密为查访绅士中倡议者,实不过数人,在该绅士等忠愤所激,洵足令人钦重,然以目前之小事,不顾后日之隐忧,究属失计。"（《复英夷租住寺屋实情疏》)又称:"臣等与绅士虽有缓急之分,然皆坚意驱逐,并无歧异不同之处……所不同者,只有调兵演炮募勇二事。"（《复官绅意见不合疏》)另外刘韵珂也有《查复英人租寓神光寺疏》,攻击驱英士绅说:"臣与徐继畲不肯调兵演炮募勇,有违数绅之意,即远近传布。……硁硁之见总坚定

不移,断不为喜事沽名之数绅所摇惑。"(附载《退密斋文集》卷一)

林则徐对于刘韵珂等的妥协投降和无所作为的行为非常不满。他在《致苏廷玉(鳌石)》函中即指出了鸦片等在福建地方的危害和刘韵珂等人的漠视态度说:

> 家乡江河日下,人人穷不聊生,原其所由,大约有三大害:洋烟也,花会也,举商而继以捐贴也。安得周处复生,为间阎除此三害。当轴中无可望者,弟亦只得杜门却扫,不敢与要人相往来矣!

(《林则徐全集》第八册,信札页四四一)

五月初三致函女婿刘齐衔,告知居家之苦恼。

> 在家竟无一刻能够安闲静坐,但送迎答话,已觉终日神疲,又兼来者皆非空来,求帮与荐馆是两大注,其他要托转言之事,无奇不有。极末一着才是写字,然无不索双款切实称呼者,只可付之一笑。至亲本家动即排闼直到身前,无术能避。日日如是,又何慕夫家居!于理极应乘此出去躲过此难,而又想及作官光景,时事既属极难,人情又甚叵测,则更为之却步。

(《林则徐全集》第八册,信札页四四三)

五月,咸丰帝履行故事,下登极求贤诏。大学士潘世恩,尚书孙瑞珍、杜受田等应命推荐林则徐。初三日,清廷命闽督刘韵珂察看情形,转饬林则徐迅速北上来京。

> 前任云贵总督林则徐,经大学士潘世恩等先后保奏,已有旨令刘韵珂等查明,该员是否在籍?能否来京?该督等务即传旨,敕令该员迅速北上,听候简用,毋稍延缓。如病体实未复元,谕令上紧调理,一俟痊愈,即行来京。

(《咸丰朝筹办夷务始末》卷一,页二〇)

[**按**]　初三日,兵科给事中曹履泰也曾上奏令林则徐回京协办交涉称:"查粤东夷务,林始之而徐终之,两臣皆为嘆夷所敬畏。去岁林则徐乞假回籍,今春取道江西养疾,使此日嘆夷顽梗不化,应请旨敕江西抚臣速令林则徐赶紧来京,候陛见后,令其协办夷务,庶几宋朝中国复相司马之意。若精神尚未复元,亦可养疴京中,勿遽回籍。臣知嘆夷必望风而靡,伎俩悉无所施,可永无宵旰之虑矣。"(《咸丰朝筹办夷务始末》卷一,页二〇)

当时,刘韵珂出省巡阅,即由闽抚徐继畬查复说:

> 遵查前任云贵总督林则徐,于本年三月初间回籍养病,即住居福州城内,臣当将钦奉谕旨,恭录咨行,随亲至该员宅内看视。该员力疾晤面。据称:仰蒙恩旨宣召,亟思驰赴阙廷,求赏差使,唯所患喘嗽脾泄各症,虽已渐痊,而疝气之症,总未痊可,略经劳顿,立即举发,医家谓之奔豚,此气一经下注,两腿疼胀异常,不特不能拜跪,甚至偃卧床榻,不能起立。现遍觅良医,上紧调治。一俟稍可支持,立即束装就道,断不敢稍耽安逸,自外生成等语。并据遣丁呈请代奏前来。臣查该员林则徐,面貌虽形减瘦,言语精神尚觉健爽,惟所称疝气未痊,委系实情,臣当谆嘱该员上紧调理,一俟痊愈,即应遵旨进京,切勿延缓。

(徐继畬:《复查林则徐病体疏》,见《退密斋文集》卷一)

六月,洪秀全领导上帝会众在桂平金田起义。旋定十二月初十日洪秀全生日为起义日。

夏,林则徐与同乡郭柏苍及蜀人李惺同游福州北郊昇山寺,并在山壁题"道光庚戌夏,邑人林则徐、郭柏苍同蜀李惺游昇山寺"。

[按] 此为近年新发现的仅有的林则徐摩崖题刻。

夏,写《五虎门观海》诗。

> 天险设虎门,　　大炮森相向。
>
> 海口虽通商,　　当关资上将。
>
> 唇亡恐齿寒,　　闽安孰保障?

(《林则徐全集》第六册,诗词页一〇四)

七月,陈亚贵起义军攻占修仁、荔浦地方。

七月间,翰林院侍读学士孙铭恩、工科给事中林扬祖、湖广道御史何冠英等相继上奏,斥责英人强占神光寺的行径;攻讦刘韵珂、徐继畬等地方大吏"强民从夷"等等媚外行为。林则徐也有《复苏廷玉(鳌石)》函,对福州地方侵略势力表示极大的愤慨,对地方上反侵略力量的"民情"表示欣慰,甚至拟再度出来贯彻初衷,但既感到无能为力,可是又不甘于逃避以求不见不闻。林则徐在信中表述出来的这种进退维谷、无可奈何的情绪正反映出一个爱国者空怀壮志而又无所措手那种徒呼负负的矛盾、复杂心理。复信中说:

> 弟之蒿目焦怀,非一朝夕之故。……来教加圈之字,弟无时不念兹

在兹。然既无斧柯，又不能谋诸肉食，此日之牢不可破，似更倍蓰于前。自顾硁硁之怀，每于愤激时辄思出山，迫静中细思，即出亦无所益。又欲暂移幽僻处所，期于不见不闻，及徐思之，复有不可移之理在。……尊见极谓口门可恃，弟意正同。近日密察彼处民情与其力量，洵能不负此险。又水部、东门一带劲气相联，迩日亦甚著效，此差足以慰荩怀者耳。

（《林则徐全集》第八册，信札页四五一至四五二）

七月初二日，函告女婿刘齐衔议家事之难，并对英人强租神光寺极为愤慨。

愚不能即时北上，前书已详言之。然在福州住家，亲友之间吃力仍不讨好，既觉处置极难。若论地方情形，与夫官场举动，则无一而不令人扼腕拊膺者。手无斧柯，只有付之浩叹耳。将来或以北上为名，在中途略作夷犹，亦避地之一法。然大儿之病至今未有起色，即出门亦极不能放心，是以一时尚难自决耳。

嗟夷于积翠寺外又强租神光寺（传教讲经），其所带他省汉奸又强租闽县前民房（孟宅对门），载妓其中，时留夷人住宿。始而士民禀逐，讵侯邑兴令先已于其租榜上用印，转致夷人反唇相稽。迨后约诸绅致书抚军，而回书转代夷人力辩；并有大为狂悖之说帖抄录送阅，渠亦漠不动心。彼时制军阅兵来回，今则回署，而亦寂然，洵是犹吾大夫而已。近来查明，亲往履勘。福州海口形势极（下缺）

（《林则徐全集》第八册，信札页四四七）

八月，林则徐写《致林昌彝》函，推崇林昌彝的抗英诸策，并在信中追忆了自己在粤东的抗英往事。信中说：

《射鹰驱狼图》命意甚高，所谓古之伤心人别有怀抱也。……大著《平夷十六策》及《破逆志》四卷，真救世之书，为有用之作。其间规画周详，可称尽善。此百战百胜之长策，与弟意极合。弟在粤东时，五围夷鬼，三夺夷船，其两次夷船退出港外，不敢对阵，皆此法也。阁下以命世之才，终当大用于世，待时焉可耳。

（《林则徐全集》第八册，信札页四五〇）

［按］　此函又载《射鹰楼诗话》卷首。末题埃村退叟，当为晚年自号。

［又按］　林昌彝，字惠常，又字芗溪，晚号茶叟，又号砥砀。闽县人。他

是积极抗英者,所居书斋名"射鹰楼"即谐寓"射英"二字。《福建通志》中有传,曾记其反英志趣说:"禁烟事既决裂,海口通商,英人遂有杂居福州城内乌石山者,昌彝愤之,著有《破逆志问》四卷,《射鹰楼诗话》若干卷,并绘《射鹰驱狼图》以见志。"(沈瑜庆:《福建通志》总卷三九《福建文苑传》卷九清三)林昌彝在所著《小石渠阁文集》卷六中有《拟平逆策》一篇,分靖内、制胜、守御各策。这很像《破逆志问》的提纲。可能是针对镇压国内反抗而作。据《福建通志》本传说,林昌彝"当粤匪扰攘之时,又著有《军务备采》,歙人王侍郎茂荫称为济世之书,尝以进呈",那么,《拟平逆策》也可能是《军务备采》的提纲。因《破逆志问》和《军务备采》二书未见,所以难加判断;但从这些记载看,林昌彝又是一个反对太平天国运动的策士,当无疑问。林则徐和林昌彝的既反抗外国资本主义侵略,又镇压农民起义的两重性,正是历史进入近代时期,封建知识分子在发生变化的一个重要特点。

[**又按**]　沈葆桢为《射鹰楼诗话》所写凡例中说:"先母舅林文忠公与夫子相交最深,其平日御夷之法,与夫子论之亦最详尽。文忠尝谓人曰:'吾宗芗溪孝廉留心时务,平夷之策可以见诸实行'。"(《卷首》)

林则徐在信中还提到应林昌彝之请,写《家芗溪孝廉(昌彝)母吴孺人〈一灯课读图〉》诗。诗中除颂扬林母教子夜读的贤德外,很推重林昌彝的学术造诣和成就。诗云:

> 林母吴太孺人,吾家芗溪孝廉生母也。年二十一,归太翁卿云先生。先生以家计故,航海远游。孝廉方髫龀,端重不苟言笑。太孺人教之严,七岁从学官观释菜归。太孺人问之曰:"儿见殿上高坐之圣人乎?见若四配两庑之贤人乎?是皆古之读书穷理仁义道德中人,儿当学之,科名身外事耳。"以故孝廉即能知立志。稍长,出就外傅。有族人谋使孝廉学贾者,太孺人争之力,不得,则自掷于井,援而苏。孝廉既得卒业,益自奋,邃经学,博极群书。尤精三礼。年弱冠,声誉大起。道光二年三月之朔,太孺人年五十三以疾卒,弥留语不及其他,惟切切以立身行己诏孝廉。于是孝廉益深修克励,品学日优。道光己亥,以副贡生举于乡,六上公车未售。庚戌秋,从京师归,出其所绘太孺人《一灯课读图》属题。余固重母之贤,又深羡孝廉之种学积文,有成母志也,谨题五言二十韵于后。

九死争儒业，	三生衍宝爻。
春晖怀绩室，	夜课记书巢。
母范垂彤管，	儿身识紫胞。
纵遭悬磬窭，	肯使纳楹抛。
倚市谋交粧，	牵牛议欲肴。
窗虚书似叶，	井哭经成茅。
激切闺中志，	研摩大雅交。
宫墙瞻俎豆，	仪器访陶匏。
孟晋须为力，	誷痴那许嘲。
范滂佳传读，	表圣妙词教。"阿母亲教学步虚"，司空表圣句也
偶卷蒉先折，	将明柝正敲。
虫吟催唧唧，	鸡唱杂胶胶。
舌本莲翻朵，	心葩竹解苞。
遂盈九经库，	饫尽百家肴。
朴学群贤让，	名篇众腕抄。
方鸣文囿凤，	待起墨池蛟。
叹息摇风木，	凄凉付电泡。
机丝虚月下，	灯焰暗林梢。
经幔留韦逞，	身衣感孟郊。
行看花诰锡，	亲捧出螭坳。

（《林则徐全集》第六册，诗词页二六六至二六七）

林则徐还请林昌彝为同里友人李彦彬（兰屏）订正《榕亭诗存》。（林昌彝：《射鹰楼诗话》卷七）

八月十日，林则徐再函女婿刘齐衔，对强租强占神光寺一事深表忧虑。

犬羊在神光寺不肯去，而又添占西禅寺，其南台民屋被伊强典强租者，更不知凡几。乡间公同拦阻，官府惟助夷压民，不知是何世界！日来夷船之由北洋护送商船者（木客等皆以数千圆央其护送），皆进内港，连舻泊大桥边，言之于官，咸以为必不生事。试问每船或二三十炮，或十余炮，设或临时有变，措手不及，为之奈何？愚虽约数人暗中预备，然欲纾难而无家可毁，尤患势孤，如欲移居又无可移之处，所谓进退维谷者耳！

（《林则徐全集》第八册，信札页四四八）

林则徐居乡时还写有《蔡香祖大令（廷兰）寄示海南杂著读竟率题》等诗。（《林则徐全集》第六册，诗词页二六四至二六五）并整理了《诗钞》，还写了《消暑随笔跋》和《重修清文庙碑记》（此文系由《伊园文钞》作者王景贤代笔）等文。在此之余，林则徐尚与青年时代老友话旧，杨庆琛特有一诗纪其事。诗题是《林少穆制军（则徐）因病自滇假归话旧敬呈》。全诗二首：

十年久不揖清芬，　　重仰南天五色云。

四海安危韩魏国，　　万家忧乐范希文。

东山霖雨歌遗泽，　　西土冰霜证异闻。

才算男儿躯七尺，　　一生爱国与忠君。

海水群飞愤事多，　　樽前话旧剑重摩。

可堪同击江头楫，　　只合闲披雨后蓑。

百尺孤松身劲俏，　　十围春柳影婆娑。

酒酣耳热灯痕烂，　　白首相看奈老何！

（杨庆琛：《绛雪山房诗续钞》卷一）

林则徐居乡与林昌彝、刘存仁等故旧多有交往，组织"湖上诗社"。亲自抄录诗作，供林昌彝编《射鹰楼诗话》的选择，推崇《射鹰楼诗话》是"采择极博，论断极精，时出至言，阅此感悟，直如清夜钟声，使人梦觉"。（《射鹰楼诗话》）林则徐还详细披阅刘存仁（炯甫）所著《战说》、《守说》、《团说》、《钱荒论》、《赈论》等数十篇经世致用之作，称之为"陆宣公之奏议，苏长子之札子"。（谢章铤：《炯甫六十序》，见《课余续录》卷一）

九月，林则徐又为祀南宋抗元名臣陈文龙，在阳歧村重修的"尚书庙"题柱联云：

节镇守乡邦，纵景炎残局难支，一代忠贞垂史传；

英灵昭海噬，与信国隆名并峙，十州清晏佚神庥。

道光三十年岁次庚戌季秋谷旦，太子太保、兵部尚书、云贵总督林则徐敬题

（柱联刻石存庙中）

林则徐居乡时,与金门处士林树梅讨论防海问题,树梅陈六策,"察夷情,以知防备;观形势,以知守御;请移兵,以重控制;督私藏,以充民食;救火灾,以杜惊扰;劝联乡,以知保卫","文忠器重之"。(林策勋《从伯祖啸云公传》,《浯江林氏家录》,家印本,1955 年;转见陈茗:《林则徐与金门奇人林树梅的唱和与交游》,《文史知识》2009 年 10 月)

[按]　林树梅(1808—1851),名敬夫,字树梅,以字行;号瘦云,又号啸云。

林树梅作《林少穆先生招赴省城询海上事即席赋呈二首,时先生在告家居被命宣告》:

> 到处饶遗爱,归来寡剩金。
> 情关民瘼急,忧切海氛深。
> 愧我乏奇抱,因公激壮心。
> 引杯领高议,慷慨发长吟。
>
> 圣主宣新命,熙朝重旧臣。
> 感恩频出涕,许国欲忘身。
> 更起为霖雨,应教洗樆尘。
> 黠夷都胆落,韬略仰如神。

(《啸云诗存》,转引自陈茗:《林则徐与金门奇人林树梅的唱和与交游》,见《文史知识》2009 年 10 月)

林文忠公晚年尝延瘦云至省垣,密询防海之策,瘦云即席为诗,云:"到处有遗爱,归来无剩金。"文忠公笑曰:"若无剩金,则此酒何从取给乎?"乃改之云:"到处饶遗爱,归来寡剩金。"人以为"两字师"云。

(《金门耆旧诗·林瘦云公子》自注,《诵清堂诗集注释》卷三,郭哲铭注释,台湾古籍出版社,2008;转见陈茗:《林则徐与金门奇人林树梅的唱和与交游》,《文史知识》2009 年 10 月)

林则徐答以《次家啸云树海见赠韵》一诗:

> 瀛埦有奇士,　　才望重南金。
> 将种论勋远,　　儒门殖学深。
> 雄文腾剑气,　　雅咏写琴心。
> 犹抱隆中膝,　　低徊梁父吟。

相逢话畴昔，　　感事愧疆臣。

瘴海频年劫。　　冰天万里身。

膏肓此泉石，　　扰攘几风尘。

凭杖行筹策，　　知君笔有神。

（《林则徐全集》第六册，诗词页二六一）

林则徐居乡时，还立"亲社"，课读戚党子弟。

林文忠晚年家居，设亲社，课戚中子弟。

（沈瑜庆：《刘少如太守表兄六十寿诗二首》自注，见《涛园集》页六二）

林则徐居乡期间一直关心时事，而且常发表个人的见解。当时人们多集中目光于西方国家从海外来的侵略势力，而林则徐能根据自己多年来在新疆的实地考察，结合当时沙俄胁迫清廷开放伊犁、塔城的现实，独抒卓见，指出了沙俄威胁的严重性。李元度在《林文忠公事略》中着意地写道：

时方以西洋为忧，后进咸就公请方略。公曰：此易与耳！终为中国患者，其俄罗斯乎！吾老矣！君等当见之。然是时俄人未交中国者数十年，闻者惑焉。

（《国朝先正事略》卷二五）

这一卓见反映了林则徐防海防塞并举而着重防塞的反侵略思想已基本上形成了。他在人们尚处于"惑焉"的情况下能有此目光，确是难能可贵的。林则徐之所以能如此，一方面由于他从鸦片战争以来已能超脱封建士大夫的局限，不闭目塞听，吸取了新的国际知识；另一方面也因在新疆的实践活动而有了坚实的论据，所以他方能作出如此肯定的判断。此后中国近代史上沙俄对我国西北地区的觊觎和骚扰更证明林则徐这一预见的可贵。

[按]　林则徐这种防俄思想的言论，有的笔记中说在从新疆被赦入关时就发表过，如欧阳昱的《见闻琐录》后集中即记其事说："林文忠公赦入关时，人以英夷事问之，谓其害直无所底止。文忠曰：英夷何足深虑，其志不过以鸦片及奇巧之物劫取中国钱帛已耳！予观俄国势日强大，所规画布置，志实不小。英夷由海道犯中国实难，但善守海口，则无如我何！俄夷则西北包我边境，南可由滇入，陆路相通，防不胜防。将来必为大患，是则重可忧也。"（卷四《耆英》）虽然没有找到另外资料证实林则徐在赦还时发表过这种言论，但从流传情况看，至少可以肯定林则徐确已把防俄的思想发之为言论了。

与此同时,林则徐也很关心广西地方的反抗形势,提出自己的主张,并致函李元度征询意见说:

粤匪猖狂已极,非练精卒无以撄其锋,而筹画饷糈尤为切要,奈奉行者不得其法,非病民即滋事,阁下文章经济素所钦佩,如有良法定能不分畛域,详细示悉。仆受国家殊恩,目击时艰,安能自诿衰朽,偷生忍耻,现与同志诸公悉心计议,攻守兼施,倘得仰邀朝廷宏福,获有成效,想阁下闻之亦心喜而许我也。

（林则徐致次青函手迹,原件藏故宫博物院）

［按］　此件藏故宫博物院,而函中"粤匪"之称,在林则徐信札中,仅此一处,疑非林则徐手迹。《林则徐全集》未收此件。

［按］　此函署受信人为"次青"。李元度字次青,是年三十岁,后曾写《林文忠公事略》,受信人或即李元度。

九月初六日,林则徐函婿沈葆桢,对福州形势甚感焦虑说:"此间家居情形一言难尽,而出去又有不能之势,焦心劳神转较在滇为甚,不知如何可了。"
（《林则徐全集》第八册,信札页四五一）

九月十三日,通政使罗惇衍上疏,请求起用林则徐去广西镇压反抗。（《罗文恪公选集》卷上）清廷为挽救危局决定起用林则徐为钦差大臣赴广西。（《东华续录》咸丰五）

九月,林则徐居乡期间,很得乡人的钦慕。洪秀全等在广西起义后,林则徐曾和乡人郭柏苍谈及镇压这些反抗的事情。郭柏苍记此事说:

道光庚戌,公引疴归。适先君家居,文忠约先君及苍兄弟伫庭前看鹤,有时往来,恒于通贤里街门舍舆而入。乡邻视名帖知为公,每数百人集过道候瞻仰焉。挑担者亦息肩以待。公恐行人拥挤,舍哺出见,其为乡里所钦仰如此。一日盛暑,苍往文藻山宅见公。公曰:"粤匪之乱,延蔓未缉,圣主必择一素有威望之将帅能消弭兵戎,则海内之福。"越二日,命下,公订刘孝廉存仁克日就道,观者如堵。

（郭柏苍:《竹间十日话》卷六,见《郭氏丛刻》）

约九月间,旧友陈池养曾致书林则徐,对其在鸦片战争的业绩表示敬仰说:

大人以一身任天下之重,稔知异物之能为害,欲早杜宇内之祸源,使

721

当日得行其志,则鸦片之绝也必矣。而乃事出意外,功竟不成,然而名闻天下。大人之在今日,犹裴晋公之在唐,司马温公之在宋也,而所当之时,则远胜裴晋公、司马温公之时也。惟民渐困穷,事皆坏坏,措置盖难,扶持不易。即以福建而论,官急民穷,现在夷人杂处,而民情坚确不如广东,一哄而散,绝无众志成城之可恃,此则大人之洞见底里,而无俟某之鳃鳃过计也。

(《上林少穆尚书论行钞书》,见《林则徐书简》增订本,页三六八至三六九)

[**按**] 此函前半为议论行钞事,已置于道光十七年,可参见。

陈池养又有一函,向林则徐告知莆阳有盗贼与械斗的二大公害说:

某于十五日起程回莆,渡江逾岭而后,所见稻谷、番薯,都非丰稔之象;既入莆田,盗贼无禁,战斗不解。其盗贼也,劫夺淫惊椎埋之事,无日不有,无地不然。其战斗也,或分一乡、一姓为二,或合数十乡、百数十乡为一,互相纠结,日见鸱张,四野如沸,自远而近,法纪全无,抗诉不理,择肥而食,助之为虐,下游大概如斯,上游尚少战斗,而盗贼之害更甚。

(《再上林少穆尚书书》,见《林则徐书简》增订本,页三六九至三七〇)

[**按**] 陈池养二函有道光三十年而无月、日,但其后一函开端即云:"窃某违别二十年,此次得望见颜色,亦已深慰平生,乃荷优礼厚待,感泐既深,佩服尤至。"可见当在林则徐居乡未出山之前,即十月前所写致。

十月初二日,林则徐收到清廷任命他为钦差大臣的谕旨,即由"福州本籍力疾起身"。(《林则徐全集》第四册,奏折页五四六)

林则徐临行时,曾将旧作《赴戍登程口占示家人》诗付林昌彝,林昌彝评此诗为:"婉而多风,怨而不怒,可称风雅。"(林昌彝:《射鹰楼诗话》卷二)林则徐之出示此诗,或以诗中"苟利国家生死以,岂因祸福避趋之"之语以明志。林则徐居恒,也"常自诵'苟利国家生死以,岂因祸福避趋之'两语不置,不知为成句,抑为文忠自撰也"。(李孟符:《春冰室野乘》,见《民国笔记小说大观》第一辑第一册,页六九)

林则徐登程后的行程和病情,在《讣文》中有较详记述,摘引主要内容如次:

(十月)初六日,宿沙溪驿,漏四下未寝……屡请节劳,谕曰:"尔忆冰天雪窖、昼夜奔驰时乎?以今较昔,何足言劳?"因口占云:"苟利国家生

722

死以,岂因祸福避趋之。"

十二日,抵诏安。得两粤警报,心益愤急,夜剪烛作书,并寄家言……是夕未寝,子刻即行,昼夜行百四十里。山路险峻,途中颠簸劳顿,脾泻旧症复作。

次日,泻未止。文武请小憩,不允。午至万里桥,挑壮勇,严纪律。至夜吐泻交作。亟赴郡延医。比曙,不及待医,复勉就道。

十七日,仍欲早发。体惫不支,众官坚留,始允暂憩。午后痰喘发厥。医谓积劳脉伏,元气大亏,投以参桂重剂,未能奏效。

十八日,连进药剂,吐止而喘转剧。不得已,恭折奏明病情,请假调理。至夜,两脉俱空,上喘下坠。呼笔砚至,欲作字而不能搦管,口授遗折,以未及出师仰副委托为憾,迨漏尽,喘急愈甚……遽回顾曰:"星斗南!"语毕舌蹇气促。延至十九日辰刻,竟尔弃养。

十月十九日辰时,林则徐在赴广西途中,卒于潮州普宁县。(《林则徐全集》第四册,奏折页五四七至五四八)后归葬于福州马鞍山,当地人士还在澳门桥下为他立专祠。(《闽侯县志》卷一六、卷一八)

[按]　林则徐的卒月,在史传和金安清、李元度等人所撰传中作十一月,有误。清廷的悼恤谕中标明十一月十二日发,以当时福建至北京的路程计,即使卒于十一月初,十二日也不可能因已收到讣讯而颁悼恤谕,若作卒于十一月十九日则十一月十二日何能先事悼恤。所以各传所称十一月卒,当据清廷颁悼恤谕时间而言,而《遗折》日期为十月十九日,当是证明。又在林则徐文藻山旧家内的木主牌里面(内主)载生卒年为:"生于乾隆乙巳年七月廿六日子时,卒于道光庚戌年十月十九日辰时。"尤可作确证。

[又按]　林则徐的死,传闻有被洋商暗害之说,经函询厦门大学杨国桢氏,承函告当地传说及笔记资料云:"关于林则徐之死,福建和广东均有被广州十三行洋商暗害的传说。张幼珊《果庵随笔》云:'禁烟事起,广州之十三行食夷利者,恨林公则徐刺骨……后公再起督师粤西,彼辈惧其重来,将大不利,则又预以重金贿其厨人某,谋施毒。公次潮阳(新夏按:应为普宁),厨人进糜,而以巴豆汤投入。巴豆能泄泻,因病泄不已。委顿而卒。或劝其公子穷究其事。清例:凡毒死者,须开棺验视。家人忍而不请。其时疆吏虽微有所闻,亦不欲多事。余六姑丈林兰岭秀才,字梵宣,为公曾孙,生时曾为余道

此事。'今福州林氏后裔中亦有如上说法,广东普宁民间传说亦与此相同。广东《东莞县志·逸事余录》则称谋害者为十三行总商伍氏:'相传则徐抵粤,即锁拿洋商伍到粤秀(新夏按:应为越华)书院……咸丰初(新夏按:应为道光三十年),则徐起为广西巡抚,伍忧其复督粤也,遣亲信携巨金贿其厨人,以夷药鸩之,使泄泻不止,行至潮州,遂委顿而卒。'平如衡在《林则徐家书·著者小史》中还说:'传闻被奸徒以黄腊毒死者。'"被暗害说虽尚无更多佐证,但也可备一说,特附按于此。此外,我曾在近人王逸塘的《今传是楼诗话》中见其引录张之洞族侄张祖继诗集《癯民诗草》中《拜林文忠小象》诗及自注说:

> 癯民以布衣从族祖文襄公游粤、游楚,老于记室,以诗自娱。光绪末卒,年八十余矣。所著《癯民诗草》,文襄为选入《思旧集》中。《拜林文忠小像》云:"为谢金人罢李纲,英姿想见奢重洋,伤心新豆阑犹在,竟死奸民一寸香。"自注:"新豆阑,广东要地。公临殁连呼之,人讹为星斗南。孝达公莅此,始悟其语,恐世不知,告予记之。"此亦可备史料者。

［又按］ 传闻林则徐临终时大呼"星斗南",但不知何意,据杨国桢氏考证:福建方言"星斗南"与"新豆栏"(当时洋商聚居之地)发音相同。由此说明林则徐在临终前已发觉受洋商暗害,所以大呼"新豆栏"。林逝世的具体地点在今普宁县洪阳镇一间糖果加工厂的地方。林则徐后裔林桢墉不同意这种解释,而认为"星斗南"是福州话"心头疼"的误传,因为林则徐是有心肺旧疾的。

［又按］ 复旦大学吴格曾据林则徐晚年书信自叙健康状况,及新近发现的林则徐《讣文》所述临终情形,对林则徐被暗害说表示怀疑。吴格认为:"林则徐之死,是因久患未治的脾肺诸症之逆发及用药未能生效,并不只是腹泻的缘故。林则徐并非仅因腹泻而死,则其被洋商投毒害死的说法即难以成立。"(吴格:《林则徐死因考辨》,见《华东师范大学学报》1984年第1期)

1996年2月18日《港台信息报》发表唐井肖所撰《林则徐是被洋商谋害而死吗?》一文,主要根据《讣文》内容,并结合林则徐历年病情而分析论定说:"林则徐之死是因久患未治的脾肺诸疾之并发及用药未能生效,并不只是腹泻的缘故,既然他不是仅因腹泻而死,则其被洋商投毒害死的说法即难以成立了。"林则徐后裔林桢墉等也同意此说。吴、唐、林之说于情理及文献根据上比它说更为近实。

[又按]　云南张一鸣于《福建论坛》1996 年第 2 期发表《"星斗南"为佛语讹音——试释林则徐临终一语》一文中认为"星斗南"实系省略语"心（金）大南（那）"的讹音，"心（金）"即《心经》或《金刚经》，"大"即《大悲咒》，"南（那）"即"南无"（读为"那么"），念佛声，"心（金）大南（那）"也即诵经念佛之意，其主要论据是：①林则徐笃信佛教，是一位虔诚的佛门弟子。早年曾恭楷手书《心经》、《金刚经》、《弥陀经》、《大悲咒》、《往生咒》等五种经咒，并亲题"行舆日课"、"净土资粮"八个字，贮于一匣，随身携带，便于诵读。从政后，虽在日理万机，戎马倥偬中，仍坚持"日课"，不废诵经念佛；②在林则徐灵柩被护送回原籍时，他的老友杨庆琛前往迎接，有《林少穆节使归榇南来，诗以哭之》七律一首，中有注云：公疾革，随侍公子挥泪默祷，公回顾曰"星斗南"。这说明"星斗南"三字是针对"随侍公子"林聪彝的"挥泪默祷"而说的。林则徐在病危难于坚持"日课"的情况下，希望其子诵经默祷，代父完成"日课"。病危之人，神衰气促，只能断断续续地说出几个单音字，又因语音寒涩，听之不甚了了，故讹为"星斗南"。张文主要根据林则徐的宗教信仰对"星斗南"作如上解释。但推测成分较大，尚难称完全妥贴。姑附此以备一说。

十月二十日，云贵总督程矞采尚在致人函中急切希望林则徐速往广西，信中说，

> 粤西又调滇兵二千，行将出省，而应借行装，并例给俸赏，所费已经数万，苦无库款可支，现并办防堵事宜，尚须预为筹备，其若之何？林官保不知何时可到军营，渠素裕韬钤，定卜肤功速奏。

（《昭代名人尺牍续集》卷八）

十月二十四日，清廷革广西巡抚郑祖琛职，以林则徐继任。并为"抚慰"林则徐起见，特发布命令贬斥投降派穆彰阿和耆英等。（《东华续录》咸丰五）

[按]　此上谕系清廷尚未收到林则徐讣讯时所发布。

十月二十七日，两广总督徐广缙具奏林则徐途次普宁病故事。

> 奏为钦差大臣在途次因病出缺，恭折由驿驰奏，仰祈圣鉴事，窃臣于十月二十四日接准钦差大臣林咨会，该大臣在普宁县途次患病延医调治，现须暂缓前进等因，即于二十五日由驿驰奏在案。兹于二十六日接据潮州府知府刘浔禀报，该府因闻林患病沉重，于十六日亲自赶赴普宁，督同该县等妥为医治。不断服药罔效，于十月十九日辰时 出缺，留有遗

725

折一件及钦差大臣关防,委员一并赍送前来。臣查林公忠素著,奉命驰赴广西督剿土匪,方冀展布壮猷,肤功迅奏,乃因趱程劳顿,卧病数日,遽尔溘逝,痛悼殊深。现惟该大臣次子林聪彝及家丁人等随侍偕行,所有身后事宜,业经潮州府知府刘浔等督同该县妥为料理,仍由臣委员护送回籍。……除送到关防,敬谨封固收贮,俟委员恭赍赴京呈缴,以昭慎重外,所有钦差大臣林在途次病故出缺缘由,理合恭折由驿驰奏,并将林遗折一件恭呈御览,伏祈皇上圣鉴训示。

（英外交部档案,F. O. 931/1239）

十一月十二日,清廷悼恤林则徐:"晋赠太子太傅衔,照总督例赐恤,任内一切处分悉予开复。"旋赐祭葬,并谥"文忠"。（《东华续录》咸丰六）友人杨庆琛以此为极大恩遇,诗以纪之:

恩遇三朝彻始终,　　徽称旷典赐文忠。

百千世后留芳地,　　四十年来尽瘁躬。

名以相偿知行大,　　心原不二况功崇。

春秋人拜欧苏外,　　别有新词祀我公。

（《闻少穆宫傅赐谥文忠敬赋一律》,见杨庆琛:《绛雪山房诗续钞》卷一）

林则徐的死,对于面临太平军已在广西起兵的清廷是有很大震动的。清廷给予林则徐的"殊荣",一方面表示悼惜失去了这样一个在它想象中足能胜任镇压反抗的"忠臣";另一方面则借表彰林则徐来赢得更多的人为它"效忠"。咸丰元年四月,清廷特派员致祭,并颁发了封建社会里被士大夫们引为荣耀的《御祭文》和《御赐碑文》。（均载《云左山房诗钞》卷首）在这两篇文字中,盛陈了林则徐效忠于清廷的各种成就,表彰了林则徐在镇压反抗方面的"业绩"说:

……旧秩弥光,由关陇而总司南服。时值蚁群久斗,鲸孽未除。速运兵机,弥渡快先声之夺;进绥蛮徼,捷书奏永靖之功。懋赐宫衔,荣颁吉羽。……

（《御祭文》）

……静妖氛于滇海,调度有方。太保班崇,阶晋青宫之选;元戎绩懋,冠加翠羽之华。……

（《御赐碑文》）

但是,对于林则徐在反鸦片战争中所作的历史贡献却颇加贬词说:

……衔恩奉使,宣岩疆远驭之威,虽控制偶疏,难辞薄罚。

(《御祭文》)

……图夷务于粤洋,机宜未协。

(《御赐碑文》)

咸丰帝还自制联语挽之曰:

答君恩,清慎忠勤数十年,尽瘁不遑,解组归来,犹自心存军国;

殚臣力,崎岖险阻六千里,出师未捷,骑箕化去,空教泪洒英雄。

(李孟符:《春冰室野乘》,见《民国笔记小说大观》第一辑第一册,页六九)

林则徐的死在地主阶级士大夫中也引起了很大的震动。他们惋惜这个人物,是由于幻想他在革命风暴将横扫而至的时机中能拯救他们危亡的命运。他们通过诗文、挽联等各种形式来悼念林则徐,借以排遣内心的忧惧,其中如广西地主阶级代表人物、状元龙启瑞的挽诗:

痛惜林文忠,　　将星陨闽漳。

天若遗此老,　　鼠贼安足当。

(龙启瑞:《浣月山房诗集》卷三,见《太平天国丛书十三种》第三)

曾经受过林则徐知遇的胡林翼的挽联为:

千古英雄皆堕泪;

四方妇孺尽知名。

(梅英杰:《胡文忠公年谱》卷一)

当时,在朝廷任职的一部分官员由古文家宗稷辰执笔所写的《公祭林文忠公文》,概述了林则徐一生行事,并表达了一般官员的仰慕之情。公祭文的全文是:

道光三十年秋,西粤小丑不靖,诏起侯官林公往征之。公力疾驰行,入潮州境,疾遂笃,以十月十九日卒于普宁县行次。上震悼,赠谥特隆,一时朝野叹惜,虽走卒妇孺,无不蹙然以丧公为悲。惟枢直同人佩服有素,乃临风酹奠而属年家子宗稷辰为之文曰:呜呼我公! 生有自来,著乎其名,天下皆知。朝阳凤凰,早搏枭鸮,出治吴越,力振颓波,风采伟然,众望已归。活人蓄乡,兴利障陂,忧不受官,被命固辞。荦荦大节,更无依违。二三大臣,交荐公才,出为方连,遂长封圻。于荆于扬,炎海之陲,仁能浹民，威足制夷。逭夫忌深，乘间抵峨，白衣从戎，复勤河堤，功成荷戈，远指天西。策百病身，为万里驰，帝念旧劳，常闻吁咨，使履塞外，悉疆理之。亡何召还，旌节再持，剿贼滇南，勋书大旗，报国力殚，乞身见几。养疴空山，不忘安危，虑引客邪，入我肝脾，昌言攻逐，杜乃渐微。廷扬孔殷，冲圣系思，思之不至，恩纶屡施。会有粤寇，起总其师，裹疡抉羸，遄往敢迟。甫径潮州，病不可治，将星南沈，万马夜嘶。遗疏遽上，衔恨泉台，惜不少延，扫荡岩崎。惟我冲圣，思公莫追，嘉以文忠，并世所稀。人靡智愚，罔不曰宜，凡厥后进，心同仰惟，况读前谟，历有岁时。山岳告倾，空瞻崖巍，魄返榕城，神还尾箕，遥奠椒浆，冀公格斯，用述长言，以志永怀。

(宗稷辰：《躬耻斋文钞》卷一四)

林则徐的挚友王柏心所写挽诗五首，对林倍加推重怀念，表达了两人之间的真挚友谊，是有感情有内容的佳作。全诗是：

推毂频阳起将兵，	元戎舆疾赴南征。
方看甲洗天河水，	谁道星沈汉相营。
剑气蛟龙犹郁勃，	阵云蛇鸟尚纵横。
天涯遥哭严公梾，	闽海悲风卷旆旌。
万里长城属一身，	崎岖持节靖烽尘。
九边独任安危计，	四海追思老大臣。
尚有威棱惊蜃鳄，	岂无图画重麒麟。
出群才略今谁匹，	文武威风见此人。
轮台孤月照丹衷，	曾向玉门叹转蓬。
尸谏伤心史鱼节，谓王文恪	谤书流涕乐羊功。
新传诏旨褒殊勋，	旧荷先皇察至忠。
白首骑箕更何恨，	征蛮恨未奏肤功。
行堤植谷救民饥，	方略均为岳牧师。
君实姓名传妇孺，	晋公勋望播华夷。

不登台辅人情惜，　　得配蒸尝祀典宜。
赠恤礼文辉道路，　　皇情犹自不胜悲。

余事生平擅表笺，　　每闻章上举朝传。
营平曲折屯田奏，　　诸葛忠勤作牧篇。
东阁风流思往日，　　西州流涕洒他年。
希文事业诸郎在，　　好继功名国史编。

（王柏心：《挽侯官林公》，见《百柱堂全集》卷一三）

《夷氛闻记》的撰者梁廷枏是林则徐在广东推行禁烟运动时频加谘询的明达之士。他在该书的结论部分正面地评定了林则徐在反鸦片斗争中的贡献说：

林文忠理海事，首先至粤，旋秉节钺，所征者粤兵，所筹者粤饷。但一意严守口岸，使藩篱自固。临海门而激励之，众即为用。终其任，未尝有所挫失。论者遂谓文忠倘获始终其事，必能令桀骜之夷叩关悔罪，由我操纵，畏若神明。为此说者诚有见。文忠聪达谙练，集思广益，视国如家，兵旅所过，文戒预颁，村市秋毫无扰。及遇敌临阵，又教以成法，人人争先。其忠勇之气，早有以慑服远人，推诚士卒。夫是以信于事先，万口同词耳。不知夷意主争市侔利，倾国以求尝试，先定旷日持久之谋，不得逞于粤，则肆毒于闽、浙。粤能阻其入，不能阻其出。省河内扰之日，文忠适奉如浙之命，夜送诸佛山，方且临别欷歔，叹洋氛不知何时可了。盖至是虽文忠亦无如何矣。然夷之伎俩，全在恫喝以取虚声。兵食资于商人，货滞则商无所出，船愈多而费愈重。汉奸虽有供火食者，究非可长恃，往往重子息，假请澳夷。不可得，以礼拜日责捐于商，有仅应以数员者。明明势已穷蹙，久将益之。文忠刺取其新闻纸与月报，洞悉其情，持之颇坚。既而事起波澜，犹深扼腕。果使粤中无六百万之与，帆航鳞集，售烟为食，所得几何，曷敢他出，纵至浙至江何能为。且亦断不肯以空虚难继之资，深入南北适中进易退难之地者。……况粤议款时，佛山炮已铸成，所未备者船械而已。战于外海，必求巨舰。今既层阻深入，盘桓内港，东南洋商船之在省河，拖风缯之泊陈村，一日可招者以百十计。倘移款夷之力以收召汉奸，严备守御，此中良有把握。即不然，以堵河设勇之

数百万与泥城编扎制造之物,移诸战守,明罚厚赏,背城一战,未尝不可
驱夷于海外。顾大用所在,非文忠无见及者,惜乎其去之稍速也。

(梁廷枏:《夷氛闻记》卷五)

曾受林则徐赏识器重的左宗棠于十一月二十一日夜获知讣讯,非常悲
痛,写了一副传颂一时的长联:

> 附公者不皆君子,间公者必是小人,忧国如家,二百余年遗直在;
>
> 庙堂依之为长城,草野望之若时雨,出师未捷,八千里路大星颓。

(左宗棠:《左文襄公全集·联语》)

同时,又以真挚的感情,忆往悼今,写了一封极生动的唁函,致慰林汝舟,
信中说:

> 十一月二十一日夜午,在黄南坡长沙寓馆,忽闻宫保尚书捐馆之耗,
> 且骇且痛,相对失声。忆去年此日谒公湘水舟次,是晚乱流而西,维舟岳
> 麓山下,同贤昆季侍公饮,抗谭今昔,江风吹浪,柁楼竟夕有声,与船窗人
> 语互相响答。曙鼓欲严,始各别去。何图三百余日便成千古,人之云亡,
> 百身莫赎,悠悠苍天,此恨何极。窃维公受三朝知遇之恩,名业在霄壤,
> 心期照古今,血气之伦,固不爱慕,于公复何所憾!中间事变迭乘,艰危
> 丛集,群小比而萋公,天日高悬,旋蒙鉴察,彼人之心,徒极缱绻,亦所谓
> 唾不及天还以自污者也。士之爱慕公者,亦何所恨。惟公敭中外三十余
> 年,经纬万端,巨细俱关国故。史馆列传例只钞撮谕旨章疏,于我公盛节
> 苦心,不能缕述百一。若非行状家传,质实陈叙,是使我公心事不尽白于
> 天下后世,而当年国是亦将无所征信。此则海内外知公者不能无重望于
> 仁人孝子者也。……

(左宗棠:《唁林镜帆》,见《左文襄公全集·书牍》卷一)

随林则徐去广西的幕友刘存仁曾写诗五首,记林则徐临终时情景,录以
备参考:

> 重臣忧国心如日,　　　想见新诗脱口时。
>
> 岂料龙髯攀欲绝,昭国制未期　　竟教箕尾怅先骑。
>
> 将星一陨天容惨,易箦时有星斗南语　　子雨谁敷泽国悲。
>
> 怆绝孤寒齐下泪,　　　云车泛马竟何之。

拜疏凄凉说出师，　　指天臣口等期之。临终口授折,经余代录,而语音塞涩不了了,尚以未及出师为憾,呜呼,忠矣

三朝知遇犹遗憾，　　片语弥留不及私。

尽瘁一生长已矣，　　公忠两字孰能之。

灵旗痛把欃枪扫，　　两粤英雄总泪垂。

回思诗讦讶前知,初七夜和桂丹盟观察诗有"浮沈终觉酬恩晚"之句

岁在龙蛇厄运悲。

河务三篇师贾让,公曾著有《西北水利》一书,尝拟属余襄校

陛辞十事媲元之。公途中为余言,前查办粤东海口事,途次疏累上,深蒙宣庙嘉纳,不料何以中阻也

冰天雪窖屯田日,前在伊犁,旋奉命查勘回疆八城垦地,听孙、心北两公子随侍,备尝荼苦,公言及辄为酸鼻

竹楗茭桩督堰时。公尝督高家堰、祥符工

进退一身前庙社,公廿年前题西湖李忠定公楫帖语,余尝请付刻,盖公自况也

西湖灵爽两凄其。今夏屡随杖履宴游西湖李公祠

感遇酬恩怅已迟，　　自惭何德足堪之。

纤骊屡屈严公骑，

捶策深增羊子悲。谓翁次竹太守及其弟玉甫,公之爱甥也,与余友善

勖我戎右期不朽,十二夜在诏安行辕治示案,通夕不睡,将登舆矣,以人役未齐,深谈良久,述少时清苦状,勖存仁自励

哭公大义岂关私。

鼓鞶将帅声凄咽，

半壁西南竟谁支。公薨后,十九、念七、初三三次廷寄旋闽,闽粤两督飞章入告,请旨简放大臣,灵辆抵潮知有署广西巡抚之命,而公均不及见矣

口不能言意答之,余性朴讷,公谅其诚,晋侍之下,有敬无踽

不才常恐累公誓。

焦桐甘为知音死，　　病骥难禁伏枥悲。

韦相门高原继迹,公长公镜帆太史,次听孙、次心北两公子,均砥节砺行

武侯食少不关医。公坚不服药,病亟,服淡薄数剂不效

灵旗莽苍悲风起,　　万口争传遗爱碑。

(刘存仁:《屺云楼集》卷五)

是年,为梁章钜、郭尚先写墓志铭。(《林则徐全集》第五册,文录页四八三至四八九)

是年朱琦(1769—1850)、董国华(1773—1850)、钱仪吉(1773—1850)卒。

林则徐身后,各有关地区的地方官吏曾先后为林请求入祀和建祠的有:

(1)咸丰元年,云南巡抚张亮基请以林则徐入祠云南名宦祠,得到清廷批准。

(2)咸丰二年,陕西巡抚张祥河奏请于陕西省城为林则徐建立专祠,得到清廷批准。

(3)同治四年,林则徐入祀江苏名宦祠。

(以上均见《福建通志》总卷三四《列传》卷三八清七《林则徐传》)

(4)同治五年十二月,长洲县令蒯德谟在当地建成林文忠公祠,冯桂芬为之写《林文忠公祠记》,(已收录本书《谱余》)颂扬林则徐在江苏的政绩。(冯桂芬:《显志堂稿》卷三)

附 录

附录一

谱 余

[说明]

在为编写《林则徐年谱长编》而搜集的有关资料中,除一部分已被采录入谱外,还有一些未获收入本谱,但尚可供参证和谈助者,特辑附谱后,题为《谱余》。

《谱余》分为五类:

第一类,未收入《长编》林则徐的诗文和赠联选辑。

第二类,林则徐的逸事。

第三类,为林则徐所写的诗文(题跋和挽文、挽诗、挽联及祠堂记)。

第四类,对林则徐的评论。

第五类,与鸦片战争有关文献。

第一类　林则徐的逸文

一　林则徐寿陶澍六十诗三十首

（1）　重镇南天半壁雄，

良臣干国奏肤功。上以手诏褒公，有"干国良臣"之谕

许身稷契经纶大，　　度世伶乔位业崇。

弧宿联辉依斗北，　　海筹添算耀江东。

廿年开府垂名久，　　才是平头六十翁。

（2）　长沙太尉溯茅封，　　八翼飞升近九重。

宗派流通红藿水，红藿山下有藿草溪，稍折而至陶家湾，即公所居

地灵祥起紫华峰。紫华峰又名仙女峰，在安化县之东，三峰并立，中峰

独高

即看崖有阴功号，公家南有阴功崖　　早信人间宜气钟。

石是印心心是印，　　生前星宿已罗胸。

（3）　清芬名德重资江，　　贻谷亲培玉树双。

虎穴投书惊早避，事见先公《荄江集》中　　龙文落笔健能扛。

离离蘅杜三秋佩，　　采采芙蓉七泽舣。

积庆源深身未遇，　　豫知门第启麾幢。

（4）　储精降昴应昌期，　　鹤立松昂骨相奇。

早兆商霖苏暑渴，见《荄江集》中二子名字说　　还舒赵日爱冬曦。

生于冬月

绛纱晓侍谈经塾，　　白纻宵吟励志词。

闻说秋风同鹗荐，

蟾宫消息报先知。嘉庆庚申乡闱，公与先公同荐而独隽，先公早得梦兆

（5）　瀛洲草绿早莺飞，　　禁柳毵毵又染衣。

射策金门悬日月，　　抽毫玉署散珠玑。

莲灯忆撤承明直，　　莱彩曾因定省归。

直使勋名垂汗简，　　　亲承庭诰果无违。先公有放榜日示公诗云：
"须看千古登科记，几个功名焕汗青。"

（6）　梯栈连云奉简书，　　　青天万里壮游初。
　　　　斗间秋访仙人石，　　　益部新占使者车。
　　　　英荡远持冰鉴澈，　　　葳苓亲采药笼储。
　　　　西川吟草辎轩记，　　　集著骖鸾总不如。

（7）　柏府兰台夜集乌，　　　铁冠峨柱耀清都。
　　　　朝阳翔凤排双阖，　　　避道花骢出九衢。
　　　　青锁黄门叨夕拜，　　　丹墀紫禁记晨趋。
　　　　早知谋国经猷远，　　　献纳先几协庙谟。公为科道时，疏凡十余上，
其中如缉捕匪徒、三急五宜、请端吏治之源、参奏吏部重戤及陈湖南旱歉情形等
疏，尤为谠直之言，弹劾不避，屡蒙仁庙嘉奖

（8）　璪院分衡玉尺齐，　　　南宫深处月华低。
　　　　荆山奇璞光先剖，　　　赤水神珠目不迷。
　　　　日下芙蓉荣作镜，　　　春官桃李灿成溪。
　　　　即今中外争辉映，　　　都忆龙门旧品题。奎玉亭总宪、程愽堂方伯皆公分校礼闱所得士

（9）　东南秔稻转江淮，　　　帝遣巡行曰汝谐。
　　　　官舫宵停坚腹泽，　　　神祠晨谒肃心斋。
　　　　五千楼舰波光动，　　　卅六湖陂镜影揩。
　　　　筹运更闻陈四事，　　　积储深系荩臣怀。

（10）　豸绣巡边气壮哉，　　　蚕丛两度陟崔嵬。
　　　　铜梁树色高行部，　　　玉垒山光拥外台。
　　　　路转三巴卿月朗，　　　阪驰九折峡云开。
　　　　想当叱驭褰帷日，　　　已信精诚达上枱。

（11）　帝简皋苏臬事陈，　　　并门重见古风淳。
　　　　晋祠流水含膏泽，　　　虞阪单车赖拊循。
　　　　芨舍尘清棠勿剪，　　　圜扉雨润草皆春。
　　　　开藩涤篝恩稠叠，　　　未及移旌到七闽。调闽臬，未之任即擢皖藩

（12）南国甸宣露冕勤，　　　节楼坐晋抚三军。

中枢管领纡筹策，安徽抚部例兼提督

左藏清厘杜纠纷。在皖清查各属仓库，奏定弥补章程，皆报可

气盖皖山天削柱，　　　润敷黄海岳兴云。

大猷从此宏康济，　　　要树封圻第一勋。

（13）中泽鸿嗷水气昏，　　　辛勤抚字活黎元。

封章半写穷檐泪，　　　振贷频邀御廪恩。

庭下带围思阅道，　　　殿前图画有监门。

鸦军更遣消螟螣，

田祖何须秉畀烦。在皖振荒，全活无算，又飞蝗为鸦所食，吏民神之

（14）直上涂山绝顶看，　　　宣防规画众流安。

芍陂兴溉田俱沃，　　　樊惠穿渠绩不刊。

万井桑麻回秀色，　　　一源桐柏障狂澜。

廉泉贮作荒年谷，　　　露积能生蔀屋欢。登涂山，策全淮形势，因筑

堤治陂，民被其利，又倡捐筹备义仓，经画尤详

（15）忆承温诏万方颁，　　　忠义宏罗奏牍间。

尽使贞魂光俎豆，　　　长留浩气重河山。

藻苹行潦扬芳烈，　　　椒荔清风起懦顽。

更采图经编地志，

千金吕览有谁删。道光元年，诏祀历代忠贞，公悉以名上，疏列最多。

继复表彰胜代殉节诸臣，遍访贞姆烈女，悉请旌表。安徽省志之修，亦自公倡之

（16）茂苑俄看节钺迁，　　　剪江东下一帆悬。

来苏舞队盈吴会，　　　望岁欢声动海暾。

泽国正嗟沈灶日，　　　金堤方议塞河年。

此时宵旰殷南顾，　　　伟略匡扶属大贤。

（17）重臣规画赞中朝，　　　飞挽云帆蜃雾消。

碣石但循沧海转，　　　析津谁道蓟门遥。

直看鹏运搏溟渤，　　　未觉鲸波荡沃焦。

十沙放洋商舶稳，　　　早教红粟太仓饶。国朝海运，自公创行，由崇

明之十沙余山放洋直达天津，竟无阻碍

（18）　渺渺烟波震泽包，　　　三江旧迹未应渰。

安流直导吴淞下，　　　余势全趋沪渎交。

斥卤分膄成乐国，　　　原隰错绣画春郊。

仍传云海筹昏垫，　　　美利还思浚白茅。

（19）　运河畚锸手亲操，　　　坐看连樯转万艘。

画鹢旌旗云际下，　　　乖龙麟甲窟中逃。

曲阿城映湖光合，　　　京口潮来海气高。

今日蓄宣成法在，

谁知区画费焦劳。蓄丹阳练湖，浚丹徒横闸通江之路，运道以济

（20）　冠加孔翠灿峨峨，　　　仪羽彩缨映玉珂。

鳌首三山初日耀，　　　鸿毛万里顺风多。

圆光预拟联双璧，　　　清德惟思咏五纮。

伟绩不惭华衮奖，　　　高冈梧凤矢卷阿。

（21）　岂徒大纛与高牙，　　　迈等宫衔又拜嘉。

早并疑丞称夹辅，　　　遥知才望重承华。

韦皋出镇平章领，　　　韩滉酬勋仆射加。

总为泰交孚一德，　　　天教姓字入笼纱。

（22）　八洲作督绍前光，　　　江北江南控制长。

筐篚三邦修职贡，　　　弓刀十步肃戎行。

氛消瀛海莩苻靖，　　　轨顺河渠竹箭防。

一事前筹劳借箸，　　　新添霜鬓为醝纲。

（23）　艰巨频年并力营，　　　天心独鉴此丹诚。

雌黄讵肯摇浮议，　　　贞白惟思答圣明。

考绩诏隆华衮奖，道光十三年京察，嘉以办事实心。十七年京察，嘉以

办事勇敢　趋朝恩锡介圭荣。

两番述职诣前席，

计日都经月魄盈。九年、十五年两番入觐，召对皆十余次

（24）　天书亲捧出彤庭，　　　甲弟长凝御墨馨。

臣诩石湖荣赐牓，　　　帝嘉高密世传经。

贞珉万古辉云汉，　　　绝壁千寻炳日星。

奕叶祥贻忠孝印，

尧文羲画沨岩扃。乙未冬入觐,御书印心石屋额以赐,恭摹泐石

(25) 公望公才帝股肱， 成名彪炳岂心矜。

折衷群策奇功就， 立断当机大勇能。

宠辱不惊磐石固， 渟涵无际海波澄。

茶陵相业东山绩， 先后三奇合并称。

(26) 即论文字亦千秋， 大集舰舷入选楼。

直以雄才凌屈宋， 还将余事压曹刘。

光腾蓬阆三山壮， 气挟江河万古流。

到处登临濡大笔， 墨缘都许雪鸿留。

(27) 后尘曾步黍琼林， 赋政还依荣戟临。

培塿岂能瞻泰岱， 沧溟何意纳涓涔。

勋高倍仰汪汪度， 寄重同怀翼翼心。

此日邻光惭接迹， 台云翘首仁为霖。

(28) 千尺乔松黛色参， 万家生佛祝东南。

青霄老鹤瞻裴令， 紫气犹龙识老聃。

羹向鼎中斟雉美， 脯从筵上劈麟甘。

长生报束传舆诵， 更有温纶沛泽覃。

(29) 岁岁天题福寿兼， 康强逢吉久同占。

家惟积善多余庆， 世亦蒙庥各引恬。

拊背堂宜融泄乐， 齐眉筹共唱随添。

阶前鸾鹄看停峙， 贻谷长承雨露沾。

(30) 南飞曲奏寿怀衔， 想见掀髯兴不凡。

漫拟溯洄通一苇， 难抛簿领挂孤帆。

祥云佳气看锺阜， 甘雨神功接傅岩。

圣代雍熙公矍铄， 连圻吴楚庆和诚。

　　曩甲午秋,则徐在江南闱中,撰座主曹太傅文正公八十寿诗,体用上下平七律三十首。公见而赏之。则徐因言:"公之勋业岂在太傅后! 他日晋鼎台,登者耋,亦当持是为寿。"公曰:"此言可践乎?"笑而颔之。今岁冬仲,值公六十览揆之辰,敬忆前言,不揣弇陋,撰成七律三十章,邮稿致祝,虽瓦奏匏宣,

未足揄扬百一,而公华龄方盛,枚卜行膺,所以述景祐而颂蕃厘者,正未有艾,谨以兹言为左券也。道光十七年岁旅疆圉作噩长至前十日,台馆后学林则徐识于武昌节署。

(钞本)

［按］ 此件系陶澍五世孙长沙陶成龙先生将家藏钞存件钞寄,附此以见陶林之交谊。

此件收入《林则徐全集》第六册诗词页一八四至一九一,与原钞本有相异处,仍依钞本。因文字过长未入谱文,录入谱余,以供参阅。

二 扬关奉宪永禁滕鲍各坝越漏南北货税告示碑文

兵部侍郎兼都察院右副都御史总理粮储提督军务巡抚江苏等处地方林,为出示严禁事。据扬关详称:"泰州滕坝,内通下河盐扬州县,外达口岸支河大江,本属扬关管辖。嗣因该坝离关窎远,于乾隆元年题归泰州,只许征收落地零星税银并附近泰兴土物,其江南运赴江北、江北运赴江南,应在扬关由闸及分设之中白二口输税者,概不准其征收。从前每因关闸钱粮短绌,查因该处商民偷挖滕坝,私走货船,甚将苏杭杂货绕至滕坝,直达里下河州县各场。又将北来饼豆杂粮,由坝驳至口岸,盘入海船,绕至江南福山、上海等处。并访有行户私设行栈,包揽绕越,或设囤船拖运。俱经各前道详情严禁,并将牙行封闭,差派委员督同中白二口书役,前赴口岸镇及滕坝一带不时稽查。近如道光五年,泰州绅士刘江禀请改坝为闸,亦经前道详奉委员勘明:'滕坝数百年不通舟楫,扬关近年缺额全赖中闸、芒稻、白塔各口补苴,若货船可由滕鲍等坝直至下河,则三口税银必至大绌。兼之夹带私盐、偷漏货物,势所必至,应请毋庸更张。'详奉各宪批准。又于道光十二年,口岸镇行户李国昌包揽纸货,发交口岸司押回中闸,认罚具结。各在案。是泰州各坝实为扬关第一漏厄,是以节次详禁严明,无非为剔除弊端,力加防范起见。乃奸商多方觊觎,百弊丛生,每越数年辄萌故智。其尤甚者,近于道光十二年王前道正在照案查禁,即据泰州朦禀扬州府转禀,妄以该州滕坝向征税货,准由口岸运赴投税,并请将中闸巡拦裁于六闸等处稽查等情。职道莅任后,查与成案不符。种种窒碍,当将该州违例滥征坝税,及不应私走口岸、盘越滕坝缘由,并关税近年偷漏缺额情形,缕晰通详。旋奉各宪批饬'泰州经征落地税银,岁仅二千两,且无短绌处分。而扬关每年额税多于十六万余两,近来无年不短,赔缴之外,尚应按分议处,衡情定议,岂宜更任滕坝为关闸之漏厄。自应如详饬禁,并札江藩司转饬泰州遵照。仍由该关委员,督同中白二口书役,于滕坝、口岸一带不时稽查。一面出示严禁,南来货船毋许私绕口岸,以杜流弊而符旧制'等因到关。奉此,遵即明白出示禁止,并行扬属各州县一体严禁。另札泰州州同、口岸司巡检,就近率同中白书役,不时前赴巡查。各在案。伏查例载'商货须直赴关口按例输税,陆路不许绕避别口,水路不得私走支河。若有船户脚夫包送,希图漏税等弊,将奸商船户等分别究治,地方官并予议处'等语。今以滕坝言之,于扬关既为别口,以口岸言之,于中闸即为支河。是以稽察稍疏,一切绕越偷盘之弊即无所底止。兹查一年以来,关口征税情形稍有起色,自系泰州各坝偷漏渐稀所致。惟是从前扬关详禁各案,久以视为具文。此次虽奉严禁,而奸商刁埠仍不免以冀图绕越为能。诚恐日久弊深,尤不可不防其渐。理合详情,俯赐照案出示,严禁盘坝绕越,发交职道在于口岸镇及滕鲍各坝支河要道处所张贴晓谕,并请勒石永禁,以垂久远"等情前来。查扬关由闸近年征收税课,遍有短缺,总由奸商刁贩绕越偷漏所致。是泰州滕鲍各坝实为关闸漏厄,断难再任商贩船埠人等,仍前盘坝绕越,致亏税课。据详前情,合行给示永禁。为此,示仰商贩行户船埠人等知悉:尔等贩运各货,由江南运赴江北,及江北运赴江南销售者,务各恪遵定例,概赴扬关由闸及中白二口,照例输税,不得避重就轻,私自盘坝绕越。倘将应赴关闸各口输税货物,私行串通偷盘过坝者,查出定将该商埠人等一并从重治罪。尔等具有身家,切勿贪利图私,致蹈法网,各宜凛遵毋违。特示。

(道光拾伍年柒月贰拾捌日示)

三 观 操 守

观操守在利害时;观精力在饥疲时;观度量在喜怒时;观存养在纷华时;观镇定在震惊时。防欲如挽逆水行舟,才歇力便下流;从善如缘无枝之木,才住脚便下坠。("田家英收藏清代学者墨迹展览"展品)

[按] 此展览由中国历史博物馆主办。此件为林则徐手书条幅,上款题"辛阶五兄先生"。林则徐五世孙林桢墉先生书此相赠,并题称:"先高祖林公则徐晚年作此观操守一文以自律。"1992年2月3日《福州晚报》载文称:"此

幅是林则徐在戎马生涯中自我修养的总结,是其人生观的一个缩影。它告诉人们:一个人的操守、精力、度量、存养、镇定等,要在特定环境里才表现最充分,最具体。"林则徐五世孙林子东女士则认为"文忠公的人生观和自我修养应是'苟利国家生死以,岂因祸福避趋之'"。我很同意子东女士的见解。

四　赠潘锡恩(芸阁)联

泾县潘芸阁先生(锡恩)……由嘉庆辛未翰林大考,试澄海楼赋,蒙拔置高等开坊,洊至南河总督。侯官林少穆尚书赠以联云:三策治河书,纬武经文,永作江淮保障;一篇澄海赋,揆天藻地,蔚为华国文章。

（方濬师《蕉轩随录》卷一二《林文忠赠联》,同治十一年退
一步斋刊本）;联见《林则徐全集》第六册,诗词页二九八）

五　赠梁章钜联

三儿恭辰,五上公车,依然故我。近缘福州旧宅不能安居,奉余出游,并悉索敝赋,纳资作郡大夫,指省浙江,以便迎养,非得已也。时陕甘捐输之事,少穆尚书主之。余作手书恳其照拂。捐事已成,少穆复书相贺,中有哲嗣以二千石洊登通显,台端以八十翁就养湖山云云。余谢不敢当而心艳其语,嘱少穆就此演成长联,将悬挂于武林寓斋以为光宠。甫逾月,少穆果手制二十八字长联见寄,并缀以长跋。词翰双美,感愧交并。时方辑录《楹联余话》,得此又增一美谈,不禁眉飞色舞也。句云:"曾从二千石起家,衣钵新传贤子弟;难得八十翁就养,湖山旧识老诗人。"跋云:"莲林中丞老前辈大人自出守至开府,常往来吴越间。今哲嗣敬叔太守又以一麾莅浙,迎养公于西泠,公游兴仍豪,吟情更健,此行真与湖山重缔凤缘矣。昨书来索楹帖,以则徐前书有"二千石、八十翁"对语,嘱广其意为长联,并欲识其缘起。忆公昔历封圻,距守郡时才一纪耳!今悬车数载后,复以儿郎作郡,就养于六桥、三竺间,此福几生修得?若他日再见封圻之历,承此衣钵之传,岂不更为盛事?敬叔勉乎哉!道光丁未人日,同里馆侍生林则徐识于青门节署,时年六十有三。"少穆由西域赐环后,先权陕甘总制,旋抚关中,绥辑番民,管理捐务,公私具举,欢颂载途,而不知其三年塞上开垦屯田,厥功尤伟。以逐臣而犹为民为国,岂复是寻常报称之情?近虽因病陈情,行将感激复出,且闻已饬哲嗣揖之编修还朝供

职,其为心存君国,实远迩所同钦。适承公以长联寄赠,不揣固陋,亦勉成数语报之,虽不足揄扬盛美,而情往似赠,兴来如答,亦聊记一时翰墨缘也。句云:麟阁待劳臣,最难西域生还,万顷开荒成伟绩;凤池诒令子,喜听东山复起,一门济美报清时。按此联书就,缄寄关中,适公已擢移滇黔总制,未知得达与否?而公惠寄之联则早已装治完美,悬诸杭州三桥址新宅中。众目快瞻,且脍炙人口矣。

(梁章钜:《浪迹丛谈》卷二《少穆尚书赠联》,道光刊本)

[按] 道光丁未人日为道光二十七年正月初七日,此赠联见《林则徐全集》第六册诗词页二九九。

六 林则徐赠人联

(1)青浦何书田茂才其伟,居北簳山下,工诗,家世能医,书田益精其业,名满大江南北。侯官林文忠公则徐抚苏时,得软脚病,何治之获痊。赠以联云:"菊井活人真寿客;簳山编集老诗家。"由是投分甚密,而何介节自持,未尝干以私,人皆重之。

(陆以湉:《冷庐杂识》卷一《何书田》,咸丰六年刊巾箱本;
联见《林则徐全集》第六册,诗词页二九八)

[按] 《楹联四话》据在伊犁答室人述怀诗自注,疑此为郑夫人患足疾。

(2)林文忠公在河工时,题所居室联云:"春从天上至;水由地中行。"题客座联云:"芦中人出;河上公来。"又赠河丞张姓者联云:"乘槎直到牵牛渚;载笔同游放鹤亭。"切地切姓,感叹其工妙。

(陆以湉:《冷庐杂识》卷二《林文忠公》,咸丰六年刊巾箱本;
赠张丞联见《林则徐全集》第六册,诗词页三〇〇)

七 林则徐制联

(1)无锡、金匮合建贞节祠,林少穆抚部则徐题联云:"盛典继毗陵,表千秋潜德幽光,长使冰心昭炜管;新祠崇惠麓,聚两邑贞姬淑媛,群钦风节树香苏。"

(梁章钜:《楹联丛话》卷四,道光庚子环碧轩刊本;
联见《林则徐全集》第六册,诗词页三四八)

（2）余由苏藩引疾假归后，一年即遭亡室郑夫人之痛。……林少穆抚部寄联云："相夫垂四十载辛勤，出处同心，昼锦归来犹并辔；济世具万千缵功德，炽昌启后，夜台化去合生天。"则隐括余行状语也。

（梁章钜:《楹联丛话》卷一〇，道光庚子环碧轩刊本；
联见《林则徐全集》第六册，诗词页三三四）

（3）林少穆督部总制两广时，海禁方严，督部于城外新建一演武厅，精选督抚两标劲卒数百人，亲往督操。自题厅柱一联云：小队出郊垌，愿七萃功成，净洗银河长不用；偏师成壁垒，看百蛮气慑，烟消珠海有余清。

（梁章钜:《楹联续话》卷二，道光庚子春环碧轩本；
联见《林则徐全集》第六册，诗词页三五〇）

（4）林少穆有集句题京师陶然亭联云："似闻陶令开三径，来与弥陀共一龛。"亭中楹帖当推此为第一。

（梁章钜:《楹联续话》卷二，道光庚子春环碧轩本；
联见《林则徐全集》第六册，诗词页三四三）

（5）林少穆自题厅事一联云："海纳百川，有容乃大；壁立千仞，无欲则刚。"名臣风矩，惟其有之，是以似之。按近见一厅事有书此十六字为联而两句乃上下互乙，遂以对语为出语，其意则同，但不应掩其名而用其句耳。

（梁章钜:《楹联续话》卷二，道光庚子春环碧轩本；
联见《林则徐全集》第六册，诗词页三四三）

（6）少穆卸两广督篆后有引疾归田之意。尝豫撰书楼一联云："坐卧一楼间，因病得闲，如此散才天或恕；结交千载上，过时为学，庶几炳烛老犹明。"寄书嘱余为作隶字。余谓此愿未易酬，且俟他日把臂入山时，再了此案可矣。

（梁章钜:《楹联续话》卷二，道光庚子春环碧轩本；
联见《林则徐全集》第六册，诗词页三五〇）

［按］　据《西湖志》，此联后为文藻山旧宅题柱。

（7）林少穆督部工为楹帖，而于挽词尤能曲折如意，各肖其人。如挽蒋砺堂节相攸铦云："合两朝宰辅封圻，第一流人终不忝；培四海贤才俊绚，在三师事有同悲。"（页三二〇）盖嘉道两朝诸巨公，好汲引人才，宏奖善类者，惟公一人，斯联洵能举其大也。又挽孙文靖督部尔准云："海徼树丰功，水利边防，廿载宏宣经世略；宫衔隆晋锡，易名延赏，九原还切报恩心。"（页三二〇）又挽卢敏肃督部坤云:"十年三建戎功,帝赖重臣,回纥蛮瑶皆慑魄;九省七膺节镇,人怀遗爱,山河岭海总铭恩。"(页三二二)又挽陶文毅督部澍云:"大度领江淮,宠辱胥忘,美谥终凭公论定;前型重山斗,步趋靡及,遗章惭负替人期。"自注云:"公遗疏有'林则徐才识十倍于臣'之语,读之汗下。"(页三二六)又挽韩桂舲尚书对云:"西曹法律,南纪封圻,溯三朝中外勋猷,范、富、欧阳同著望;闽峤襜帷,吴趋杖履,忆卅载因缘香火,李、张、皇甫愧知名。"自注云:"公尝提刑吾闽,则徐为诸生时,即以国士相待。又,则徐官吴门,值公里居,尤欣亲炙云。"(页三二一)又挽陈石士侍郎用光云:"德性秉盅和,两入琼林,稽古荣跻卿贰贵;文章崇轨范,七持玉尺,爱才群仰老成型。"(页三二三)又挽张兰渚侍郎云:"感恩知己两兼之,拟今春重谒门庭,谁知一纸音书,竟成绝笔,尽忠补过今已矣,忆平昔双修儒佛,但计卅年宦绩,也合升天。"(页三一九)又挽顾南雅通政云:"风节树朝端,鸣凤声高,为感恩慈酬再造;文章惊海内,登龙望峻,更余书画重千秋。"(页三二〇)又挽郭兰石廷尉尚先云:"三十年人海才名,帝简方隆天已召;六千里家山归梦,亲心难慰子谁依。"(页三二一)又挽陆心兰方伯言云:"台馆式前型,溯中外回翔,直节清严犹在望;藩屏联宦辙,怅老成徂谢,名贤言行未终编。"自注云:"时公方辑《名贤言行录》也。"(页三二二)又挽俞陶泉都转德渊云:"拯溺旧同心,才德兼资,如此循良曾有几! 筹蹉今尽瘁,设施未竟,毕生怀抱向谁开?"(页三二三)又挽李兰卿都转彦章云:"卅三年才不虚生,帝简方隆,谁料谪仙归紫府;重五节缕难续命,名心未瞑,应教词客祀红桥。"(页三二三)又挽廖竹臣郡丞鸿苞云:"卅年来同谱同舟,忽魂归缥缈峰前,转悔量移空借箸;一门内难兄难弟,竟望断逍遥堂后,不教旧约践连床。"(页三三三)盖郡丞为仪卿观察、钰夫尚书之兄,适调任太湖同知,即终于官廨云。又挽游春樊中翰兴诗云:"薇省早抽簪,忆卅年键户独居,清品咸推无玷玉;粉乡常设帐,怅五集编诗未就,萧辰忽折后凋松。"(页三三三)又挽吴和庭邑侯观乐云:"遗爱遥传三竺外;吟魂应在二梅间。"(页三三三)盖和庭令浙中有善政,归里时卜居谢古梅学士之二梅亭也。又挽江石生邑侯之纪云:"去思何武留遗爱;死孝王戎本至情。"(页三三三)石生居母丧以毁终云。"

（梁章钜:《楹联续话》卷三,道光庚子春环碧轩本;《林则徐全集》第六册,诗词）

第二类 林则徐的逸事

一 林则徐散权富仓米救灾

林文忠陈臬苏州时，岁大饥，斗米六七百枚，访知潘家有米万余石闭不肯粜。时文恭丁忧在家，文忠往请开仓发米，文恭力讳言仓皆空。文忠谓仓果空，即借以贮米，立将各仓加刷苏臬封条。家人劝阻，文忠曰："潘大人面说皆空仓，暂借一用耳！"悉封之。越日散仓米赈饥，文恭无如何，阴恨之。及入京供职，企图报复，无隙。值英夷犯粤，穆彰阿、琦善受重贿，归罪文忠。宣宗询及文恭，文恭乘此媒孽其短，以助穆、琦，故文忠得罪与有力焉。后闻公论不容，复极力保奏文忠以掩前迹。

（欧阳昱：《见闻琐录》后集卷二《开潘氏仓》）

[按] 文恭即潘世恩。

二 林则徐监临考场的新措施

（1）江南人文甲天下，每乡试，合江宁、江苏、安徽三布政司属士子，恒万六七千人，入锁院时，唱名授卷，竭一昼夜之力，未能竣事，有拥挤颠仆者。林文忠公为监临，创设信炮，立灯牌，阴以兵法部勒之，日晡而毕。世谓文忠当官，无一事不尽心，故无一事无良法，诚然。

（陈康祺：《燕下乡脞录》卷一三）

（2）相传林文忠公为监临时，严考帘官，尝于其文毕缴，命自注词意之出处。又尝出文二篇，命细评其得失，无许泛词，以定去取。帘官以为苦而士论服之。

（程畹：《潜庵漫笔》卷三《李爵相监临》，申报馆小丛书本）

（3）尝为江南监临，规矩森严。封号后，突语吏曰：某字某号乱号者，呼以来。吏如其言，无不符合，人因不敢乱号，亦神明奉之。不知其盖号戳时，潜袖数戳不印，乱号者必居空号，按籍以求，百无一失，执简驭繁，莫过于是。

（程畹：《潜庵漫笔》卷一《林文忠轶事》，申报馆小丛书本）

（4）南闱人数至多，唱名时办理不善，遂至先后失次，拥挤喧闹。嘉庆癸酉为甚，至初九日辰时始封门。是年予入泮，初应乡试，露处达旦，困惫极矣。水池在大门内之右，溺毙数人。丙子始改凿于东龙腮。道光辛卯，拥挤复然，头场至四更点名始毕。次年壬辰，林中丞少穆先生监临，明定章程，视各属人数多寡，以定时刻，分三门鱼贯而入，未及时者，不得先期拥挤，刊刻清单，买卷时各给一纸，俾各遵行，自是按部就班，未及，日晡，即已竣事。数科以来，皆踵而行之。为政在人，人存政举，信然。

（甘熙：《白下琐言》卷七，1926年江宁甘氏重刊本）

三　林则徐制敌之策

相传文忠制敌之策，命善泅者乘木桶浮海潜出，以凿沈敌舰。彼族辄为气慑，而制其死命者，尤在停止互市。敌既不得逞于粤，乃嗾奸人簧鼓诡辞以耸动朝贵，枢相穆鹤舫为所中，密劾文忠与巇筠，俱遣戍。

（郭则沄：《十朝诗乘》卷一五）

四　林则徐讽喻属官

林文忠公巡抚江苏时，苏州府同知续立人，颇用事。或投联语于其舆云：尊姓本来貂不足，大名倒转豕而啼。续愤怒，持白文忠，请究其人。文忠笑曰："自苏州设同知官以来，官此者不知几百十人，今能举其名者几人？得此雅谑，君不朽矣！又何愠焉？"续惭而退。迄今三十年，续君事迹，已无可考，独此联尚传人口，偶于张力臣席上闻之，不禁邹湛之感。

（朱克敬：《瞑巷杂识》卷二）

五　邹鸣鹤救林则徐

河南开封府知府邹鸣鹤，无锡人。当琦善至广东查办林文忠事，意在甚其辞以罪之。邹公宣言于人也：有人能救文忠者酬万金。某县某贡生曾为琦善童时师三年，贵后常通信，琦识其手迹，入见邹公曰：愿修书一封婉转开导。

函已发,邹公沉思曰:此信恐无益。再请某修书,末代加数语云:"天威莫测,公亦不可不反复思之,为日后计也。"琦阆至此,悚然汗出,遂辍毒害之心,故文忠得免死发遣者,非邹公从中挽救不至此。二书均出重金募善走者送去。闻迟数日则无及矣。

(欧阳昱:《见闻琐录》后集卷三《金安清》)

六　林则徐由河工遣戍

林文忠公戍伊犁时,王定九先生特请留办河工,以其详知水利,遂往行在筹悉险要,始得合龙。一日,王定九先生大开宴会,林居首座,忽传谕旨到。谕曰:"于合龙日开读"。明日启旨曰:"林则徐于合龙后,著仍往伊犁。"定九大骇,文忠自若,即日启行至伊犁。

(邹弢:《三借庐笔谈》卷一二)

七　林则徐勘办垦政

(林则徐)既抵戍,将军布彦泰亦重之,令勘办垦政,戍员悉归调遣,凡所规画,力赞其成。各路屯田三万七千余顷,岁省腹地拨帑数百万金。

(郭则澐:《十朝诗乘》卷一五)

八　金安清倡捐为林则徐赎罪

(1)文忠发遣后,浙江金安清倡义捐金赎罪。通信至粤中茶商及扬州盐商,其中有感受文忠恩惠者,有敬重文忠德望者,无不踊跃从事。或出一万,或出数万,仅十余人,已有数十万。议捐十万以赎罪,私贿穆相若干万,某某权贵若干万,求助力无阻挠。计定,遣急足二人至新疆,报知文忠。文忠回书曰,此事断断不可,以贿免罪,其如天下后世何。虽终老边徼,不愿出此。但蒙公盛意与诸商厚情。事虽不行,心实感之,乞详开姓氏里居一纸,纵不能图报,令余知某某皆义士也。于是金不费一钱而仗义之名闻于天下。后文忠赦回,任陕甘总督,欲用金,招之至,熟察其为人,轻浮狡诈,不可用,以重礼遣之归,报前日厚意而已。

(欧阳昱:《见闻琐录》后集卷三《金安清》)

(2)文忠之遣戍也。金眉生方官南河，与唐梦蝶倡议赎锾。文忠寓书力辞遂心。金唐之尚义，文忠之守义，论者两美之。

（郭则沄：《十朝诗乘》卷一五）

九　林则徐记录人才和风情

(1)林文忠公则徐才识宏远而学务缜密。每见客必详问其生平及技能、嗜好与所过山川风俗，所交豪杰，即令记室籍之，凡四人专司其事。斋中置大柜，函子箱十八，分省以藏籍。有所资考，按籍厘然。家居在官，常以搜访人才、周知庶务为事，故所至事无不办。

（朱克敬：《瞑庵杂识》卷二，《光绪刊本》）

(2)文忠性明察，初不侦伺。每莅一境，必周知其风俗以兴利除弊，人咸神明奉之，不知其接见僚属绅士，必旁谘博采，屏后小史备书其语。每日每人皆如是。公因互证其异同，以分其人之诚伪，事之是非。

（程晥：《潜庵漫笔》卷一《林文忠轶事》，申报馆小丛书本）

十　林则徐察吏

林文忠少与某同学游，有龙钟老妪坠百钱于途，文忠与某共代拾取。某以足蹈一钱，匿而取之，文忠见而不欢。及督两广，某适以知县签分到粤，以为文忠念旧，必可得缺，不料久未得委，乃托亲故晋言。文忠为述所见曰："儿时心术如此，临民决难廉正。"某知无望，乃改分别省，其后果以墨败，如文忠言。

（杜保祺：《健庐随笔》，《民国笔记小说大观》第一辑第六册，页一九三）

十一　林则徐的记忆力

林少穆总制则徐丰功伟业，炳耀人寰，人固无不钦佩矣。即其记性亦真不可及，僚属数十百人，一晤之后，籍贯姓氏，无不记忆。道光十一年，藩宣中州时，余在河工借补中牟县丞，进省来谒，同班数人，不过各询数语。越两年，升任河督，余于上南厅之胡家屯工次迎谒，不特姓名悉知，竟犹记余为直隶某州人。是真不可及。

（张昀：《琐事闲录续编》卷上）

十二　林则徐论制义

(1) 林少穆(则徐)曰:相传吾乡有某巨公,将司文柄。其知交数辈,从之乞关节。某公斥之曰:一班孙猴子,好大胆! 众皆未喻其意。是科题为巍巍乎惟天为大至无能名焉。中一人独悟前语,因于破题用大圣齐天四字,果入彀。

(2) 林少穆曰:吾乡郑芥舟先生(天锦)年十三,应童子试,颜渊后题。日未旰而先生文已脱稿,只少两比。适见两廊有二题牌,系先期补岁考者,一冉子退朝,子曰:何晏也? 一非敢后也二句。先生顿悟,用作二小比云:来乎奚暮,非同冉子之朝劳也,如何颇类右师之殿。遂以此冠其军。

(梁章钜:《制义丛话》卷二四)

十三　林则徐的手迹

去河南裕州二十里,地名扳倒井,汉光武遗迹也。林文忠公未达时,公车过此,有留题古井五古诗一章,用笺纸四幅书之,粘于壁后,寺中住持裱为手卷,名流题跋甚多,今仍宝藏庙中。

(继昌:《行素斋杂记》卷下,光绪二十七年湖南刊本)

十四　林则徐的制怒匾

林文忠性卞急,抚苏日,尝手书匾额于听事之堂,曰:"制一怒字。"

(陈康祺:《郎潜纪闻》卷六,光绪刊本)

十五　林则徐入祀宛在堂

吾乡小西湖,有宛在堂,在水中央,小孤山开化寺之旁。明高濲、傅汝舟创以祀明以来诗人林子羽诸先生者也。堂三楹,堂前老藤一架,百余年物。广庭杂莳花木,若芭蕉、紫薇之类。缭以低粉墙,墙以花砖叠成方空,可望湖光。自明至清同光间,屡有兴废,所祀诗人,屡有附益,则为林子羽、王孟扬、傅木虚、高宗吕、郑善夫、谢双湖、谢在杭、陈叔度、赵十五、叶台山、曹石仓、徐幔亭、徐兴公、黄莘田、杨雪椒、林范亭、刘芑川十七先生。

岁以寒食重阳,具酒馔祭焉。光绪间,堂久不修,渐以倾塌,又叠遭大水,遂圮。余偶归里过之,惟见临桂朱桓所书匾额,尚庋开化寺客堂中。黄莘田先生所书叶文忠诗句楹联:"桑柘几家湖上社,芙蓉十里水边城"者,已不复见。藤花亦委地枯尽矣。癸丑里居数月,与何梅生、王又点、龚惕庵诸人为觞咏之集。一日集林雪舟寒碧楼下,谋修复之。……是岁冬月,余复至都,爱苍亦在,因商诸叕庵,拨款兴工,由林惠亭料理。适惠亭主水利局,浚湖修堤,重建澄澜阁。此堂于次年落成,乃增祀林茂之、许瓯香、郑石幢、郑荔乡、萨檀河、谢甸男、陈恭甫、林少穆、林欧斋、谢枚如、龚霭仁、陈木庵、叶损轩、林暾谷十四人。进主时,爱苍归里,复增张亨甫一人,凡三十二先生矣。

[按] 文中所记"癸丑"即民国二年(1913 年)。

此次重修此堂,增祀十数人。除欧斋、枚如、霭仁、木庵为四人门生故旧所推举外,其茂之、欧香、石幢、荔乡、檀河、甸男、恭甫、少穆、退庵、损轩、暾谷皆余与叕庵所定议。亦有谓少穆先生已附祀李忠定祠,无需及此者。余以为古来诗人,如欧阳文忠、苏文忠,何尝以事业掩其文章哉!湖中旧只有一画船,属宛在堂。记船上有一版联云:"新涨拍桥摇橹过,杂花生树倚窗看。"系少穆先生写作,湖景宛然在目。

(陈衍:《石遗室诗话》卷二一)

十六 林则徐在国外的蜡像

一八六八年,志刚出使英国,参观英国蜡像堂,见一林则徐像,曾说:"林少穆先生,虽未谋面,而心仪其人,不意于此遇之,其身不长,其貌则扬,颧平面圆,存我冠裳。惜觌面不能共语,以问安边之方。"

(志刚:《初使泰西记》卷二《同治七年九月初六日记》)

陪同志刚出国的翻译张德彝亦记云:"初六日庚辰……蜡人馆一观。……中有粤督林文忠公(则徐)暨其夫人之像,阶前对立,仪表如生。"

(张德彝:《再述奇》卷三《同治七年九月初六日记》)

光绪三年正月元旦……与正使及参赞各员观于蜡人馆。入门右首,则林文忠公(则徐)像也。……文忠前有小案,摊书一卷,为禁鸦片烟条约。上华文,下洋文。

(刘锡鸿:《英轺私记》,《光绪三年正月元旦记》)

十七　刘仲兴:《林则徐的几件文物》

蒲城县文化馆的历史文物陈列室中,有林则徐书写的匾额三块:第一块,长 168 公分,高 72 公分,匾的右上角篆刻有"玉言品学俱优"小长方印记,大字行书横写"味兰书屋",字体遒劲圆润,居诸匾之冠,后有竖写的跋文,记述了林则徐为主人题辞的经过和用意,对我们研究这块匾额的历史,颇有参考价值。第二块,长 121 公分,高 39 公分,行书横写"槐荫山房",上款题"仲山父台属",下款署"林则徐",后押方形篆刻"林则徐印"。第三块,长 192 公分,高 79 公分,工笔楷书横写"观察第",上款题"道光丁未春",旁边押刻篆体"玉言品学俱优"一长方印,下款署"林则徐",最后押刻有与"味兰书屋"匾后相同的两块印章。

同时,陈列室还展出一方林则徐为王仲山母亲魏恭人"书丹"的墓志,石刻方形,每边均长 74.5 公分。

蒲城为什么会有这些林则徐书写的匾额和墓志呢?原来,林则徐从新疆流放赦回后,曾在一八四六年八月到一八四七年五月,接替邓廷桢担任了陕西巡抚职务。一八四七年元月底到三月底,曾因病请假两月,专程来到蒲城,一方面治疗休养,另一方面是为了向曾主张严禁鸦片、反对投降、极力荐举林则徐、邓廷桢而"尸谏"的已故大学士、军机大臣王鼎守"心丧",亲自到他的故乡悼念这位为禁烟而英勇献身的老前辈。当时,林则徐到蒲城后,住在王仲山家中。仲山乃王鼎族弟,曾在福建侯官等地作过知县,和林则徐早就认识。上述匾额,便是林则徐在王家休养时为主人写的。据王氏后裔谈,当时林则徐还写过"寿萱堂"、"慈惠徽音"、"介祉楼"、"肆经楼"等匾额,还有不少对联、扇面等,惜均散失无存。

(1982 年 7 月 6 日《陕西日报》)

十八　蒲城发现林则徐遗留珍贵文物

据新华社电　陕西蒲城县境内最近陆续发现了一批由林则徐书写的匾

额、文联扇面及校注的书稿,数量之多令不少专家学者惊叹。

在蒲城发现的林则徐所写的匾额共有九块,其中"观察第"、"味兰书屋"、"槐荫山房"、"慈惠徽音"、"兄弟叔侄科甲"五块匾额保存完好。

在蒲城发现的林则徐文物中有一件保存完好的林则徐题写的扇面,字为行书,笔法劲挺,淋漓酣畅,是林则徐书法中的上品。还有林则徐亲自校阅审定的王益谦书稿《太华山人文集》、为王益谦之父王实田撰写的祝寿文、为王益谦之母魏太恭人书写的墓志,以及为王益谦之兄王之谦撰写的"三爻饮易韦编古,百岁娱亲采服荣"的对联。

蒲城发现如此之多林则徐所写的匾额、文联,这在全国实属罕见。在1996年出版的由福建林则徐研究会会长杨国桢教授编写的《林则徐》大型画刊上所列举的林则徐在陕西遗留下的墨迹,也仅有"佑康锡福"匾额,可惜已无原物,仅有照片。另据介绍,西安"碑林"二字系林则徐所写,但无林之落款。而在蒲城发现的这批林则徐所写的匾额,现存完好的五块均有"林则徐"字样及林之印章。

(2004 年 7 月 5 日《三秦都市报》)

十九　杨秉纶:林则徐和北京"福州会馆"

伟大的爱国主义者林则徐,平时热心公益事业。嘉庆十六年(公元 1811年),二十七岁的林则徐以二甲四名成进士,改翰林庶吉士,此后在北京翰林院供职达九年之久。他以办事认真、精明能干很快地获得了在京同乡们的爱戴,一度被推举主持福州会馆的会务。

北京的福州会馆位于虎坊街,地近当年宣南诗社社址的陶然亭,占地二十多亩。在会馆中活动的有商旅往来和在京为官供职的福州人,进京赴考的举子也可以在会馆找到必要支持和帮助。会馆里供奉神祇除了天地福神、天妃、关帝外,还有魁星。在现在出版的《林则徐集·日记》中,可以看到林则徐当时在福州会馆与朋僚聚会燕饮、拜祭关帝和魁星的记述。

嘉庆二十一年(公元 1816 年),福州会馆有了新的扩展,林则徐主持购置房屋事宜,在他的日记中写道:(三月)"十六日,丙申,晴。上午偕同乡诸人往虎坊桥董宅,议买房屋为福州新馆,即于是日成议。……"又四月"十二日,辛酉。晴。早晨赴万隆号,备福州新馆屋价……""十三日……偕诸同人成福州新馆屋券。……"此后尚有关于修缮福州新馆等的记述。

北京的福州会馆在当地颇有名气,会馆的所在地就命名为福州馆街,当地的小学也以福州馆街为名。在南面的另一条小街叫福州馆前街。现在福州会馆的原址已兴建了北京工人俱乐部,但是林则徐经手扩展福州新馆大部分仍然完好地保存着,它位于虎坊街北面虎坊桥西端(今之骡马市大街51号)。那是座落在大街旁、自北向南连续三进的四合院,东侧有一条小弄串连前后三院落。

(1985 年 10 月 17 日《福州晚报》)

二十　林则徐侧室缪夫人

缪夫人(佚名),云南昆明人。父为当地武官。1846 年,在镇压起义者战斗中致死。缪女立誓:谁能为父报仇,将终身奉侍恩人。1848 年,林则徐在云贵总督任,捕杀当年致死缪父的起义者。缪女时年十九岁,愿以身许。林则徐以年岁相差太大坚辞。缪女决心履行誓言,宁死不渝。时郑夫人已逝,林则徐宿疾频发,亟需有人照顾。在朋辈、家人劝说下,遂纳为侧室。缪氏入门时,林则徐嘱咐子女与家人必需善待之如郑夫人。

1849 年冬,林则徐告疾返乡,缪夫人随之回福州,住文藻山老宅。第二年,林则徐逝世。此后四十余年,缪夫人仍居林则徐卧室七十二峰楼,直到逝世。

缪夫人知书达理,端庄仁厚,深得家人的敬重。她亲见林家第五代孙的出世(林则徐长玄孙女生于1888年,长玄孙男生于1890年)。1894 年,林则徐曾孙林炳章中进士时,居于宫巷的林家子孙全体恭候缪夫人自文藻山祖居来临,上第一支香,向祖先报喜。这在封建社会官宦人家中从未有过。沈葆桢夫妇在福州时,逢年过节或缪夫人生日,都要前来祝贺。沈葆桢任两江总督期间,致缪夫人信,落款均自称"嫡女婿"。左宗棠在福州主管船政时,也曾专程到文藻山探望缪夫人。她以侧室受到举家以至社会贤达的尊重,首先自然由于林则徐的影响和家教,但和她本人的品德风范也是有关系的。

缪夫人逝世于光绪年间,准确日期不详,葬于林则徐墓右侧。现墓已毁,墓碑铭文由林则徐玄孙林纪焘抄录保存如下：

光绪戊戌年腊月穀旦
嫡男侍讲公侧室王淑人
侯官林文忠公侧室
累封夫人缪太夫人　暨
恩抚嫡曾孙男埜庵公
曾孙男妇□□人　佳域

（林则徐后裔提供）

[按]　侍讲公即林汝舟，埜庵公为林汝舟之孙。

第三类　为林则徐所写的诗文

一　黄彭年撰《林文忠公政书序》

自古国家盛隆之世，上恬下熙，谓天下已治已安而不复远虑，如人方壮而病伏焉，树方荣而蠹滋焉，墙屋方屹立而蛇鼠窟焉。于是有识微见远之士，深察失弊之所由生，与害之所必至；又必得君操柄，精诚专壹，强毅而有力，乃能振拔于宴乐颓废之际，而奋然以有为。当道光之中，承乾、嘉之后，西域底定，海宇宴然，公卿大夫日以簿书期会相责成，而天下之利权非中饱于私家，即漏卮于海表。于是陶文毅公起而治其内，以为天下之财赋莫盛于东南。其大端曰河、盐、漕。河者，天事居其半，盐、漕则皆人事为之。遂改票盐，议海运，而海内百余年之积弊始彰。文毅既没，林文忠公继之，既治其内，复思治其外，以为财者亿兆养命之源，散在内地，藏富于民；漏向外洋，借资寇盗。宜为树声威，外加慎重，阳示镇静，阴肃防维，必不敢耽一日之安，以贻无穷之患，而海外数千百年之大害始著。文毅之在两江也，盐、漕失业之徒，群起诟病，而上结宸眷，朝右为之主持，故谤议虽多而遇合则极盛。文忠之在两粤也，媒孽倾轧之事，日出不穷，而下得民誉，至今交相称美。故遭际坎坷而名声则大隆。然吾观两公之心，盖深虑夫弊之日滋，害之益甚，将至于不可穷诘，忧及于国家，祸延于后世，思其患而预为之防。文毅举其易者为之倡，文忠举其难者为之继，其用心诚而致力果，殆死生以之。至于一身之荣辱毁誉，固有所不计也。文毅始卒，奏疏文集，刊布流传。文忠遗集，哲嗣镜帆前辈，虽经编辑，久未刊行。迄今二十余年，哲孙孝廉，始赀刻本乞序于予。自文忠总督东河以迄云贵，为甲乙丙三编，都三十七卷，名之曰政书。书中于民之情伪，地方之利病，细如毛发，巨如丘山，无不反复周详，推究始末，而或兴或革，言之必其可行，忠纯如武乡，详密如安阳、明决如太岳，洵无愧古之立功立言者。咸丰以来，寇乱极矣。任事者稍得破除常见，竭其心思才力之所能至。而文忠与文毅独于宴安无事，局守文法之时，洞见症瘕，亟起救药。吾知世之读其书者，必将感发兴起，思所以宏济艰难，是则国家之厚幸也夫！

（黄彭年：《陶楼文钞》癸亥刊本）

[按]　此序刊本《林文忠公政书》未载。

二　马钟祺：《题林文忠政书后》

著王威惠震王灵，　　海峤争传少牧（穆）名。

一自虎门亲被甲，　　绝无鸦片过零丁。

中朝人物真称最，　　今昔严疆又异形。

片羽吉光应护惜，　　西夷犹解著丹青。

（《古榆轩诗》卷五）

三　沈瑜庆：《林文忠公手札题后并序》

　　子培宗兄出示外祖林文忠公与令祖侍郎公手札累册，计三十余页。自外任杭嘉湖道，以迄云贵总督，首尾毕具，可称完璧，因将两家年谱详校年月，广征题咏，以备掌故，附五言古体一首，并乞正和。按文忠公乡榜为嘉庆九年甲子，时年二十，就旁邑记室，以所削牍见赏于闽抚张公师诚，遂延入幕，是为知名之始。会试为嘉庆十六年辛未，出侍郎公房，时侍郎年三十四，文忠二十七也。文忠嘉庆二十五年简任杭嘉湖道，所署八月初五日一笺，中述带家信过无锡事，即庚辰八月，侍郎以翰林院侍读视学湖北，差满还朝，眷属省亲在无锡，时侍郎年四十三，文忠三十六也。附函八月十二日闻仁庙升遐，盖七月部文八月到杭也。所署子月一笺，侍郎手批十二月十三日到，当系道光二年壬午，侍郎典试福建，即留视学，文忠权篆浙臬，旋授淮扬道，时侍郎年四十五，文忠三十八也。又署九月十一夜一笺，失去前页，亦同时所书。又署嘉平望后一笺，贺权副宪之喜，当是道光十一年辛卯，文忠任南河总督时，侍郎年五十四，文忠四十七也。另笺一纸，当是乙未年，文忠以江苏巡抚赴江宁入闱监临，侍郎以安徽学政赴江宁考试录遗，总督陶文毅公，主试卓海帆相国，皆侍郎会榜同年，绘乙未入帘图，各赋诗纪之，时侍郎年五十八，文忠五十一也。又交卸两广督篆后一笺，当系道光二十年庚子九月烧烟翻案后所书，侍郎已于戊戌六月开缺，留京养病，文忠旋遣戍新疆，时侍郎年六十三，文忠五十六也。又入关署陕甘总督一笺，当是道光二十六年丙午春初作，侍郎于是年八

758

月南归矣,时侍郎六十九,文忠六十二也。最后在滇督任内一笺,有补寄去年寿屏之语,末署六月中澣,当是道光二十八年戊申六月,时侍郎年七十一,文忠六十四也。文忠生平持论,以为交际启事,第凭尺一以通情款,于此而不竭吾诚,乌乎用吾诚? 公既擅绝词翰,复笃于师友渊源,虽羽书旁午,亲切函札,从不假手于人,僚吏禀牍,写作佳者,每亲自批答圈点付还。时先伯祖荫士公在幕中,问文忠得无嫌琐屑耶? 文忠曰:寒士缘此增重,官吏亦缘此加意佐治人才,所系固不细也。先祖癸已会试,道出吴门,问文忠向物色尺牍人才,今得其人否? 文忠云:'闻湖北藩署书启李君,尝从陶云汀宫保处知其人词翰为天下第一,前岁托人以千金聘之,已辞馆入都会试,得馆选矣。所谓李君者,即湘阴李文恭公星沅,时方为孝廉,后代公为钦差大臣督办广西军务,亦卒于军者也。因校对文忠手札年月,并记趋庭时所闻于先公者,以归子培,幸赐裁正,乙卯人日。

(诗略)

(沈瑜庆:《涛园集》页一二二至一二五,庚申[1920]铅印本)

[**按**]　序中"侍郎公"即沈维鐈,"子培兄"即沈曾植。沈瑜庆为沈葆桢之子,林则徐之外孙。

四　宗稷辰:《跋林文忠公贻戴侍御手札卷》

此卷集文忠手札,惟前横笺二札乃亲笔,于烧烟海上,诚服番估,至变心骚动,肆扰中土,将入津沽始末特详,视传说为确,可为史据也。公以番估始不仇公为不解。是岂难知哉! 人心如水,静则顺而动则狂。公孤忠制夷,未开一面网,但请至津礼遇,太阿遂入人手,于是仇公之人导之激之,而彼之天良泯矣。夫公之才力,诚冠一时,然内乏强援而欲孑然成功于外,我纯倚法而人得以曲市其恩,势难力征而计无以豫防其变,三者皆不及古人处。当以番舶四窜入告,时在直庐,读札子已病其疏。呜呼! 在昔武乡、汾阳尚有疏时,此日月之过,不必为公讳,然不能不为公痛惜也。滇中戴先辈云帆为公门人,曾为诗纪感,公嫌其直,戒之。公出塞时,稷辰亦有诗,则极推朝廷保全之至意,公深赏以为善立言。公入关后属作拙书,以忧不果。客岁至京师,书致戒帷,而公道丧,即哭以文。今幸从其高弟,获睹真迹,许为题识。是即可以践作书之约也。公在天必昭鉴之,且有余悲矣。咸丰元年七月十八日,年家子宗稷辰霣涕跋。

（宗稷辰：《躬耻斋文钞》卷七）

[按] 戴侍御即戴纲孙。

五 谢章铤：《林则徐日记跋》

《林文忠公日记》章铤昔曾窥见一二矣。公从子讷山太学与予有连，为言公在官，无日不治事，无日不见客，亦无日不亲笔墨。所为日记不下数十百本，随时随地，皆可案稽。今观此册益信。公身后，子姓分析为墨宝，噫！诚足宝也。虽然，文忠有政书而未有年谱。似宜分年录要，补所未备，勒成一编，胪其生平出处，进退大节，垂示后来。近阮文达雷塘庵、曾文正求阙斋两弟子记，亦皆删掇日记，遂成名作，子经为公贤孙，其有意乎？

（谢章铤：《林文忠公日记跋为公孙子经燕愉通判作》，
见《赌棋山庄又续集》，光绪戊戌刊本）

六 姚椿：《题林则徐手札册》

感题侯官公手札装册为梁豁丁邑之老友赋

丁君文学好古，入侯官尚书幕府十余年，无间言也。侯官既殁，萃其生平所贻尺书廿五通，装成一册，以予亦凤荷公知遇，属为书后。予所得公书多为友人持去，最后存旧寓西江所寄一书。呜呼！知遇同而敏钝勤惰不同，可知其才不逮远矣。既已赋诗，复书于首，咸丰元年季夏望日。

范韩威望临边日，	琳瑀风流记室才。
谁信东南宾主美，	一编今向普云开。
天涯流□阿芙蓉，	边警遥传岭海峰。
不信絮缯腾汉诏，	终看星火服尧封。
君爱炎荒琢石奇，	蛮花犵鸟旧题诗。
百番零落新闻纸，	重译婳隅几个知。
铁市昔严陶刺史，璜事见《吴志》及《晋书》本传	文臣今见霍骠姚。
海滨自有长城在，	传语岛夷心莫骄。
半生万里辄栖栖，	身付舟车马革齐。

拜诏粤西行不得， 那堪回首大荒西。

又见天涯草色青， 伤心非复故长亭。

不知天上驾其客， 几度寒光照客星。

全楚规模节制尊， 布衣珠履望山门。

一时宾从今寥落， 黄鹤归来万古魂。

杜门终日行清风， 惟悴江南老秃翁。

相对著书无岁月， 与君枯树哭桓公。

昔年联辔大梁游， 谈笑同追稷下驹。

好祝勋名似羊杜， 一天明月古南楼。邹钟泉中丞，林公故属吏也。

为君里中挚好。今抚粤西，君游先梁后楚

金薤琳琅嗤墨猪， 鸾飘凤泊今何如？

荆州十部老从事， 正少刘公一纸书。

（《通艺阁诗遗编》）

七 金安清：《题林则徐致陈德培手札》

重才千古似公稀， 契阔交亲到细微，

惭愧焦桐曾入赏，

墨花塞雪一齐飞。公在伊江，屡有书来，已装治成册矣

（原件藏华东师范大学图书馆）

[按] 林则徐致陈德培函九通，为陈氏所珍藏，金安清（眉生）见后为题上诗并跋称："丙辰（咸丰六年）冬月上洋客次，子茂姻丈出示文忠手札，敬题一绝。夏间曾拟为公建祠孤山，未果，楹联已撰（绝顶湖山三少保，比邻梅鹤一先生）。斯愿未知何日偿也。眉生金安清。"

[又按] 丙辰为咸丰六年，子茂为陈德培之字。三少保指岳飞、于谦并林则徐。一先生指林逋。

八 宗稷辰：《题唐、金二子酿金为林公赎罪书及
林汝舟辞募赎札后》

近世儒而侠者，莫如夏峰先生，其周旋六君子，经营赎锾，至树大旗于道上。既而不能纳，则又表而还之众好义者，其志虽不遂，而义闻垂二百余年

矣。若前数年，侯官林公西戍，人皆思为赎之。其友唐梦蝶、金眉生力倡是举，远近争应。事垂成，始闻于公。公命子苦辞，寝罢，所守至正。两君亦遂以金还诸其人。虽公以贤臣事圣君，雷霆偶下，雨露旋施。迹与往事迥异，而两贤气谊之崇、忠信之固，则俨然夏峰之立心矣。传之来祀，夫何间然。

（宗稷辰：《躬耻斋文钞》卷六）

　［按］　此题后写于道光二十七年七月，即 1847 年 8 月。

九　钱泰吉：《跋林文忠公父子手札册》

林文忠之却赠遗，公之恒德也。诸君子为纳赎锾，则情之可受者也。读文忠父子手札，令人益憬憬于取与之义，而公艰贞之德，夷险一节，亦可想见。余至海昌，唐君梦蝶已出游，不得见。今眉生廉访出示此册，亦足见其媺行。廉访不没梦蝶之善，并存文忠访梦蝶后人之札，知拳拳于梦蝶既没之后，亦可志也。

（钱泰吉：《甘泉乡人余稿》卷一）

十　鲁一同：《书林侯官手札后》

公前戍伊江时，南中诸君有赎锾之举，公婉谢之，而公子汝舟言尤切至。一同敬惟人臣事君犹天，惟义与命，无所逃之。虽昔人有言，曷若归命投诚，乞怜君父，要之心迹，今古一时，未可一概量也。公辞之甚正。今公已奉天子简命，巡抚秦陕，移督黔滇，恩宠眷注日隆矣。假令当日义举果行，权重媲美，其不如少迂缓之，以待天心之自转明白。然方诸君为此时，岂逆料有今日事情发于中，而事迫于会。苟可取济，将不复权衡审度而为之，于义甚可嘉。夫天下义有所不暇精，而情有所不能待，至于天人诉合，主臣道隆，果有以大慰中外之望，则又非一二人意气所能感格，而国家景福无疆之征验也。于虖远矣！

　［按］　此书后写于道光二十七年秋后。

（鲁一同：《通甫类稿》卷三）

十一　丁彦和：《跋林文忠公手札》

彦和在林文忠公幕下最久，得公手札亦最多。以张君仲甫与公为金石交，属君题后，君谓和之遇文忠，与文忠之遇仓场公（张师诚），后先同揆。呜呼！蹄涔何足语海，部娄曷可望山哉！和于辛卯岁（道光十一年）客中州，始入公幕，知公最精词翰，惧弗克胜，依倚十年，耳目濡染，乃能渐合绳墨，实由公陶铸而成。外此赞讦谟、襄密议，皆无其事，不敢援公以自重也。公尝论近代封圻人物，所中心悦服者，帅仙舟抚部而外，惟仓场公。盖仓场公具兼人之才，公又兼人之学，凡章奏之体要，政治之纲维，靡不研精覃思，一生之得力，悉在于是。辛未（嘉庆十六年）廷试后，咸以未得鼎元为公惜，公独自视欿然。观其寓仓场公书，出言恳至，而意谦抑，不以入词垣为喜，而以习国书虞；又以远在京师，节楼佐理无人，有不能奋飞之憾。两贤之契洽如此，宜乎传灯引筏，相得益彰也。忆公抚吴门时，君挐舟来访，下榻小沧浪馆。簿书余暇，辄与君尊酒流连，和亦时共欢宴。迨辛丑（道光二十一年）四月，公有赴浙之役，和于豫章送之。旋奉出关之命，君于武林送之。未几而改诣河壖，尚于工次寄和一函，竟成绝笔！自此遐荒万里，邮问遂疏。观公于塞外致君书，友朋斐恻之情，身世升沉之感，千载下犹为悲涕！则公之装二本为一册，固当宝若珠图。和与君家，亦有渊源，幸得缀词简末，俾览者用所兴起，正不徒附骥之荣也。君杜门养疴，淡于禄利，而书城坐拥，著作等身，与仓场公之经济勋名，文忠公□[之]文章事业，均足不朽。和齿衰发秃，仍作近游。回思寄迹平津，辱公国士之爱，又恨学识梼昧，于公之远者、大者，举无所知，仅于词翰略窥涯涘。今则书记日贱，词翰之工拙，更无有论及者矣。可慨也夫！咸丰壬子（二年）季冬无锡丁彦和谨跋。

（《林文忠公尺牍》，福建丛书钞本）

[按]　括号中年代均系新夏所加。

十二　沈葆桢:《跋林文忠公墨迹》

同治壬戌（同治元年）之秋，张仲甫二丈以舅氏林文忠公墨迹见示，一为芸馆启事，一为伊吾邮书，纸墨如新，不觉愀然悲、肃然敬。忆道光癸巳（道光十三年），奉家君北上，过苏门，舅氏留之节署，始亲侍笔砚。浑金粹玉，虽髫稚亦知其为宝，然尽勤鲜暇，不敢以私好溷之，讵料甲午（道光十四年）春告归，遂从兹不得一见颜色耶？是□舅氏墨迹，除函札外，所藏绝少。仲丈家遭兵燹，赀产筐箧，悉付劫灰，千里间关，萧然自发，独于故人手迹，性命相依。信所谓造次必于是,颠沛必于是者耶?信所谓死者复生,生者不愧者耶?文忠公手迹,固与其硕行伟业同垂不朽,而仲丈敦笃交谊,亦照耀千古矣。宜其为鬼神所呵护,历险不渝也。羽书旁午,迁延累月,□克附笔,不胜歉然。

同治元年腊后一日(十二月初二日),三山沈葆桢志。

(《林文忠公尺牍》,福建丛书钞本)

[按] 括号中年月日均系新夏所加。

十三 阎敬铭:《跋林文忠公书札册》

余往获谒于林文忠公,子镜帆、听孙亦有游从之雅。观公此册,圆美流发,绝不似老年人作,所谓如见欧阳公容貌秀伟者也。东坪太守为壮敏公长子,岂弟明达,绝少其俦,吾老且伛,不能不以远大相责,望司马公作脚踏实地人。永叔在夷陵专理案牍,其学愈进;即文忠公名满天壤,亦以由太守起家,阅历地方事得来也。东坪家世忠贞,必思所以拯时艰,临当远别,书此归之。同治丁卯三月二十三日,关中阎敬铭书于济南节署。

(录自吉林省博物馆藏:《林文忠公书札册》,致福珠洪阿)

[按] 壮敏为福珠洪阿谥号。

十四 杨绍和:《海源阁珍存尺牍序》(摘录)

先君端勤公(杨以增)于平生笃交际,每获师友信札,辄什袭箧中,或畀绍和收弃。(咸丰十一年)阅时既久,所积遂夥。顾官辄十有数省,舟车所至,不无零失。咸丰辛酉"捻寇"之乱,其存诸陶南别墅者,又多坠红羊。绍和理而董之,得千余纸,付之装池,都为廿册(今存四册)。……

林文忠公与先君同宦楚、豫、秦、陇,投分最密。丙午(道光二十六年)文忠抚关中,将引疾归,适先君擢藩两陕,遂举以自代,有"诚正清勤,明敏练达,实为臣所不能及"云。古所谓知己者非欤!爰次于师门之下,计三册[1]……同

---

[1] 《海源阁珍存尺牍》第二至四册林则徐致杨以增手札,今存一册,计十七札(一作十八札),六十页(一作六十一页)。杨氏后人杨敬夫于1958年捐献山东省地方志委员会,今藏于山东省图书馆"海源阁专室"。(《聊城师范学院学报》(哲学社会科学版)1983年第1期)

治壬申秋八月朔日(同治十一年八月初一日)

聊城杨绍和　敬识

属其同年友长沙徐树钧书

[**按**]　括号中年月日为新夏所加。

十五　黄彭年:《跋林文忠公手札》

右林文忠公与潘功甫先生九札,皆抚吴时筹议赈饥事。词翰精妙,固不待言。尤喜其见事之真,虑事之密,论事之细。往时读文忠抚吴诸疏,但言集绅劝输,煮粥送赈。及观此札,然后知精察力行之详且尽如此。贾子云:古之为天下者,至纤至悉也。纤悉之未周,而谓吾能其大且远者,固不然矣。功甫生长名门,秉蹈高节,为世推重,而宅心施惠,已饥已溺之意,具见札中。士之独善者,原未尝忘兼善也,然则名贤之求志,与名臣之达道,岂有殊哉!

(黄彭年:《陶楼文钞》卷一一)

十六　萧穆:《跋林文忠公与周介堂太守札》

祥符周季贶太守星诒出示林文忠公与其太翁介堂先生手札两通,并林公小像装潢一册,乞为题识。今考其时为道光十六年丙申,周公官苏州府知府,是年七月林公复奉旨由江苏巡抚署两江总督。是年冬,周公以所拟新漕事宜三条禀林公,公复书云:"皆属切妥,惟第三条非奏不可,已拟具一折稿寄护院,于在事诸君公同斟酌,候寄回即当拜发。"此下尚有与言其时公事三件为第一札。其第二札乃是年十一月,林公奉旨入觐时,有论洋钱折稿寄示,周公为改易一字、增添二字,林公复书赞极得要,此札前后尚有论公事数件,乃十二月朔日林公起节北上时所寄也。夫林公之才识伟略冠当时,尚以一要折商之于属吏而后用,则公生平虚怀善下,不自满假,固不待言;而周公通达政体,有大本领,素为林公所深契可知矣。周公终身官止府道,其政绩不甚昭著,观林公两札所述,可以想见其才学亦为林公之亚;而能直谅自守,有非当时贤士大夫所□企者。此等同寅协恭和衷,势位两忘,岂易再见于今日哉?林公小像似为五十左右所摹,面圆而微黄,须眉清而秀,然不知其实为一代伟人也。

(萧穆:《敬孚类稿》卷七)

十七　沈曾植:《跋林文忠公上先司空公书》

右林文忠公上先司空公(沈维鐈)书七纸,宣统辛亥(三年)从里中当卖人家得之。所称水师不必设,炮台不必添,盖皆琦氏之言,议论谬横至此,而敢以上陈圣听,非有主之者不至此。此辛亥年硃笔罪状穆相,所以言之犹有余痛也。公初受事,已知入坎,既解职,益切葵忧,劳臣苶怀,字字丹赤,百代以下,见此者当无不服公先识,抑先识岂公所乐受哉?悲夫!植识。

(《鸦片战争》Ⅱ,《中国近代史资料丛刊》)

[按]　括号中年份为新夏所加。

十八　梁章钜:《贺林少穆督部诗》

滇南永昌,汉、回不靖,酿成巨案,前人办理皆不协机宜,自少穆总制滇、黔,剿抚兼施,肤功迅奏,遂膺懋赏,加衔宫保,赏戴花翎,常与赵蓉舫学使谈及之,为足继鄂西林相国之勋名。蓉舫即滇人,极感颂之,有诗云:"谁谓苗顽甘白刃,须知蛮貊亦苍生。长卿谕意惟驰檄,诸葛攻心讵耀兵。"皆纪实语,少穆可当之而无愧矣。余僻居东瓯,久之始得阅邸钞,亦寄贺以诗云:"致身贵乘时,立功不择地,官人仰明哲,终获长城利。桓桓宫保公,耿耿壮夫志。东南不得朋,西北且历试。帝曰往汝谐,滇黔作总制。此邦近抢攘,勰和良匪易。惟公媲韩范,仁者勇兼智。调度固有方,事会巧相值。先几震远迩,胜算自指臂。肤功克日奏,上赏遂身被。指挥靖风尘,谈笑息羹沸。颂声浃蛮陬,允合止戈义。书生偏知兵,吾侪尽吐气。须知古名臣,即在人间世。前闻某大臣称,林某奏疏虽工,而全不知兵,何能办贼?又有某制府称,我不知书,不知古来所称名臣者何若,今与林某共事,窃谓古之所谓名臣,不过如此。其言皆上达天听。所谓彼亦一是非,此亦一是非也比年感吾乡,仕宦颇不振。岂其君子人,易退而难进。仗君树伟绩,深结九重信。文通复武达,一洒边远吝。万里传好音,群伦悉奋迅。海邦匪无贤,零落不堪问。雪山有故帅,极想骥足骋。城中廖杨叶,拱手齐孟晋。年华都未衰,各各殷报称。牵连倘弹冠,荣怀有余庆。愧我百无补,浪迹忘老病。迟迟见朝录,豁眼读新命。吾友方腾骧,吾乡仁干运。喜极翻恧然,何时合爪印。青宫系国本,古重保傅尊。吾郡二百年,此阶尚乏人。福州乡宦本朝从无加宫衔者,公骤得太子太保衔,更近来所罕遇也我公蕴名德,异数超等伦。

顾名倘思义,凡情岂所论。愿君即内征,清切依紫宸。三天极谕教,六太资频频。指顾拨席晋,兼倚枢地亲。居高泽愈远,综理化如神。胜于秉节钺,方隅限边垠。否则作使相,三江民望殷。河海漕盐计,一一需陶甄。惟公筹之熟,万汇皆生春。故人方伏处,遽听俱眉轩。扁舟或近便,关怀伫一伸。"

(梁章钜:《浪迹三谈》卷四)

十九　刘存仁作林则徐出师诗

闽县刘炯甫孝廉姻家存仁,幼有神童之目。九岁所为文如成人。屡冠童子军,文名籍盛。官甘肃同知,著有《屺云楼诗集》。近潜心性理之学,著有《劝学刍言》。曾为家文忠公记室,从文忠公总师粤西。《过海阳即事》云:"鼓角森严夜未央,又从幕府事戎行,书生感遇心如水,元老忧时鬓已霜(宫保忧劳特至)。旭日初开消瘴疠,天河力挽洗欃枪(西南角大星,光芒其露)。骁骁千骑雷霆动(时檄拨潮兵一千名随行),旌旆飞扬出海阳。旁午军书火速催,时艰端赖出群才。节麾再至羊城日,父老遮迎马首来,范相胸怀在忧乐,温公姓氏满舆台,班师拟奏平淮曲,笑看弓刀一举杯。"数诗均有唐人风骨。

(林昌彝:《海天琴思录》卷七,同治七年刊)

二十　程恩泽赠林则徐联

春海赠林少穆督部联云:"理事若作真书,绵密无间;爱民如保赤子,体会入微。"少穆最工作小楷,故出联自然关合,次联亦能酷肖其生平。

(梁章钜:《楹联丛话》卷一二,道光庚子环碧轩刊本)

二十一　梁章钜盼林则徐"赐还"诗

出塞不辞三万里，　　著书须计一千年。借用近人诗句,忘其姓名
可怜粤麓非屏麓，　　望断苍茫敕勒天。昨有传林少穆已赐环入关者,
为之喜而不寐,实谣言也。余福州老屋在屏山之麓,与少穆为比邻者数年

(梁章钜:《归田琐记》卷八《此东园日记诗》)

二十二　咸丰帝挽林则徐联

道光辛丑,侯官林文忠公奉命至镇海军营。比遣戍新疆,居恒常诵"苟利

国家生死以,岂因祸福避趋之"二语不置,不知是公自作,抑古人成句也。然忠义之忱,可想见矣。后公以云贵总督引疾家居。咸丰初元,奉诏起讨粤西贼,海内欣望而公卒于途中,文宗震悼,御制挽联以赐云:"答君恩,清慎忠勤数十年,尽瘁不遑,解组归来,犹自心存军国;殚臣力,崎岖险阻六千里,出师未捷,骑箕化去,空教泪洒英雄。"非常知遇,天下臣民读之,皆代为感泣也。

(陈其元:《庸闲斋笔记》卷九《文宗赐林文忠挽诗》)

二十三　朱兰:《侯官林文忠公》

忝司楚北学,	小草珠露浦。
入都复别公,	公言洋政难。
治河方奏绩,	远戍臣力惮。
满朝谁尸谏,	只手障云端。
六诏将星坠,	海内发长叹。

(《补读书室诗稿》卷一〇)

二十四　桂超万:《哭少穆先生用首韵》

出师中道驻锡鸾,	痛失人间第一官。
赎愿百身星祭葛,	供教千社象雕檀。
高谈去日遗音在,	伟略今时再见难。
此后望碑长坠泪,	闽山群作岘山看。

(《养浩斋诗续稿》卷二)

二十五　杨庆琛:《林少穆节使归榇南来诗以哭之》

髫龄雏凤便飞声,	六十年中内外名。
磨盾雄才曾倚马,	投鞭壮志欲屠鲸。
赤心朝有贤臣颂,	青史人思太傅清。
今日辒车来远道,	谢鸡莱竹不胜情。
回忆归来春日晴,	忧深桑梓苦经营。
威姓远讫华夷界,	韬略能驱左右兵。

两粤干戈思命帅，　　九重纶綍寄长城。

忠忱力疾兼程去，

一柱天南手独擎。时粤匪蠢动，上命公为督师大臣，公闻命即日力疾就道

太息河鱼困寝兴，公旧患脾泄之症，以舆中劳顿复作

积劳药饵竟无灵。

伏波未裹沙场革，公启行时，徐松龛中丞奏报有"以遂平生马革之志"等语

诸葛先沈将星陨。

力疾尚思苏水火，　　合严犹自肃霆钧。公念万民水火兼程驰至潮州，
途次时病已深，犹挑壮勇，发条教，严纪律，禁驱扰

少小盟交赋断金，　　璧芹蟾桂更联吟。

彦方每事成人美，　　鲍子当年知我深。

半载欣逢乡国聚，　　二毛相顾雪霜侵。

忍听留守过河恨，　　涕泗涟洏痛不禁。

星斗苍茫何处寻，公疾革，随侍公子挥泪默祷，公回顾曰星斗南

军门还盼节麾临。

崔琳居里余骢笏，　　清献传家只鹤琴。

隔岁我频挥老泪，去秋哭梁茞邻中丞之讣　　盖棺公不负初心。

饰终典重哀荣备，　　圣主酬庸赍玉音。

（《绛雪山房诗续钞》卷一）

　　[**按**]　杨庆琛与林则徐是自少至老同里至友，往来频密，酬唱亦多。咸丰八年十一月十二日在写《感逝五十首》时，其中有一首即颂林则徐云："一代名臣功业崇，千秋奏议媲宣公。即论啸月吟风句，也有敲金琢玉功（林文忠制军则徐）。"

二十六　潘渔溉:《怀文忠诗》

水行无舟楫，　　陆行无津梁，
不能越溪涧，　　况乃江河长。

弧矢櫜勿用，	罜网弛勿张，
不能制狐兔，	何以殪虎狼。
妖氛焰初炽，	雷霆声已藏，
天心不可测，	命讨事靡常。
生才以弭乱，	乱极才反亡，
英灵不再见，	功业谁相望。
中夜仰星辰，	炯炯森寒芒，
披云视下界，	得毋心盡伤。

（原件藏故宫博物院）

［按］ 原件后有潘一卤跋称：

"右恭录先曾祖渔溉公《山中草》遗集内怀文忠诗一首，先曾祖当弱冠未通籍前即被文忠聘入楚藩幕中，尝见先曾祖作小字，辄止之曰：'红纸最伤目，宜自惜，备他日用也。'命善书者代缮。数日后又以久不作楷，恐遂生疏，乃以书函签字专属之。后此在豫在滇，宦缘辄逢，情谊益笃，故先曾祖晚年尤识于心目，不须史忘也。"

"又先曾祖因事假归，文忠病中书联数十幅，赠以压装曰：足下远归，借作物仪贻亲友，差不俗耳！文忠翰墨当时已极宝贵，得之者如获拱璧焉。"

"先曾祖守昆明时，胡文忠适守贵阳，有湖南一人，湖北一人之誉。"

从这些跋语中可以看到林则徐在培育人才，爱护部属方面的具体作法和态度。

二十七　谭献：《赠太保林文忠公则徐》

林公出闽中，	溟渤与怀抱，
留侯如妇女，	富贵致身早。
琼崖气萧森，	珠澥流浩渺，
中有英吉利，	扬帆飓风矫。
流毒阿芙蓉，	奇技时辰表，
历宦公镇粤，	忧心惄如捣。
凿舟沉侏傞，	纵火燔轻窕，
奇计出精诚，	岂徒尚智巧。

770

安坐制千里，　　威名被百草，
得公三四辈，　　猾夏敢纷扰。
吁嗟棘上蝇，　　瑾瑜不自保，
功成竟下吏，　　出塞乃集蓼。
中朝王相国，　　尸谏遗疏稿，
同时两荩臣，　　悲歌向苍昊。
天高雨露降，　　归朝双鬓皓，
无端桂林郡，　　潢池弄兵狡。
即家畀金印，　　出车奉征讨，
黄霸再适颍，　　欢呼拥父老。
前旌粤东境，　　渠魁槛车辕，传闻贼中议献韦正乞降,公薨,复拥之逸
风霜一何酷，　　瘴疠竟相挠。
老臣死勤事，　　七十不为夭，
大呼恨蜂屯，　　不瞑志电扫。
浮云下闾阎，　　翩翩白斿旐，
烽燧日夜飞，　　从此豺狼饱。

（张应昌:《清诗铎》卷一二,中华书局印本）

二十八　陈偕灿:《哭林文忠公》

八桂干戈日，　　三朝社稷臣，
登车犹力疾，　　拜表已忘身。
出处关天下，　　安危系此人，
何当悲薤露，　　遗恨满征尘。

天地黯无色，　　原头夜落星，
一身完大节，　　九死出边庭。公曾戍西域
古驿灯微碧，　　芳郊草自青，
故乡遥隔处，　　风笛咽邮亭。

（张应昌:《清诗铎》卷二〇,中华书局印本）

[按]　题下有自注:"公奉使征粤逆,薨于潮州途次。"

二十九　魏绦:《过潮州吊林文忠公》

纯庙富康济，　　神略靖八方。
准回既敉定，　　威严讫南荒。
鞭挞走蛮徼，　　深藏啼且僵。
风云互变态，　　畴瞻日月光。
觥觥林侯官，　　秉节筹岩疆。
英猷逾闾阎，　　奇谋弭鬼章。
胸横十三略，　　不作七锦襄。
蕞尔岛夷国，　　狡健凌海航。
阴狠逞崄志，　　传教恣荒唐。
匿毒守鬼蜮，　　得意肆虎狼。
公也亟民命，　　守关道义张。
外档横铁镞，　　木排森已芒。
峨峨虎门凶，　　巨崄压大洋。
飞炮愈矢石，　　纵横雪与霜。
远夷胆志落，　　十战九已创。
奇材固理数，　　是宜贡庙堂。
赤口反肆虐，　　公乃罹祸殃。
孱臣误国柄，　　外台毒五常。
倾侧数语内，　　綮溪中有藏。
修闻翻远谪，　　冤乎号彼苍。
我昔拜公象，　　浙水平原庄。
丰神焰瀛海，　　纸角矜风芒。
千言致夷书，　　章句何炜煌。
首申恶烟害，　　次申德霈霶。
天威仗幽讨，　　姓字异祀香。
总人志弗谷，　　翻使悖孽狂。
维舟今十月，　　草木翠以缃。
海天风色静，　　隐忧安敢详。

（魏绦:《文斤山民集》卷二,壬申十月建德周氏景印本）

三十　顾云:《经报恩寺感成四十韵》

宣宗昔御宇，　　将严华夷防。

觥觥黄都宪，爵滋　　拜疏陈天阊。

鸩毒请特禁，　　毋许来中邦。

林公文忠奉天敕，　　高驾粤海航。

粤海既苍止，　　大集诸夷商。

令举害人物，　　以时亟输将。

狡抵亦数四，　　终然夷心降。

悉献所捆载，　　峨峨万斯箱。

公秉两粤节，　　邓公廷桢移闽疆。

聚焚正鱼烂，　　谋变俄鸱张。

闽粤当要害，　　鲸波纷击撞。

两公设守御，　　诸夷多伤亡。

技穷肆豕突，　　甯浙遂入江。

浙边既破碎，　　江境旋抢攘。

一督三将军,裕谦、葛云飞、王锡朋,郑国鸿　　毅然殉疆场。

朝廷数推毂，　　无自制犬羊。

国是一朝变，　　舌人走皇皇。

娄敬策第一，　　魏绛功无双。

城下盟遂定，　　韬戈讲承筐。

张筵会此寺，　　夷酋来成行。

青天白日下，　　鬼蜮禁翱翔。

帑金索千万，　　予若宿负偿。

条约立数十，　　书恐嗣世忘。

一时务含垢，　　兵气遂不扬。

厥后数构衅，　　咆哮如封狼。

封狼殪亦易，　　斯理无人详。

试观咸同世，　　粤捻偕披猖。

海内没大半，　　势逾狂澜狂。

濯征十数载，　　重睹日月光。

是岂有奇术，　　壹心厉斧斨。

无和但有战，　　虽弱亦可强。

兵法置死地，　　然后生可望。

金注与瓦注，　　注者何低昂。

勇胜怯斯负，　　况乃旗鼓当。

视夷若粤捻，　　剪灭自弗遑。

敬告经国者，　　为谋至宜臧。

决机在战阵，　　制胜先庙堂。

疆臣皆林邓，　　终古完金汤。

我来寺久毁，　　遗构余荒凉。

狺狺吠过客，　　心折墙阴龙。

（顾云：《盋山诗录》卷二，光绪十五年自刊本）

〔**按**〕　林则徐身后挽诗，在后人诗集中较多，除已录入《谱余》者，所知者尚有，如：

（1）宣昌绪：《吊林文忠公》。（《留读斋诗集》卷三）

（2）姚椿：《哭侯官林尚书二十二韵》。（《通艺阁诗遗编》）

（3）林直：《哭宫傅家文忠公四首》。（《壮怀堂诗初稿》卷七）

（4）张祥河：《挽林文忠公少穆制府四首》。（《小重山房诗续录·北山之什》）

（5）萨大文：《挽林文忠公》。（《荔影堂诗钞》卷上）

（6）边浴礼：《林文忠公挽词四首》。（《健修堂诗集》卷一二）

（7）郭篯龄：《林少穆太傅挽诗》。（《吉雨山房诗集》卷一）

存目以备翻检。

三十一　冯桂芬：《林文忠公祠记》

道光朝中外大臣以功德显闻者，首数侯官文忠林公。公以三年癸未陈臬来吴，值大水，抚、藩举荒政一以畀公，故得尽公之才，全活无算，公之得大名，实始于是。越十年，公为巡抚。癸巳秋冬之交，累月阴雨，禾不得刈，皆生耳，公以实告，且请蠲恤。顾冬灾非例也，计臣持不可。疏再上，情词悱恻，赖宣庙仁圣，终允公请，民以无饥。无何，迁湖广总督，调两江，两广，以事免。再起督陕甘,调云贵,平回匪,功成引疾归。粤匪倡乱,诏起公视师,旌旗及于楚南而薨。粤匪夙知公名,闻将至,相约解散,迄不果,中外惜之。综公生平,武功在滇,而文德所被则吾吴最久。今距公去数十年,心歌腹咏,如公在时。曩沈归愚先生年谱有云:时汤文正抚吴,虽在髫龀,亦知有生人之乐。先生以期颐之寿,乡居最久,康、雍、乾三朝名巡抚若于清端、张清恪、陈文恭诸公相接踵,何独于文正景慕至此? 则以文正得民心尤深也。公之得民心,亦犹是矣。惟是吾吴,古称五湖腴表。有明以来,尤以财赋雄东南,至乾嘉间为极盛。自经癸未大水而始一变,向之通阛带阓,商贾骈坒,萧然矣。漕粮之额,十倍他省。重以水利不修,十收九歉,野无盖藏。嘉庆季年,帮费无艺,白粮至石二金。州县借口厚敛,辄征三四石当一石,民不堪命。听之则激变,禁之则误兑,进退无善策。公不得已,准其年、其县,民困之重轻,辄请缓漕一二分,甚者三四分,岁以为常,继公者遵而行之无或改,江南亿万户始得以委随惰窳揸持息者三十余年。迨肃毅伯合肥李公平吴,偕毅勇侯湘乡曾公合疏请减浮粮,犹以三十余年实征旧籍立言,遂邀恩旨,减三分之一,然则导以先路者公也。郡学先有于、汤、林三公祠,毁于贼。比建复学宫,合为国朝九公祠。先一年,合肥蒯观察德谟方宰长洲,创恤孤局,又于西偏捐廉建公专祠。君居官多仁政,是举也有瓣香之诚焉。五年十二月落成,以记文见属。桂芬受公知最早,所以期之者甚厚。公驰驱绝域,犹手笺酬答无间,匠门弃材,累公之明,今记公祠,滋之愧恧也已!

(《显志堂稿》卷三)

第四类 对林则徐的评论

一 魏源论林则徐

林公处横流溃决之余,奋然欲除中国之积患,而卒激沿海之大患。① 其耳食者争咎于勒敌缴烟,其深悉洋情者则知其不由缴烟而由于闭市。

或曰,西变以来,惟林公守粤,不调外省一兵一饷而长城屹然。

且林公于定海陷后,固尝陈以敌攻敌之策矣,陈固守藩篱之策矣。又奏请以粤饷三百万造船置炮。苟从其策,何患能发之不能收之矣。

（魏源:《圣武记》卷一〇《道光洋艘征抚记》上,申报馆小丛书本）

二 王之春论林则徐

林文忠公一代伟人,独犯天下之大难,惜当时无相与宏济于艰之人,以致功败垂成,未竟其志。

（王之春:《防海纪略跋》）

三 张培仁论林则徐

林少穆先生莅官七省总制,所至有惠政。予谓其毕生经济,居官功过,总在办理鸦片一案。公到粤后,励精图治,威重令行,洋人桀黠者,兴贩以此致富者,吸食者,一时为之气夺,凛不敢犯。即粤西人家中有收藏鸦片者,弃之惟恐不速。设在粤坐镇数年,则鸦片之患永断根株。何至银价日昂,百族俱困,州县因银贵之故而赔累,商贾因银贵之故而亏折,百姓因银贵之故而输将不肯踊跃,顽民之凶恶狡狠者乘国家雕敝之余遽敢盗弄潢池,祸患甚于洪水。吁! 可为之痛哭流涕者也。

少穆先生赴新疆效力时,出关诗有句云:苟利国家生死以,岂容祸福避趋

---

① 陈其泰《魏源与鸦片战争史》一文说:"这与全篇对林则徐肯定赞扬的态度显然相矛盾。究竟是不是魏源原本所有,也似可怀疑。"(《史学史研究》1982 年第 3 期)

之。又曰：纵使三年生马角，也须万卷束牛腰（时载书数车云）。名臣妙句，附记于此。

（张培仁：《妙香宝丛话》卷一一《鸦片》）

四 外人口中的林则徐

（1）钦差并非与英国人作对，只是攻敌凡做鸦片贸易之人而已。钦差即问产鸦片之地方，令我写之，我即写之与他。讲至都鲁机出产鸦片时，钦差即问都鲁机是否系米利坚地方，抑或系米利坚所属之地，我等回说不属美利坚，只离中国约一月水程。钦差同各位大官府，尽皆似是惊讶。钦差同总督及其余各大官，斯时尽皆站立，甚谦厚，与我等讲话，戏笑英国人之装束打扮，小心细察我等之服色穿着。

（澳门一千八百四十年正月十一日下篇新闻纸［即中国十二月初七日］，

见《鸦片战争》Ⅱ，中国近代史资料丛刊，神州国光社印本）

（2）我等闻说钦差林，已调补广东、广西总督，其旧时总督邓已调补云南、贵州总督。如此调动，可见朝廷信林有才能，可以禁止鸦片及能拒敌夷人。现在钦差所行之事，俱是性急冒失及自傲。

（澳门一千八百四十年二月初一日新闻纸［即中国十二月二十七］，

见《鸦片战争》Ⅱ，中国近代史资料丛刊，神州国光社印本）

（3）若说林公虽然不为皇帝所喜，但是他却很受他新近所管治的人民的爱戴，这对于林来说只是公道而已。他的最大的死敌也不得不承认他的手从来没有被贿赂玷污过。在中国的政治家中，这种情形是闻所未闻的。

（寿纪瑜译：《英军在华作战记》卷一，见《鸦片战争》Ⅱ，

中国近代史资料丛刊，神州国光社印本）

（4）伊里布遣其奴张喜赴夷船，馈牛酒，首贺以林、邓革职之事。夷酋伯麦摇首曰：林公自是中国好总督，有血性，有才气；但不悉外国情形耳。鸦片可断，一切贸易不可断，断则我国无以为生，不得不全力以争通商，岂仇林总督而来耶？此与澳门月报所云：中国官府不知外国政事，又不询问考求，惟林总督行事，全与相反。署中养有善译之人，指点洋商通事引水二三十位，官府

四处探听,按日呈递。有他国讨好,将英吉利书卖与中国。林系聪明好人,不辞辛苦等语相符。

(梁廷枏:《夷氛闻记》)

(5)十七日,请日本公使、参赞及其前任户部尚书宴于寓所。井上馨问余曰:"中国尚有林则徐其人否?"答曰:"曾国藩、左宗棠,何多让也。"井曰:"否,否!中国若有此忠良,两君玉趾不贲英矣。林公之子嗣何如?"答曰:"有季子林拱枢在。"井曰:"视乃父何如?"答曰:"方为谏官,未尝见其当大事,然血性见识则甚优。"并曰:"我闻林公指挥区画,滴滴皆血,他人思力所不能及,得非所谓血性乎。"

(刘锡鸿:《光绪三年四月十七日记》,见《英轺私记》)

五 陈石遗论林则徐的诗

(1)林少穆先生则徐,有《云左山房诗钞》,使事稳切,对仗工整。有和冯云伯登府志局即事原韵之二云:"风物蛮乡也足夸,枫亭丹荔幔亭茶。新潮拍岸添瓜蔓(端午前后,积雨经句,敝居门前,河水漫溢),小艇穿桥宿藕花(予近浚小西湖,作大小二舟,小者可入城桥)。愧比逋仙亭畔鹤,枉谈庄叟井中蛙。琴尊待践湖西约,一棹临流刺浅沙。"又舟过吴门,与芷林话旧,出倪云林湖山书屋画卷索题,即和卷中云林原韵之二云:"小西湖上采菱船,千里芙蓉浅水边,俩忆白鸥与偕隐,苍烟古木也依然(去岁在小西湖,作伫月、绿筠两舫。今春荷亭,遍种红藕,惜花时不获与诸君同游也)。"附云林原诗云:"湖水清空好放船,青山依约白鸥边。忽思周处祠前路,古木苍烟正渺然。"林公两诗,皆吾乡小西湖掌故也。题杨雪辀庆琛金陵策蹇图之二云:"昨宵尊酒话枌榆,不改乡音改鬓须,试指三山澄离合,五君应共入新图(君与兰卿、竹圃、荫士共饮节署,作家乡语。闽称三山,金陵亦谓三山。去年芷林作三山离合图,绘余及兰卿。今此会五人,拟亦图之,以志良遇云)。"次邓子期尔颐坡公生日原韵时有他感云:"阳羡求田慕颍箕,一场春梦乍醒时。无端白鹤新居睡,又触乌台旧案诗(公在惠州成白鹤新居,有纵笔诗,报道先生春睡美,道人轻打五更钟,执政闻而怒之,再谪儋耳)。磨蝎命宫嗟党籍,蛰龙泉路引灵旗。微生鉴此帷修拙,斋为惩羹著意吹。"此公遣戍伊犁时所作,故末句云然。塞外杂咏云:"雄

778

关楼堞倚云开,驻马边墙首重回。风雨满城人出塞,黄花真笑逐臣来(太白句)。路出邮亭驿铎鸣,健儿三五道旁迎。谁知不是高轩过,阮籍如今亦步兵。携将两个阿孩儿,走马穿林似衮师。不及青莲夜郎去,拙妻龙剑许相随。天山万笏耸琼瑶,导我西行伴寂寥。我与山灵相对笑,满头晴雪共难消。径丈圆轮引轴长,车如高屋太昂藏。晚晴风定搴帷坐,似倚楼头看夕阳。"句如赴戍登程口占示家人云:"苟利国家生死以,岂因祸福避趋之。"秋夜不寐起而独酌云:"肝肠赖尔出芒角,俯仰笑人随桔槔。"河内吊玉溪生云:"郎君东阁骄行马,后辈西昆学祭鱼。"题朱笥河先生谷梨精舍书翰云:"游到玉华曾作记,聚来石笋自成亭。"马嵬坡云:"隐得峨眉安将士,人间从此重生男。"公少工骈俪,饶有才华。有"仁亲以为宝"时艺,篇中警句云:"表里山河,天下有失而复得之国;墓门拱木,自古无死而复生之亲。"一时诵之。

(2)公曾典试滇中。《镇远道中》云:"两山夹溪溪水恶,一径秋烟凿山脚。行人在山影在溪,此身未坠胆已落。"《下坡》云:"俯睨忽无地,致身何太高。"《安平》云:"豁开原野少崔巍,暂脱重山若脱围。历险始知平地好,骤寒翻讶早秋非。"《即目》云:"不知身与诸天接,但觉云从下界生。飞瀑正拖千嶂雨,斜阳先放一峰晴。"《渔梁江》云:"很石多于滩下水,乱山围就瓮中天。"旧与赞云游西山,遇陟峻处,余辄下舆步行。赞云笑云:"黔中山行,险者百倍于此。"今读公诗,如见其一二。

(陈衍:《石遗室诗话》卷二二)

六 来裕恂论林则徐

......

忆自道光海氛摧,	英人首犯寻成灾。
粤东肇乱纷如痤,	印度鸦片为祸胎。
林督焚烧绝根荄,	不意朝奸从蘖媒。
反向夷人笑语陪,	遂致林公心日灰。
议和条件等嘲诙,	赔偿损失屡迫催。
将无李愬相无装,	琦善实为罪之魁。

天津条约未度裁， 五口通商牒已来。

罪林功琦群小猜， 竖子不足与谋唉。……

（《匏园诗集》卷六《游江北岸》甲午，家印本）

　　［**按**］　此诗系先祖咏史诗之一，或可作清末民初对鸦片战争及林则徐的一种看法。

第五类　鸦片战争有关文献

一　朱嶟:《申严例禁以彰国法而除民害折》

(1836 年 9 月)

说明:奏折原稿未见。这里抄录的是根据当年《京报》(手抄本)影印件。
《京报》原件存伦敦大英图书馆。

内阁学士兼礼部侍郎臣朱嶟跪奏,为申严例禁,以彰国法而除民害,敬陈
管见,仰祈圣鉴事:

切(窃)惟有害必除,法不容废。我国家承平垂二百年,所以为民除害,莅
中国而抚四夷者,具有成规。如丫(鸦)片烟一项,加(嘉)庆初年立禁,已有专
条,迭经议奏,节次增修,载入则例,法制綦严。无如有司奉行不力,以致民心
胥惭,日〔长〕月滋,蔓延殆遍天下。办之不早,除之不胜诛,当事者几数束手
而无可如何。然夷载送鸦片必不能零星售卖。广东省城有包买户谓之窑口,
由艮(银)号说价于夷馆,给票单至趸船取土,此其显而易查者也。往来护艇
曰快蟹,曰扒龙,炮械毕具,运桨如飞,俨同寇攘,岂得任其横行沿海而置
之不问? 前督臣卢曾调派水师付(副)将秦裕昌、香山县知县田溥等,拿获梁
显业贩卖鸦片船只,起出鸦片烟一万四千余斤,并按治窑口匪犯姚九、区宽
等。是知封嫌(疆)大使(吏)诚督率文武员弁,实力搜查,认真擒捕,取其正
者,置之严刑,原有办法果到底不懈,有犯必惩,民即顽梗,岂其不畏法乎? 所
望者,忽纵执法不坚耳。或拟法者,胥役棍徒之所借以为利,不知国家立一法
必生一弊,法纵有时而亨(停)罢,无因噎废食之理。即如娼赌奸盗诸不法事,
何尝不为胥役棍徒取利? 讹诈栽赃,亦时有之,而随到随惩,岂得从法穷而议
废乎? 盖法之禁民为非,尤(犹)坊止水之所来也,若以旧坊为无所用而坏之,
则奔溢记(泛)滥有不可胜言者矣。

乃外国纷纷议论,皆之(云)禁而不禁不如不禁之禁。臣夙夜思维,诚不
知有何善策。或云令其纳税入关,交付洋行,只准以货易货,不准以银购卖,

此杜银偷漏之说也。惟是英吉利贩卖鸦片,自道光元年经前两广督臣阮查办屯户之后,久弛(驰)出零丁洋而不伏(复)入澳门。其既已麾之使去,又复招之使来,殊属不成事体。若云兑换茶叶,洋银亦一体禁其出洋,臣恐茶叶不足,将复易之以银也。各(若)能禁洋银之出洋,又岂不能禁〔鸦片之贩运? 若能禁鸦片之贩运,白银外流自必戛然而止,二患立弭。是知〕①更张之不如仍旧之为愈乎! 若不(云)收鸦片烟税,其言不顺,其名不美,此其税之不可行者也。或有说,宽内地种罂粟之禁,则夷人之利日减,久之将不禁而自绝。岂知俗情贵耳而残(贱)目,云近而图远,内地总(虽)有,而必以来自外洋者为佳。如江、浙、闽、广之间,不遵国法而用,洋银色减,易不转多,纹银色足,易不转少,虽内地有依样铸造者,曰苏板,曰建板,曰云板,不能夺其所尚也。又如中国之绸缎布匹非不足用,而外夷之大呢、羽毛、洋布,或以时贵具物而贱用物。人心昧俊,大抵如斯。今闽、广、浙、东、云、贵,曾经科道各官奏请禁栽罂粟采熬鸦片,然名禁而实未禁也。他省臣不敢知,即如云南一属,种罂粟者漫山遍野,鸦片之出产,宗(总)亦必不下数千箱,然而出洋之银,不见减于昔日。在滇之银,行信亨于曩时。其故何载? 今(食)之者多,而择食求精者,又必以洋烟为美也。议者不察者云旱烟,谨矣。夫旱烟者,无亨(害)于人者也。且旱烟之利轻。鸦片之利重。种烟草者,可于间旷之地;种罂粟者,必有奇腴之境。夺膏腴之杯以种罂粟而谋重利,小民趋之类鹜,宅尤艺桑麻而种稻粱乎?溢衣食之大源,胎祸悉之根本,譬诸病,其引胆肤之疾而入于心腹,尤欲求活,不可将已而。乃以广东三朮(熟)之田,概天下肥硗不齐之地,岂通论哉。

总之,鸦片流毒,访(妨)财害小,殊民害大。民者国之本,财者民所出;民贫尚可变□,民弱〔无〕可救药。枚(据)《台湾府志》云:鸦片大出咬嚼呢(咬嚼吧),又云咬嚼呢(咬嚼吧)一作噶利己(噶喇巴)②。其初,土人轻捷善斗。红毛制为鸦片烟,诱使食,峰(蜂)同争趋各鹜(若鹜),失久遂疲赢受制,竟为所据。

今英吉利亦若红毛番种者,初以鸦片入关,即有削弱中原之念。觉之不

---

① 影印件第三页缺第八行,约二十八九字。今据英文《澳门月报》(Chinese Repository)第五卷第九期第 392 页内容迻译补缺。

② 咬嚼吧,又作噶喇巴,俱指印度尼西亚雅加达。

早,渐成攫决与未。该夷桀骜不训(驯)之壮(状),历有成案。其船窜入闽、浙、江南、山东、天津、奉天各海口,诚不知是何居心。恭读圣祖仁皇帝康熙五十五年十月圣训云:"海外若西洋等用(国),千百年后中国恐受其累。"仰见圣祖深思远虑,外夷情事,久在神明洞鉴之中。今未及二百年,中国之受累已见其端矣。纵未能遽然绝其互市,亦与思悉预防,严备各省海口,稍加惩创,伏俾知所儆惧。嘉庆廿三年,仁宗睿皇帝以抚议外夷之制示两广督臣曰:"国家抚议外夷,具(俱)有定规制道,遵弁(办)者坏(怀)之以德,干犯者示之以威。英吉利在粤贸易,其货船及护货兵船,停泊处所久有定例,若俟(该)夷人不遵定例,有违禁令,先当剀切晓谕,宣示德威,以杜其觊觎之心。倘竟议(依)恃其聪悍,檀(擅)越界址,则不能不开炮轰吉(击),便(使)之慑我兵威。总之,怀远之道当先以理胜,断不可猛浪从事,先启兵端;亦不可遇示(事)情弱,使彼此(衍文)兵〔知〕所畏惧也。"惶惶乎圣漠(谟),询(洵)万世德矣。

皇上御极以来,敬念家法,骑射为本,属夃(饬)各省督抚提镇,整饬戎行,练习水师,务俾士卒悉成劲旅。仰见圣主习劲肄武,固国本而威四夷之至意也。鸦片之来源不绝,即难保营伍之中无私相吸食者。一经沾染,寝以成风,烟引(瘾)来时,年(手)足瘫软,涕泪交流,又安能勤训练而或(成)劲旅乎?如此兵丁,进不能战,退不能守,十二年广东奏徭匪之案,言连州军营战兵多有吸鸦片烟者,兵丁数虽多,难于得力,其明证也。

言弛禁仅听民间贩卖吸食,若官弁士子兵丁仍不在此类,是则曲折之词,所谓掩耳盗铃者也。以天下人数计之,官弁士兵不过十分之一,而民居其九。今之食鸦片者,大凡起于官员之幕友家丁,延及于市廛游民,而弁兵士子亦渐禁(染)其习。所不食者,乡里之愚民居多耳。若独禁员弁士兵而许民间贩卖吸食,是以食者纵之得食,而未食者导之使食。禁之勿食,犹惧或食,导之便(使)食,有不食乎!?至民与吸食,则兵(员)弁兵丁又何得而禁,何则?员弁士兵非生而为员、为弁、为士、为兵也,其初,大抵平民也。即如兵丁失察,必募于民充补,而应募者几与无赖之民,为平民之日则食之,及为兵丁,烟已成瘾。不可断绝又从而绝之,以法比孟子,所谓同民者也。至官弁士子在家安而食之,何从查禁。苟为不核,则书役仆隶将将(衍文)挟其短长而擅其废置。防讹诈而讹诈之端启,票(禁)裁赃而裁赃之衅除(疑为开),父不能诫其子,兄不能保其弟,主不能制其仆,岂非滋之扰也哉！ 幸不至是,则阴相煽诱,互为容隐,又事之常,无足怪者。故听民间贩卖吸食而额禁员弁士兵,不可得也。

今天下人心之陷溺深矣,愚者惑于邪教而执迷不悟,默者鸠于鸦片而漓窖莫返,臣尝思所以觉之之方而不可问。然海(每)有国家之法之则,良忓(懦)之夫终有所畏而不敢,俊秀之子当知其非而不为,岂但具文,而隐为防范者正不少也。若一但(旦)废弛,朝廷不以为非,愚贱安知其失,明目张胆,公然贩卖吸食,久之说(藐)视国法,竟如日用饮食之不可少而恬不为怪矣。廉耻尽丧,忌惮毛(毫)无,其有系于世道人心者,实非浅鲜。臣知国法具在,谅不至轻议份(纷)更,第外关(间)既有此议论,一时奸富匪类莫不仰首伸眉,妄希风指,以为此禁一开而食,而后可以径行无忌。

念臣以庸材仰荷圣恩拔擢,不数年间,由科道洊历京卿,晋阶学士,日隆施优渥,未报涓埃,苟有所知,不敢不言。应请旨饬下各直省督抚,令地方官重申禁令,严切晓谕,旧染漓俗,咸与维新。如仍蹈前辙,不知悛改,定当按律惩治,决不宽贷。其有屯贩鸦片至千斤以上者,置以重典。庶人心肃然而海外亦闻风而化矣。臣愚昧之见是否有当,伏祈皇上圣鉴。谨奏。

二 许球:《洋夷牟利愈奸内地财源日耗敬陈管见折》

(1836 年 9 月)

兵科给事中臣许球跪奏,为洋夷牟利愈奸,内地财源日耗,敬陈管见,请旨饬下廷臣妥议以塞漏卮叮(而)裕国计事:

切惟我朝休养生息垂二百年,海内殷富,以中国之财供中国之用,西至新羌,南至滇粤,无非商贾所可行之处,银帑无不通海。乾隆年间,帑库充足,闾阎饶裕,纹银一两准制钱一千。今则纹银一两,至易制钱一千四百文。银日少,价日增,官民交用(困)。论者设(谓)生齿日凡(繁),银日散而日绌。不知散在中国,可散而又聚;近日银之所行日少者,财由偷漏出洋,一散而不能复聚也。

臣闻出洋之银,唯售卖鸦片为最甚。嘉庆初年,夷人售卖鸦片至粤不过数百箱,今则多至二万余箱。有乌土、白皮、红皮之分,每箱贵者八九百元,次者亦五百元。在广东售卖者如此，其他省船只在伶仃洋与趸船交易者，尚难悉数，每年约耗银钱数百万。始则尤传该夷买货之(以)洋银，今则尽以内地纹银在澳门改铸矣。始则该夷尤以洋银买内地之货，今则尽以归国矣。始则改铸洋银尤恐内地查察，今则公然携带纹银矣。其货船向在黄埔停泊，曾经夹带鸦片。道光元年有叶桓树奉查，经行商出具"所进黄埔夷船并无鸦片"甘结，所有鸦片趸船，始尽泊于伶仃洋，每年四五月间入泊急水门，至九月间仍回伶仃洋。于三年间，该夷探知金星水门内较稳，始由急水门改泊金星门。该处付行(附近)香山县之鸡柏，唐家等缑(陬)既不便于居民，且与内地奸民勾通交易，其运载银两胜以前数年。无主之船，已故之人，冒开多名，谓某前有银若干寄存某处，今代带回，行商为之诡章，得以运远。间有货箱夹带者。计自嘉庆年间海气(氛)年靖以来，鸦片渐炽，其始每年不过数百万，近则每年几及二千万两。日积月累，不可胜记，内地之银，安得不日形短绌?! 皆由该省从前大吏，因循畏缩，务为宽大，不遵例禁，不严制访(防)以于。

我朝法制尽善，一切开山采矿诸税政屏斥不行，是银之在中国，另无出产。以中国有尽之财，填外夷无厌之欲，若不早为之计，不过十年，又将销耗亿万，其迁海何所底止？论者谓绝其互市指一百余万之税，留二千余万之银者，失者少，所得者大。不知西洋诸国互市有年，一旦绝之，不惟有损天朝大体，且恐无以善其后。又谓弛鸦片之禁，令其易货抽税，银不耗而税愈充，可为而利。不知设为禁令，纹银尚至偷漏，鸦片尚至充斥，若令公然售卖，明目张胆，其来益多，能保其必以货易货？即如洋米来粤，曾经章明免钞，以货交易。而近来吕宋等国米船，竟亦载官(银)回国。是禁一弛而纹银偷漏愈多，此必然之势也。且不禁其售卖，即不能禁人之吸食。若只禁官兵，而官兵皆从大人(士民)中出，又何以预为之地耶？况明知为毒人之物，而听其流行，复征其税课，堂堂天朝，失此体统。

臣以为纹银之出洋，鸦片之入内地，皆有例禁。惟地方官奉行不力，而后入者得出。不责其奉行不力，而欲并例禁而弛之，奸民诚便，地方官诚可卸责矣。惟此禁一开，而议(纹)银出洋之禁果从而加密耶？不能加密，是自撤藩篱也。与其纷更法制，尽撤藩篱，不若谨守旧章，严以整顿。夫内地与外洋至隔绝世，贩卖鸦片之奸民，非能尽与夷船自行交易也。包买则有窑口，说合则有行商,收银给单、令往趸船取出则有坐地夷人,往来护送则有快蟹艇。自万山入内洋至金星门,处处皆有水师营汛,夷船之来,又有引水人役,本不难于盘(稽)查。即有闽、浙、上海、天津船只自就趸船交易者,该处既属内洋,何难侦缉?乃近年来系(仅)有前督臣卢任内香山县田溥,全营缉获鸦片一起,此外并不多见,此兵役得规包放故也。

自古制夷之法,详内而略外,先治己而后治人。必先严定治罪条例,将贩卖之奸民,说合之行商,包买之窑口,护送之蟹艇,贿纵之兵役,严密查拿,重法惩治,如是而内地庶可肃清。其坐地夷人,分住洋行。住义(怡)和者,一名喳吨,即混名铁头老鼠,一名哗尔吐;住保顺行者,一名嗷(嗱)地,一名化林治,一名吗嗜(嗜)治;住丰太行者,一名打打喱;住广源行者,应(名)葛唔;住孖鹰行者,名吆收(文);住吕宋行者,名啤嗳;此外恐复多有。由治既严,并将坐地夷人,查拿拘守,告以定例,勒令其(具)限,使寄泊伶仃洋、金星门之趸船,尽行回国。并令寄信该国王,鸦片流毒内地,戕害民生,天朝已将内地贩卖奸民,从重处治,所有内(坐)地夷人,念系外夷,未忍加诛,如鸦片趸船不至再入中国,即行宽释,仍准照常互市,倘仍前设立趸船,潜来勾诱,坐将茶叶丝斤等项概停互市,并将该国坐地夷人正法。如此剀切晓谕,词严义正,彼虽犬羊之〔辈〕,亦有血气心知,当无不趋利而避害也。

论者谓办理过严,恐生边衅。臣窃每三筹度,彼国不食鸦片,而专欲毒害中华,彼国不来洋不(银),而专收内地银两,其处心积虑,不堪设想。近者,夷船竟敢潜来各内洋尤奕(游弋),未必非窥探虚实,另有奸谋。倘竟迁就因循,内地财力必至日行消耗,及至民穷财绌,万一有事,何以御之?与其竭蹶于将来,不若图维于今日。况理直则气壮,该夷不敢存轻视之心,庶无所施其伎俩矣。臣以事关重务,详加采访,既有所见,理合谨择陈明。是否有当,相应请旨饬下廷臣,悉心妥议复查(奏),伏祈皇上圣鉴。谨奏。

(田汝康等:《禁烟运动的思想前驱》附录,《复旦大学学报》1978 年第 1 期)

[按] 以上二件均经田汝康等校勘对证,凡注明正字的用( ),注明漏字的用〔 〕,衍文则注明,辨别不清的用□。奏折题名也是校者所加。

三 《软尘私议》

（道光二十二年）

（一）

和议之后，都门仍复恬嬉，大有雨过忘雷之意。海疆之事，转喉触讳，绝口不提，即茶坊酒肆之中，亦大书免谈时事四字，俨有诗书偶语之禁。

（二）

怡（怡良，时任闽浙总督）奏英夷索还台湾已杀之俘。上曰："这个东西，不过又要我找些银子罢了。"盖以其未有大志，惟在图利而已。

（三）

夏秋江南告警地，天津戒严，都中大老，竞赴平谷县置屋，徙其妻孥，以其地距京都百五十里，四围皆山隘，足以避兵也。彭春农（彭邦时，字春农，时任侍讲学士）谓人曰："他日九门戒严，则吾必在平谷矣。"人人如此居心，而使夷艘至天津，则北京必不可问矣。

（四）

杰夫（何冠英，字杰夫）到处寓书，谓石甫（姚莹，字石甫）欺夷船仅此一只，贪杀冒功，他日台湾恐送于石甫之手。寓书如此，则封事可知。其在都逢人说项者，又可知矣。故其参奏托卢，非为公也，乃与石甫为难也。

（五）

牛（牛鉴）拿问前发出硃谕，原有靖逆（靖逆将军奕经）在内，又行圈去，隔了许多日，始将三帅（指奕山、奕经、文蔚）交部治罪，然未尝有革职字样。小军机以问潘（潘世恩），潘曰："既是治罪，自然应革职了。"又以问穆（穆彰阿），穆曰："主上未云革职，叫我革他们职，我则不敢。"是以旨内竟无革职之语。迨刑部议上，始行逮问两将军一参赞之罪，旨内原有等差，刑部司员颇难位置。大司寇曰："不管他好歹，总是斩监候。"众颇服锡民（刑部尚书李振祜，字锡民）之风力，然蘅翁（礼部尚书祝庆蕃，字蘅畦）亦与有力焉。

（六）

吴人刊《芝相行乐图》售于市中，绘一大锁锁其口，又绘数铁钉钉其手足，盖讥其伴食默默也。功甫怀此纸入都，呈于乃翁，讽之引退，芝翁（潘世恩，字芝轩)不能从,星斋(潘曾莹,字星斋)兄弟又从而尼之,功甫命题"管子得君如彼其专也"三句,课其子侄,怏怏而归。阅官抄知芝相亦曾请假两次,仍复销假,殆有欲罢不能之势欤。

(七)

卓相(卓秉恬,时任协办大学士、吏部尚书,兼管顺天府尹事务)近来光景大差,以兼尹劝捐,亲登富户之门而央恳焉,致被挥出,物议沸腾,有蜚语责其收取门生,从中染指,竟两月未召对,嗣因捐输绝响,始复召对,谕令妥办。于是又续劝五万金,搜括殆尽矣。

(八)

文正仍寓都中,见客则扶杖伛偻,颇有尉迟诈风之意。

(九)

竹轩(祁填,字竹轩)光景不稳,白简亦多,大抵有莘氏(伊里布)代之,兼圻中将无汉人矣。玉坡(刘韵珂,字玉坡)声名洋溢,请假时比户延僧讽经,填塞闾巷,减寿以代中丞请祷,此事已达宸听矣。杭人有对云:"海未定,波未宁,一中丞忧民忧国。威不扬,逆不靖,两将军难弟难兄。"又有一续戏目云:"王中堂捐躯报国,皇太后勖主用贤。"上句人所共知,下句则不知是何造信。

(十)

文恪(王鼎,一七六八—一八四二年,字省崖,号定九,谥文恪)之死,即缢于军机处之别院,昨斋庭也。先一日召对,力保数人,巀翁在内,上顾而言他,复谓曰:"尔病未愈,可再调养数日,何必如此着急。"文恪犹刺刺不休,上怒拂衣而起,文恪执裾大言曰:"皇上不杀琦善,无以对天下!老臣知而不言,无以对先皇帝!"大干批鳞之怒。次日复赴直庐,欲俟枢臣退直而说,怀中取一红封套置案上,子鹤诸人咸见之。适是日事多,退直甚晚,小军机迎谓云:"中堂相候已久。"穆、潘询之,则已不知所往,觅之,乃于茶房别院缢焉。红封套犹在怀中,亟令舆夫舁归,救治不效,苦心苦诣,如此文字,不谓小厓(王鼎子王沆)受人危言恐吓,乃付之一炬也。文恪七日回煞之夕,灵几前磁器祭物,抛掷斋粉,无一完者。棺前所布灰砂,画一人字甚大,又于前后左右画无数人字,又极小,莫测寓意。或云:"文恪阴灵于海淀往来,短后行装,日昃辄见。"

（十一）

江浙每一败仗警报，枢相辄相顾曰："如何！"盖谓不出所料也。此次练立人（练廷璜，字立人，嘉定知县）召对两面，头一次询："汝在嘉定，距吴淞若干里？"对："四十余里。"问："吴淞打仗情形，汝知之否？"对："炮声相闻，故知之。"问："牛奏陈化成打坏夷船数只，自是撒谎，我们之炮安能打坏夷船？"对："断不敢欺皇上，实在陈化成起先打的是胜仗。"上问："何以见得？"对："是日开仗，臣听得我军开了七十余炮。"上问："难道英吉利不放炮吗？何以辨得我军开了七十余炮。"对："我军炮出，其声绌然而止，英夷之炮，则尾声甚长，如鞭炮毕剥之声不绝，以此不同。"上问："陈化成到底如何死的？"对："确是炮打的，陈化成尸身经臣装殓，胸前一伤，胁一伤，小腹一伤，肠胃俱出，腹中尚有小炮弹数十未能取出。盛暑之时，尸由苇中负出已十三天，面如生，目不瞑，是臣亲见的。"上为之忾然大恸，谓今日起数多，明日可再递牌。次日入对，问："汝既云陈化成先打胜仗，何以又至失守？"对："系由于士气终馁，鼓不起来。"问："何以鼓不起来？"练无以对。上又问，练情急，乃叩头曰："臣不敢欺皇上，彼时若有一股精兵前往协济，则事成矣。"上颔之，立人退而缕述于人焉。

（十二）

耆（耆英）果否赴粤，未有明文，有旨令其自行斟酌，如须前往，即一面起身，一面奏闻。

（十三）

近以四库支绌，由内府开官钱局、当各五座，为天乾、天元、天亨、天利、天贞五字号，每号帑本五万两，闻共实收二万两，花销已去其大半，柜伙皆内府人，貂裘彩缨，饮食挥霍，人不敢与其交易，此五店所出钱票，亦无敢用之者。

（十四）

此次大捐印结，已奏明提归充公，京官无聊，遂议令外省捐输议叙，若无同乡官印结，不准开选分发，闻亦允行矣。

（十五）

现在部选人员供廉一节，概不准行，京仓不敷支放，议令京官六品以上，职分较大者，减俸米一成，是以部曹有六品大员之嘲，与台谏疏逖小臣，恰作一对。又闻京官双俸，此后亦将恩俸减汰，只给正俸矣。

（十六）

五公主厘降，备办奁资及一切举动，仅限定银两二千两，不敷之数，胥由内务府大臣赔垫。"何彼秾矣，曾不逮鸳鸯社之可观，亦何乐乎帝王家也？"且此次未经另赏府第，只给与琦侯入官之屋，零星破碎，管理婚事者代为修葺，复赔去数百金矣。

（十七）

御膳房进膳事，近来每日只点四篦，向例以二篦赏军机，其余赏与内廷主位，今照赏军机二味，内廷则不给，此二篦即留为晚膳之用，不复另进矣。十月皇后圣寿节，面谕内府大臣云："近来内廷久未赏赐食物，未免干枯，届期可多备面，厚加卤，俾伊等一饱。"大臣奏云："既蒙加恩，应于向例外多用猪数口。"上云："共用猪四口，谅亦足矣。"大臣奏云："向例乃是十口猪。"上云："此时岂是开花销之时，犹欲报销十口猪耶？"

（十八）

近堂（讷尔经额）为子方举主，子方往谒时，欲探其语气，先由对面问起，询以琦侯可有转机否？近曰："可笑，亦须口外办事，一转仍可节钺。"昨日入对时，为之说项，上意已允。子方曰："老师一人力保，毋乃力单。"讷曰："此事我本未取言，鹤翁（穆彰阿）告我以意，故敢启齿。现在鹤虽引嫌不言，而东王、载王俱已为之推挽，方今如忠邸之言，如响斯应，而忠邸则惟载王之言是听，故转机即在目前也。"子方曰："然则林则徐一时难以邀恩矣。"讷曰："此则难耳。然总须琦先翻身，林始有望，此时众方援琦，势不能不抑此以伸彼也。"子方曰："近翁此言，乃内造第一真切之信也。"

（十九）

春浦（祁寯藻，一七九三——一八六六年，字实甫，号春圃）为物望所归，时思援手，无由启齿，盖班列第四，不能建言也。晤子方，询陕甘人才及边疆情势甚悉，不愧大臣风度。赛鹤汀（赛尚阿，字鹤汀）知时事多艰，徒唤奈何，而才不逮潘、穆，惟询门生故吏，语不及公，盖与潘、何（何汝霖），皆别具肺肝者也。

跋

陈嗣初

《软尘私议》钞本一卷十九则，为林姻丈清甫（源焴）旧藏。丈为侯官林文忠公(则徐)长曾孙。此册云自故纸堆中检得者,卷面署软尘私议四字,下注子方、芋邨、蔼山、仙圃述软尘之意,盖取于十丈软红尘以指京华,而私议焉者,则特纪所见闻,以别于邸报官书。所谓子方等数人,其姓名爵履行谊,斯无可考,度皆文忠挚友而当时居官京师,接习贵要,致书于文忠所云,或出之口谈,而笺录成册者。其中所述,虽为零篇琐语,要多鸦片战争中之珍贵史料,而关于朝中意向之隐秘,尤为世人所未及知者;按其年事,则为白门订约前后,时道光二十二年(西历一八四二),距今适为百年纪念也。岁甲戌,丈携此卷来于先生处所,嗣初爱而录之。越二载,丈捐馆舍,家所藏书,旋遭回禄,恶归于烬,中多文忠公所手加丹黄之善本,及尔日朋交往复之函札,斯册与焉。惜已!今幸藏此钞副,及余所知,同乡中郭丈啸麓(则沄)、方丈策六(兆鳌)、林丈宰平(志钧),均有录本,郭丈且曾征引之于所刊著《十朝诗乘》,而外闻知之者则极寥寥。鸦片战争之关系于百年来史局,夫固尽人而皆知,信史之完成,有待于文献之周备。不佞年来涉猎中国近代史籍,于斯役前后因果,尤感兴趣,爰录是册所记,略加考跋,附论当时和战两派势力之消长,以求正于博雅君子之究心百年来运会之消长者,聊效刍荛,敢矜一得?

　　　　　　　三十一年(一八五一年)除夕,陈嗣初记于从吾好室。

(录自中国史学会主编:《中国近代史资料丛刊·鸦片战争》第五册)

　　[按]　陈嗣初为吾友陈鏊之字,福建闽侯人,经济学家陈总之弟,善诗书,曾任北京大学历史系讲师,嗜酒好谈而性优爽。余与嗣初相识于1946年夏,交往较多。1947年嗣初赴东北任职,解放后返闽,任教于福建师院,几失音讯,前数年闻已病酒逝去。才华出众,惜为酒伤!

附录二

林则徐出生前有关人物简况

［说明］

（1）凡出生在林则徐以前，而后来又和林则徐有各种关系的人物，择要录入。

（2）凡所录人物均略述简况，以供读谱时参考。并附一至数首诗题，注明出处。

（3）凡所录人物名下所注年龄系指林则徐出生时此有关人物的当年年龄。

（1）**姚鼐**（1731－1815）年五十五岁。

字姬传，号惜抱。安徽桐城人。官至刑部郎中、四库馆纂修。桐城派古文家。辑有《古文辞类纂》。嘉庆十七年，林则徐路过南京时曾访问他。

（2）**翁方纲**（1733－1818）年五十三岁。

字正三，号覃溪。顺天大兴人。官至内阁学士、鸿胪寺卿。金石学家、书法家。著有《复初斋文集》。

（3）**潘奕隽**（1740－1830）年四十六岁。

字云甫，一字三松，号榕皋。江苏吴县人。乾隆三十四年进士。官户部主事。著有《三松居士集》。

（4）**钱澧**（1740－1795）年四十六岁。

字东注，号南园。云南昆明人。经学家。乾隆三十六年进士。官御史。《林则徐全集》第六册诗词页五七有《题钱南园先生（澧）守株图遗照即追和自题原韵》诗。

（5）**董诰**（1740－1818）年四十六岁。

字雅伦。浙江富阳人。官至文华殿大学士。卒谥"文恭"。林则徐会试时的座师。

（6）**陈登龙**（1742－1805）年四十四岁。

字寿朋，号秋坪。福建侯官人。乾隆三十九年举人。官至江西连昌府同知。著有《里塘志略》与《秋坪诗存》，与林宾日同隶"读书社"。

（7）**林雨化**（1744－1811）年四十二岁。

字于川，一字希五，福建福州螺洲洲尾人。乾隆三十三年举人，曾任惠安、南平、宁德等地学官，任宁德教谕时因揭露官商勾结，被构陷下狱，发配新疆，年近六十，始赦归，所著有《灯花窗诗集》及《古文初集》。近人林怡整理成《林雨化诗文集》一册。（福建人民出版社2009年6月出版）

（8）**章煦**（1745－1824）年四十一岁。

字曙青，号桐门。杭州人。官至署直隶总督、大学士。卒谥"文简"。

（9）**洪亮吉**（1746－1809）年四十岁。

字稚存，号北江。江苏阳湖人。官至贵州学政。诗人、学者。嘉庆四年以抨击时政，遣戍伊犁，次年赦还。

（10）吴锡麒（1746－1819）年四十岁。

字圣征,号谷人。浙江钱塘人。官至国子监祭酒,后在扬州安定书院主讲。诗人。著《有正味斋集》。嘉庆十八年正月,林则徐由原籍北上过扬时曾有往来。

（11）吴云（1746－1837）年四十岁。

字玉松,号润之。江苏长洲人。乾隆五十八年进士。官至河南彰德知府。道光十六年,林则徐曾于江苏抚署为吴云庆九十寿辰。所著有《醉石山房诗文集》。

（12）百龄（1748－1816）年三十八岁。

姓张氏,字菊溪。汉军正黄旗人。官至两江总督。卒谥"文敏"。对林则徐很器重。

（13）翁元圻（1750－1825）年三十六岁。

字载青,号凤西。浙江余姚人,乾隆四十六年进士。官至太常寺少卿,宣南诗社成员,所著有《困学纪闻注》二十卷。

（14）吴熊光（1750－1833）年三十六岁。

字望昆,号槐江。江苏苏州人。嘉庆十三年任两广总督时曾以断绝贸易对付英国的侵略行动。

（15）黄钺（1750－1841）年三十六岁。

字左田。安徽当涂人。官至军机大臣。卒谥"勤敏"。有《鸦片烟》古诗述鸦片烟害。

（16）祁韵士（1751－1815）年三十五岁。

字鹤皋,号筠渌。山西寿阳人。官至户部郎中、宝泉局监督。西北史地学者。嘉庆十年以局库亏铜案遣戍伊犁,十三年释令回籍。

（17）铁保（1752－1824）年三十四岁。

字冶亭,号梅庵。满洲长白人。官至漕运总督、两江总督,对漕运制度的改革曾有所建议。

（18）孙玉庭（1752－1834）年三十四岁。

字佳树,号寄圃。山东济宁人。官至两江总督、体仁阁大学士。鸦片战争前曾在东南各省办理涉外事务。

（19）松筠（1752－1835,一作1754－1835）年三十四岁。

字湘浦,蒙古正蓝旗人。官至两广总督。嘉庆十六年曾通告外商禁贩鸦片。

(20) 孙星衍(1753－1818)年三十三岁。

字渊如。江苏阳湖人。官至山东兵备道、督粮道。经学家、校勘学家、金石学家。所著有《尚书今古文注疏》、《问字堂集》等多种。嘉庆十七年林则徐路过南京时曾访问孙。

(21) 伊秉绶(1754－1815)年三十二岁。

字组似,号墨卿,又号秋水、默庵。福建宁化人。乾隆五十四年进士。官至扬州知府。文学家、书法家。著有《留春草堂集》。《林则徐全集》第六册诗词页二七二有《伊少沂(念曾)属题其尊人墨卿太守(秉绶)〈西溪消夏图〉》诗。

(22) 王学浩(1754－1832)年三十二岁。

字孟养,号椒畦。江苏昆山人。画家。道光四年底曾绘《宣南诗会图卷》。(原件现存中国国家博物馆)

(23) 郑光策(1755－1804)年三十一岁。

字宪光,一字琼河,又号苏年。福建闽县人。乾隆四十五年进士,以不礼和珅未得官,充鳌峰书院山长。所著有《西霞文钞》。林则徐受他"经世致用"思想的影响较大。林写有《郑苏年师〈抱膝图〉遗照》诗。(《林则徐全集》第六册,诗词页一七四)

(24) 曹振镛(1755－1835)年三十一岁。

字俪笙。安徽歙县人。乾隆四十六年进士。官至户部尚书、武英殿大学士、军机大臣。卒谥"文正"。林则徐会试座师,林为曹写有《题新安曹相国师〈花洲饯别图〉和苏斋先生韵》(页一一六)、《新安曹太傅八十寿序》、《次韵和曹(俪笙)相国师赠行,时之官浙右》(页一二九)、《读曹新安相国师随扈巡幸盛京诗敬叠集第一首韵》(页一六一)、《挽曹文正公师》(页一六八)、《曹俪笙相国师七十寿诗》(页一四三)等作。(《林则徐全集》第六册,诗词)

(25) 石韫玉(1756－1837)年三十岁。

字执如,号琢堂,又称竹堂,晚年自号独学老人。江苏吴县人。乾隆五十五年庚戌状元,官至山东按察使、署布政使。所著有《独学庐稿》、《和石琢堂廉访韫玉〈七十七岁自寿〉原韵》(页一六六)、《琢(竹)翁亦示一诗复次其韵并录奉政》(页三二五)等诗。石韫玉卒后,林则徐制联相挽说:"廿四科名冠柯亭,再听鹿鸣仙忽杳;三十载经传马帐,回思豸绣泽犹长。"(《林则徐全集》第六册,诗词)

（26）**郝懿行**（1757－1825）年二十九岁。

字恂九，号兰皋。山东栖霞人。官至户部主事。经学家。有《郝氏遗书》传世。

（27）**韩崶**（1758－1834）年二十八岁。

字禹三，号桂舲，自号种梅老农。江苏元和人。官至刑部尚书。著有《还读斋诗集》。林则徐写有《和韩桂舲司马（崶）重游泮宫原韵》诗。（《林则徐全集》第六册，诗词页一六六）

（28）**曾燠**（1759－1830）年二十七岁。

字宾谷。江西南城人。乾隆四十六年进士。骈体文家。官两淮盐运使、贵州巡抚。著有《赏雨茆屋诗集》。林则徐曾和他讨论盐务问题。

（29）**陈若霖**（1759－1832）年二十七岁。

字宗觐，又字望坡。福建闽县人。乾隆五十二年进士。官至湖广总督。嘉庆二十五年，林则徐就杭嘉湖道任时，陈正任浙江巡抚，曾共同商讨过修复浙江海塘的计划。

（30）**钱泳**（1759－1844）年二十七岁。

字立群，号梅溪。江苏金匮人。金石学家、书法家。曾客毕沅、张井等人幕。著有《履园丛话》。林则徐写有《题钱梅溪（泳）〈梅花溪上图〉》诗。（《林则徐全集》第六册，诗词页五八）

（31）**胡长庚**（1759－？）年二十七岁。

字应宿，号少白。安徽歙县人。道光三年进士。曾任云南照通府知府。

（32）**王绍兰**（1760－1835）年二十六岁。

字畹馨，号南垞。浙江萧山人。官至福建巡抚。林则徐与他有书信往来。

（33）**卢荫溥**（1760－1839）年二十六岁。

字霖生，山东德州人。官至大学士。谥"文肃"。林则徐在庶吉士馆时与编修郭尚先常被卢召谈掌故。

（34）**刘嗣绾**（1762－1820）年二十四岁。

字柬之，一字醇甫，号芙初。江苏阳湖人。嘉庆十三年进士。宣南诗社成员。

（35）**张师诚**（1762－1830）年二十四岁。

字心友，号兰渚。浙江归安人。曾任闽、赣、晋、苏、皖等省巡抚。张任福建巡抚时曾延林则徐入幕,林师事他。

(36) **蒋祥墀**(1762－1840)年二十四岁。

字丹林,号散樗老人。湖北天门人。乾隆五十五年进士,官至鸿胪寺卿。

(37) **张问陶**(1764－1814)年二十二岁。

字仲冶,号船山。四川遂宁人。乾隆五十五年进士,曾任山东莱州府知府。著有《船山诗文集》。

(38) **严烺**(1764－1819)年二十二岁。

字存吾,号小农。云南宜良人。官至河东河道总督、江南河道总督。林则徐写有《题严小农观察(烺)〈皋亭饯别图〉,即送入都》诗。(《林则徐全集》第六册,诗词页一三○)

(39) **鲍桂星**(1764－1826)年二十二岁。

字觉生,号双湖。安徽歙县人。官至礼部侍郎。宣南诗社成员。著有《觉生诗钞》。

(40) **游光绎**(1764－1833)年二十二岁。

字彤卤,又字磳田。是林则徐的乡前辈。嘉庆十七年,曾在福州公祭李纲墓活动中任主祭。有赠林则徐赴京就职诗文。

(41) **阮元**(1764－1849)年二十二岁。

字伯元,号芸台。江苏仪征人。乾隆五十四年进士。官至体仁阁大学士。谥"文达"。嘉庆十八年,林则徐曾和他在宝应相晤。二十二年,阮任两广总督时曾奉清帝命对鸦片偷运活动采取"暂事羁縻"的方针。著有《揅经室集》五十八卷。

(42) **杜堮**(1764－1858)年二十二岁。

字次崖,号石樵。山东滨州人。嘉庆六年进士。官至吏部右侍郎。

(43) **周系英**(1765－1824)年二十一岁。

字孟才,号石芳,又号海粟居士。湖南湘潭人。嘉庆九年派充福建乡试副考官,林则徐即是科举人。林则徐写有《周石芳师六十寿诗》。(《林则徐全集》第六册,诗词页一三八)

(44) **顾莼**(1765－1832)年二十一岁。

字希翰,又字吴羹,号南雅。江苏吴县人。嘉庆七年进士。历任翰林院编修、侍读、云南学政、侍讲学士。宣南诗社成员。著有《南雅诗文钞》、《思无邪室诗集》等。

(45) 蒋攸铦(1766－1830)年二十岁。

字砺堂,号颖芳。汉军镶蓝旗人(《清史稿》作镶红)。乾隆四十九年进士。官至两广、四川、直隶、两江总督,大学士,军机大臣。林则徐曾致书蒋攸铦论政。

(46) 王引之(1766－1834)年二十岁。

字伯申,号曼卿。江苏高邮人。经学家,嘉庆四年探花。官至礼部尚书。

(47) 吴嵩梁(1766－1834)年二十岁。

字子山,号兰雪。江西东乡人。官至黔西知州。著有《香苏山馆诗钞》。宣南诗社成员。

(48) 白镕(1766－1839)年二十岁。

字小山。直隶通州人。嘉庆四年进士。官至工部尚书。《云左山房诗钞》卷五有《寿白小山廷尉镕》诗。

(49) 吴邦庆(1766－1848)年二十岁。

字景唐,号霁峰。嘉庆元年进士。道光十二年继林则徐任河东河道总督。

(50) 秦邦宪(1767－1833)年十九岁。

字晴崖,号穆甫、竹盦。江苏吴江人。嘉庆七年进士。曾为浙江抚署僚属。

(51) 龚丽正(1767－1841)年十九岁。

字阎斋。浙江仁和人。嘉庆元年进士。官至江苏按察使。著有《国语韦昭注疏》。林则徐写有《东阿旅次赠龚阎斋观察(丽正)》。(《林则徐全集》第六册,诗词页一三六)

(52) 帅承瀛(1767－1841)年十九岁。

字仙舟。湖北黄梅人。官至浙江巡抚,当时林则徐在浙任道员。林则徐写有《帅仙舟中丞七十寿序》。(《林则徐全集》第五册,文录页四〇三)

(53) 杨景仁(1768－1828)年十八岁。

字育之。江苏常熟人。官至刑部员外郎。道光三年撰《筹济篇》,林则徐为此书写序,并写信给杨讨论救灾问题。林则徐写有《筹济篇序》。(《林则徐全集》第五册,文录页三八九)

（54）陈用光（1768－1835）年十八岁。

字实思，又字硕士，号石士。江西新城人。官至侍郎。宣南诗社成员。所著有《太乙舟文集》。林则徐写有《题陈石士侍郎（用光）〈韬光步竹图遗照〉》等诗。（《林则徐全集》第六册，诗词页六八）

（55）王鼎（1768－1842）年十八岁。

字省崖，号定九。陕西蒲城人。官至东阁大学士、军机大臣。王与林则徐交谊甚厚。林则徐获罪后，王曾奏留在河工效力，谋纾林罪不果。后还朝与穆彰阿意见多不合，悲愤而卒。谥"文恪"。林则徐写有《蒲城王定九协揆七十寿诗》（页一八一）、《壬寅二月祥符河复，仍由河干遣戍伊犁，蒲城相国涕泣为别，愧无以慰其意，呈诗二首》（页二○五）、《哭故相王文恪公》（页二二二）等诗。（《林则徐全集》第六册，诗词）

（56）彭兆荪（1769－1821）年十七岁。

字湘涵，又字甘亭。江苏镇洋人。诗人。著有《小谟觞馆全集》。嘉庆二十五年曾客林则徐杭嘉湖道任所。

（57）胡敬（1769－1845）年十七岁。

字以庄，号书农。浙江仁和人。官至侍讲学士。宣南诗社成员。著有《崇雅堂诗钞》。

（58）朱珔（1769－1850）年十七岁。

字玉存，又字兰坡，号兰友。安徽泾县人。嘉庆七年进士。官至赞善。宣南诗社成员。晚年主钟山、正谊、紫阳等书院。著有《小万卷斋文稿》。

（59）潘世恩（1770－1854，生于乾隆三十四年十二月二十一日应为公元1770 年 1 月 17 日）年十七岁。

字槐堂，号芝轩。江苏吴县人。乾隆五十八年状元。官至大学士、军机大臣。谥"文恭"。鸦片战争时，身居枢廷，依违其间，不能与穆彰阿相抗争，为时所讥。道光三十年，咸丰即位，曾应命推荐林则徐再起。著有《思补斋笔记》八卷。林则徐写有《潘芝轩相国（世恩）〈花瑞图〉手卷》诗。（《林则徐全集》第六册，诗词页一七五）

（60）孙尔准（1770－1832）年十六岁。

字莱甫，号平叔。江苏无锡人。嘉庆十年进士。官至闽浙总督。谥"文靖"。道光八、九年林则徐家居守制时，曾参与孙主持下的改善福州水利工程,并代孙撰《清厘福州小西湖界址告示》和《重浚福州小西湖禁把持侵扣告示》。(《林则徐全集》第五册,文录页五三二至五三三)有《题孙平叔宫保(尔准)平台纪事诗册》诗。(《林则徐全集》第六册,诗词页三六)

(61)杨芳(1770－1846)年十六岁。

字诚村。贵州松桃人。官至湖南提督。鸦片战争时以参赞大臣赴广州。广州之役战败辱国。

(62)陈寿祺(1771－1834)年十五岁。

字恭甫,又字介祥、苇仁,号梅修、左海,晚号隐屏山人。福建侯官人。汉学家。嘉庆四年进士,官翰林院编修。晚年主讲泉州清源书院、福州鳌峰书院二十余年,林则徐由父林宾日介绍认识陈,受到陈指导治学门径。林则徐很钦佩陈的学识,在《答陈恭甫前辈寿祺》诗中说:"束发读公文,珍如觌鸿宝。"著有《左海文集》等。林则徐写有《题陈恭甫前辈遂初楼》(页一三三)、《答陈恭甫前辈》(页二二)、《陈恭甫先生六十寿诗》(页四六)等诗。(《林则徐全集》第六册,诗词)

(63)朱士彦(1771－1838)年十五岁。

字休承,又字修承,号咏斋。江苏宝应人。嘉庆七年一甲三名进士。宣南诗社成员。官工部尚书。

(64)朱为弼(1771－1840)年十五岁。

字右甫,号椒堂,又号蕉堂。浙江平湖人。嘉庆十年进士。官至漕运总督。宣南诗社成员。所著《蕉声馆诗集》补遗中有颂赞林则徐在苏政绩的诗作多首。林则徐也有倡和诗。

(65)英和(1771－1840)年十五岁。

姓索绰络氏,字树琴,号煦斋。满洲正白旗人。乾隆五十八年进士。官至协办大学士、军机大臣。著有《思福堂诗钞》十二卷。林则徐写有《和英树琴先生(英和)喜文孙入翰林原韵》诗。(《林则徐全集》第六册,诗词页一八〇)

(66)卢坤(1772－1835)年十四岁。

字静之,号厚山。河北涿州人。官至两广总督。道光十二年卢任粤督时曾裁撤巡船、拿办烟贩,但成效不大,对鸦片问题主张弛禁。

(67)何凌汉(1772－1840)年十四岁。

字云门,一字仙槎。湖南道州人。嘉庆十一年进士,官至户部尚书。谥

"文安"。

（68）方东树（1772－1851）年十四岁。

字植之。安徽桐城人。桐城派古文家，曾游邓廷桢幕。道光十八年作《匡民正俗对》陈禁烟之道。二十二年作《病榻罪言》论制夷之策，皆不得用。著有《仪卫轩文集》。

（69）周天爵（1772－1853）年十四岁。

字敬修。山东东阿人。官至湖广总督。嘉庆十六年与林则徐同榜中式。

（70）汤金钊（1772－1856）年十四岁。

字敦甫，号勖兹。浙江萧山人。嘉庆四年进士。官至协办大学士。卒谥"文端"。著有《寸心知室存稿》，曾推荐林则徐，并不附和议。

（71）陶梁（1772－1857）年十四岁。

字宁求，号凫芗。江苏长洲人。嘉庆十三年进士。时任湖北汉黄广德道，署湖北按察使。

（72）黎世序（1773－1824）年十三岁。

字景和，初名承惠，号湛溪。河南罗山人。嘉庆元年进士。官至南河总督。卒谥"襄勤"。著有《湛溪文集》。林则徐写有《加尚书衔晋赠太子太保江南河道总督黎襄勤公（世序）挽诗》。（《林则徐全集》第六册，诗词页二七至二八）

（73）张岳崧（1773－1842）年十三岁。

字子骏。号瀚山，广东琼州人。嘉庆十四年探花，历官编修、湖北布政使，林则徐任湖广总督时张任湖北巡抚。

（74）吴荣光（1773－1843）年十三岁。

字伯荣，号荷屋。广东南海人。嘉庆四年进士。官至湖南巡抚。金石学家。著有《筠清馆金文》。林则徐写有《题吴荷屋方伯（荣光）归省集》诗。（《林则徐全集》第六册，诗词页一四八）

（75）吴廷琛（1773－1844）年十三岁。

字震南，号棣华。江苏元和人。嘉庆七年进士。官云南按察使。著有《归田集》。林则徐写有《寄酬吴棣华前辈》诗。（《林则徐全集》第六册，诗词页七六）

（76）董国华（1773－1850）年十三岁。

字琴涵，又字荣若，号琴南。江苏吴县人。官至道员。宣南诗社成员。

著有《云寿堂诗文集》。

(77) 何其伟(1774－1837)年十二岁。

字韦人,号书田。江苏青浦县名医,常为林夫人治疗,向林则徐提过《东南利害策》十三道。

(78) 齐彦槐(1774－1841)年十二岁。

字梦树,号梅麓。安徽婺原人。嘉庆十四年进士。官至苏州同知。著有《梅麓诗文集》。林写有《齐梅麓(彦槐)〈送古佛入焦山图卷〉》。(《林则徐全集》第六册,诗词页六五)

(79) 程怀璟(1774－1852)年十二岁。

字玉农,号小宋。湖北云梦人。曾任云南按察使。

(80) 俞正燮(1775－1840)年十一岁。

字理初。安徽黟县人。经学家、思想家。所著有《癸巳类稿》、《癸巳存稿》。林则徐曾延修《湖北通志》。

(81) 梁章钜(1775－1849)年十一岁。

字闳中,又字芷邻、芷林,茝林,晚号退庵。福建长乐人。嘉庆七年进士。官至广西巡抚、江苏巡抚。所著有《枢垣纪略》、《藤花吟馆诗钞》。宣南诗社成员。对禁烟运动持支持态度。林则徐写有《题梁芷林方伯(章钜)藤花书屋图》(页三七)、《题梁芷林方伯目送归鸿图》(页五四)、《和芷林留别原韵》(页一七三)等诗。(《林则徐全集》第六册,诗词)文有《梁芷林观察沧浪亭图诗册序》(页三七四)、《为梁芷邻方伯跋〈庚午雅集图〉》(页三八二)及《称谓录序》(页四一九)等。(《林则徐全集》第五册,文录)

(82) 包世臣(1775－1855)年十一岁。

字慎伯。安徽泾县人。曾官江西新喻知县。思想家。所著《安吴四种》对鸦片战争前的社会经济情况多所论及。道光十八年初,林则徐赴粤途经南昌时,曾和他相晤。

(83) 林春溥(1775－1861)年十一岁。

字立源,号鉴塘,又号讷溪。闽县人。官至编修。道光十四年主鳌峰书院。所著有《竹柏山房十五种》。林则徐曾向他学清书。

(84) 胡承珙(1776－1832)年十岁。

字景孟,号墨庄。安徽泾县人。官至御史。著有《求是堂文集》。宣南诗社成员。写有《宣南诗社序》记宣南诗社情况较详。

(85) **王凤生**（1776－1834）年十岁。

字竹屿。安徽婺源人。嘉庆十年捐浙江通制。官至署两淮盐运使。著有《读史汇说》。林则徐写有《题王竹屿通守〈凤生〉〈江声帆影阁图〉》。（《林则徐全集》第六册，诗词页二六）

(86) **张井**（1776－1835）年十岁。

字仪九，号芥航。陕西肤施人。嘉庆六年进士。官至河道总督。著有《二竹斋诗钞》。道光十二年林则徐在苏抚任上曾和他共议裁汰冗员。

(87) **陈化成**（1776－1842）年十岁。

字莲峰。福建同安人。官至江南提督。道光二十二年在吴淞抗英战死，谥"壮愍"。

(88) **王鎏**（1776－1843）年十岁。

字亮生，江苏吴县人。科场失意后，即致力于经济问题的研究，撰写了中国历史上最早一部经济方面的专著《钞币刍言》，曾希望通过林则徐实现他的主张，但林则徐并未同意。

(89) **邓廷桢**（1776－1846）年十岁。

字纪周，号嶰筠，江苏江宁人。嘉庆六年进士，官两广总督。鸦片战争时与林则徐合作抗英。后同被遣戍。所著有《双砚斋诗钞》等。林、邓互相倡和的诗词甚多，林则徐写有《和邓嶰筠前辈〈廷桢〉〈虎门即事〉原韵》（页一九四）、《谢嶰筠前辈饷荔枝》（页一九五）、《将出玉关得嶰筠前辈自伊犁来书，赋此即寄》（页二一五）、《元夕与嶰筠饮，遂出步月，口占一律》（页二二三）、《寿嶰筠七十》（页二三四）、《次韵嶰筠喜余入关见寄》（页二四八）等诗。（《林则徐全集》第六册，诗词）

(90) **程祖洛**（1776－1848）年十岁。

字问源，号梓庭。安徽歙县人。嘉庆四年进士，官至江苏巡抚。

(91) **姚元之**（1776－1852）年十岁。

字伯昂，号厉青。安徽桐城人。嘉庆十年进士，官至左都御史。

(92) **宋翔凤**（1776－1860）年十岁。

字于庭。江苏长洲人。古文家。官至湖南新宁知县。著有《忆山堂诗录》。道光十五年，林则徐在苏抚任内曾和他有交往。

（93）郑国鸿（1777－1841）年九岁。

字雪堂。湖南凤凰厅人。官至处州镇总兵。道光二十一年在定海抗英战死。谥"忠节"。

（94）祁垍（1777－1844）年九岁。

字竹轩。山西高平人。官至两广总督。卒谥"恭恪"。鸦片战争前对鸦片问题主张弛禁。

（95）黄安涛（1777－1848）年九岁。

字凝舆，号霁青。浙江嘉善人。嘉庆十四年进士。宣南诗社成员。

（96）宝兴（1777－1849）年九岁。

字见山，号献山。满洲镶黄旗人。嘉庆十年进士。曾任四川总督。

（97）邓显鹤（1777－1851）年九岁。

字子立，号湘皋。湖南新化人。嘉庆九年举人。著有《沅湖耆旧集》、《南村草堂诗文钞》等。

（98）祝庆蕃（1777－1853）年九岁。

字晋度，号蘅畦。河南固始人。嘉庆十九年榜眼。官至礼部尚书。林则徐的辛未同年。所著《祝大宗伯疏稿》中有《退逆夷疏》和《设海防议》等文，主张抗英。

（99）姚椿（1777－1853）年九岁。

字春木。江苏娄县人。曾入林则徐幕，与林交谊甚厚。曾先后主讲河南夷山、湖北荆南、松江景贤等书院。林则徐曾多次和他有诗函往还。著有《通艺阁文集》和《诗录》。林则徐写有《仲秋四日，阻风沙洋，姚春木（椿）饷以酒肴，且枉新诗，依韵答谢》（页一九二）、《再答姚春木，即劝俶装》（页一九三）、《答姚春木寄怀原韵》（页二六二）等诗。（《林则徐全集》第六册，诗词）

（100）杨殿邦（1777－1859）年九岁。

字翰平，号鹤平。安徽盱眙人。嘉庆十九年进士。曾任漕运总督。

（101）吴慈鹤（1778－1826）年八岁。

字韵皋，号巢松。江苏吴县人。嘉庆十四年进士。官至侍读。嘉庆二十四年与林同赴云南，任副考官。著有《吴侍读全集》。林写有《次韵答吴巢松前辈（慈鹤）》（页一一九）、《与巢松前辈为归田之约，诗以坚之》（页一〇）。（《林则徐全集》第六册，诗词）

（102）栗毓美（1778－1840）年八岁。

字含辉，号箕山。山西浑源州人。官至河东河道总督。卒谥"恭勤"。

（103）汤贻汾（1778－1853）年八岁。

字若仪，号雨生。江苏武进人。以世职官至副将。咸丰三年太平军克南京时自杀。谥"贞愍"。能诗善画。其《琴隐园诗集》中有颂扬林则徐政绩的诗。

（104）唐鉴（1778－1861）年八岁。

字镜海。湖南善化人。嘉庆六年进士。官至江宁布政使、太常寺卿。所著有《畿辅水利备览》、《国朝学案小识》。卒谥"确慎"。他与林则徐有书信往来。

（105）陶澍（1779－1839，生于乾隆四十三年十一月三十日应为公元1779年1月17日）年八岁。

字子霖，号云汀。湖南安化人。嘉庆七年进士。官至两江总督。卒谥"文毅"。宣南诗社成员。著有《印心书屋诗集》。陶与林则徐在苏共事多年，临死前曾推荐林继已任。林则徐写有《题陶云汀给谏（澍）涛冰图》（页四）、《和陶云汀抚部海运初发赴吴淞口致告海神，登炮台作原韵》（页一四五）等诗。（《林则徐全集》第六册，诗词）

（106）沈维鐈（1779－1849，生于乾隆四十三年十二月十二日应为公元1779年1月29日）年八岁。

字鼎甫，又字子彝，号小湖。浙江嘉兴人。嘉庆七年进士，官至工部左侍郎。著有《补读书斋遗稿》。林则徐嘉庆十六年会试时房师。二人时有信函往还，林写有《致沈维鐈》函陈述鸦片战争中的有关问题。（《林则徐全集》第七册，信札页二六八）林有诗《沈鼎甫师六十寿序》。（《林则徐全集》第五册，文录页四〇八）

（107）吴其彦（1779－1823）年七岁。

字美存。河南固始人。官至内阁学士。嘉庆二十一年主试江西时，林则徐任副考官。

（108）周凯（1779－1837）年七岁。

字芸皋。浙江富阳人。官至台湾道。著有《内自讼斋文集》。嘉庆十六年与林则徐同榜成进士。

（109）**伍长华**（1779－1840）年七岁。

字实生。江苏上元人。道光十八年任湖北巡抚。

（110）**李宗昉**（1779－1846）年七岁。

字静远，号芝龄。江苏山阳人。嘉庆七年一甲二名进士。官至礼部尚书。宣南诗社成员。著有《闻妙香室文集》。

（111）**黄濬**（1779－1866）年七岁。

一名学浚，字睿人，号壶舟，晚号四素老人。浙江台州人。道光二年进士。曾在江西任县官，后以事遣戍新疆，与林则徐颇有往还。所著有《壶舟诗存》，林则徐为之序。

（112）**汤储璠**（约 1780－1830）年约六岁。

字茗生，又字若孙。江西临川人。宣南诗社成员。

（113）**许邦光**（1780－1833）年六岁。

字汝韬，号莱山。林则徐同年友。

（114）**叶申芗**（1780－1842）年六岁。

字维郁，号小庚。福建闽县人。嘉庆十四年进士，官河南陕汝道。其侄女嫁林则徐次子聪彝。林则徐写有《酬叶小庚司马（申芗）》（页一二五）、《小庚邀集千祥庵，叠僚字韵奉谢》（页二〇八）等诗。（《林则徐全集》第六册，诗词）

（115）**朱壬林**（1780－1859）年六岁。

字小云。浙江平湖人。曾官御史。嘉庆十六年与林则徐同榜成进士。

（116）**张维屏**（1780－1859）年六岁。

字南山，晚号珠海老渔、赤松子。广东番禺人。道光二年进士。官至江西南康知府。诗人。著有《松心草堂集》。林则徐在粤时和他交往较多。所著有《松心诗文集》。林则徐写有《题张南山郡丞黄梅拯溺图》诗。（《林则徐全集》第六册，诗词页一六二）

（117）**周鸣銮**（1780－？）年六岁。

字舆和，号晓波。山东单县人。嘉庆十四年进士。时任安徽管关庐凤颍道。

（118）**关天培**（1781－1841，生于乾隆四十五年十二月十四日为公元 1781 年 1 月 28 日）年六岁。

字仲因，号滋圃。江苏山阳人。官至广东水师提督。道光二十一年在虎

门抗英战死。谥"忠节"。林则徐写有《题关滋圃延龄瑞菊图》。(《林则徐全集》第六册,诗词页一九六)

(119)屠倬(1781－1828)年五岁。

字孟昭,号琴坞。浙江钱塘人。嘉庆十三年进士。官至江西袁州、九江知府。宣南诗社成员。著有《是程堂集》。

(120)徐松(1781－1848)年五岁。

字星伯。大兴人。官至陕西榆林知府。西北地理学家。嘉庆十七年遣戍伊犁,进行实地调查,著《西域水道记》。

(121)何汝霖(1781－1853)年五岁。

字雨人,号间之。江苏江宁人。以拔贡入仕,官至兵部尚书、军机大臣。

(122)龚镗(1782－1835)年四岁。

字屏侯,号声甫。江苏阳湖人。嘉庆十四年进士。官至内阁学士兼礼部侍郎。

(123)李象鹍(1782－1850,卒于道光二十九年十一月二十二日为公元1850年1月4日)年四岁。

字云皋,号双圃。湖南长沙人。林则徐同年进士,翰林院编修。

(124)王赠芳(1782－1849)年四岁。

字曾驰,号霞九。林则徐同年。

(125)杨国桢(1782－1849)年四岁。

字海梁。四川崇庆州人。以举人入仕,并袭父遇春一等昭勇侯爵。官至闽浙总督。林则徐任豫藩时,杨任豫抚。林则徐曾为杨刊行的《十一经音训》作序。

(126)卓秉恬(1782－1855)年四岁。

字静远,号海帆。四川华阳人。嘉庆七年进士。官至大学士。林则徐写有《和卓海帆阁学(秉恬)〈江南文闱即事〉原韵》诗。(《林则徐全集》第六册,诗词页一七四)

(127)穆彰阿(1782－1856)年四岁。

郭佳氏,字子朴,号鹤舫。满洲镶蓝旗人。嘉庆十年进士。官至文华殿大学士、军机大臣。鸦片战争中主和议,为时所诟病。

（128）**周之琦**（1782－1862）年四岁。

字稚圭。河南祥符人。官至广西巡抚。著有《心日斋词集》。宣南诗社成员。

（129）**孙起端**（1782－？）年四岁。

字极南，号心筠。安徽桐城人。嘉庆二十四年进士。曾任贵州粮道。

（130）**冯登府**（1783－1841）年三岁。

字云伯，号柳东。浙江嘉兴人。嘉庆二十五年进士。官至宁波府学教授。林则徐赴浙东时曾和他讨论战备问题。著有《石经考异》。林则徐写有《和冯云伯（登府）〈志局即事〉原韵》。（《林则徐全集》第六册，诗词页一五七）

（131）**钱仪吉**（1783－1850）年三岁。

初名逵吉，字蔼人，号衎石，又号心壶、新梧。浙江嘉兴人。经学家。著有《衎石斋纪事稿》。宣南诗社成员。

（132）**苏廷玉**（1783－1852）年三岁。

字韫山，号鳌石，又号退叟。福建同安人。嘉庆十九年进士。官至四川布政使、署总督。鸦片问题论争中，力主严禁。林则徐曾多次和他通信议论时事。

（133）**张熙宇**（1783－1853）年三岁。

字玉田，号晓沧。四川峨眉人。道光十三年进士。曾任署广西左江道。

（134）**杨庆琛**（1783－1867）年三岁。

原名际春，字廷元，号雪苍，晚号绛雪老人。福建侯官人。嘉庆二十五年进士。官至光禄寺卿。林则徐同学至友，共出鳌峰书院郑光策之门。林则徐成进士后，荐杨入张师诚幕。彼此颇多往还酬唱。所著《绛雪山房诗钞》有与林诗多首。林写有《杨雪苍〈秋意涤笔图〉》（页六六）、《题杨雪苍（庆琛）〈全陵策蹇图〉》（页一七七）。（《林则徐全集》第六册，诗词）

（135）**沈兆沄**（1783－1886）年三岁。

字云巢，号莹川。直隶天津人。嘉庆二十二年进士。曾任四川江安粮道。

（136）**郑祖琛**（1784－1851）年二岁。

字梦白。浙江乌程人。嘉庆十年进士。官至福建巡抚、广西巡抚。著有《小谷口诗钞》。道光三十年，太平军起被革职，由林则徐继任。

（137）陆费瑺（1784－1857）年二岁。

字玉泉，号春帆。浙江桐乡人。曾任湖南巡抚。

（138）王益谦（1784－1857）年二岁。

字受之，号仲山。陕西蒲城人。王鼎的堂弟。曾任福建侯官知县。林则徐写有《王仲山大令（益谦）以纸索书，旋赠佳茗，且媵以迭韵四绝，依韵答之》、《仲山复迭前韵，再和四首》等诗。（《林则徐全集》第六册，诗词页一五八至一五九）

（139）讷尔经额（1784－1857）年二岁。

字近堂，费莫氏。满洲正白旗人。曾任直隶总督。

（140）桂超万（1784－1863）年二岁。

字丹盟。安徽贵池人。官至福建布政使。著有《养浩斋诗集》。道光十五年，林则徐署两江总督时，曾请桂校勘《北直水利书》。林则徐写有《喜桂丹盟（超万）擢保定同知，寄贺以诗，并答来书所询近状，即次见示，和杨雪茮原韵》诗。（《林则徐全集》第六册，诗词页二〇四）

（141）廖鸿荃（1784－1864）年二岁。

初名金城，字应礼，号钰夫。福建侯官人。嘉庆十四年进士。官至工部尚书。谥"文恪"。与林则徐、梁章钜同在鳌峰书院读书，互相切磋砥砺。

附录三

大事简表

乾隆五十年(1785 年)乙巳

七月二十六日(8 月 30 日),林则徐生于福建侯官,父宾日,母陈帙。

乾隆五十一年(1786 年)丙午

十一月,台湾林爽文起事。

是年,江南大灾。

乾隆五十二年(1787 年)丁未

六月,清廷派福康安镇压台湾林爽文起事。

乾隆五十三年(1788 年)戊申

是年,林宾日应乡试落选,就馆罗氏,携林则徐入塾读书。

乾隆五十四年(1789 年)己酉

三月,林妻郑淑卿生。

是年,父宾日参加乡试,又以"病目不能终试事"。

乾隆五十五年(1790 年)庚戌

乾隆八十岁,普免全国钱粮。

乾隆五十六年(1791 年)辛亥

是年,林则徐开始学作文章。

乾隆五十七年(1792 年)壬子

十月,清廷同意英派马戛尔尼使华。

乾隆五十八年(1793 年)癸丑

七月,英使马戛尔尼来华。

乾隆五十九年(1794 年)甲寅

秋,清廷在川、鄂、陕、皖搜捕白莲教成员。

乾隆六十年(1795 年)乙卯

正月,贵州石柳邓领导苗民起义。

三月,台湾陈周全起事。

六月,福建督抚大贪污案被揭露;至十月,总督伍拉纳、巡抚浦霖处斩。

九月,乾隆立十五子颙琰为皇太子,定明年为嘉庆元年。

嘉庆元年(1796 年)丙辰

正月,嘉庆帝颙琰继位,乾隆自称太上皇帝。

正月,白莲教大起义。

秋,林则徐弟林霈霖生。

十二月,贵州苗民起义失败。

是年,林则徐充佾生。

是年,嘉庆帝禁鸦片入口。

嘉庆二年(1797 年)丁巳

是年,林则徐应府试获第一,父林宾日成贡生。

是年,白莲教开始流动作战。

是年,东印度公司获制造鸦片特权。

嘉庆三年(1798 年)戊午

三月,白莲教起义首领齐王氏等战死。

是年,林则徐成秀才。从此至中举前主要在鳌峰书院读书。山长郑光策,重经世致用之学。与同学梁章钜、廖鸿荃结交,通过父亲认识陈寿祺,一生交往密切。

是年,林则徐订婚。

嘉庆四年(1799 年)己未

正月,乾隆帝死。佞臣和珅得罪。

是年,蔡牵起事。

是年,清廷申明不许贩卖鸦片禁令。

是年,白莲教各地起义军普遍展开流动性作战。

嘉庆五年（1800年）庚申

五月,李长庚追击镇压蔡牵在海面活动。

是年,重申烟禁。

嘉庆六年（1801年）辛酉

六月,北京地区遭受严重水灾。

嘉庆七年（1802年）壬戌

春,英兵船六只来粤。

八月,广东天地会众起事。

是年,林宾日组真率会。

嘉庆八年（1803年）癸亥

闰二月,广东天地会起事失败。

嘉庆九年（1804年）甲子

三月,林宾日就馆文笔书院。

六月,蔡牵进攻台湾鹿耳门,并在温州洋面大败清军。七月,李长庚继续追击。

秋,林则徐成举人;旋与郑淑卿结婚。

十二月,林则徐赴京会试。

是年,消寒诗社初次举办。

嘉庆十年（1805年）乙丑

三月,林则徐会试落选;六月离京归里;十一月抵闽。

五月,白莲教大起义结束。

是年,美国开始自土耳其运鸦片来华。

是年林宾日赴将乐,主正学书院。

是年冬至次年春,消寒诗社集会九次。

嘉庆十一年（1806年）丙寅

五月,林则徐所办公牍得时任汀漳龙道百龄赞赏。

七月,林则徐撰《林希五先生文集后序》。

秋,林则徐任厦门海防同知房永清的书记。

嘉庆十二年（1807 年）丁卯

春,林则徐入闽抚张师诚幕。

六月,蔡牵与清军不断交战,十二月清军李长庚战死。

是年,林则徐为张师诚手写佛教经卷。

嘉庆十三年（1808 年）戊辰

十月,林则徐第二次赴京会试。

嘉庆十四年（1809 年）己巳

四月,林则徐会试又落选,离京南返。六月抵闽,仍入张师诚幕。

五月,粤督百龄奏定《民夷防范章程》。

九月,蔡牵起事失败。

嘉庆十五年（1810 年）庚午

正月,林则徐清理李纲墓址。

十月,林则徐入京,第三次参加会试,十二月抵京。

嘉庆十六年（1811 年）辛未

四月,林则徐成进士,入庶常馆。旋请假归省。

嘉庆十七年（1812 年）壬申

正月至十月,林则徐在福州家居。

十月,林则徐携眷赴京。沿途晤姚鼐、孙星衍。

年底,居百龄两江督署度岁。

嘉庆十八年（1813 年）癸酉

正月,林则徐离南京北上,沿途晤吴锡麒、阮元等。

五月,林则徐抵京,入庶常馆习清文。

六月,清廷议定吸食和贩卖鸦片罪名。

九月,天理教起义。

十一月,失败。

嘉庆十九年（1814 年）甲戌

正月,林则徐长子汝舟生。

四月,林则徐任编修。

七月,派充国史馆协修。

冬,消寒诗社再次举办。

嘉庆二十年（1815年）乙亥

二月，林则徐承办一统志人物名宦部分。三月，派充撰文官。

三月，清廷规定外船至澳门时，"按船查验杜绝来源"，并确定官民查禁鸦片的奖惩办法。

九月，林则徐派在翻书房行走。

嘉庆二十一年（1816年）丙子

二月，林则徐长女尘谭生。弟林霈霖成秀才。

六月，英再派阿美士德使华。

闰六月，林则徐派充江西乡试副考官。

九月，离南昌北归。

八月至十月，林则徐在南昌主持乡试工作。

十月，林则徐抵京复命，派在翰林院清秘堂办事。

嘉庆二十二年（1817年）丁丑

正月，林则徐筹办经筵宣讲事宜。

五月，林则徐被保送御史引见记名。

嘉庆二十三年（1818年）戊寅

二月，林则徐参加翰詹考试，列三等第二十九名。

嘉庆二十四年（1819年）己卯

三月，林则徐充会试同考官。

春，《消寒诗社图》绘成。

闰四月，林则徐派充云南乡试正考官。

五月至八月，林则徐在由京赴滇途中，记沿途见闻，写成《滇轺纪程》即《己卯日记》，并写下大量诗篇。

八月至十二月，林则徐在昆明主持乡试工作。

十二月十七日，林则徐返京复命。

十二月下旬至次年四月中旬，林则徐参加宣南诗社活动。

嘉庆二十五年（1820年）庚辰

二月，林则徐任江南道监察御史。调查河南南岸水利工程的弊端，与督修河工的豫抚琦善第一次交锋。

四月，林则徐任浙江杭嘉湖道。五月，出都。七月，到杭接任。从此结束了京官生涯。

　　七月,林则徐改革敷文书院等三书院不合理制度。重修林逋祠。

　　七月,嘉庆帝死。八月,道光帝旻宁嗣位。

　　十月,林则徐勘察所属海塘水利。

　　十一月,林则徐在《致敬舆函》中言及在浙为官艰难。

道光元年(1821 年)辛巳

　　二月,林母到任就养。

　　六月,林则徐为朱晓亭作《启贤录序》。

　　七月,林则徐以父病辞官归里。

　　八月,林则徐次女普晴生。

　　是年,宣南诗社活动频繁。

　　是年,清廷重申鸦片禁令。零丁洋贩私活动猖獗。

道光二年(1822 年)壬午

　　正月至三月,林则徐家居。

　　二月,贵州道监察御史黄中模奏请访查海关监督有无收受“黑烟重税”
之事。

　　三月,林则徐北上。

　　四月,林则徐抵京,奉命“仍发原省以道员用”。

　　四月底,林则徐写《上蒋砺堂制府书》,解释去年离任缘由。

　　五月,林则徐离京南下。

　　六月,林则徐抵杭,奉派为本科监试。

　　六月,林则徐倡修于谦祠墓。

　　八月至十二月间,林则徐署浙江盐运使。

　　十二月,林则徐任江南淮海道。

　　是年冬,林则徐写《杭嘉义塾添设孝廉田记》。

道光三年(1823 年)癸未

　　正月,林则徐升任江苏按察使。

　　五月至七月,江苏大雨成灾。

　　七月,松江娄县发生民变。

　　七月,林则徐写《致杨氏昆仲》函讨论救灾方法。

七月,林则徐又写《致杨国翰》函,谈在苏整顿吏治民风及清理积案工作。

九月,潘曾沂招林则徐饮,并赠诗颂林在苏政绩。

十月,林则徐入觐。

十二月,返抵苏州,奉命署江苏布政使。

道光四年(1824 年)甲申

正月,林则徐发布各种有关救灾布告。

约七月,江浙大吏孙玉庭等奏请任命林则徐综办江浙水利。

闰七月,林母陈氏逝世。

八月,清廷派林则徐筹浚江浙水道。

八月,林则徐回籍奔丧。次子林聪彝生于旅途。

十一月,江南高家堰决口。

是年,撰《慕中丞疏稿》序。

是年,王学浩绘《宣南诗会图卷》。

道光五年(1825 年)乙酉

正月,林则徐在籍守制,撰《闽县义塾记》。

二月,清廷命林则徐赴南河督工。四月,林以素服到工。

五月,林则徐与江督魏元煜多次商谈明年实行海运事。

五月,林则徐作《杏花江雨图》。

五月下旬,林则徐陪同陕抚伊里布、鲁抚琦善察看高家堰工程。

八月,林则徐告病回籍。

弟林霈霖中举。

道光六年(1826 年)丙戌

四月,清廷命林则徐以三品卿衔署两淮盐政,辞未赴任。

四月,林则徐撰《重建华林寺碑记》。

十二月,林则徐三子林拱枢生。

是年,林宾日立《析产阄书》。

道光七年(1827 年)丁亥

二月,林则徐离闽北上。

三月,林则徐途经苏州,晤潘曾沂,为宣南诗社图卷题诗,并写诗赞扬潘的"区田法"。

五月,清廷任林则徐为陕西按察使署布政使事。

闰五月,林则徐到陕任,旋擢江宁布政使。

八月,林则徐为岳家撰《南湖郑氏祭田记》。

九月,林父就养,卒于衢州途次。

十月,林则徐撰《跋沈毅斋墨迹》,主张初学书法从唐帖入手。

十月,林则徐奔父丧回籍。撰《先考行状》。

是年,林则徐手定《使滇小草》。

道光八年(1828 年)戊子

正月,林则徐抵家守制。

秋,林则徐为友人张祥河撰《使闽纪程诗草序》。

十一月,林则徐在籍与官绅协力重浚小西湖。

是年,林则徐撰《重修积翠寺记》。

道光九年(1829 年)己丑

正月,林则徐在籍守制。

八月,重浚小西湖工程基本完工,林为之写诗题联。

十月,英船自七月至十月共有二十二只到达澳门。

十月,林则徐重修李纲祠。

是年,林则徐在籍曾撰较多诗文,均见《林则徐全集》第五册文录及第六册诗词卷。

道光十年(1830 年)庚寅

正月,林则徐父丧服阕。

二月,林则徐写《金匮要略浅注》叙言。

四月,林则徐北上途经苏州,晤友人潘曾沂、梁章钜,并为其写诗文。

闰四月初七日,林则徐抵京觐见。

闰四月二十二日,林则徐与辛未同年在宣南龙树院聚会,林撰《龙树院雅集记》。

六月,林则徐在京与龚自珍、张维屏、潘曾莹、黄爵滋、魏源等人有所交往。

六月,林则徐受任湖北布政使,七月出都。

八月,林则徐抵任,发出整顿积弊的告示和饬扎多通。

十一月,清廷任林则徐为河南布政使。

十一月,撰《曹太傅师制义序》。

道光十一年(1831年)辛卯

二月,林则徐赴豫就任。

六月,林则徐代苏省办理采购河南米麦运江苏救灾事。

七月,林则徐致函苏抚程祖洛论救灾事。

七月,林则徐调任江宁布政使。

八月,林则徐提出解决救灾问题的建议十二则。

十月,林则徐同年友程恩泽写诗推重林则徐救灾恤民的才能和学术。

十月,林则徐奉命总司江北赈抚事宜,旋擢任东河河道总督。恳辞未准。

十二月,林则徐到河督任。

是年,拟《江苏查赈章程》十条。

道光十二年(1832年)壬辰

正月,林则徐亲历沿河工次,查勘工程及料垛。

正月至八月,英船阿美士德号在我国沿海进行侦察性活动。

正月,林则徐上奏揭露河工诸弊端。

二月,林则徐调任江苏巡抚。

四月,林则徐为《庚午雅集图》题诗。

六月,林则徐接任苏抚。

六月,林则徐在苏州考课书院,识拔冯桂芬,委托编校《北直水利书》。

六月,林则徐提出对外船搜查、焚烧鸦片的主张。

八月,林则徐监临江南乡试,改革考场制度。

十月,林则徐为杨景仁《筹济篇》撰序。

十二月,林则徐提出考察官吏当自"自察"始的主张。

是年,鸦片走私输入达二万余箱。

道光十三年(1833年)癸巳

正月,林则徐作《复陈恭甫先生书》,指出江苏难治的要害,并陈述治漕治河的主张。

正月,潘曾沂希望林则徐支持其区田法,可见林则徐重视改进农耕技术。

四月,林则徐针对江浙两省银昂钱贱、商民交困的情况提出了对策。

七月,英废东印度公司独占权。

七、八月,江苏水灾,林则徐提出抚恤灾民办法。

八月,林则徐整理沿江沙州产权。

十月,英任律劳卑为对华贸易总监督。

十月,林则徐为王砚农《绘水集》撰序。

十一月,林则徐命常昭二县绅富捐款修浚白茆河道。

十一月,林则徐上疏历陈江苏连年遭灾,负担沉重,请求缓征。这是当时传诵一时的名奏。

十一月,林则徐发表对灾区赈务的见解。

十二月,林则徐连致陶澍二函,陈述江苏灾情,要求缓征。

冬,林则徐设粥厂,并实行"担粥法"。

道光十四年(1834年)甲午

正月,林则徐在苏抚任,致力于兴修水利。

二月,林则徐撰《江南催耕课稻编序》。

三月,林则徐查勘刘河、白茆河工程。

四月,林则徐改善镇江一带运河河道。

五、六月,林则徐在抚署署园试种早稻。

六月,林则徐用生员办赈。

六月,撰《昭代丛书》序。

六、七月,林则徐视察太仓地区水利工程。

七月间,江苏大雨成灾,林则徐兴修之水利发挥调节水量功效。

七月底八月初,英舰强闯广州省河并沿省河进攻挑衅。

八月,林则徐在江宁监临秋试。

十一月,林则徐提出理漕主张。

十二月,林则徐颁发挑浚丹徒、丹阳二县运河章程十八条。

是年,长子汝舟娶妻陆氏。

是年,林则徐提出对洋银出洋问题的意见。

是年,英输华鸦片21 885箱。

道光十五年(1835年)乙未

正月,林则徐整修"丰备仓"。

春,林则徐究心于改革漕务。

四月,林则徐履勘水利工程。

五月,林则徐亲自验收扩建的苏州育婴堂。

六月,林则徐作《祷雨祝文》求雨。

六月,江苏宝山等地风潮,海塘坍损。

闰六月,林则徐写《二次祷雨祝文》,提出旱灾造成的"八可哀"。

七月,江苏大雨风暴。

七月,林则徐要求豁免民欠钱粮。

八月,林则徐监临江南乡试。

九月,邓廷桢任两广总督。

九月,黄爵滋上《敬陈六事疏》,论及严禁鸦片的主张。

九月,林则徐提出加筑宝山海塘方案。

九月,长子林汝舟成举人。

十一月,林则徐署两江总督。

十一月,林则徐发表有关漕务意见。

十二月,林则徐请桂超万校《北直水利书》。

是年,林则徐撰《制义平秩序》及《张孟平骈体文序》。

道光十六年(1836 年)丙申

二月,林则徐回苏抚本任。

四月,许乃济提出弛禁鸦片主张。

五月,宝山海塘工程完成。

七月,林则徐再署江督。

八月,朱嶟与许球分别上疏反对许乃济的弛禁论。

九月,邓廷桢、祁墫、文祥等赞同许乃济弛禁论。

九月,林则徐撰《湖滨崇善堂序》。

十月,袁玉麟上奏反对弛禁。

十月,林则徐在盐城地区访查民情。

十一月,林则徐提出银圆折纹银七钱三分建议。

十一月,林则徐奉召入觐。

十二月,林则徐离任晋京。

是年,林则徐在江苏各地推行兴建水利,整顿漕务,救灾办赈等事。

是年,林则徐撰《娄水文征序》、《三吴同官录序》、《重刻庆芝堂诗集序》及《两淮都转陶泉俞公墓志铭》等文。

道光十七年(1837 年)丁酉

正月,林则徐抵北京。清廷任林则徐为湖广总督。

二月,林则徐离京赴任;三月抵任。

三月,林则徐向清廷报告湖北私盐充斥情况。

四月,林则徐校阅官兵。

五月,襄河泛滥,荆江水溃,林则徐制订《防汛事宜》十条。

五月,林则徐在楚积极堵缉私盐。

六月,林则徐到襄河一带勘视堤工。

六月末,林则徐离省,周历湖广,视察水情、吏治、戒备、民情等。

七月至九月,林则徐到两湖校阅营伍。

十月,巴麦尊决定派舰来华。

十一月,郑夫人等至武昌。

十二月,与鄂抚会衔上《清理屯田章程折》,提出具体回赎办法六条。

十二月,林则徐与湖抚钱宝琛函商苗疆事宜。

是年,林则徐写《楚南同官录序》。

是年,王鎏成《钱币刍言》。希望林则徐采纳上奏。

是年,英输华鸦片 34 373 箱,实销 28 307 箱。

道光十八年(1838 年)戊戌

正月,林则徐、钱宝琛奏筹辰沅道属苗疆屯防办法八条。

二月,林则徐疏陈整顿盐务办法。

四月,林则徐获知长子林汝舟成进士。

闰四月,黄爵滋上《请严塞漏卮以培国本疏》,主张严禁。

五月,林则徐上陈"禁烟六策",支持黄爵滋的严禁主张。

五月,英驻印度海军总司令马他仑率舰来华。

七月,林则徐焚毁江夏、汉阳二县所缴烟具,并在湖广地区大力推行严禁政策。

八月,林则徐上《钱票无甚关碍宜重禁吃烟以杜弊源片》。

九月,林则徐率属查验和销毁烟具、烟土。

九月,许乃济降品休致。

十月,林则徐奉命离任入觐。

十月,广州上万民众因英人干涉中国处理烟犯围攻商馆。

十一月,林则徐抵京。自十一日至十八日,连续召见八次,十五日第五次召见时奉派为钦差大臣。林则徐面奏有关直隶水利事宜十二条,即《畿辅水利议》内容。

十一月,龚自珍为林则徐写送行赠序。

十一月,林则徐离京赴粤。并向座师沈维鐈表示以国事为重的决心。

十二月,林则徐途经安徽舒城,邀约曾任香山令的田小泉晤谈缉烟问题。

是年,撰《四书题解》。

是年,鸦片输入达 40 200 箱。

道光十九年(1839 年)己亥

正月,林则徐经江西抵粤就任。

正月,林妻郑氏回籍为次子次女完婚。

二月初,林则徐先后发布劝告士商军民人等速戒鸦片的示稿多件,并另刊《禁烟章程十条》。

二月初,林则徐组织译书译报的活动。

二月初四日,林则徐等传讯十三行洋商,发给令鸦片贩子缴烟谕帖二件。

二月初十日,林则徐为制裁义律指使颠地违法潜逃的行为,决定对商馆暂行封锁。

二月十二日,林则徐向鸦片贩子发交缴烟示谕四条。

二月十四日,义律允交烟 200 283 箱。林则徐命广州府颁发收缴鸦片章程四条。

二月二十一日,林则徐制订收缴烟土章程七条。

二月二十一日,广州士绅在大佛寺设局收烟。

二月二十八日,林则徐、邓廷桢、关天培等在虎门布置收烟工作,并开始收烟。

二月,林则徐曾拟写致英王照会一件,未上报与颁发,但已在外间流传。

三月初七日,林则徐提出虎门海口具体设防计划。

三月初九日,陶澍病危,推荐林则徐继任。

三月十八日,林则徐有《致莲友》函,分析现状,充满信心。

三月二十六日,清廷令林则徐在广州就地销毁烟土。

三月底止,广州地区禁烟卓有成效。

四月,林则徐赴横档察看海防。

四月初六日,烟土全部收清,共19 187箱、2 119袋。林则徐上《外人夹带鸦片罪名应议专条片》,提出立"人即正法,货物入官"专条,并表述其对资本主义侵略性的认识。

四月初七日,林则徐调任两江总督。

四月二十二日,林则徐根据清廷就地销毁的命令,开始销烟。

四月二十九日,林则徐派人与柏驾会晤,讨论有关地理方面问题。

五月初四日,林则徐上《销化烟土已将及半情形片》报告销烟办法及进行状况。十五日,销烟工作全部告竣。

五月初五日,清廷颁布《钦定严禁鸦片烟条例》三十九条。

五月初七日,外国传教士与商人参观销烟,并撰文记事。

五月十五日,销烟工作全部告竣。

五月十八日,上报自四月起至今又续获烟犯烟具等情况。

五月二十七日,英水手棍毙九龙尖沙村民林维喜。

五月二十九日,林则徐等颁布禁烟治罪条例十七条。

六月,林则徐派人查办林维喜案,并邀人译《各国律例》。

六月十五日,林则徐举行观风试。

六月二十四日,林则徐等会奏《拟谕英吉利国王谕》。

六月,禁烟消息传到伦敦。

七月初四日,义律自行开庭审理林维喜案件有关罪犯。

七月七日至八日,林则徐、邓廷桢视察香山炮台,封锁澳门,并驱逐义律等出澳门。

七月十四日,林则徐一再表示对林维喜案的严肃处理态度。

七月十八日,上报自五月十九日至七月初三续获烟犯烟具情况。

七月二十日,林则徐、邓廷桢会衔发出《颁发禁烟交凶简明条约告示》,规定四项内容。

七月二十三日,林则徐发出《谕沿海民人团练自卫告示》,号召沿海居民抗击外国侵略者。

七月二十四日,林则徐上折片向清廷报告民情可用。

七月二十六日,林则徐、邓廷桢抵达澳门,受到热烈欢迎。

七月二十七日,九龙战役发生,鸦片战争从此正式爆发。

八月初六日,林则徐移驻虎门。

八月十一日,林、邓会衔向清廷报告九龙海战详情。

八月十三日,林则徐向义律重申严禁鸦片,维护法制的决心。

八月十五日,林则徐等查看沙角炮台兵备。

八月二十四日,英内阁会议决定发动对华侵略战争。

八月二十七日,林则徐写《月华清》和词及《眺月》诗抒怀。

九月,林则徐向英人连续发出谕帖,贯彻二月间所提具结要求;并奏陈坚持具结的理由。有人对此持异议。

九月初八日,英船汤姆士·葛(Thomas coutts)唰唰号遵式具结。

九月十二日,巴麦尊密函告知义律:英决定侵华。

九月二十一日,林则徐斥责义律抗拒具结、破坏禁烟的行为。

九月二十七日,英国东印度与中国协会提交意见书,主张武装侵华。

九月二十八日,穿鼻海战爆发。

九月二十九日至十月初八间,官涌地方连续发生六次战役。

九月二十九日,英授予义律侵华活动全权。

九、十月间,林则徐请人译《对华鸦片罪过论》。

十月初九日,林则徐等视察横档、靖远炮台。

十月十六日,林则徐上折报告穿鼻、官涌各役战况。

十一月初一日,林则徐布告自初一日起停止英国贸易。

十一月初九日,林则徐上奏论证禁绝鸦片不致妨碍贸易。

十一月初九日,又复奏论漕务之弊,提出四项纠正办法。

十一月十一日,林则徐接见英国遇难船员,并进行了谈话。

十一月十五日,林则徐晤梁廷枏、张维屏等交谈时事。

十二月初一日,林则徐任两广总督。中英贸易完全停止。

十二月初四日,林则徐向清廷报告宣布断绝贸易的情况,并将断绝贸易后,禁烟所面临的困境,归纳为十个问题,发给部属,征求意见。

十二月十一日,曾望颜上《封关禁海议》。

十二月十四日,林则徐与怡良函商募勇抗英事。

同日,林则徐命英船弯喇带去致英吉利国王书。

十二月二十四日,林则徐条复骆秉章整饬洋务章程,提出五项对策。

十二月二十八日,祁寯藻、黄爵滋驰往福建查办沿海鸦片走私问题。

是年,林则徐译《华事夷言》。

道光二十年(1840 年)庚子

正月初一日,林则徐接任两广总督。

正月十八日,英国任命乔治·懿律为对华谈判全权公使,并预拟《对华条约草案》。

正月二十七日,林则徐组织渔民、疍户及水师等对英船进行火攻。

二月底,林则徐在粤又续获烟案 176 起。

三月至十一月间,黄爵滋奉命在浙闽调查。

三月初六日,林则徐严惩缉私作恶官弁。

三月二十六日,林则徐建议将烟犯财产充赏。

三月二十六日,林则徐议复《封关禁海议》。

二、三月间,林则徐加紧制造船只,训练士卒。

四月,林则徐检阅舰船;并在尖沙嘴、官涌等地增设炮台。

五月初九日,广东水师及水勇在磨刀洋火攻英船获胜。

五月下旬,英国续来兵船。林则徐增修虎门等地战备。

六月初二日,义律率舰离粤北侵,到厦门投书。

六月初五日,林则徐与怡良会衔发出《英夷鸱张安民告示》,号召人民杀敌。

六月初八日,英军侵占定海。

六月初十前后,英船又有北上赴津者。

七月初九日,任伊里布为钦差大臣,查办浙江"夷务"。

七月十四日,英舰抵大沽口,琦善馈物。义律投交致清宰相书,提出无理要求,并封锁我国沿海口岸。英舰赴辽东。

七月中旬,林则徐加紧战备。颁布剿夷兵勇约法七章。

七月二十二日,清廷收到琦善与英方交涉情况奏报。

七月二十二日,英军在广州关闸挑衅,遭到回击,林则徐写成报告,但未上奏。

七月二十四日,函怡良,详述关闸战役经过。

八月初一日,英舰回大沽口。

八月初二日,林则徐函告怡良备战情况。

八月初三日,琦善向义律赠犒军物品。

八月初四日,琦善与义律在大沽口南岸会议。

八月初九日,清廷向英表示拟重治林则徐。

八月二十日,林则徐因清廷接受投书而感到极大的不安与愤慨。

八月二十二日,清廷派琦善为钦差大臣赴粤"查办"。并命沿海督抚对英船"勿以攻击为先"。

八月二十九日,林则徐上奏自请处分,并附上《密陈办理禁烟不能歇手片》。

九月初三日,林则徐、邓廷桢被严加议处,琦善接署粤督。

九月初八日,林、邓革职。下旬,广州商民纷纷挽留林则徐。

十月初一日,林则徐奉命留粤以备查问差委。

十月十三日,伊里布与懿律签订定海休战条约。

十一月初六日,琦善至粤。次日即派人与义律进行交涉。

十一月二十九日,林则徐致函叶小庚,胪陈禁烟运动的经过。

十一月至十二月间,琦善与英人交涉英人所提条件。

十二月十三日,义律胁迫琦善接受全部要求。清廷拒绝英方要求,准备作战。

十二月十五日,英军攻陷二角炮台,陈连陞父子死难。

十二月十六日,义律向关天培提出弭兵条件五款。

十二月二十八日,林则徐写长信与子汝舟,指斥琦善投降活动。

十二月二十九日,义律单方面发布包含四项要求的初步协定(所谓《川鼻草约》)。

是年,林则徐继续进行译书工作。

道光二十一年(1841 年)辛丑

正月初四日,英军占领香港。初五日,琦善晤义律。

正月初五日,琦善宴义律。

正月初五日,琦善以二角炮台失守交部议处。

正月初五日,清廷对英宣战;初八日,任奕山为靖逆将军。

正月初十日,义律发公告,宣布对香港统治的开始。

正月十九日,裕谦奉命为钦差大臣,代替伊里布。

正月二十二日,林则徐、邓廷桢同赴白泥涌一带看河道。

正月二十八日,林则徐致函沈维鐈,详述二角战役后广东的局势。

二月,伊里布、琦善得罪。

二月初六日,怡良、裕谦相继揭发琦善卖国行为。

二月初六日,英军攻陷虎门炮台,关天培死难。林则徐写联悼念。

二月初九至十二日,林则徐筹款募练壮勇。

二月十三日,杨芳抵粤。

二月十四日,伊里布革职留任,二十日琦善捕押入京。

二月二十一日,英军骚扰省河。

二月下旬至三月初,各地援兵陆续到粤。

三月,林则徐迎晤奕山等。向奕山提出"御夷六策"。

三月二十五日,清廷命林则徐以四品卿衔赴浙候旨。

闰三月十三日,林则徐离粤赴浙。

四月初一日,广州之役,清军失败。初七日,奕山与英订《广州协定》。

四月初七日,骆秉章奏劾琦善。

四月初九日,三元里"平英团"抗英斗争爆发。

四月十一日,巴麦尊向璞鼎查发第十六号训令。

四月十八日,奕山等撤离广州城。

四月二十一日,林则徐抵达宁波。即与冯柳东等研讨兵器问题,尤重船炮的改进与制造。

四月,邓廷桢遣戍伊犁。

五月初十日,林则徐被革去四品卿衔,发往伊犁效力赎罪。

五月二十五日,林则徐收到遣戍伊犁谕旨。次日离镇海北上。

六月十四日,伊里布发往军台效力。

六月十六日,河南黄河决口成灾。

六月二十三日,琦善处斩监候秋后处决。

六月二十四日,璞鼎查率舰到澳门。

六月间,林则徐抵杭州。

七月初,林则徐途经苏州。中旬,在镇江晤魏源。十五日在扬州奉命折回东河效力赎罪。

八月十六日,林则徐到河南。

八月十七日,英军攻陷定海,三镇死难。相继陷镇海、宁波。

九月初四日,清廷任奕经为扬威将军。

九月初五日,琦善改发军台效力。英舰进扰台湾。

九月,林则徐在河南河工工地。

十月二十日,奕经抵苏州。

十一月中旬,英军进攻余姚、慈溪。

十一、十二月间,湖北崇阳钟人杰起义。

十二月十一日,奕经移住嘉兴。

是年,林则徐在河工所写诗篇,多收入《林则徐全集》第六册诗词。

道光二十二年(1842 年)壬寅

正月,奕经到杭绍地区,冒然决定反攻宁波等城。

正月,钟人杰起义势力发展。

二月初五至初七日,奕经战败。

二月初八日,东河工竣,林则徐仍发往伊犁。

二月,林则徐致函吴嘉宾阐发其军事思想。致函李星沅论浙事之坏。

二月中旬,林则徐函友人,谈及在祥符工地襄办黄河堵口工程情况。

二月十三日,清廷以耆英署杭州将军,加钦差大臣衔;十七日,给伊里布七品顶戴,随耆英赴浙。

三月二十七日,英军离宁波、镇海北攻。

三月,林则徐赴戍途中过洛阳,写《同游龙门香山寺记》及诗多首。又写《致苏廷玉》信,提出海防主张。

四月,林则徐游华山。

四月初九日,英军攻陷乍浦。

四月二十七日,道光帝下"罪己诏"。

四月,王鼎卒。

四月,林则徐因患疟疾,留西安调治,直至七月。

五月初八日,英军攻陷吴淞,陈化成死难。十一日,英军攻陷上海。

六月十四日,英军攻陷镇江,进抵江宁。

六月底,璞鼎查等抵达江宁。

六月,林则徐为朱彬《礼记训纂》写序。

七月,清廷命耆英、伊里布全权洽降。

七月初六日,林则徐由西安登程赴戍,至十一月抵戍所,逐日记录,写成《荷戈纪程》日记。

七月初七日,英提胁降要求。

七月初八日,林则徐行抵乾州,遇大雨,与长子林汝舟在此相别,并写诗劝慰。

七月十四日,林则徐行经泾州、平凉。

七月二十四日,中英签订《江宁条约》。

七月二十九日,林则徐抵兰州,停留一旬。

七月,魏源撰成《圣武记》十四卷。

八月初二日,清廷批准《江宁条约》。

八月上旬,林则徐函姚春木、王子寿,详述三年行事。

八月十五日,林则徐在凉州借读《求志居诗文稿》稿本,并写题记。

八月,升平社学建成新址。

九月初一日,林则徐行至甘州抚彝城,得知江宁订约讯。经肃州,出嘉峪关,沿途写诗。日记多记路途艰困。

九月十四日,林则徐行抵安西,致友人函,对江宁订约感到愤懑。

九月十四日,牛鉴革职拿问,召奕山来京,以伊里布为钦差大臣兼广州将军,办理善后。

九月二十三日,林则徐行抵哈密,在《日记》中详记当地历史、地理、社情及行旅路程等。

九月二十七日,林则徐沿天山西南麓行进。

十月初六日,广州发生烧"洋馆"斗争。中下旬,钱江等号召群众团练抗英。

十月十三日,林则徐行至乌鲁木齐。

十月二十日,士人钱江等集众数千于府学明伦堂宣读《全粤义士义民公檄》。

十一月初九日,林则徐抵达戍所伊犁。

十一月间,东平、南平等社学成立。

十二月十一日,清廷惩处在台湾抗英人员姚莹、达洪阿。

十二月二十六日,清廷起用琦善为叶尔羌帮办大臣。

十二月,魏源撰成《海国图志》五十卷。

是年,林则徐录成《软尘私议》一册。

道光二十三年(1843年)癸卯

正月,林则徐在戍所。写诗表述情怀。

二月,林则徐函张师诚子张应昌,详述对局势及个人处境的心情。

三月间,清廷派耆英为钦差大臣赴粤;予琦善二品顶戴、授热河都统。

四月初四日,陈庆镛上《劾琦善、奕山、奕经疏》。

五月,耆英赴香港换约。

六月二十五日,《中英五口通商章程及海关税则》在香港公布。

七月初七日,清廷释邓廷桢回籍。

闰七月,邓廷桢召回任甘肃布政使。林则徐为此写了许多致人函,反复陈述戍所生活和盼归心情。

八月十五日,中英虎门条约签订。

九月,厦门、上海开埠。

十月,清廷起用琦善、奕山与奕经。

十一月十二日,宁波开埠。

冬,林则徐提出捐资,兴办阿齐乌苏废地垦务。

是年,林则徐在戍所写了一些诗作。

道光二十四年(1844年)甲辰

正月,林则徐在戍所。

二月,耆英任粤督。

春,林则徐、邓廷桢间有倡和诗,共忆禁烟运动中的友谊。

四月,广东人民开展反租地斗争。

五月十八日,中美望厦条约订立。

五月,林则徐捐资议修阿齐乌苏荒地龙口地段开垦工程。

六月,耒阳阳大鹏抗粮斗争。

八、九月间,林则徐向较多亲友致函,陈述谪居及求还的无奈心情。

九月十三日,中法黄埔条约订立。

十月,伊犁将军布彦泰奏陈林则徐劳绩,请予录用。

十月初三日,林则徐谢绝金安清倡议捐资纳赎。

十一月,林则徐奉命在库车、阿克苏等地勘办开垦事宜。

是年,《衙斋杂录》辑成。

道光二十五年(1845年)乙巳

正月至九月,林则徐在新疆各地履勘垦地、兴修水利。

正月十九日,林则徐改进民间水利设施——卡井。

二月二十一日,林则徐与全庆开始查勘库车垦地。至九月林则徐被召回,二人始终共勘南疆垦田。

二月至六月,林则徐写《回疆竹枝词》三十首。

六月初一日,林则徐在致郑夫人家书中,表露急切盼归的心情。

六、七月间,致函林汝舟,发表将垦地归回民耕种的主张。

九月初二日,云南永昌回民进行武装反抗斗争。

九月二十八日,清廷命林则徐回京,以四五品京堂候补。

十月二十九日,林则徐、全庆会衔发布《查勘哈密地亩严禁私垦勒租收费告示》。

十月,永昌回民反抗斗争被镇压。

十一月初四日,清廷命林则徐以三品顶戴署任陕甘总督。

十一月初六日,林则徐在哈密获悉以四五品京堂起用之信息。

十一月十一日,林则徐由哈密启程返京。

十二月初十日,林则徐在凉州接署陕督。

十二月十八日,广州人民进行"反知府斗争"。

道光二十六年(1846年)丙午

正月,林则徐在陕甘总督署任。

二月至六月,陈德培开始由林则徐译稿中选辑《洋事杂录》,六月完成。

三月二十日,邓廷桢卒。清廷命林则徐继邓廷桢任陕西巡抚。

三月二十八日,林则徐制定约束藏民章程四条。

六月二十四日,林则徐赴陕抚任。七月初九接任。

六月二十九日,林则徐函刘闻石,告知陕省情况。

七月初九日,林则徐抵西安,接任陕抚。

九月二十二日,林则徐向清廷报告陕西"刀匪"情况。

十月初,林则徐主陕西武闱。

十一月初,林则徐病情加重,清廷准假三月。

十一月十五日,林则徐对解决银贵钱贱问题,主张陕西仍应银钱并重。

十二月初,林则徐对解决"救灾"问题,提出"缓征"主张。

十二月初十日,林则徐离任治病。

道光二十七年(1847 年)丁未

正月,林则徐为诸子立分书。

二月,林则徐销假回任。

二月十八日,德庇时率兵船闯入省河,社学群众英勇反抗。

三月十六日,清廷命林则徐为云贵总督。

四月十二日,林则徐由陕经川赴滇。

五月初六日,林则徐到成都。

六月十五日,林则徐到昆明,次日接任。

六、七月间,有致黄宅中、黄德濂等函,讨论地方治安及生产等事。

七月,林则徐处理回汉纠纷问题。

八月中旬,姚州白盐井地方回汉纠纷。

十月十五日,林则徐妻郑氏卒。

十月底,黄竹岐事件。

十一月底,林则徐主张镇压保山七哨杀回抗官的汉族地主暴乱。

是年,魏源《海国图志》增补成六十卷。

道光二十八年(1848 年)戊申

正月,林则徐在滇督任。

正月初九日,林则徐发布告示,宣布处理汉回问题政策。

二、三月间,林则徐镇压保山七哨汉民暴乱及弥渡回民起事各案。

二月,祁寯藻致函林则徐,议论回汉纠纷问题。

三月,林则徐办结保山七哨事件。

四月,林则徐迁保山回民至官乃山。

六月,林则徐致函汪本铨,发表对捐输、漕运及回汉纠纷等问题的见解。

六月,林则徐处理丁灿庭、杜文秀京控案。

六月,林则徐与程矞采共商镇压反抗措施。

六月,林则徐具报审办白井暴动的有关案犯。

七月十九日,清廷以林则徐镇压反抗有功,加太子太保衔,并赏戴花翎。

十月二十四日,林则徐提出加强武力的具体方案。

十二月,林则徐校阅驻军。

十二月下旬,林则徐上报全年所办"盗匪"案件。

是年,广州绅民反进城斗争声势浩大。

道光二十九年(1849年)己酉

正月,林则徐在云贵总督任。

二月二十日,林则徐奉命议复有关云南开矿问题,并制定四项章程。

二月,林则徐为梁章钜《制艺丛话》作后序。

三月,升平社学等反进城斗争获胜。

四月,林则徐镇压腾越彝民暴动,得到清廷嘉奖。

五月十四日,林则徐旧病复发请假调治;六月,病势加剧请开缺;七月批准;八月卸任。

五月二十八日,林则徐函刘建韶(闻石),陈述告归求去的原因。

七月十八日,林则徐复函邵懿辰详述引退原因。

七月,林则徐为《大定府志》作序。

八月二十六日,林则徐卸滇督任。

九月,林则徐离滇归闽。沿途写答诗,并读《大定府志》。

十月,李沅发起义。

十一月二十一日,林则徐与左宗棠在长沙舟中相晤。

十二月底,林则徐居南昌养病度岁。

是年,林则徐纳缪氏为侧室。

道光三十年(1850年)

正月,道光帝死。

正月,林则徐函沈衍庆,劝其勿触时忌。

二月初五日,林则徐函姚春木,对英人入居福州表示愤慨。

二月,林则徐在途中题《鳌峰载笔图》。

三月初三日,林则徐回居福州,获知道光帝讣讯。

三月,林则徐进行反英人入城的活动。

五月,清廷拟起用林则徐。

六月,洪秀全领导上帝会众在金田起义。

七月,林则徐函苏鳌石,表达对侵略势力的愤慨。

七至九月间,林则徐关心外来侵略势力动态和国内反抗局势。

九月,清廷起用林则徐为钦差大臣往广西镇压反抗。

十月初二日,林则徐奉命后即抱病启程。十九日,行至潮州普宁卒。二十七日,粤督徐广缙具奏林则徐病故事。

十一月,清廷悼恤林则徐。

附录四

征引参考书目

一　林则徐的著作和手迹

[1]《林则徐全集》十册,来新夏等主编　海峡文艺出版社 2002 年 10 月版

　　[按]　全集分奏折、文录、诗词、信札、日记、译编六卷。

[2]《林则徐集·奏稿》上、中、下三册　1965 年 3 月铅印本

[3]《林则徐集·公牍》　1965 年 3 月铅印本

[4]《林则徐集·日记》　1962 年 4 月铅印本

　　[按]　以上三种均为中山大学历史系中国近代现代史教研组、研究室
　　　　编,中华书局出版。

[5]《林则徐奏稿·公牍·日记补编》　陈锡祺主编　中山大学出版社 1985
　　年 12 月版

　　[按]　《补编》增补奏稿 13 件,公牍 43 篇和日记 6 份。

[6](林氏家藏)《林则徐使粤两广奏稿》　方之光等点校　南京大学出版社
　　1988 年 8 月版

　　[按]　此稿原抄件藏南京大学图书馆。钞本共四册,用四周双边红格云
　　　　左山房笺抄写,页十八行,行二十字,收集了道光十八年十一月十六
　　　　日至二十年九月二十三日,即林则徐任钦差大臣及粤督期间之奏稿。

[7]《林则徐甲戌年(嘉庆十九年)日记》传抄本　来新夏藏

　　[按]　此日记原稿共十八页,半页九行。起十月初一日至十二月二十四

日,未标年次。但十月十四日条记:"是日曹俪笙相国师六十寿辰。"按曹俪笙名振镛,道光十五年卒,得年八十一岁,倒推二十一年,六十岁应为嘉庆十九年,则此近三个月的日记当为嘉庆十九年十月至十二月所记。中华书局本《林则徐集·日记》中未收印。后收入《林则徐奏稿·公牍·日记补编》。

[8]《林则徐嘉庆二十二年日记》 杨钟羲:《雪桥诗话》卷十一

[按] 此日记起正月至六月,除正月稍详外,其他四个月均简略。

[9]《林则徐乙巳年(道光二十五)日记》 钞本 林纪焘原藏 林则徐纪念馆藏 (现有《中山大学学报》1984年第1期印本)

[按] 此抄本封面题《抵金汇帐》,用云左山房红格纸,半页十二行,行二十五字,共四十七页,起正月初一日至七月初八日,林则徐在六十一号家信中曾谈到这部分日记说:"自本年正月起至三月初五日记,此次俱行寄回家时,阅后应即寄京。"(《林则徐全集》第八册,信札页一一四)目的是借此使妻、儿了解他的戍所生活。

[又按] 以上三种日记均见收于《林则徐奏稿·公牍·日记补编》及《林则徐全集》第九册日记卷。

[又按] 《福建通志》总卷二五《艺文志》卷五〇录谢章铤:《林则徐日记提要》一则云:

"林文忠公日记,侯官林则徐著。《赌棋山庄又续集》云:公在官无日不治事,无日不见客,亦无日不亲笔墨,所为日记不下数十百卷,随时随地皆可案稽,身后子姓分析为墨宝。虽然文忠有政书而未有年谱,似宜分年录要,补所未备,勒成一编,胪其生平出处进退大节,垂示后来。"

[10]《林则徐书札》 中山大学历史系中国近代现代史教研组林则徐全集编辑小组整理编辑 未刊钞稿 中华书局藏稿

[11]《林则徐书札手迹选》 刘九庵编选,故宫博物院藏原件 紫禁城出版社1985年1月版

[12]《林则徐信稿》 黄泽德编 福建人民出版社1985年8月版

[13]《林则徐致杨以增书札手迹》 山东图书馆藏原件

[按] 李士钊撰《聊城〈海源阁珍存尺牍〉》所存林则徐致杨以增十七件手

札》一文录有各札原文(《聊城师范学院学报》1983 年第 1 期)。

[14]《林则徐手札十则》　刘九庵辑注　《故宫博物院院刊》1979 年第 3 期

[15]《林则徐致陈德培手札九通并诗四章》　原件藏华东师范大学图书馆

　　《华东师范大学学报》1984 年第 1 期印本

[16]《林则徐致福珠洪阿书札》　郑国　《厦门大学学报》1981 年第 3 期

[17]《林则徐信札浅释》　王启初　《文物》1981 年第 10 期

[18]《林则徐书简》　杨国桢　福建人民出版社 1981 年 5 月版

[19]《林则徐书简》(增订本)　福建人民出版社 1985 年 8 月版

　　[按]　增订本除对原有书简加以校勘订正外,又增补 40 札,重加编订,仍

　　　　为 10 卷,另增附卷 2 卷,一为手札题跋,一为朋僚来函。

[20]《林文忠公政书》　三十七卷　清光绪十一年刊本

[21]《信及录》　林璧如辑　《中国历代逸史丛书》一种　神州国光社 1941 年

　　铅印本

[22]《云左山房诗钞》　八卷　《附录》一卷　清光绪丙戌(十二年)家刻本

[23]《云左山房文钞》　四卷　广益书局印本

[24]《滇轺纪略》　一卷　《小方壶斋舆地丛钞》第七帙　上海著易堂印行

　　[按]　《滇轺纪略》已刊印于中华版《林则徐集·日记》中,题《己卯日记》。

[25]《荷戈纪程》　一卷　《小方壶斋舆地丛钞》第七帙　上海著易堂印行

　　[按]　《荷戈纪程》已刊印于《林则徐集·日记》中,题《壬寅日记》;但是,

　　　　《日记》系据原稿钞本排印,字数较著易堂本多三分之一左右。

[26]《畿辅水利议》　一册　清光绪丙子三山林氏刊本

[27]《衙斋杂录》　原件藏林则徐纪念馆

[28]《四洲志》　一卷　《小方壶斋舆地丛钞补编》本　上海著易堂印行

[29]《华事夷言》　一卷　《小方壶斋舆地丛钞再补编》本　上海著易堂印行

　　[按]　此书已收印于中国近代史资料丛刊《鸦片战争》Ⅱ中。

[30]《俄罗斯国纪要》　清光绪十年五湖草庐刊本

[31]《林文忠公尺牍》　北京懿文斋 1919 年(己未)石印本

[32]《林文忠公手书经典》　民国二十二年林氏石印本

[33]《林则徐联句类辑》　萨嘉榘　钞本　福建省图书馆藏

[34]《林则徐诗文选注》　上海师范大学历史系中国近代史组　上海古籍出

版社 1978 年 2 月版

[35]《林则徐诗集》 郑丽生校笺 海峡文艺出版社 1987 年版

[36]《林则徐楹联辑注》 李文郑 中州古籍出版社 1993 年 5 月版

[37]《林则徐诗选注》 周轩 新疆大学出版社 1996 年 12 月版

[38]《林则徐新疆资料全编》 周轩 刘长明编著 新疆大学出版社 2009 年 8 月版

二 林则徐的传记

[39]《国史本传》 清光绪丙子三山林氏刊本

[40]《林文忠公传》 金安清撰 《续碑传集》卷二四 清光绪十九年刊本

[41]《林文忠公事略》 李元度撰 《国朝先正事略》卷二五 清光绪乙未上海点石斋缩印本

[42]《文忠公年谱草稿》 林聪彝编 传钞本 来新夏藏

[按] 此据厦门大学历史系所藏钞本传钞。撰者阙名。道光四年条记称:"是月(八月)初九日,不孝聪彝生",则是谱当为林聪彝所撰。内容简略以记仕历及文编年为主,于鸦片战争史事不著一字,或撰谱时犹有忌讳? 年下所附公元疑后人阑入。

[又按] 据林则徐五世孙林子东女士函告:"林聪彝所写《年谱》并非真品,这是林家溱生前对杨秉纶说过的,家溱兄对文忠有关资料收集较广,考证较深,他的话有可信之处。"又林则徐纪念馆杨秉纶先生也曾函告:"'文革'前,林则徐后人林家溱先生对此稿(指《草稿》)曾私下表示怀疑。原件在省图书馆,从其使用笺纸笔迹颇有疑点。"愚意《草稿》或为他人据资料辑成而托名聪彝,但事实部分尚有可供参考处,故谱中酌加采录。

[43]《林文忠公年谱》 魏应麒编 商务印书馆 1935 年铅印本

[44]《林则徐传》 林崇墉著 台湾商务印书馆 1976 年版

[45]《林则徐传》 杨国桢著 人民出版社 1981 年 4 月版

[46]《林则徐传》(增订本) 人民出版社 1995 年 10 月版

[47]《林则徐大传》 杨国桢著 中国人民大学出版社 2010 年 4 月版

[48]《林则徐世系录》 林则徐后裔联络组编 铅印本 1994 年

三 与林则徐有关人物的年谱

[49]《一西自记年谱》 张师诚编 清同治八年重刊本

[50]《邓尚书年谱》 邓邦康编 清宣统三年江浦陈氏刊本

[51]《兰石公年谱》 郭嗣蕃编 《增默庵文集》卷首 民国二十年莆田新民印书局线装排印本

[52]《陶文毅公年谱》 二卷 王焕镳编 1948年油印本 来新夏藏

[53]《退庵自订年谱》 梁章钜编 《二思堂丛书》本

[54]《彭兆荪年谱》 缪朝荃编 《小谟觞馆全集》卷一 清光绪己亥东仓书库刊本

[55]《小浮山人手订年谱》 潘曾沂自编 潘凤仪续编 清咸丰间苏州刊本

[56]《张温和公年谱》 张茂辰等编 清同治间家刊本

[57]《鸿雪因缘图记》 三集六册 麟庆编 清光绪十年点石斋石印本

[58]《韩桂舲手订年谱》 韩封编 清道光间家刻本

[59]《赵文恪公自订年谱》 赵光编 清光绪十六年家刻本

[60]《石隐山人自订年谱》 朱骏声自编 程朝仪补编 朱师辙补注 《国立北平图书馆月刊》第三卷第五号

[61]《杨中议公自订年谱》 八卷 杨炳坤编 清光绪家刻本

[62]《朝仪公自订年谱》 陆模编 清刊本

[63]《冯柳东年谱》 史诠编 钞本 北京图书馆藏

[64]《张制军年谱》 二卷 张祖祐编 林绍年订正 清光绪三十一年家刊本

[65]《胡文忠公年谱》 三卷 梅英杰编 民国十八年梅氏抱冰堂刊本

[66]《左文襄公年谱》 十卷 罗正钧编 清光绪二十三年湘阴左氏刊本

[67]《俞理初先生年谱》 王立中编 《安徽丛书·癸巳类稿》附 民国二十三年铅印本

[68]《方仪卫先生年谱》 郑福照编 清同治七年刊本

四 官书 奏议

[69]《清实录》(仁宗、宣宗) 伪满影印本

[70]《东华续录》(乾隆、嘉庆、道光、咸丰) 王先谦编 清光绪间印本

[71]《道光朝筹办夷务始末》 八十卷 文庆等编 民国十九年故宫博物院影印本 又咸丰朝,中华书局铅印本

[72]《黄爵滋奏疏许乃济奏议合刊》 齐思和整理 中华书局 1959 年 11 月铅印本

五 地 方 志

[73] 光绪《松江府续志》一 姚光发等编 光绪十四年刊本

[74] 民国《霞浦县志》 徐友梧等编 民国十八年铅印本

[75] 民国《湖北通志》 张仲炘等编 民国十年刊本

[76]《福建通志》 沈瑜庆等编 民国刊本

[77]《闽侯县志》 欧阳英等编 民国刊本

[78]《厦门志》 周凯编 光绪己亥刊本

[79]《广州府志》 史澄等编 清光绪刊本

[80]《番禺县志》 李福泰等编 清同治刊本

[81]《东莞县志》 陈伯陶等编 民国刊本

[82]《新疆图志》 王树枏等编 民国印本

[83]《粤海关志》 梁廷枏编 文殿阁书庄印本

[84]《木渎小志》 张郁文编 民国戊辰苏州利苏印书社重印本

六 诗 文 集

[85]《林宾日日记》 林宾日著 江苏古籍出版社 2000 年 11 月影印本

[86]《林希五先生诗文集》 林希五著 清道光庚寅(十年)刊本

[87]《林雨化诗文集》 林雨化著 林怡点校 福建人民出版社 2009 年 6 月版

　[按] 林雨化,字希五,福州螺州人,不同署名实为一人不同名号。

[88]《左海文集》 陈寿祺著 清刊本

[89]《绛跗草堂诗集》 陈寿祺著 清刊本

[90]《增默庵文集》 郭尚先著 新民印书局铅印线装本 民国二十年印行

[91]《龚自珍全集》 龚自珍著 中华书局 1961 年 12 月版

［92］《安吴四种》　包世臣著　清光绪十四年活字重印本

［93］《补读书斋遗稿》　沈维鐈著　清光绪元年广州刊本

［94］《葸拊草堂集》　郭柏苍著　《郭氏丛刻》本

［95］《介石堂文钞》　林芳春著　清道光乙酉（五年）刊本

［96］《恭寿堂奏议》　八卷　韩文绮著　清刊本

［97］《陶文毅公全集》　陶澍著　清道光间刊本

［98］《涛园集》　沈瑜庆著　庚申（1920年）刊本

［99］《衎石斋纪事稿》　钱仪吉著　清光绪六年重刊本

［100］《榕园文钞》　李彦章　道光二十年家刊本

［101］《金梁梦月词》　周之琦著　商务印书馆本

［102］《惕园初稿》　陈庚焕著　道光间刊本

［103］《绛雪山房诗钞》　杨庆琛著　清刊本

［104］《求是堂文集》　胡承珙著　清道光十七年刊本

［105］《师友集》　梁章钜著　清道光乙巳（二十五年）刊本

［106］《味雪斋诗文钞》　戴绹孙著　清道光二十七年刊本

［107］《功甫小集》　潘曾沂著　清咸丰甲寅（四年）重刊本

［108］《馥馚亭集》　祁寯藻著　清咸丰七年刊本

［109］《程侍郎遗集》　程恩泽著　清道光丙午春（二十六年）刊本

［110］《张亨甫全集》　张际亮著　清同治丁卯秋（六年）刊本

［111］《茮声馆诗集》　朱为弼著　清道光戊申锄经堂刊本

［112］《琴隐园诗集》　汤贻汾著　清光绪乙亥（元年）刊本

［113］《啸古堂文集》　蒋敦复著　清同治至光绪间刊本

［114］《显志堂稿》　冯桂芬著　清光绪二年校邠庐刊本

［115］《筠绿山房诗草》　冯建中著　光绪十九年刊本

［116］《梅麓诗钞》　齐彦槐著　道光乙巳刊本

［117］《介翁诗集》　严寅著　清同治十三年刊本

［118］《陶楼文钞》　黄彭年著　民国癸亥刊本

［119］《养浩斋诗钞》　桂超万著　清同治五年刊本

［120］《桐阁文钞》　李元春著　清光绪十年同义文会刊本

［121］《退密斋文集》　徐继畲著　崞县石印本

[122]《颐志斋文钞》 丁晏著 《雪堂丛刊》本

[123]《魏源集》 魏源著 中华书局编印本

[124]《柏枧山房诗集》 梅曾亮著 咸丰六年家刊本

[125]《柳堂师友诗录》 冯昕华著 清同治十一年刊本

[126]《百柱堂全集》 王柏心著 光绪十八年刊本

[127]《通艺阁诗遗编》 姚椿著 道光间刊本

[128]《躬耻斋文钞》 宗稷辰著 清咸丰元年家刻本

[129]《通甫类稿》 鲁一同著 清咸丰己未(九年)刊本

[130]《求志居集》 陈世镕著 清道光乙巳(二十五年)独秀山庄刊本

[131]《双砚斋诗钞》 邓廷桢著 民国十年家刻本

[132]《双砚斋词钞》 邓廷桢著 民国十年家刻本

[133]《槐卿政迹·附遗稿》 沈衍庆著 清光绪乙巳(三十一年)刊本

[134]《存素堂诗稿》 钱宝琛著 同治七年至光绪六年家刊本

[135]《小芋香馆遗集》 李杭著 同治七年刊本

[136]《躬厚堂集》 张金镛著 同治甲子辛未至光绪戊寅刊本

[137]《李文恭公诗集》 李星沅著 同治间芋香山馆刊本

[138]《倚云山房诗文集》 王发越著 清咸丰刊本

[139]《鸥汀渔隐诗集》 陈偕灿著 道光二十年忏琴阁刊本

[140]《甘泉乡人余稿》 钱泰吉著 光绪乙酉刊本

[141]《东溟文后集》 姚莹著 清同治六年刊本

[142]《后湘诗续集》 姚莹著 清同治六年刊本

[143]《松心十录》 张维屏著 清道光二十年刊本

[144]《小石渠阁文集》 林昌彝著 清光绪间福州刊本

[145]《左文襄公全集》 左宗棠著 清光绪庚寅湖南刊本

[146]《赌棋山庄全集》 谢章铤著 清光绪戊戌(二十四年)刊本

[147]《补读室诗稿》 朱兰著 癸酉(1933年)刊本

[148]《盋山诗录》 顾云著 清光绪十五年刊本

[149]《十朝诗乘》 龙顾山人(郭则澐)编 乙亥刊本

[150]《文斤山民集》 魏谳著 壬申(1932年)十月建德周氏影印本

[151]《无近名斋文钞》 彭翊著 清光绪十年刻本

[152]《匏园诗稿》 来裕恂著 民国家印本

[153]《屺云楼集》 刘存仁著 清咸丰刊本

[154]《林公则徐家传饲鹤图暨题咏集》 黄泽德编 福建人民出版社 1992 年版

七 资料汇刊

[155]《史料旬刊》 北京故宫博物院编 民国十九至二十年铅印本

[156]《清代外交史料》 北京故宫博物院编 民国二十二年铅印本

[157]《续碑传集》 缪荃孙编 清宣统间江楚编译书局刊本

[158]《碑传集补》 闵尔昌编 燕京大学国学研究所 1923 年铅印本

[159]《海山仙馆藏真三刻》 潘仕成编 清同治三年刻石拓本

[160]《昭代名人尺牍续集》 陶湘编 宣统辛亥(三年)印本

[161]《皇朝经世文续编》 盛康编 清光绪二十三年思补楼刊本

[162]《皇朝经世文续编》 葛士浚编 清光绪二十四年上海文盛书局石印本

[163]《鸦片战争》 齐思和等编 《中国近代史资料丛刊》 第一种 神州 国光社 1954 年 10 月铅印本

[164]《回民起义》 白寿彝编 《中国近代史资料丛刊》 第四种 神州国 光社 1953 年 8 月铅印本

[165]《清诗铎》 张应昌编 中华书局铅印本

[166]《中外旧约章汇编》I 王铁崖编 三联书店 1957 年 9 月铅印本

[167]《鸦片战争文学集》 阿英编 古籍出版社铅印本

[168]《中国近代对外关系史资料选辑》上卷第一分册 复旦大学历史系中 国近代史教研组编 上海人民出版社 1977 年 9 月版

[169]《中国近代经济思想与经济政策资料选辑》(1840－1864) 巫宝三等 编 科学出版社 1959 年 11 月铅印本

[170]《鸦片战争末期英军在长江下游的侵略罪行》 中国科学院上海历史 研究所筹备委员会编 上海人民出版社 1958 年 10 月铅印本

[171]《林则徐资料研究》 福州林则徐纪念馆编 油印本

[172]《陈修园医书四十八种》 民国十八年上海三星书店石印本

[173]《昭代丛书》 张潮等编 清道光中吴江沈氏世楷堂刊本

[174]《北徼汇编》 何秋涛编 清同治四年龙威阁刊本

八 笔记杂著

[175]《竹间十日话》 郭柏苍著 《郭氏丛刻》本

[176]《闽杂记》 施鸿保著 《申报馆小丛书》本

[177]《圣武记》 魏源著 《申报馆丛书续集》本 清光绪间印行

[178]《病榻梦痕录》 汪辉祖著 《汪龙庄先生遗书》附 光绪十二年山东书局刊本

[179]《归田琐记》 梁章钜著 清道光二十五年刊本

[180]《浪迹丛谈》 梁章钜著 清道光二十五年刊本

[181]《制义丛话》 梁章钜编 清咸丰九年重刊本

[182]《楹联丛话》《续话》 梁章钜编 清道光二十年刊本

[183]《醒睡录初录》 邓文滨著 申报馆小丛书本

[184]《庸盦笔记》 薛福成著 光绪丁酉刊本

[185]《因话录》 丁钰著 道光十五年活字本

[186]《关陇舆中偶忆编》 张祥河著 《说库》本

[187]《中西纪事》 夏燮著 清同治十年活字本

[188]《白下琐言》 甘熙著 民国十五年江宁甘氏重刊本

[189]《见闻续笔》 齐学裘著 清光绪二年天空海阔之居刊巾箱本

[190]《壬癸志稿》 钱宝琛编 清光绪六年存素堂刊本

[191]《蓉城闲话》 雷瑨编 《文艺杂志》本 民国三年上海扫叶山房出版

[192]《金壶七墨》 黄钧宰著 清同治十二年刊本

[193]《郎潜纪闻》 陈康祺著 清光绪六年刊本

[194]《燕下乡脞录》 陈康祺著 清光绪十一年刊本

[195]《钱币刍言续刻》 王鎏著 道光丁酉艺海堂刊本

[196]《夷氛闻记》 梁廷枏著 邵循正校注 中华书局1959年铅印本

[197]《海国图志》 魏源著 清光绪二年平庆泾固道署重刊本

[198]《桐阴清话》 倪鸿著 清同治十三年重刊巾箱本

[199]《江南催耕课稻编》 李彦章著 姑苏甘朝士辅刊本

[200]《射鹰楼诗话》 林昌彝著 清咸丰元年刊本

[201]《海天琴思录》　林昌彝著　清同治三年广州刊本

[202]《海天琴思续录》　林昌彝著　清同治八年广州刊本

[203]《见闻琐录》　欧阳昱著　清同治四年百隋砖斋刊本

[204]《蕉轩随录》　方濬师著　清同治十一年退一步斋刊本

[205]《潜庵漫笔》　程畹著　《申报馆小丛书》本

[206]《暝庵杂识》　朱克敬著　清光绪刊本

[207]《琐事闲录续编》　张畇著　清咸丰元年写刻本

[208]《行素斋杂记》　继昌著　清光绪二十七年湖南刊本

[209]《三借庐笔谈》　邹弢著　《清代笔记丛刊》本

[210]《冷庐杂识》　陆以湉著　清咸丰六年刊巾箱本

[211]《妙香室丛话》　张培仁著　《笔记小说大观》本

[212]《康輶纪行》　姚莹著　清同治六年刊本

[213]《石遗室诗话》　陈衍著　民国二十四年商务线装排印本

[214]《林文忠公乡闻录》　福州郑氏春蘗斋抄本　福建省图书馆藏

[215]《道咸宦海见闻录》　张集馨著　中华书局 1981 年版

[216]《初使泰西记》　志刚著　湖南人民出版社印本

[217]《再述奇》　张德彝著　湖南人民出版社印本

[218]《英轺私记》　刘鸿钧著　湖南人民出版社印本

[219]《河海昆仑录》　裴景福著　中华书局民国二十七年铅印本

　　[按]　《河海昆仑录》有四卷本和六卷本,本谱采用四卷本。

[220]《西北丛编》　林兢著　神州国光社民国二十二年二月再版铅印本

[221]《春冰室野乘》　李孟符著　《民国笔记小说大观》第一辑第一册　山西古籍出版社 1996 年版

[222]《健庐随笔》　杜保祺著　《民国笔记小说大观》第一辑第六册　山西古籍出版社 1996 年版

九　近人著作

[223]《中国近代史》　范文澜著　人民出版社 1956 年版

[224]《鸦片战争史事考》(即对魏源:《道光洋艘征抚记》之考订)　姚薇元著　上海新知识出版社 1955 年 12 月版

[225]《中国农民起义论集》 李光璧等编 三联书店 1958 年版

[226]《中国近代人物论丛》 三联书店编 三联书店 1965 年版

[227]《鸦片战争史论文专集》 列岛编 三联书店 1958 年版

[228]《鸦片战争史论文专集(续编)》 宁靖编 人民出版社 1984 年版

[229]《林则徐与鸦片战争论文集》 福建社会科学院历史研究所编 福建人民出版社 1985 年版

[230]《中国近代货币史》 魏建猷著 群联出版社 1955 年版

[231]《帝国主义侵华史》第一卷 丁名楠等著 科学出版社 1958 年版

[232]《林则徐与鸦片战争论稿》增订本 陈胜粦著 中山大学出版社 1990 年版

[233]《鸦片战争史》 萧致治主编 福建人民出版社 1996 年版

[234]《鸦片战争与林则徐研究备览》 萧致治主编 湖北人民出版社 1995 年版

[235]《天朝的崩溃》 茅海建著 三联书店 1995 年版

[236]《独特的泰州税文化》 李兆贵 王申筛编著 中国文联出版社 2002 年版

[237]《林则徐在新疆》 刘长明 周轩编著 新疆大学出版社 2003 年版、2006 年第二版

[238]《林则徐与江苏》 全国"林则徐与江苏"学术研讨会论文集 当代中国出版社 2004 年版

十 外人著作

[239]《美国人在东亚》 [美]泰勒·丹涅特著 姚曾廙译 商务印书馆 1959 年版

[240]《中华帝国对外关系史》第一卷 [美]马士著 张汇文等译 三联书店 1957 年版

[241]《鸦片战争前中英通商史》 [英]格林堡著 康成译 商务印书馆 1961 年版

[242]《鸦片战争の研究·资料编》 [日]佐佐木正哉编 东京大学出版会 1964 年版

[243]《鸦片战争及林则徐研究外文资料选辑》 福建省历史学会福州分会编印出版 1982 年 10 月

[244]《林钦差与鸦片战争》 〔美〕张馨保著 徐梅芬等译 福建人民出版社 1989 年版

[245]《外国学者论鸦片战争与林则徐》（上、下） 武汉大学历史系鸦片战争研究组编 福建人民出版社 1989 年版

[246]《鸦片战争史料选译》 广东省文史馆译 中华书局 1983 年版

[247]《晚清华洋录》 〔美〕多米尼克·士风·李著 李士风译 上海人民出版社 2004 年版

十一 近人论文

[248]《林则徐的早年》 杨国桢著 《厦门大学学报》1961 年第 1 期

[249]《宣南诗社与林则徐》 杨国桢著 《厦门大学学报》1964 年第 2 期

[250]《宣南诗社管见》 黄丽镛著 《上海师范大学学报》1980 年 1 月

[251]《关于宣南诗社的几个问题》 王俊义著 《清史研究集》第一辑

[252]《林则徐对西方知识的探求》 杨国桢著 《厦门大学学报》1979 年第 3 期

[253]《略谈林则徐的诗及其文学活动的影响》 陈友琴著 《光明日报》1960 年 3 月 20 日

[254]《浅谈林则徐的爱国主义及其对新疆的贡献》 新史著 《新疆大学学报》1975 年第 1 期

[255]《林则徐译书》 陈原著 《人民日报》1961 年 5 月 4 日

[256]《林译〈澳门月报〉及其它》 吴乾兑、陈匡时著 《近代史研究》1980 年第 3 期

[257]《林则徐在陕西》 刘仲兴等著 《西北大学学报》1981 年 4 月

[258]《林文忠公家书考伪》 胡思庸著 《历史研究》1962 年第 6 期

[259]《谈林则徐致冯柳东手札》 燕鸣著 《文物》1963 年第 219 期

[260]《读林则徐〈答戴絅孙书〉手迹》 李阳培著 《文物》1979 年第 2 期

[261]《林则徐手札受信人刘闻石》 张守常著 《故宫博物院院刊》1981 年第 1 期

[262]《林则徐游华山诗手迹跋》 史树青著 《故宫博物院院刊》1981 年第 4 期

[263]《林则徐手札十则补注》 杨国桢著 《故宫博物院院刊》1980 年第 3 期

[264]《林则徐手札十则辑注补证》 胡思庸著 《近代史研究》1980 年第 4 期

[265]《林则徐信札浅释补正》 张守常著 《文物》1983 年第 6 期

[266]《林则徐〈题鳌峰载笔图〉考》 官桂铨著 《福建论坛》(文史版)1984 年第 1 期

[267]《英国鸦片贩子策划鸦片战争的幕后活动》 严中平著 《近代史资料》1958 年第 4 期

[268]《穿鼻草约考略》 胡思庸等著 《光明日报》1983 年 2 月 2 日史学专刊

[269]《魏源〈海国图志〉研究》 吴泽等著 《历史研究》1963 年第 4 期

[270]《魏源与鸦片战争史》 陈其泰著 《史学史研究》1982 年第 3 期

[271]《林则徐与伊犁皇渠》 赖洪波著 1995 年油印本

[272]《林则徐佚文三篇》 官桂铨 1995 年油印本

[273]《鸦片战争与传统学术研究》 吴雁南著 《学术研究》1990 年第 6 期增刊

[274]《鸦片战争与中国士大夫散论》 沈渭滨著 《江海学刊》1990 年第 5 期

[275]《纪念鸦片战争弘扬爱国精神》 戴逸著 《人民日报》1990 年 6 月 18 日

[276]《林则徐与伯驾》 吴德铎著 《历史月刊》1990 年 8 月第 31 期

[277]《鸦片战争前英国对中国的扩张活动》 林庆元著 《福建论坛》1990 年第 3 期

[278]《林则徐新疆勘田述议》 纪大椿著 《新疆社会科学》1986 年第 4 期

[279]《鸦片战争中林则徐对英认识和制敌方略的转变》 杨国桢著 《福建学刊》1990 年第 6 期

[280]《林则徐与中国近代史的开端》 陈锡祺著 《学术研究》1990 年第 6

期增刊

［281］《林则徐与外国传教士》　谢必震著　《福州师专学报》1991 年第 2 期

［282］《林则徐与第一次鸦片战争前后我国仿造西式舰船的活动》　林庆元
　　　 著　《福州师专学报》1991 年第 2 期

［283］《有关四洲志的若干问题》　陈华著　《暨南学报》1993 年第 3 期

［284］《林则徐的〈荷戈纪程〉、〈衙斋杂录〉与姚莹的〈康輶纪行〉》　焦静宜著
　　　 《文献》1993 年第 4 期

［285］《林则徐与伊犁黄渠》　赖洪波著　《伊犁师院学报》1996 年第 3 期

［286］《林则徐〈回疆竹枝词三十首〉新解》　周轩著　《西域研究》2003 年第
　　　 2 期

［287］《林则徐与金门奇人林树梅的唱和与交游》　陈茗著　《文史知识》
　　　 2009 年 10 月

附录五

旧版前言后记

一 《林则徐年谱》初版前言

林则徐是中国近代进步思想家和伟大的爱国主义者。他主张改革,坚持严禁鸦片。他反抗外国侵略的言论和实践,具有同时代历史人物少有或没有的特点,对近代中国有深远的影响。

林则徐于十八世纪八十年代出生在福建侯官一个中落的封建知识分子家庭里。他一生在宦海中浮沉了近四十年。从京官的编修、御史到外官的监司、督抚以至钦差大臣。宦迹所至,从东南沿海到西北边疆,从中原腹地到西南边陲。他经历了不少政治风浪,作出了无愧于时代的历史贡献。他一生中的大量言行说明他是封建社会里的一名有作为的官员,也是中国近代史上具有远见卓识的爱国者。

他作为地主阶级中的一名较好的官员,主要表现在努力发展生产和关心民生上。他无论在整顿河工、兴修水利、创制农具、救灾放赈,还是在查禁烟害、改革财政、开发资源等等方面都表现了施政才干,都使当地的经济生活得到一定程度的恢复和发展,也使当地的人民在痛苦呻吟之中得到一定的喘息和安定。即使他在远戍新疆的时候,也仍然倡导垦荒开井,传播先进生产技术,切望"大漠广野,悉成沃衍"。这在封建官僚中确是屈指可数的。

他作为一个有远见卓识的爱国者,主要表现在抗英防俄问题上。他在领导轰轰烈烈的禁烟运动和反侵略战争中所建树的光辉业绩几乎已是尽人皆知。在抗英斗争中,他能够不囿于成见,放眼于世界,通过各种途径探求新知,并在一定程度上依靠民力,制定相应策略,抓住战机,从而获得了伟大的胜利。但更值得注意而却被人忽视的是,他能在举世尚未觉察到沙俄窥伺的危机之时,便提出了注意防俄的战略性意见。早在从事抗英斗争时,他就从所搜集到的译报资料中细心地发现沙俄可能侵入我国西藏边陲的进军路线。后来,他在赴戍途经镇江时,曾和魏源作过长夜促膝之谈。两位忧时之士都为东南与西北的边防而忧心忡忡。经过在新疆的实地考察,更加强了他对西北边防重要性的认识。他大声疾呼地警告边疆的大员们:不要为表面上的暂时平静而麻痹大意,要增修战备以应付突然变故。他认为只有加强边防,同心协力,才能使敌人慑服,不敢轻举妄动。他在被召入关时曾在答复别人的提问中,分析了当时的局势,认为"英夷不足深虑",而沙俄则"防不胜防,将来必为大患"。他在晚年卸职回里以后,仍然一面以在野之身组织地方力量驱英,一面更独抒己见,发出"终为中国患者,其俄罗斯乎"的警告。正由于他坚持反对侵略,终于在去广西途中遭到内外敌人的暗害。林则徐不愧是一位坚决维护民族利益的爱国者和有卓识远见的政治家。

当然,他作为一个地主阶级成员,在维护封建统治、镇压人民反抗等方面的活动仍表现出极大的历史局限性。不过,林则徐一生的主要方面还应该从上述两点特色来考察。这部年谱也主要是以此为中心线索来贯串全书的。

这部年谱在史料的处理上,为了便利读者查阅,在纪事之后多引录一些资料,但对解放后刊行的如《林则徐集》等著作中的有关资料则大多是摘要,有些则只在纪事后注明资料出处,以备检索;至于未见刊行或刊本流传较少的资料则作了较多的引录,以便利得书不易的读者。有些地方还对引录的史料加了一点考证和按语。当然,林则徐的手迹佚稿和与他有关的资料记载可能还有一些散处各地,为公私藏者所掌握,限于主客观的种种条件,一时未能广采博收,只能待之异日再事增补了。

林则徐是清代影响较大的历史人物,清人笔记杂著中记其遗闻琐事者甚多,有些已采入谱中,有些没有收录,但又感到或可供参考和以资谈助的,弃置未免可惜,就编为《谱余》作为本书的附录。

这部年谱在编写过程中,曾先后得到杨国桢、刘桂五、史树青、齐钟久、刘泽华、汤纲和殷礼训等同志的关怀、支持和帮助,在此谨向这些同志致谢。我的业师、书法家启功教授以年近古稀的高龄,在病中为我题写了近十个横竖不同形式的书签以备选用。这种情谊更是对我的鼓励和督促。

这部年谱由于时写时辍和自己的水平所限,一定存在着不少错误和不足之处,诚恳希望得到读者的批评和指正。

来新夏

一九八〇年六月于南开大学东村寄庐

二 《林则徐年谱》增订本后记

《林则徐年谱》问世后,不断得到学术界和社会上的友好们给予鼓励和指正。特别是一九八二年冬在福州召开的"鸦片战争与林则徐学术讨论会"更使我获得了教益与启示。我看到了旧作不仅有新内容需要增补,也还有失误处需要订正;而这次会议又决定把拙作列入将于一九八五年召开的"林则徐诞辰二百年纪念学术讨论会"的出版规划中,益加坚定了我的增订信念。但仅仅有主观意愿和行动,往往不易很快成为现实。因此,这必须感谢上海人民出版社编辑的识见。他们对我这本出版方几年、仅印过一次七千余册的著作,便毅然决定作为一部新著接受重排付印,这对我确是一种推动。它使我决心排除公私事务的烦扰,冒着溽暑去搜检资料,并不揣冒昧地向新旧朋友去求援,终于完成了旧作的增订。

这次增订主要在这些方面:

其一,增补了新资料:旧作虽已采录了部分手札资料;但近年来又看到一些过去未搜检到和新发现的手札及文物。如山东图书馆的海源阁藏札、故宫博物院的藏札和华东师大图书馆的藏札等。其中有些已散见于报刊,有些则尚未发表。这次均将其有关内容摘要录入以供参考。他如福州发现的刘家镇墓志铭、甘肃兰州发现的啃函石刻等,虽其内容对林则徐事迹关系不大,但也可丰富林则徐生平的活动内容。

其二,扩大了征引范围:旧作征引参考的文献资料近一百七十种,增订本在原有基础上,又较广泛地扩大了检读范围——不仅有旧籍,也有新著;不仅有国内,也有国外学者的研究成果,总计已达二百二十余种,比旧作的参证范围增多了六十种。这或能有助于开拓读者的研究视野。

其三,订正了失误:旧作由于疏漏,存在一些失误。增订本根据新获得的资料重加订正改写。如王鼎的卒年,相沿作道光二十二年四月底,旧作根据钞漏一字的资料遽改卒年为道光二十四年四月十二日;增订本则据新见到的王鼎祠堂墓志石刻文,订正前之失考,仍采旧说。又如林妻郑氏之卒年,旧作沿用魏应麒谱订为道光二十八年十月十九日;增订本据海源阁藏林则徐致杨以增手札,改订为道光二十七年十月十五日。

其四,增写了检读查索材料,如在书尾增写了大事年表索引,按年择系大事,注明书页,使读者一索可得。

其他还作了些文字、论述的修订。私衷愿有较显著的改进,但终因搜求资料多有窒碍,个人学识尚待提高,致使增订本还未能尽如人意,希望借出版之机能再得到更多同志的批评与帮助。

在增订过程中,承各公私藏家惠然协助,提供资料。有些素昧生平、未谋一面的朋友仅凭一函相通,就抄寄资料,提示线索,尤为可感。还有许多同志为本书的增订与出版给予各种鼓励与支持,统借此敬致真挚的谢意。

来新夏
一九八三年十月于南开大学北村

三　《林则徐年谱新编》序言

半个世纪以前,我还在读中学的时候,每逢"六三"禁烟纪念日,总会想到这样一位重要历史人物。他就是以清除鸦片毒害而震惊世界的林则徐。他的伟大业绩不能不引起我想更多地了解他。这一愿望直到40年代读大学时才得到实现。那时,我读到一本由魏应麒氏编写的《林文忠公年谱》,可惜这本书内容不够充实,让人感到如此重要人物,却只有这么薄薄一本谱传,似难相称。

　　50 年代之初,我从事中国近代史的教学与研究工作,重检魏编,益感有拾遗补缺及订讹纠谬的必要,遂采取书页签条办法,读书凡有所遇,就在魏著有关书页上标注粘列,积之日久,一书已满,无从着笔,乃另求一本,如法炮制,一书又满,遂决心重编林谱。适当其时,中华书局将《林则徐集》全稿送我审读,其内容繁富,可供采择者俯拾皆是。此不啻助我信风,于是《林则徐年谱》的编纂乃得扬帆启碇。

　　60 年代,我被投闲置散,终日皇皇,忧思愁虑,束书不读,沉湎烟酒,行之经年,意兴萧索。自忖若就这样混过余生,实有未甘;审视案头林谱残稿,亦难以割弃。一日,忽仰屋而思,林公伟业被冤,万里赴戍,犹遍历荒漠,为民造福,寄情诗文,怡然自得,我何得自废如此? 于是涣汗精神,重理旧业,蛰居斗室,伏首书案,历时年余,终成《林则徐年谱》初稿三十余万字,复检校群籍,细加订正,清为二稿。当时因难付枣梨,只得贮之敝箧,不意在"文革"之初,清稿竟遭丙丁之厄。不久,我被遣放津郊学农,家具衣物多以低价处理,而残篇断章皆捆载偕行。《林则徐年谱》幸存草稿,虽纸断笺裂,点划斑驳,字句犹能辨识,于是在耕余灯下再加清正,遂成三稿。居乡弹指四年,蒙恩召还故园,身处逍遥,《林则徐年谱》又得参校订正,是为第四稿。计检校图籍凡 168 种,成文 34 万余言。时事纷扰,何敢言出版,唯效辇史公,作名山之藏而已!

　　80 年代,百废俱兴,《林则徐年谱》终于在上海问世,新知旧雨,频加音问,慰我辛劳。我也如释重负,似乎觉得已无愧于先贤的伟绩,也无负于当年的私愿。尤感忻喜者,厦门大学杨国桢先生所撰《林则徐传》也同时在首都出版。我居北而谱印于南,杨居南而传梓于北,一时有"南传北谱"之说;又有以出版者地属南北而有"南谱北传"之说。说法虽异,而一谱一传,将使林公之行事益彰。

　　拙编虽自以为广加采录,而陆续出现新资料仍时有闻见,除随时自加采登订正外,友朋补缺正误之件复纷至沓来,如谱载林妻郑氏卒年据魏编订为道光二十八年十月十九日,山东图书馆骆伟先生将馆藏海源阁藏札中林则徐致杨以增函一件见告,其中明确记载郑氏卒于道光二十七年十月十五日,订正了传统臆说。又如林则徐谢世月日,史传均作十一月,拙编据悼恤谕、遗折等定为十月十九日。后据林氏后裔福州林纪焘教授函告:林则徐文藻山旧家木主牌内载林公生卒年为"生于乾隆乙巳年七月二十六日子时,卒于道光庚戌年十月十九日辰时",所说乃得确证。故宫藏有林公手札七十余件,幸得刘北汜、刘九庵诸专家多方关说,俾我通读。后复俯采愚见,将全部手札影印成册,倩我弁言,使林公手迹流传海内。陕西蒲城中学刘仲兴老师素昧平生,远道抄寄王鼎墓志石刻原文,藉以订正王鼎卒年。林公后裔子东女士及福州市文管会杨秉纶先生均告以世传《文忠公年谱草稿》疑非真品。华东师范大学吴格、蒋世第二先生,兰州师范大学朱太岩先生及福州文管会官桂铨先生等均见赠书札、诗文钞件及拓片等;域外友人日本爱知大学图书馆馆长石井吉也惠寄林公手书楹联复制件。其他或商榷是非,或提供线索,或假以图籍,或出示家藏,诸友盛情,实难尽述。于是增订意趣,油然而兴。遂屏绝俗务,一意增订,众擎易举,时仅经年而全书告竣,计参阅书刊达 229 种,较原谱增益 60 种;成文 45 万字,较原编增近 10 万字。书成之日,反复摩挲,情难自已,遂快饮佳醪一盅。迨头脑清醒,细读全书,犹有未尽如人意者多处,是学之无止境而我心则尚存更新之远图也。

　　十年一瞬,有关资料频有闻见,方家研究成果亦复迭出。我则壮心未已,每有所见,辄采登于册,不意竟有数万字之积累,私心窃喜,遂有新编《林则徐年谱》之动念。去秋应邀参加福州召开之林公诞辰 210 年纪念会,以文会友,颇多收益,新编之念,粗具轮廓,而林公贤裔凌青先生与子东女士,更频加关注,而林则徐基金会复慨赠出版资助,于是新编之志益坚。北归之后,不间朝夕,广事搜求,博采众言,精雕细刻,约以期年,60 万余言之《林则徐年谱新编》当可告成于 1997 年香港回归祖国之日。林公鸦战遗恨,从此涣雪;我则摩挲《新编》以祭林公。林公有知,歆其来格!

来新夏

一九九六年三月写于南开大学

四 《林则徐年谱新编》后记

　　《林则徐年谱新编》经过半年多的修订,终于完成了。这次修订工作固然缘起于为庆祝 1997 年香港回归祖国这一具有重大历史意义的历史转折而作;但从增订本出版以来的十多年里,新史料的发掘和对事件人物需要再认识的要求,也督促我尽快尽完善地投入修订工作。在整个修订过程中,我竭尽所能地使资料更丰富些,认识更清楚些,错谬更减少些。我主观上希望,至少在一二十年内,《林则徐年谱新编》能保持为研究这一领域的学者们提供主要参考书的领先地位。

年谱无疑是一种以丰富准确资料为基础,以供人参考与使用为职能的著述体裁,因此务求其详备与可靠。增订本虽然曾得到过资料丰富的奖饰;但这十几年里,有关谱主的奏牍、日记、信札、诗文、题字仍不时有所发现。其他诗文集、笔记、方志及民间收藏的有关资料也时有所见,尤其是有些学者还对这些史料做了认真的研究,提出了个人的解释与见解,可备使用资料的参考。有些熟悉的学者还见告所见所闻,使我在史料补正上有明显的增益。如林则徐晚年手书《观操守》一文,是"田家英收藏展"的展品之一,它是林则徐晚年经过一番人生阅历后所制定的座右铭,也可视作林则徐的佚文。一些新发现的奏牍可以补充若干史事,订正某些错误,日记、笔记则丰富谱主的日常生活动态。但是年谱又并非只是史料的缀辑,而是在丰厚的基础上,有所取舍按断,以见青史是非的一种著述。因此这次修订对若干史事及人物评说又有"出新"的企求,特别是对谱主的言行更有再认识的必要。近年以来,对林则徐的历史功过虽颇有异说,但我仍初衷未变,坚持原说,论定"他是封建社会的一名有作为的官员,也是中国近代史上具有远见卓识的爱国者"。对具体史事则有所订正,如他在云南迫迁回民于官乃山一事,过去只看到为加强对回民控制、防守和监管作用的一面,似失于偏颇;实则在当时历史条件下,这是为避免汉回之间寻仇不已,使已失家园的回民得到居所,并允许自由选择的一种权宜之计。又如过去对林则徐的禁烟功绩论述较多,而对其劝民戒烟的功德未施重墨。近年目击当今毒品泛溢,难以根绝之危害,益感禁戒并重之必要:禁在杜绝,戒在挽救。至于林则徐之死,一直谜团难释。我前此蔽于崇敬之情,深信内外敌人暗害之说。后来有多篇论文详加论说,多持不同意暗害之说,而我亦尚难提出被暗害之铁证,遂广列众说而存疑,以免有鲁莽失实之虞。

这次修订工作得到许多同道友好的关心与帮助。他们是凌青、林子东、林桢埔、陈胜燊、刘炳元、费黑、周轩和张一鸣等氏以及一些收藏单位,特别是年逾古稀的子东女士仍然一如既往,不辞辛劳,给予我更多的关注。她不仅提供文字和图片资料,还不时以函电相互商榷讨论,更协助奔走争取出版资助。这些友好的情谊督促着我尽力做好修订工作,至于实际效果如何,尚待广大读者的评定。

我的老师启功教授是我五十年前的业师。半个多世纪的岁月推移,日益增厚着师生间的情谊。在我坎坷困顿的时候,他虽然遭受过不公正的待遇,但仍然了无顾忌地安慰我,给我讲否极泰来的道理;当我落实政策后,他第一位写信来,并以其一贯的幽默,调侃我十八年寒窑盼来了薛平贵。以后我有很多部著作都是请元白老师题写书名的。他有求必应,往往横的竖的写好多个,并表示不满意可以再写,真令人感动不已。《新编》修订工作开始不久,我决定仍要惊动年过米寿的元白老师,不意那时老师因病住院。六月间,我应邀访日,为便于乘坐早班飞机,特地先期住到北京师大新松公寓,晚间便专诚去看望老师。真幸运!元白老师中午刚从医院回家。他说看到我的信,因病耽搁,并说在我访日回来前,一定完成。我感谢这种盛情。等我很快访日归来时,不意在我书桌上赫然陈放着一件特快专递,原来是元白老师为《林则徐年谱新编》所写的横竖标签数则。元白老师以高龄病躯为我题写书名,对老学生用情之深,于此可见。我怀着崇敬之心,表示真诚的感谢。

著名书法家王梦赓先生应请为我书写林则徐登程示家人诗之一首,作为封皮题词,以提示林则徐"苟利国家生死以,岂因祸福避趋之"的主导思想。梦赓先生惜墨如金,但为让我有选择余地,特为书写两份,名家墨宝,实属难得,其情尤足铭感。工艺美术家陈侃先生为《新编》设计封面,反复多次,不厌其烦。我借此对他们表示深切的谢意。

林则徐基金会热情关注《新编》出版,给以资助,为本书能如期交付出版,尽了最大的努力。我深知此举之艰难,于此重申对林则徐基金会及其秘书长王浩先生的感谢。

《新编》的修订由于时间匆促,内容繁多,所以初稿未能达到应有的要求,给责任编辑焦静宜副编审增加了前此未曾有过的麻烦。我赶在访日前夕,把稿子送给她。她为了能及时发稿,不误明年的需要,立即夜以继日。不避溽暑地投入工作,从内容、出处以及标点、版式都细心地加以审定,致成目疾,使我深感愧疚。我对她所付出的心血表示衷心的感谢!

　　我真诚地奉告读者：这本书只能说尽了我应尽的努力，而未达到尽美尽善的境界：只能说对纪念一代伟人林则徐和庆祝香港回归祖国尽一份中国人的心意而已。如果这本书能使人们了解150多年前香港被强占的史事和对研究这一领域的学者有参考价值的话，那将对我是一种最高的奖赏。如果这本书能得到读者和同道的匡正纠谬，那我会发自内心地感谢这种爱护的。

来新夏

一九九六年八月写于南开大学邃谷